# 사례로 쉽게 배우는 M&A

사례로 쉽게 배우는

# M&A

김경진 지음

율곡출판사

# 들어가는 글

필자가 M&A라는 것을 알게 된 것은 2004년 STX에 신입사원으로 사회생활을 하면서부터이다. 첫 M&A 프로젝트를 진행하는데 내부 직원, 외부전문가 포함해서 수십 명의 인력이 프로젝트에 참여하였다. 이렇게 많은 인력이 한 프로젝트에 참여하는 것은 처음이었기 때문에 당시에는 어디서부터 무엇을 할지, 그리고 M&A가 무엇을 하는 업무이고 그 과정에서 어떤 것이 핵심적인 업무인지 알지 못했다. 그러나 지속적으로 M&A 업무를 하면서 업무의 흐름은 물론 어떤 업무가 핵심적인 것이고 M&A의 성패를 가르는 것이 무엇인지 알게 되었다.

필자는 M&A를 성공적으로 수행하기 위해서 가치평가, 기업재무, 계약검토, 인사, 재무, 회계, 전략 등 다양한 분야에 대한 공부를 했고 많은 M&A 실무경험을 쌓았다. M&A 프로젝트 막내에서 프로젝트 헤드까지 경험했다. 그 과정에서 시중에 나와 있는 여러 책을 보면서 필자가 가진 궁금증을 해소하려고 하였다.

그러나 시중에 나와 있는 책은 실무를 하기에는 적합하지 않았다. 어떤 책은 너무 법률이론에만 치우쳐서 실무에서 그러한 법률이 어떻게 적용되는지 알기에는 한계가 있었다. 또 어떤 책은 이론적인 부분의 M&A만을 기술하여 실무와는 동떨어져 있었다. M&A는 방대한 영역이기 때문에 이를 모두 기술하기는 어렵다. 그러나 대부분의 책들이 M&A의 한 단편만을 기술하거나 표면적인 내용으로 모든 부분을 기술하였기 때문에 M&A를 배우거나 실무를 하는 독자에게는 적합하지 않다고 생각되었다.

이 책은 M&A 입문서로 다양한 사례를 통해 M&A를 이해하도록 M&A 실무를 하거나 M&A를 배우려는 독자들을 위해 집필하였다. 경영학과 4학년, 직장에서 M&A 실무를 하는 대리 · 과장, M&A에 대해서 개괄적인 이해를 원하는 독자들이 이 책을 읽는다면 큰 도움이 될 것이다. M&A의 핵심은 법률계약과 가치평가이다. 가치평가를 본서에서 전부 다루기에는 방대하기 때문에 기업가치평가에 대해서는 필자의 『사례로 쉽게 배우는 기업가치평가』를 읽기를 권한다.

본서는 8개의 Chapter로 구성되어 있다. Chapter 1에서는 M&A의 개념과 M&A가 언제 일어나는지에 대한 배경, 국내 M&A 시장의 동향에 대해서 살펴보았다. Chapter 2에서는 M&A가 필요한 경영환경에 대해 사례를 통해 알아 보았다. Chapter 3에서는 M&A의 수행절차에 대해서 살펴보았다. M&A 진행절차에는 다양한 방식이 있으나 여기서는 가장 정형화된 방식을 기준으로 기술하였다. Chapter 4에서는 M&A 매수전략과 방어전략에 대해서 알아보았다. Chapter 5에서는 M&A 시 사용하는 가치평가 방법에 대해서 예제를 이용해 설명하였다. Chapter 6에서는 인수 후의 기업통합 과정에 대해 서술하였다. M&A가 실패하는 가장 큰 이유가 인수 후 통합이다. Chapter 6에서 이에 대한 사례와 성공적인 M&A가 될 수 있는 방법에 대해서 배울 수 있을 것이다. Chapter 7에서는 차입매수에 대해서 살펴보았다. 아직까지 차입매수는 우리나라에서 흔하게 이루어지는 방법은 아니지만 자본시장이 발달되고 규제가 완화된다면 가장 빈번하게 사용될 것이다. 마지막 Chapter인 Chapter 8에서는 M&A를 하면서 주의해야 할 10가지 사항에 대해서 기술하였다. 우리가 M&A를 진행하면서 자주하는 실수들에는 어떤 것이 있고 실무자 입장에서 이러한 실수들을 어떻게 회피 혹은 방지할 수 있는지 알아보았다.

이 책은 M&A에 관한 다양한 사례를 제시하면서 이해하기 쉽도록 서술하였기 때문에 배경지식이 없는 독자들도 재미있게 읽을 수 있다. 본서가 M&A에 입문하는 독자들에게 하나의 가이드가 되어서 독자들이 미래에 한국 경제를 이끄는 주역으로 성장하는 데 도움이 되길 바란다. 본서가 나오기까지 아내 이선아의 노고가 가장 컸다. 아내는 원고를 일반 독자의 눈높이에 맞출 수 있도록 지속적으로 원고에 대한 의견과 피드백을 주었다. 아내 덕분에 M&A에 대해서 사전지식이 없는 독자들도 쉽게 읽을 수 있을 것이라고 확신한다. 원고를 읽으시고 출판을 허락해 주신 율곡출판사의 박정헌 상무님께도 감사의 말씀을 드리고 싶다. 본 원고를 꼼꼼하게 교정하고 편집해 주신 율곡출판사의 차은지 편집자에게도 고마움을 전하고 싶다. 부디 본서가 M&A를 배우고 실행하는 독자들에게 큰 도움이 되길 희망한다.

2018년 6월 25일

김경진

# 차 례

들어가는 글/iv

## Chapter 1 M&A란 무엇인가?

1. M&A 개념 _____ 2
2. M&A 장단점 _____ 4
3. M&A 동기 _____ 10
   - 3.1 경영 전략적 동기 · 10
   - 3.2 재무적 동기 · 14
   - 3.3 기타 동기 · 16
   - 3.4 M&A 사례 · 17
4. M&A 유형 _____ 24
5. M&A 흐름 _____ 29
   - 5.1 미국 M&A 역사 · 30
   - 5.2 국내 M&A 역사 · 34
   - 5.3 최근 국내 M&A 현황 · 39
6. 요약 _____ 48

## Chapter 2 M&A와 산업활동

1. 자동차 산업의 M&A _____ 54
   - 1.1 2000년대 초의 자동차 산업 M&A · 56
   - 1.2 2017년 자동차 산업 M&A · 60
   - 1.3 글로벌 자동차 산업의 M&A 현황 · 66
   - 1.4 닛산 사례를 통해 본 공급망 관리의 변화 · 71
2. 철강산업의 M&A _____ 75

3. 해운산업의 M&A ____ 81

4. 시사점 ____ 87

5. 요약 ____ 91

## Chapter 3 M&A 절차

1. M&A 절차 ____ 96

1.1 M&A 동기 ▪ 97
1.2 M&A 전략 ▪ 101
1.3 비밀유지 계약 체결 ▪ 102
1.4 사전실사 ▪ 107
1.5 인수의향서 제출 ▪ 112
1.6 본 실사 ▪ 123
1.7 협상 ▪ 137
1.8 최종제안서 제출 ▪ 138
1.9 본 계약체결 ▪ 139
1.10 대금지급 ▪ 156

2. 요약 ____ 157

## Chapter 4 M&A 적대적 매수 및 방어전략

1. 매수전략 ____ 160

2. 방어전략 ____ 165

3. 적대적 M&A의 의의 ____ 172

4. 적대적 M&A 사례 ____ 173

4.1 소버린의 SK그룹 인수 ▪ 174
4.2 칼 아이칸의 KT&G 인수 ▪ 177

5. 요약 ____ 180

## Chapter 5 가치평가


1. 시장 배수평가법 185

1.1 EV/EBITDA 평가법 186
1.2 자본비용 추정 194
1.3 PER 평가법 210
1.4 PBR 평가법 211
1.5 PSR 평가법 213
1.6 상대가치 평가 시 주의사항 214

2. 현금흐름할인모형 214

2.1 추정재무제표 작성 215
2.2 손익계산서 추정 218
2.3 재무상태표 추정 234
2.4 현금흐름표 추정 237
2.5 FCFF로 가치평가 237

3. 요약 241


## Chapter 6 차입매수


1. LBO란 무엇인가? 244

2. LBO의 효과 246

3. RJR Nabisco 사례 249

4. 한국의 LBO 사례 250

4.1 신한 LBO 251
4.2 한국까르푸 LBO 256

5. 한국항공의 LBO 예제 259

6. LBO에 적절한 대상기업 269

7. 요약 270

## Chapter 7 인수 후 통합

1. PMI 모델 276

1.1 조직 · 인사 모델 ▪ 278
1.2 GE 캐피탈 모델 ▪ 281

2. 실패로 배우는 PMI 285

2.1 금호아시아나그룹 승자의 저주 ▪ 285
2.2 STX의 기업문화 통합 실패 ▪ 286
2.3 비전이 없는 M&A ▪ 288
2.4 통합 전략의 부재 ▪ 289

3. 성공으로 배우는 PMI 289

4. 요약 293

## Chapter 8 M&A 시 유의사항

1. 돈의 흐름을 따라 의사결정을 해라 296

2. 시너지에 집착하지 마라 300

3. 실사를 통해서 다 알지 못한다 302

4. 호경기에 M&A하라 304

5. 실무자가 최고경영자를 설득하지 마라 307

6. 해외 M&A 시 투자 파트너와 동반진출해라 310

7. 해외 M&A는 내부 역량이 있을 때 해라 311

8. 자문사의 의견만 따를 경우 실패할 수 있다 313

9. 자문사, 아는 만큼 도움받는다 314

10. 재무적 투자자를 적절히 활용해라 _____ 317

11. 요약 _____ 319

참고문헌/321

찾아보기/325

# M&A란 무엇인가?

ch. one

1

경제신문을 보면 늘 빠지지 않는 단골 뉴스가 있다. 바로 기업들 간의 M&A이다. 그리고 시중 서점의 경제 · 경영 코너에 가면 별도의 섹션으로 M&A가 있다. 실생활에서 우리는 M&A에 따른 기업 변화를 자주 목격한다. 예를 들어, 과거에는 OB맥주를 두산에서 제조하였지만 지금은 더 이상 두산에서 제조하지 않고 앤하이저 부시(Anheuser-Busch InBeve ; AB InBev, 벨기에 다국적 기업)에서 제조하고 있다. 성공적인 M&A로 두산은 과거 식음료 및 소비재 기업에서 두산중공업, 두산인프라어, 두산건설을 보유하고 있는 한국의 대표적인 중공업 기업이 되었다.

2000년 초반 온라인 시장이 한참 성장할 때 마치 캘리포니아에서 금광이 발견되어 실제 금을 채굴하는 사람들보다 그 옆에서 삽이나 곡괭이를 파는 사람이 더 많은 돈을 번 것처럼 택배를 포함한 물류시장이 더 많은 혜택을 받았다. 당시 대표적인 물류기업은 대한통운이지만 지금은 쿠팡이나 위메프 같은 온라인 업체에서 주문을 하면 CJ대한통운이 배달을 한다. 즉, CJ가 대한통운을 2011년에 인수하면서 CJ대한통운으로 사명이 변경되었다. CJ 역시 대한통운을 인수하면서 생필품을 생산하는 소비재 산업을 영위하던 사업 영역이 물류업까지 확장되었다. 이처럼 M&A는 우리 일상생활에 밀접한 관련이 있고 M&A로 인해서 산업의 지형도 같이 변화하고 있다. 그럼 M&A가 무엇을 의미하는지 알아보겠다.

## 1. M&A 개념

M&A(Mergers & Acquisitions)는 영어 그대로 번역하면 합병과 인수이다. 그러나 보통 우리말로는 합병과 인수 대신 인수 · 합병이라고 말한다. 인수와 합병은 동일한 의미로 쓰이는 것 같지만 차이가 있다. 인수는 한 기업이 다른 기업을 사는 것을 의미한다. 즉, A기업이 B기업을 구매한다. 그 결과 A기업이 B기업을 지배하지만 A기업은 A기업대로 B기업은 B기업대로 존재한다. 대표적으로

2012년에 SK텔레콤이 하이닉스를 인수하였지만 그 이후에도 SK텔레콤과 하이닉스는 별도의 법인으로 존재한다.

반면에 합병은 합병하려는 A사와 합병의 대상이 되는 B사가 합쳐져서 하나의 회사가 되는 것이다. A사와 B사가 합쳐져서 A사가 될 수도 있고 B사가 될 수도 있고 전혀 이름이 다른 C사가 될 수도 있다. 2017년 세상을 떠들썩하게 만든 제일모직과 삼성물산의 합병에서 제일모직이 삼성물산을 합병하면서 피합병기업인 삼성물산은 사라지고 제일모직만 남았다. 그리고 제일모직은 사명을 삼성물산으로 변경하였다. 사람들은 제일모직과 삼성물산 간의 합병에서 피합병기업이 제일모직이라고 생각하지만 단순하게 합병과정에서 제일모직이 삼성물산으로 이름을 바꾼 것이다.

M&A는 이러한 인수와 합병을 통틀어서 일컫는 개념이다. M&A는 큰 자금이 소요되는 투자이다. 예를 들어 현재 A기업의 가치가 100억원이고 B기업의 가치는 70억원이라고 가정하자. A기업이 B기업을 인수한다면 시장 내에서 단숨에 업계 1위가 되고 시너지도 많이 날 것으로 예상한다. 그러나 B기업을 인수하기 위해서는 70억원을 B기업 주주에게 지불해야 한다. A기업가치의 70%를 B기업을 인수하기 위해 사용해야 하는 것이다.

이러한 의사결정은 누가 해야 할까? 당연히 회사의 최고경영자가 해야 한다. M&A는 일반적인 시설유지보수 투자와 같은 경상투자와는 성격이 다르다. 회사를 단숨에 업계 1위, 2위로 올려 놓을 수도 있고 매출을 작년보다 2배, 3배 성장시킬 수도 있는 힘을 가졌다. 마치 전쟁에서 쓰이는 핵무기 같은 효과를 발휘한다. 핵무기 발사 버튼을 누르는 것을 연대장이나 사단장이 할 수 있을까? 절대 그들은 하지 못한다. 군 통수권자만이 핵무기 발사 버튼을 누를 수 있다.

M&A도 핵무기 발사 버튼을 누르는 것과 동일하다. M&A는 전략적 수단이고 기업의 사활을 걸 수도 있기 때문에 늘 최고경영자, 우리나라 상황에서는 오너라고 하는 기업의 실질적인 운영자가 결정해야 하는 사항이다. M&A는 최고

경영자의 업무 영역이다. M&A 전담팀에 있는 실무자는 최고경영자가 의사결정을 합리적으로 할 수 있도록 보좌해 주고 실무적으로 M&A 절차를 진행시키는데 그 역할이 있다. 인수를 하고 합병을 하는 의사결정은 철저하게 오롯이 최고경영자의 몫이다.

이러한 최고경영자의 업무로는 어떤 것들이 있을까? 매일 기업을 운영하는 일상적인 의사결정도 그들의 업무이고 회사의 비전을 수립하고 그 비전의 결과물로 중장기 목표를 수립하는 것도 그들의 업무이다. 비전과 중장기 목표를 수립하고 이를 어떻게 달성할지 방법을 고민하고 실행하는 업무도 최고경영자의 업무이다. 그러므로 M&A는 단순히 인수와 합병을 하는 것이 아니라 기업의 목표를 달성하기 위한 하나의 수단으로 기업의 비전과 목표에 부합되어야 한다.

세상에는 다양한 비전과 목표를 갖고 있는 기업이 있다. 예를 들어, CJ대한통운에게는 물류업계의 강자가 되고 업계 1위를 하고 나아가 세계적인 물류기업이 되고자 하는 비전과 목표가 있다. 그러면 그들은 적극적으로 해외 물류기업의 M&A를 고려할 것이다. 혹은 단순하게 재무적 수익을 목적으로 하는 기업이 있다면 그 기업은 값싼 기업을 헐값에 구입하고 비싼 값에 팔기 위해 경영을 개선시켜 기업가치를 높인 후 M&A를 할 것이다. 그러므로 M&A를 실행할 때는 해당 기업의 비전과 목표가 있어야 하고 그러한 목표 하에 검토되고 실행되어야 한다. 왜냐하면 M&A는 목표 그 자체가 아니라 목표를 달성하기 위한 하나의 수단이기 때문이다.

## 2. M&A 장단점

M&A를 기업의 전략적 수단으로 삼을 경우 M&A는 잘 사용하면 약이 될 수 있지만 잘못 사용하면 독이 될 수도 있다. M&A는 투자의 한 방법이고 목표를 달성하기 위한 많은 수단 중에 하나의 방법이다. 즉, 선택의 문제이지 모든 상황

에서 필수적으로 해야 하는 것은 아니다. 그럼에도 불구하고 많은 기업은 M&A를 문제를 해결하거나 기업의 목표를 달성하는 필수적인 수단으로 생각한다. 왜냐하면 M&A는 기존의[1] 신사업 투자(Greenfield Investment)에 비해서 상당히 강력한 장점을 갖고 있기 때문이다. 그리고 M&A를 잘 사용하면 경영진은 효과적이면서 효율적으로 기업의 목표를 달성할 수 있다.

첫째, M&A는 신사업 투자에 비해서 빠르고 손쉽게 신규 시장에 침투할 수 있다. M&A는 기존에 있는 업체를 인수하기 때문에 피인수기업이 보유하고 있는 고객, 원재료 구매처, 브랜드 네임 등 모든 것을 일시에 가져갈 수 있다. 그러므로 매우 신속하게 새로운 시장에 진입하여 사업을 시작할 수 있다.

둘째, 기존의 경쟁자를 인수하는 방식이기 때문에 시장 내 공급량을 늘리지 않으면서 시장에 침투하여 시장 내의 경쟁강도를 유지할 수 있다. 새로운 투자를 통해서 시장에 진입한다면 그 사실 자체가 시장 내 경쟁자를 증가시키는 결과를 초래하여 시장 내 경쟁을 높여서 기존 시장의 공급을 교란시킬 수 있다. 즉, 기존 시장의 공급가격, 공급량, 공급기업과 수요기업의 역학관계를 교란시킬 수 있다. 그러므로 결국에는 공급자끼리 경쟁을 심화시키므로 시장진입자는 물론이고 기존 플레이어들의 수요자에 대한 협상력을 약화시켜 결과적으로 공급자의 이윤을 감소시킬 수 있다.

셋째, 빠르게 변화하는 외부환경에 신속하게 대응할 수 있어서 투자의 타이밍을 놓치지 않을 수 있다. 투자의 성패를 가르는 것은 시장환경이다. 시장이 가장 좋을 때 가장 좋은 이윤을 가장 많이 확보할 수 있어야 투자의 성과가 가장 좋다. 그러나 지금 시장이 좋다고 당장 투자를 한다 해도 투자에는 시간이 소요된다. 이러한 시간을 감안할 경우 투자가 완성될 즈음에는 산업의 호황기가 지나고 불황기가 오는 경우가 많다.

---

1. 신사업 투자(Greenfield Investment) : 사업의 시작부터 성숙기까지 외부의 지원 없이 내부의 지원만으로 진행되는 투자

단적으로 아시아, 아랍의 신흥 개발도상국에는 초고층 빌딩이 많이 있다. 대부분의 그러한 빌딩은 경기가 호황일 때 경제에 대한 자신감으로 건설을 시작하였다. 그러나 안타깝게도 그 빌딩이 완공될 즈음에는 경기가 불황에 접어든 상황이어서 빌딩의 완공을 축하해 줄 수 없는 경우가 많았다. 이것이 마천루의 저주이다. 당장의 경제나 산업의 호황을 보고 신사업 투자 형태로 투자가 실행되면 이미 그 투자는 타이밍상 늦은 투자가 될 수 있다. 그러므로 M&A를 통한 투자는 지금 가장 좋은 시기의 가장 높은 이익을 향유할 수 있다.

넷째, 기술이 부족한 기업들이 필요로 하는 기술을 갖고 있는 기업들을 M&A하면서 경쟁력을 강화할 수 있다. 오늘날 세계적인 기업인 구글(Google)의 역사는 M&A의 역사라고 해도 과언이 아니다. 2001년부터 2016년까지 소규모 벤처 회사부터 대형 기업까지 170개가 넘는 기업을 인수하면서 구글은 성장하였다. 대표적으로 2005년에 Android(약 500억원), 2006년에 YouTube(약 1.6조원), 2011년에 Motorola(약 11조원), 2013년에 Waze(약 1조원), 2014년에 Nest Labs(약 3조원) 등 수많은 기업을 인수하면서 세계적인 IT 기업이 되었다.

2017년 3월 삼성전자는 미국의 자동차 전장(자동차의 전자제품을 제조하는 부품기업)업체인 하만(Harman)을 90억 달러에 인수하였다. 이 사례는 앞서 언급한 M&A의 모든 장점을 다 갖고 있다. 삼성전자는 이미 전자제품시장에서 최고의 브랜드 네임과 기술을 보유하고 있다. 그러면 삼성전자는 90억 달러나 지불하면서 하만을 인수할 것이 아니라 삼성전자 자체적으로 자동차 내의 오디오 등 필요한 전자제품을 제조하여 자동차 기업들에게 납품할 수 있을 것이다. 오히려 그렇게 한다면 투자금액이 90억 달러까지 소요되지 않을 가능성이 높다. 그러나 삼성전자는 자신의 경영목표를 달성하기 위해서 하만을 인수하는 방법을 선택하였다. 왜냐하면 하만을 인수함으로써 하만이 보유하고 있는 모든 자동차 공급업체, 부품업체, 생산라인, 직원 등을 한번에 얻게 되기 때문이다.

만약 신규투자로 삼성전자가 하만과 같은 기업을 만든다고 하면 여러 가지

문제가 발생한다. 기존의 자동차 기업들은 각자의 공급망 관리(Supply Chain Management)가 잘 되어 있다. 대부분의 자동차 기업들은 해당 국가의 부품기업들에게 주로 부품을 공급받는다. 예를 들어, 현대 기아차에 특정 부품을 공급하는 대부분의 공급업체 1, 2위는 한국 기업이다. 마찬가지로 폭스바겐에 부품을 공급하는 대부분의 공급업체 1, 2위는 유럽계 부품 회사이며, GM이나 포드에 공급하는 주요 부품회사는 미국계 부품기업이다. 삼성전자가 단독으로 자동차 전장부품 사업에 진출했다면 제품을 만드는 데 문제는 없을지라도 제품을 판매할 때 문제가 생기게 된다. 실제로 높은 기술력과 품질로 제품을 잘 만들 수 있다하더라도 이를 파는 것은 별개의 문제이기 때문이다.

대부분의 완성차 업체들은 한 부품당 안정적인 부품 공급을 받기 위해서 2~3개의 공급처를 보유하기 때문에 삼성전자가 기술적 명성이 있더라도 그 공급업체에 등록하고 사업을 확장하기란 쉬운 일이 아니며, 시간도 장기간 소요될 것이다. 그렇게 시간이 장기간 소요된다면 경영환경과 경쟁환경이 변화하여 효과적으로 대응할 수 없을 것이다. 삼성전자가 M&A 대신 신규투자로 투자를 결정했다면 신규로 설립한 기업은 분명히 하만과 경쟁할 것이다. 부품업체 입장에서는 공급자가 늘어나기 때문에 스스로의 경쟁 강도가 높아진다. 즉, 이는 삼성전자 스스로에게 부품공급단가를 낮추게 하고 경쟁을 가열시키는 결과를 가져올 수 있다. 이러한 이유 때문에 삼성전자는 자동차 전장부품 사업에 진입하는 방식을 신사업 투자 대신에 M&A로 선택한 것이다.

장점이 있으면 단점도 있듯이 M&A에는 분명 여러 단점들이 있다. 첫 번째는 M&A를 하기 위해서는 일반적으로 경영권 프리미엄을 지급해야 한다. 그러므로 이 과정에서 인수가격이 높아져 인수기업의 재무상태에 악영향을 끼칠 수 있다. M&A는 곧 경영권을 인수하는 것이다. 주식시장에서 우리가 일반적으로 구입하는 1주와 경영권이 포함된 1주는 그 가치가 다르다.

주주가 두 명이 있다. 한 주주는 50% + 1주를 보유하고 있고 나머지 주주는

50% – 1주를 보유하고 있다. 50% + 1주를 보유하고 있는 주주의 추가 한 주는 경영권이 있는 한 주이기 때문에 일반적인 한 주의 가치보다는 높게 거래된다. 그 높은 가치를 경영권 프리미엄이라고 부른다. 경영권 프리미엄은 인수의 경쟁상황과 피인수기업의 매력도에 따라 그 가치가 달라진다. 보통 30% 내외에서 경영권 프리미엄이 형성되지만 특별한 경우 경영권 프리미엄이 100% 이상 높게 형성될 수도 있다. 대표적으로 2006년 금호아시아나그룹이 대우건설을 인수할 때 111%의 경영권 프리미엄을 주고 인수했고 이로 인한 자금부담으로 2010년 워크아웃에 들어갔다. 너무 높은 경영권 프리미엄을 주고 인수할 경우 승자의 저주로 인하여 인수한 회사가 재무적 곤경에 처할 가능성이 존재한다.

두 번째는 인수 후에 두 기업 간에 마찰이 생겨서 오히려 1 + 1 = 1이 되는 상황이 발생할 수 있다. 즉, 시너지 효과가 생기지 않고 마이너스 시너지 효과가 발생할 수 있다. 전혀 다른 문화를 가진 두 기업이 하나의 우산 아래에서 경영을 한다면 양쪽에 속한 구성원들은 서로에게 적응하느라 힘들 가능성이 높다. 대부분의 M&A가 실패로 돌아가는 가장 큰 이유는 서로 다른 조직끼리 하나가 되면서 그 과정에서 발생하는 조직 융합의 문제 때문이다.

M&A를 사람으로 비유하자면 한 커플이 중매로 연애기간 없이 결혼한 것과 같다. 같이 살면서 남자와 여자는 서로를 알아갈 것이다. 그 과정에서 서로 성격도 다르고 취향도 다르다는 것을 알게 된다. 그 다름을 인정하고 서로 상대방을 위해서 변화하려고 한다면 성공적인 결혼생활이 될 가능성이 높지만 어떤 한쪽이 상대방에게 맞추기를 원한다면 그 결혼생활은 실패할 확률이 높다. M&A 역시 이와 동일하다. 인수의 경우는 다른 법인으로 독립적으로 존재하기 때문에 이러한 가능성이 다소 낮지만 합병의 경우는 완전히 두 조직이 하나의 조직이 되는 경우이기 때문에 내부조직의 마찰이 크게 발생할 소지가 높다. 합병기업의 직원들이 점령군처럼 피합병기업의 직원을 대하고 승진이나 보상에서 피합병기업 직원들에게 불이익이 돌아간다면 피합병기업의 핵심인재는 다른 곳을 찾아

떠날 것이다. 이러한 이유 때문에 M&A는 실패할 가능성이 높다.

예를 들어 STX가 노르웨이에 소재한 아커야즈(Aker Yards)라는 크루즈 건조사를 인수했을 때 유럽의 경영환경에 익숙하지 않아서 인수 후 통합과정에서 많은 어려움을 겪었다. 북유럽 경영의 일반적인 형태는 이사회 멤버 중 40% 이상이 여성으로 채워져야 하고 노동자 대표 또한 멤버 중 40%가 되어야 한다. 즉, 우리나라의 중공업 기업들보다 북유럽의 중공업 기업들은 노조와 여성에 친화적인 기업문화를 갖고 있었지만 이를 잘 이해하지 못해서 STX는 인수 후 통합에 큰 어려움을 겪었고 이로 인해 당초 기대했던 시너지를 만들어내지 못하였다.

마지막으로 M&A를 통해서 투자한다면 원하지 않는 사업까지 같이 패키지로 인수할 가능성이 존재한다. 2004년에 STX가 범양상선을 인수할 당시 STX는 범양상선의 벌크 사업부만 인수하고 싶었을지도 모른다. 그러나 범양상선은 작게나마 컨테이너 사업부도 갖고 있었다. 이 외에도 항만을 관리하는 사업부 등 조그만 다른 사업부도 있었다. 인수 · 합병을 하면 인수하고자 하는 기업에서 특정 사업부를 선택적으로 인수하는 경우보다는 포괄적으로 사업 전체를 인수하는 경우가 일반적이다. 그러므로 이 과정에서 원하지 않는 사업까지 인수할 가능성이 있다. 물론 이 경우 각 사업부별로 조각을 내어 매각할 수 있지만 각각의 사업부에 해당하는 인수자를 찾는 것은 쉬운 일이 아니며, 각 사업부를 각각 매각하는 방법 역시 쉽지 않으므로 매도자 입장에서 선호하는 매각방식은 아니다.

신사업 투자와 M&A는 서로가 가진 단점이 장점이 되고 장점이 단점이 된다. 신사업 투자의 가장 큰 장점은 투자과정에 있어서 유연함이다. 시장 상황을 관찰하며 투자를 할 수 있기 때문에 시장환경에 대응하는 유연한 투자를 할 수 있다.

두 번째로는 내부 마찰을 최소화할 수 있다. 같은 기업문화를 가진 조직구성원이 추진하는 사업이기 때문에 내부적으로 마찰이 있을 가능성이 낮다. 많은 M&A가 실패로 귀결되는 이유 중의 첫 번째 이유가 인수 후 통합을 잘 하지 못하여 조직 간에 발생하는 문제로 인한 불협화음 때문이다. 신사업 투자방식으로 투자를 한다면 최소한 그러한 문제에서 자유롭기 때문에 투자를 진행하는 주체가 기업문화를 컨트롤해가며 투자를 할 수 있다.

신사업 투자와 M&A를 비교하면 늘 어떤 방식이 우월하다고 말할 수 없다. 100% 신사업 투자로 기업의 투자를 운영하는 것도 효율적인 운영이라고 할 수 없고, 100% M&A로 투자를 운영하는 것도 효율적인 운영이라고 할 수 없다. 기업이 처한 상황과 목표를 달성하기 위한 전략에 맞춰서 가장 최적의 방법을 선택하면 된다.

## 3. M&A 동기

기업들이 M&A를 하는 이유는 M&A가 가진 강력한 장점들 때문이다. 그리고 그러한 장점들을 살펴보면 기업의 다양한 M&A 동기를 확인할 수 있다. M&A 동기는 크게 경영 전략적 동기, 재무적 동기, 그리고 기타 동기로 분류할 수 있다.

### 3.1 경영 전략적 동기

모든 기업은 비전과 목표가 있다. 이를 달성하기 위해서 직원 채용도 하고 투자를 단행한다. 이러한 비전과 목표를 달성하기 위한 경영전략상 M&A는 큰 효과를 발휘한다. M&A는 매수자와 매도자가 있어야 가능한 투자이다. 신사업 투자처럼 세상에 없는 것을 만들어내는 투자가 아니라 기존에 있는 사업을 인수 혹은 합병하는 투자의 방법이다.

첫째, M&A를 통해서 경영효율을 달성할 수 있다. 경영효율은 주주의 가치로 발현되며 보통 시너지 효과라고 한다.

$$S = V_{AB} - (V_A + V_B + C) \qquad (1\text{-}1)$$

$S$ : 시너지(경영효율)

$V_{AB}$ = 두 기업의 합병 후의 기업가치

$V_A$ = 합병 전 A기업의 기업가치

$V_B$ = 합병 전 B기업의 기업가치

$C$ = 합병 관련 비용

식 (1-1)처럼 합병 후의 기업가치는 합병 전 개별 기업의 기업가치의 합과 합병 관련 비용들을 제외하더라도 높아야 한다. 이런 경우 기업들은 합병 혹은 인수를 하게 된다. 통상 이러한 효과들을 시너지 효과라고 한다.

시너지 효과의 원천은 보통 규모의 경제(Economies of Scale)와 범위의 경제(Economies of Scope)에서 발생한다. 규모의 경제는 크게 보면 일정 규모 이상의 생산설비가 있을 경우 생산원가가 감소하여 원가경쟁력을 갖을 수 있는 것을 의미한다. 특히 고정비가 많이 발생하는 산업에서 규모의 경제는 중요하다. 고정비가 일정 금액으로 꾸준히 발생할 경우 충분히 생산량을 증가시키면 생산량 증가에 따라 1단위당 고정비는 감소하기 때문에 전체적인 원가가 감소하여 원가경쟁력이 발생한다.

이 외에도 대량구매에 따른 원재료 등의 구매할인이 가능하여 변동비의 총액도 같이 줄일 수 있어서 원가경쟁력을 가질 수 있다. 규모의 경제를 얻기 위한 대표적인 방법으로 수평적 M&A가 있다. 이를 통해서 시장을 확대할 수 있다. 현대자동차가 기아자동차를 인수하면서 자동차 산업에서 규모의 경제를 얻게 되어서 충분한 시장지배력을 갖게 되었고 이로 인해서 효율적인 생산이 가능하였다. 규모의 경제는 이런 경우를 일컫는다. 즉, 현대차와 기아차가 개별적으로 존재할 때보다 두 기업이 하나의 우산 아래 존재할 때 더욱 큰 시너지를 창출할 수 있다.

같은 자동차 기업이기 때문에 연구개발 측면에서 중복되는 연구를 피할 수 있으며, 연구개발역량을 한곳에 집중할 수 있다. 그리고 각각의 기업들이 보유한 생산공정상의 장점을 서로 도입하여 효율적인 생산 시스템을 구축할 수도 있다. 전 세계 고객을 대상으로 영업할 경우에도 공동 마케팅을 통하여 마케팅 비용을 감소시켜서 비용 측면에서 타 경쟁자 대비 유리한 고지에 서 있을 수 있다.

시너지의 또다른 원천은 범위의 경제이다. 범위의 경제는 하나의 산업이 수직계열화가 되어 있어서 원재료의 조달과 관련하여 원가를 절감시킬 수 있다. 현대차 그룹은 자동차에 필요한 기초 소재인 강판을 현대제철에서, 그리고 부품은 현대모비스에서 제조하여 이를 현대차에서 조립한 후에 현대 글로비스를 통해서 전 세계로 수출하고 있다. 게다가 현대 캐피탈까지 있어서 소비자가 자동차를 구입할 때 할부 금융 서비스까지 제공한다. 자동차의 원재료부터 자동차 할부까지 원스톱 서비스를 제공하는 것이다. 이러한 수직계열화는 기업의 경쟁력을 확보할 수 있다.

수직계열화는 단적으로 원재료에서 완제품에 이르기까지 하나의 기업 혹은 계열에서 이루어지기 때문에 내부에 이미 확보된 시장이 존재하여 안정적인 사업을 영위할 수 있다. 그룹 내의 이미 확보된 시장을 바탕으로 각 기업들은 상대적으로 손쉽게 시장확대를 꾀할 수 있어서 추가적인 성장을 할 수 있다. 현대차 입장에서는 안정적으로 부품을 공급받을 수 있으므로 계획성 있는 생산계획을 수립할 수 있어 경영에 효율이 더해질 수 있다. 현대차처럼 수직계열화된 대표적인 그룹이 STX다. STX메탈을 통해서 선박용 엔진 부품을 공급하고 STX엔진을 통해서 선박용 엔진을 조립하고 STX조선을 통해서 다시 선박을 건조한다. 마지막으로 STX팬오션을 통해서 건조된 선박을 매입하는 일련의 가치사슬을 보유하고 있다. M&A는 이러한 수직계열화를 실현시켜 줘서 기업의 경쟁력을 강화시킬 수 있다.

둘째, M&A는 시장 다각화를 할 수 있는 수단이기 때문에 사업 확대를 용이

하게 한다. 앞서 언급한 대로 M&A는 신사업 투자에 비해서 새로운 시장에 손쉽게 진출하는 데 효과적이다. SK가 하이닉스를 인수하면서 손쉽게 반도체 시장에 진입한 것 같은 효과를 노릴 수 있다. SK그룹 전체로는 반도체 사업을 통해서 시장을 다각화하였다. 반도체 산업은 산업의 호황과 불황의 주기가 약 3~4년으로 짧고 기술 집약적이며 자본 집약적인 산업이기 때문에 신규 플레이어가 진입하기 어렵다. 그러므로 누구나 쉽게 진입할 수 있는 시장이 아니다. SK는 SK텔레콤이 보유한 많은 현금을 M&A를 활용하여 성공적으로 사업 다각화를 하는 데 사용하였다. 사업 다각화는 많은 기업들이 자신들의 사업위험을 회피하기 위해서 실행하는 전략이다. SK뿐만 아니라 CJ 역시 물류사업에 진출하기 위해서 대한통운을 인수하였다. 이를 통해 기존 사업과의 시너지뿐만 아니라 안정적인 현금을 창출하는 새로운 사업을 만들었다.

셋째, 진입장벽의 회피이다. 삼성전자가 하만을 인수한 이유는 자동차 산업의 공급망(Supply Chain)에 손쉽게 진입하기 위해서이다. 자동차 기업의 공급망에 들어가기 위해서는 오랜 기간 완성차 업체와의 영업적 관계가 수반되어야 한다. 삼성전자가 자동차 전장부품 사업을 독자적으로 한다고 하면 많은 자동차 전장부품 기업들은 공급단가를 낮추면서 삼성전자가 시장에 진입하는 것을 저지할 것이다. M&A로 시장에 진입한다면 경쟁자의 견제에서 상당부분 자유로울 수 있다. 그러므로 M&A는 이러한 시장의 진입장벽을 회피할 수 있는 좋은 수단이다. 삼성전자는 이미 자동차 산업의 특성을 알기 때문에 효과적으로 사업을 전개하기 위해서 M&A를 선택하였다.

마지막으로 기술을 확보하기 위한 M&A가 있다. 모든 기업들이 필요로 하는 기술을 자체적으로 개발할 수 없다. 자체적으로 개발한다 할지라도 그것이 오히려 비효율을 발생시킬 수 있다. 그러므로 구글, 아마존(Amazon), 페이스북(Facebook) 같은 기업들은 M&A를 통해서 경영목표를 달성하였다. 아마존의 경우 창립 초기에는 온라인 서점으로 출발했으나 이제는 전자상거래의 대표적인 기업이 되었고 지금은 인공지능과 미디어 기업으로 변모하고 있다. 이는 자신들이 가야할 방향을 명확히 설정하고 이를 위해 필요한 M&A들을 2010년 이후 현재까지 40건 넘게 진행하면서 필요로 하는 기술 및 핵심역량을 시장에서 지속적으로 구입하였기 때문이다. 아마존은 피인수기업이 홀로 있는 것보다 자신이 운영할 경우 더 높은 가치를 창출할 수 있다고 믿었기 때문에 그렇게 많은 인수·합병을 할 수 있었다.

## 3.2 재무적 동기

재무적인 동기로 인해서 많은 기업들은 M&A를 실행한다. 재무적인 동기는 다양하게 나타난다. 저평가된 기업을 인수하여 구조조정을 통하여 기업가치를 높인 후 다시 매각하는 시세차익의 형태로 나타날 수도 있다. 기업의 위험을 분산시키기 위해서 다양한 M&A를 하여 사업 자체가 갖고 있는 위험을 낮추는 방법도 있다. 기업의 규모가 커지면 차입여력이 커지기 때문에 이를 위해 M&A를 하는 경우도 있다.

첫 번째가 사업위험 분산이다. 일반적으로 기업의 사업위험은 기업이 걱정할 부분이 아니라 주주가 걱정할 부분이다. 즉, 주주들은 자신들의 투자 위험을 회피하기 위해서 분산투자를 한다. 그러므로 굳이 기업이 주주들을 위해서 사업위험을 분산할 필요는 없다. 그러나 우리나라에서는 기업의 총수가 곧 경영자이면서 주요 주주이기 때문에 자신의 그룹이나 기업이 하나의 사업에 치우쳐 있어서 사업위험이 크다고 판단되면 사업 다각화를 통해서 사업위험을 분산하고 싶어한다.

대표적인 예가 STX이다. STX는 해운과 조선업에서 그룹 매출의 80% 이상이 발생한다. 이는 해운과 조선 산업이 호황일 경우 굉장히 큰 경영성과를 창출하지만 반대로 불황일 경우에는 굉장히 큰 위협이 될 수 있다. 이러한 점을 경영진과 그룹의 총수인 강덕수 회장은 잘 알고 있었다. 그래서 STX는 기업규모가 일정 규모 이상이 된 2006년과 2007년부터 내부적으로 수많은 M&A를 검토했고 그러한 M&A의 목적은 사업 다각화에 있었다. 2011년에 시장의 우려에도 불구하고 STX가 하이닉스 반도체 인수경쟁에 뛰어든 것은 이러한 사업 다각화에 대한 열망이 매우 컸기 때문일 것이라고 분석할 수 있다.

두 번째는 자본 조달 능력의 확대다. A라는 기업이 부채비율이 100%이고 B라는 기업이 부채가 없다면 A기업이 B기업을 합병했을 경우 부채비율은 100% 이하로 낮아지게 된다. 이 경우 A기업은 자산 증가로 인한 차입여력 증가는 물론 절대적인 부채비율 감소로 인해서 추가차입여력이 생긴다. 따라서 추가적으로 자본을 조달할 수 있는 능력을 바탕으로 A기업은 신규사업을 할 수 있다.

세 번째는 이월결손금의 세무효과이다. 우리나라 세법은 과거 5년간의 이월결손금에 대해서 이익이 발생하면 이월결손금에서 상계시킬 수 있다. 예를 들어 A라는 기업의 총 이월결손금이 100억원이다. 올해 30억원 순이익이 날 경우 실제로는 약 20%에 해당하는 세금을 지급해야 한다. 세무상 이월결손금이 100억원이 있기 때문에 순이익 30억원을 이월결손금에서 차감하여 실제 세금은 납부하지 않는다. 다만 이월결손금 규모만 70억원으로 감소한다. 이러한 세무적 동기에 의해서 M&A가 발생한다. 그러나 단순히 이월결손금의 세무효과만을 노리고 합병하는 사례는 극히 일부이기 때문에 일반적인 M&A 동기라고 보기는 어렵다.

마지막으로 자본이득을 위해 M&A를 한다. 대표적으로 사모펀드(Private Equity Fund)는 자신의 투자수익을 증가시키기 위해서 기업을 인수한다. 기업을 인수한 후에는 경영을 효율화시키고 불필요한 자산을 매각하여 핵심사업에 집중하도록 한다. 이 과정에서 자연스럽게 기업의 가치가 상승하게 되고 나중에 사모펀드는 그 기업을 매각하면서 자본이득을 얻게 된다. 국내 사모펀드는 금융위기 전까지는 주로 대기업의 재무적 파트너로 M&A에 참여했다. 그러나 2010년 이후에는 투자경험과 해당 분야의 전문 인력을 바탕으로 직접 M&A에 주도적으로 참여하는 사례가 증가했다. 지금은 사모펀드가 M&A 시장에서 하나의 주요 플레이어로 역할을 하고 있다.

### 3.3 기타 동기

첫 번째로 M&A의 기타 동기로는 경영자의 과시욕이 있다. 우리나라에서는 일반적으로 주주와 경영자가 일치하는 경우가 많다. 소위 재벌이라고 불리는 대기업의 총수들이 경영을 한다. 그리고 실제 대형 M&A에서도 재벌들이 주요 플레이어 역할을 하고 있다. 재벌 총수들은 공정거래위원회에서 매년 발표하는 대기업 집단 순위에 민감하게 반응한다. 자신이 운영하고 소유하는 기업이 규모가 클수록 총수의 사회적 지위도 같이 상승하는 경향이 있기 때문이다. 전통적으로 수십년간 재벌인 그룹에서는 이러한 현상이 상대적으로 덜 발견되지만 신흥재벌같이 전통적 재벌이 아닌 경우에는 이러한 것에 다소 집착할 수 있다. 그러므로 경영자의 과시가 M&A의 주요 동기가 될 수 있다.

두 번째로 성장이 정체된 기업의 경우 내부 인사적체가 심각하게 발생한다. 직원들은 승진이 더디면 이직을 생각하게 된다. 필요로 하는 직원들이 이직하지 않고 지속적으로 기업 내부에 남아 주기를 바랄 때 M&A를 하여 모기업의 직원을 피인수기업으로 승진 발령을 하면 자연스럽게 인사적체를 해소할 수 있다.

세 번째로는 경영자 자만설이다. 대부분의 경영자들은 자신들이 유능한 사람이라고 생각한다. 그리고 자신들이 실행한 M&A가 성공할 경우 더 많은 자신감을 얻는다. 그리고 이러한 상황이 반복될수록 더욱더 많은 자신감을 얻게 되고 M&A를 적극적으로 실행하게 된다. 이러한 경영자의 자만에 의해 M&A가 행해지기도 한다. 왜냐하면 M&A는 그 어떤 투자방법보다 아주 손쉽게 목표를 달성할 수 있는 방법이므로 M&A를 잘만 한다면 순식간에 회사를 수배에서 수십배로 성장시킬 수 있기 때문이다.

## 3.4 M&A 사례

실제 M&A를 하면 M&A 동기에서 언급한 이유 중에 한 가지 이유만으로 하는 경우는 매우 드물다. 여러 가지 이유가 복합적으로 작용하여 M&A를 하게 된다. 2009년 두산은 주류사업부인 '처음처럼'을 롯데 칠성에 5,030억원에 매각하였다. 이 M&A 사례를 매수자와 매도인의 관점에서 그 동기를 분석한다면 각각의 주체에게는 여러 가지 동기가 있다.

매도자인 두산 입장에서 M&A의 동기를 분석하기 위해서는 기업의 전반적인 상황에 대한 이해를 먼저 해야 한다. 이미 앞서 이야기했듯이 M&A는 최고의 사결정자의 업무인 만큼 지엽적인 목적으로 실행되지 않고 그룹 전반을 보는 관점에서 실행된다. 2007년 두산인프라 코어는 49억 달러에 북미에 있는 소형 건설장비 제조업체인 밥켓을 인수하였다. 인수자금 49억 달러(약 5조원) 중 29억 달러(약 3조원)를 국내외 금융기관에서 차입하였다. 이로 인해 두산그룹은 많은 이자비용을 지불해야 했다. 설상가상으로 인수 직후 밥켓은 지속적인 적자를 보였다. 게다가 2007년 가을 미국에서 서브프라임 모기지(Subprime Mortgage)로 인하여 전 세계적인 금융위기가 시작되었다.

두산의 주력사업은 중공업, 건설기계, 건설업이다. 즉, 두산의 주요 사업들은 중국과 중동지역의 경제성장에 그 성과가 달려 있었다. [그림 1-1]은 2008년 말 두산의 지배구조이다. 두산을 정점으로 두산중공업을 소유하고 있고 두산중공업은 두산인프라코어, 두산건설, 두산엔진의 핵심 자회사를 소유하고 있다. 미국발 금융위기는 곧 전 세계적인 불황을 의미했다. 두산의 주요 사업들이 수주사업이기 때문에 2007년에 발생한 금융위기로 인한 경영악화는 당장 발생하지 않고 대략 1~2년 후에 시차를 두고 발생한다. 두산그룹은 2007년 말의 금융위기에 대비해 사업을 더 잘하기 위한 의사결정을 하기보다는 생존에 가장 우선순위를 두고 대부분의 주요 의사결정을 했을 것이다.

그림 1-1 2008년 말 두산그룹 주요 기업 지배구조도

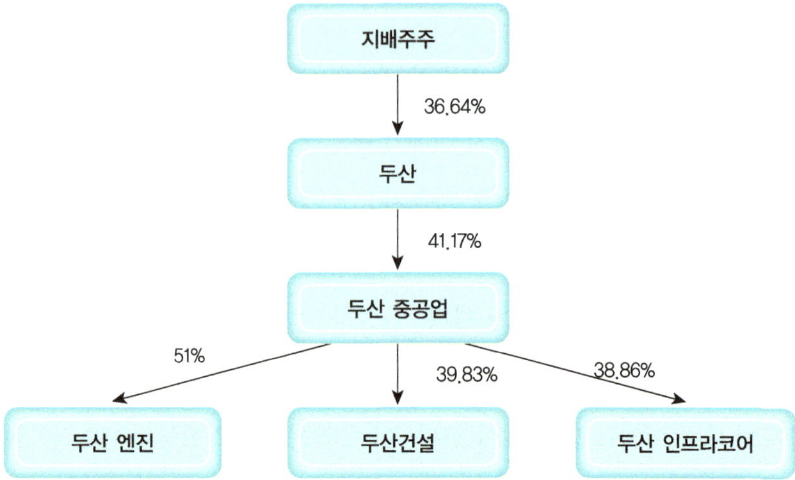


출처 : 전자공시시스템

금융위기가 발생한 이후 두산은 비핵심사업을 매각하였다. 그 예로 두산 테크팩을 MBK파트너스에 2008년에 매각하였다. 두산은 2006년과 2007년 부채비율이 200% 이상이었으나 비핵심자산을 매각하면서 부채비율을 100% 이하로 낮추었다.

두산의 손익은 2007년부터 영업이익이 마이너스이다. 즉, 현금흐름과 직결되는 고유 영업흐름은 마이너스이기 때문에 내부적으로도 유동성 위기에 대한 대응의 필요성이 절실하였다. (주)두산 이외에 〈표 1-2〉~〈표 1-4)는 주력 계열사인 두산 중공업, 두산 인프라코어, 두산건설의 개별재무제표와 손익 계산서이다.

주류사업을 매각하면서 지주회사전환을 수월하게 하고 비핵심자산을 매각하여 핵심사업인 중공업에 집중하겠다는 신문보도가 있었다. 그러나 이 외에도 유동성 확보 목적으로 매각했을 가능성이 높다. 유동성 확보를 위해서 자산을 매각한다고 하면 금융시장에 유동성 위험이 있는 것처럼 보일 수 있다. 그 결과 은행들이 여신을 줄일 수 있고, 증시가 폭락하여 자금 조달이 어려워 더더욱 자

표 1-1 (주) 두산 실적 (단위 : 백만원)

| | 2006 | 2007 | 2008 | 2009 |
|---|---|---|---|---|
| 자산총액 | 2,495,802 | 2,237,922 | 2,791,041 | 2,748,426 |
| 부채총액 | 1,865,853 | 1,516,572 | 1,225,433 | 932,802 |
| 자본총액 | 629,949 | 721,350 | 1,565,608 | 1,815,623 |
| 부채비율 | 296.2% | 210.2% | 78.3% | 51.4% |
| 매출액 | 1,403,870 | 1,407,603 | 1,152,908 | 1,203,080 |
| 영업이익 | 46,390 | −24,262 | −136,471 | −38,019 |
| 당기순이익 | 21,116 | 24,717 | 109,736 | 232,299 |

출처 : 「두산 감사보고서」

표 1-2 두산중공업 실적 (단위 : 백만원)

| | 2006 | 2007 | 2008 | 2009 |
|---|---|---|---|---|
| 자산총액 | 5,162,277 | 5,581,756 | 9,919,032 | 9,175,771 |
| 부채총액 | 3,160,316 | 3,285,279 | 6,537,492 | 5,856,299 |
| 자본총액 | 2,001,961 | 2,296,477 | 3,381,540 | 3,319,472 |
| 부채비율 | 157.9% | 143.1% | 193.3% | 176.4% |
| 매출액 | 3,508,665 | 4,089,542 | 5,709,660 | 6,279,481 |
| 영업이익 | 208,364 | 283,307 | 474,437 | 403,816 |
| 당기순이익 | 74,165 | 298,690 | −65,851 | −328,315 |

출처 : 「두산중공업 감사보고서」

표 1-3 두산인프라코어 실적 (단위 : 백만원)

| | 2006 | 2007 | 2008 | 2009 |
|---|---|---|---|---|
| 자산총액 | 2,469,979 | 3,207,323 | 4,925,629 | 4,778,605 |
| 부채총액 | 1,408,564 | 2,098,005 | 3,379,925 | 3,497,683 |
| 자본총액 | 1,061,415 | 1,109,318 | 1,545,704 | 1,280,922 |
| 부채비율 | 132.7% | 189.1% | 218.7% | 273.1% |
| 매출액 | 3,282,770 | 3,719,881 | 3,963,379 | 2,663,206 |
| 영업이익 | 243,879 | 321,308 | 347,366 | 225,296 |
| 당기순이익 | 135,744 | 180,262 | −121,818 | −311,104 |

출처 : 「두산인프라코어 감사보고서」

**표 1-4** **두산건설 실적** (단위 : 백만원)

| | 2006 | 2007 | 2008 | 2009 |
|---|---|---|---|---|
| **자산총액** | 1,575,085 | 1,833,923 | 2,424,533 | 2,986,223 |
| **부채총액** | 1,097,771 | 1,263,313 | 1,573,698 | 2,113,481 |
| **자본총액** | 477,314 | 570,610 | 850,835 | 872,742 |
| **부채비율** | 230.0% | 221.4% | 185.0% | 242.2% |
| **매출액** | 1,910,342 | 1,798,047 | 1,939,946 | 2,310,258 |
| **영업이익** | 123,650 | 142,015 | 113,931 | 115,437 |
| **당기순이익** | 15,732 | 74,235 | 74,235 | 50,884 |

**출처** : 「두산건설 감사보고서」

금사정을 악화시킬 가능성이 높아진다. 그렇기 때문에 대외적으로는 비핵심자산을 매각하면서 핵심사업에 집중한다는 동기로 매각을 추진했지만 실상은 유동성 확보 목적이라는 이유가 컸을 것이다. [그림 1-2]는 2007년 1월부터 2009년 12월까지의 KOSPI 지수이다. 실제 금융위기는 2007년 가을에 발생했지만 2008년 9월에 리만 브라더스(Lehman Brothers)가 파산하면서 가속화되었고 그

**그림 1-2** **KOSPI 지수 추이**

**출처** : Google Finance

파급력도 확대되었다.

두산이 두산 테크팩과 주류사업부를 매각한 시점 역시 금융위기가 한창인 2008년과 2009년 초이다. 실제 M&A 준비부터 성사까지 기간을 6개월로 가정한다면 금융위기 발생을 보고 두산은 주류사업부를 매각하였을 가능성이 높다. 그 매각한 금액으로 유동성 확보를 하였을 것이다. KOSPI를 보면 2007년 가을에 약 2,000포인트에 도달 후 금융위기가 가장 심각한 시점인 2008년 9월과 10월에는 1,000포인트대로 반 토막이 났다.

그리고 같은 기간 두산그룹의 주요계열사 주가를 보면 (주)두산의 주가가 2007년 말에 약 300,000원에서 2008년 9월 약 60,000원으로 급락하였다. 전체적으로 시장은 50% 하락하였지만 (주)두산은 고점 대비 약 80%가량 하락하였다. (주)두산뿐만 아니라 두산 중공업, 두산건설, 두산 인프라코어 등 핵심 계열사의 주가도 유사한 흐름을 보이고 있다. 당시 시장에서는 두산이 유동성 위기

**그림 1-3 두산그룹의 주요계열사 주가 추이**

**출처** : Google Finance

에 빠져서 어려워질 것이라는 소문이 무성했기 때문에 두산그룹 주식들의 주가는 실적 악화보다는 유동성 문제로 인하여 급락했다고 볼 수 있다. 실제 유동성 위기의 가능성이 높았기 때문에 두산그룹은 주류사업을 매각하였다.

그러므로 매도자는 사업 구조조정과 유동성 확보라는 측면에서 M&A를 하였을 것이다. 반대로 매수자 입장에서는 시장확대라는 이유가 가장 컸을 것이다. 두산의 주류사업을 인수하기 전에 롯데는 롯데칠성음료 주류사업부에서 국산 양주와 과실주 등을 생산하였다. 〈표 1-5〉에서 보듯이 롯데는 소주를 생산하지 않아서 상대적으로 주류업계에서는 낮은 인지도를 갖고 있었다.

**표 1-5** 소주시장 시장 점유율

| | 2008 | 2007 | 2006 |
|---|---|---|---|
| 진로 | 51.0% | 49.3% | 51.2% |
| 두산 | 13.6% | 13.7% | 13.1% |
| 금복주 | 8.2% | 8.8% | 8.6% |
| 무학 | 7.3% | 7.6% | 7.1% |
| 대선 | 7.3% | 7.7% | 7.5% |
| 보해 | 5.5% | 6.1% | 5.8% |
| 기타 | 7.1% | 6.8% | 6.7% |
| 합계 | 100.0% | 100.0% | 100.0% |

출처 : 「두산 사업보고서」

소주 등 주류업계에 진출하기 위해서는 일정 규모의 생산시설을 갖추고 주류제조 면허를 정부로부터 획득해야 한다. 게다가 소주는 진로가 확고한 1위를 하고 있으며, 두산이 2위이고 3위부터는 시장점유율의 차이가 크지 않았다. 그러므로 신규로 투자하며, 정부의 허가를 득하고 유통 채널까지 갖추면서 사업을 하기에는 너무나 위험부담이 큰 산업이었다.

더구나 진로와 두산 이외에는 중소형 업체이기 때문에 롯데가 단독으로 진입을 하더라도 기존의 소주시장을 키우기보다 일정한 시장규모를 가진 시장의 파이를 나눠 갖는 형국이 되어서 산업 내 경쟁이 치열해질 수 있었다. 그리고 추가적으로 얻는 시장점유율도 5% 이하가 될 가능성이 높아서 투자 대비 사업성이 나지 않는 산업이었을 것이다. 두산의 주류사업 매각은 롯데에게 주류시장 진입을 할 수 있는 절호의 기회였다. 또한 주류사업 매입으로 수평적으로는 음료 아이템을 넓힐 수 있었다. 더구나 금융위기라 할지라도 롯데는 내수에 기반한 사업이기 때문에 두산처럼 금융위기로 인한 사업위험이 낮았다.

**표 1-6** **롯데칠성음료 실적**

(단위 : 백만원)

| | 2006 | 2007 | 2008 | 2009 |
|---|---|---|---|---|
| 자산총액 | 1,790,599 | 1,911,721 | 1,743,112 | 2,931,869 |
| 부채총액 | 301,236 | 441,933 | 377,752 | **942,041** |
| 자본총액 | 1,489,363 | 1,469,788 | 1,365,360 | **1,989,828** |
| 부채비율 | 20.2% | 30.1% | 27.7% | **47.3%** |
| 매출액 | 1,078,181 | 1,110,407 | 1,181,421 | **1,221,723** |
| 영업이익 | 80,280 | 63,923 | 60,093 | **66,631** |
| 당기순이익 | 71,976 | 64,749 | 59,041 | **8,781** |

**출처** : 「롯데칠성음료 감사보고서」

롯데칠성음료는 부채비율도 50% 이하로 안정적이었으며 매년 600억원 이상의 영업이익을 창출하고 있어서 두산의 주류사업을 5,030억원에 매입한다고 해도 재무구조나 손익에 부담이 되지 않았다. 두산의 주류사업부를 영업양수도 형태로 인수하기 위해서 롯데칠성음료는 2009년 1월 2일에 롯데주류비지라는 롯데칠성음료의 100% 자회사를 설립하였으며, 두산의 주류사업부를 롯데주류비지로 영업양수도 계약을 체결하도록 하였다.

M&A의 매수자 롯데는 수평적인 사업규모 확대, 시장 다각화라는 복합적인 이유에서 두산의 주류사업을 인수하였다. 그리고 두산의 주류사업 인수 외에는

소주사업을 할 수 있는 여건을 단시간 내에 찾기 어려웠기 때문에 5,030억원이라는 다소 비싼 가격을 지불하면서까지 인수하였다. 2008년 두산의 주류사업은 매출액 3,419억원, 영업이익 214억원이었다. EV/EBITDA[2] 기준으로 13.3배를 지불하였으며 이는 비교기업들이 대략 EV/EBITDA 9~10배에 거래되는 것을 기준으로 하면 30~40%의 프리미엄을 지불한 것이다. 그러나 앞서 언급했듯이 소주 시장에서 두산 정도 규모의 시장점유율을 갖고 있는 회사가 없고 언제 이러한 매물이 시장에 나올지 알 수 없는 상황이었기 때문에 롯데 입장에서도 높은 프리미엄을 지불하고 인수하였다.

## 4. M&A 유형

M&A에 대한 개념을 설명하면서 인수와 합병이라고 하였다. 그러나 인수·합병에는 다양한 방법이 존재한다.

M&A는 크게 4개의 카테고리로 구분할 수 있다. 첫 번째는 합병이다. 합병은 A기업과 B기업이 하나의 기업이 되는 것이다. 합병도 흡수합병과 신설합병으로 구분할 수 있다. 흡수합병은 A기업과 B기업이 합쳐져서 A기업이 되거나 B기업이 되는 것을 의미한다. 흡수합병에서 일반적으로 합병회사는 존속하고 피합병회사는 소멸한다. A기업이 합병회사이고 B기업이 피합병회사라면 흡수합병에서 A기업만 남게 되고 B기업은 A기업에 흡수되어 사라지게 된다.

신설합병은 A기업도 B기업도 아닌 C기업으로 새로 생겨나는 것을 의미한다. 흡수합병, 신설합병은 꼭 두개의 기업이 필요한 것은 아니다. 3개 이상의 기업에서도 일어날 수 있다. A, B, C 기업이 있을 경우 A기업이 B기업과 C기업을

---

2. $\text{EV/EBITDA} = \dfrac{\text{Enterprise Value}}{\text{EBITDA(Earnings Before Interest, Tax, Depreciation \& Amortization)}}$

상대가치 평가방법의 하나이며, M&A 거래 시 가장 자주 사용됨.

그림 1-4 M&A의 종류

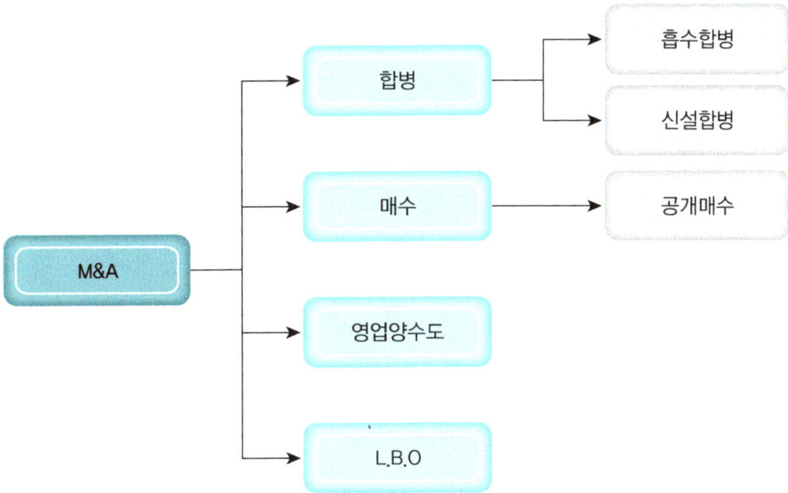


합병하여 B, C는 사라지고 A기업만 남으면 이는 흡수합병이라고 할 수 있다. A, B, C 기업에서 세 기업이 하나로 합쳐져 D기업으로 새로 태어난다면 이는 신설합병이라고 할 수 있다.

왜 흡수합병을 하고 왜 신설합병을 하는지는 여러 가지 이유가 있다. 흡수합병은 피인수회사가 소규모일 경우에 자주 한다. 그리고 대등한 규모의 회사라고 하더라도 인수하려는 회사가 존속기업으로 영업을 하는 것이 영업적인 측면이나 경영적인 측면에서 유리할 경우에 한다. 많은 계약이 있는 기업활동에서 B라는 기업이 A라는 기업으로 바뀌게 되면 B기업이 기존에 체결한 모든 계약의 당사자(고객과 공급업자들)는 A라는 기업의 이름으로 계약 체결을 다시 해야 한다.

이러한 절차는 매우 시간이 오래 걸리고 간혹 기업의 내부 사정을 잘 모를 경우 계약의 변경을 안하고 계약이 깨질 수 있는 위험이 있다. 신설합병은 두 회사 모두 과거의 명성이나 평판이 나빠서 새롭게 출발하고 싶은 경우 완전히 새로운 사명으로 사업을 시작할 수 있다. 그리고 과거의 안 좋았던 사건 혹은 이벤트들을 일반인이 찾기 어렵게 만들기 위해서 의도적으로 하는 경우도 있다. 신설합병이나 흡수합병은 합병의 형태에 따른 방법이지만 그 이면에는 다양한 이해관계가 존재하여 합병의 형태를 결정짓는다.

매수 혹은 인수는 주식으로 한정한다. 주식을 취득하여 경영권을 취득하는 것을 매수라고 한다. 상장기업일 경우 공개매수(Tender Offer)를 할 수 있다. 공개매수를 하기 위해서는 특정 조건을 갖춰서 지분율 몇 % 이상을 얼마의 가격에 얼마동안 매수한다고 시장에 공표해야 한다. 대부분의 공개매수는 불특정 다수를 대상으로 주식을 매수한다. 공개매수 역시 적대적 공개매수와 우호적 공개매수가 있다. 우호적 공개매수는 이미 대상이 되는 기업 경영진과 합의가 끝난 후에 하는 공개매수이며, 적대적 공개매수는 대상이 되는 기업 경영진의 의지와 상관없이 경영권을 취득하기 위해서 하는 행위이다.

일반적으로 공개매수는 적대적 공개매수가 많다. 경영진과 경영권에 대한 합의가 끝났다면 굳이 시장을 통해서 공개매수 형식으로 지분을 취득할 필요가 없고 대주주와 거래를 통해서 거래가격을 산정한 후에 별도로 장외에서 거래를 하면 되기 때문이다. 우리나라에서는 적대적 공개매수보다는 우호적 공개매수 혹은 두 가지 부류에 속하지 않는 공개매수가 주로 행해진다. 기존 경영진이 상장폐지 목적으로 하거나 공정거래법상 지주회사 요건을 충족하기 위해서 모회사가 하는 공개매수가 심심치 않게 일어난다.

**표 1-7** 상장사의 공개매수 신고현황

| | 2010 | 2011 | 2012 | 2013 | 2014 |
|---|---|---|---|---|---|
| 상장폐지 | 2 | 1 | 7 | 3 | 6 |
| 지주회사요건 충족 | 6 | 1 | 6 | 2 | 6 |
| 적대적 M&A | 1 | | | 1 | |
| 경영권안정 | | | 1 | | 1 |
| 기업가치제고 | 1 | | 1 | 1 | 1 |
| 합계 | 10 | 2 | 15 | 7 | 14 |

출처 : 「2014년 상장사 공개매수 신고 현황과 목적별 세부현황 분석」, 이민형

〈표 1-8〉은 한진칼이 지주회사 조건을 충족시키기 위해서 시장에서 공개매수를 한 공개매수서의 요약본이다. 한진칼은 지주회사 전환을 위해 자회사인 대한항공의 지분율 총 51%에 대해서 공개매수를 하였으며 공개매수 결과 목표

**표 1-8** **공개 매수 요약보고**

<table>
<tr><td colspan="2" rowspan="2">공개매수자</td><td colspan="2">· 성명 : (주)한진칼<br>■ 회사 □ 개인 □ 회사가 아닌 법인 · 단체 □ 외국인</td></tr>
<tr><td colspan="2">· 대상회사와의 관계<br>□ 대상회사 본인 □ 대상회사의 최대주주 또는 임원<br>■ 대상회사의 계열사 □ 기타(제3자 등)</td></tr>
<tr><td colspan="2">공개매수 대상회사명</td><td colspan="2">(주)대한항공</td></tr>
<tr><td colspan="2">공개매수 목적</td><td colspan="2">□ 경영권안정 □ M&A ■ 지주회사요건충족 □ 상장폐지<br>□ 기타<br>– 내용 : '독점규제및공정거래에관한법률' 상 지주회사의 자회사 주식소유요건 충족</td></tr>
<tr><td colspan="2" rowspan="3">공개매수대상 주식 등</td><td>주식 등의 종류</td><td>(주) 대한항공 기명식 보통주식</td></tr>
<tr><td>매수 예정 수량<br>(비율)</td><td>30,000,000주<br>(보통주 발행주식총수의 51.13%)</td></tr>
<tr><td>매수 가격</td><td>37,800원</td></tr>
<tr><td colspan="2">공개매수조건</td><td colspan="2">공개매수에 응한 (주)대한항공 기명식 보통주식의 주주에게 현금을 지급하는 '현금매수 방식' 이 아닌, 응모주주에게 (주)한진칼 기명식 보통주식을 발행하여 교부하는 '현물출자 신주발행의 방식' 임. 응모주식의 총수가 매수예정주식의 수에 미달할 경우 전부 매수, 초과할 경우 안분비례 매수함.</td></tr>
<tr><td colspan="2">공개매수기간</td><td colspan="2">2014. 10. 15. – 2014. 11. 05.<br>– (주)한진칼의 기명식 보통주식(신주) 2014년 11월 20일에 응모주주의 응모계좌로 입고<br>– 단수주에 대한 현금 지급(2014년 11월 10일에 응모주주의 응모계좌로 입금)</td></tr>
<tr><td rowspan="4">보유 주식 등</td><td rowspan="2">신고서 제출일 현재</td><td>보유 수량</td><td>4,034,211</td></tr>
<tr><td>보유 비율</td><td>6.88%</td></tr>
<tr><td rowspan="2">공개매수 후 (예정)</td><td>보유 수량</td><td>34,034,211</td></tr>
<tr><td>보유 비율</td><td>58.00%</td></tr>
<tr><td colspan="2">사무취급자</td><td colspan="2">하나대투증권 주식회사</td></tr>
</table>

**출처** : 전자공시시스템

한 지분에 도달하지 못할지라도 매수를 하고 목표지분 이상으로 공개매수 신청에 응하는 주주가 많을 때는 주식 비율에 따라 안분하여 매수한다고 하였다.

〈표 1-8〉의 공개매수 결과 총 30,000,000주 중에 15,230,387주에 대해서 주주들이 응했고 한진칼은 기존의 주식 4,034,211주에 15,230,387주를 추가로 매수하였다. 이로써 총 19,264,598주를 취득하여 총 32.83%의 대한항공 주식을 취득하였다. 〈표 1-8〉에서 살펴본 지주회사 요건을 충족하기 위한 공개매수는 M&A 방식의 공개매수와 동일한 방법이지만 일반적으로 이를 M&A라고 부르지 않는다. 공개매수의 결과 경영권에 대한 변동이 전혀 일어나지 않았고 단지 기존 대주주의 경영권을 더욱 확실하게 높여주었기 때문이다.

영업양수도는 영업의 일부를 상대방에게 매각하는 것이다. 영업은 영업을 하기 위해 필요한 자산뿐만 아니라 인적자원, 특허권, 사업권 같은 무형의 자산까지 의미한다. 영업 전체의 양도 혹은 중요한 영업의 양도를 하기 위해서는 주주총회를 개최하여 특별결의를 해야 한다. 상장법인의 경우 양수 혹은 양도하고자 하는 영업부문의 자산이 최근 사업연도 자산총액의 10% 이상인 경우 혹은 양도 양수하려는 부문의 매출액이 최근 사업연도 매출액의 10% 이상인 경우 등은 금융감독위원회와 증권거래소에 이를 신고해야 한다. 분할보다 절차가 간편해서 많은 기업들이 선호하는 방식이다. 영업양수도를 이용하면 기업의 매수나 합병처럼 필요하지 않음에도 불구하고 전체를 인수해야 하는 부담을 덜어낼 수 있기 때문에 매입자 쪽에서도 선호하는 방식이다.

마지막으로 LBO(Leveraged Buyout, 차입매수거래)가 있다. 우리나라에서는 극히 드물게 시행되지만 미국의 경우 일반적으로 사모펀드들이 인수하는 기법 중 하나이다. 차입매수거래를 하기 위해서는 A, B 두 회사가 있어야 한다. A회사가 인수할 타깃이고 B회사가 인수를 시도할 회사라면 B회사는 A회사가 갖고 있는 자산들을 담보로 은행에서 총 인수가격의 약 80~90%까지 차입한다. 그리고 A회사를 인수한 후 B회사와 합병을 한다.

이 과정에서 B회사가 차입한 차입금은 A회사로 이전된다. 우리나라에서 차입매수거래방식이 자주 실행되지 않는 이유는 100%를 소유한 주주 B라 할지라도 법인격이 별도로 인정되어 이 둘을 하나로 인정하지 못하므로 차입매수거래 과정에 발생하는 과도한 차입을 A사의 주주들이 승인하게 되면 이는 A사에 경제적인 악영향을 끼칠 수 있기 때문에 차입매수거래에 찬성한 A사의 이사들에게 배임죄가 성립한다. 이러한 제도적인 이유로 인해서 우리나라에서는 차입매수거래가 성행하지 않는다. 다만 인수 · 합병할 때 차입금을 평균적인 인수 · 합병 건보다 많이 써서 차입매수거래의 효과를 내려고 하는 시도들이 있었다. 이러한 제도적인 문제가 있더라도 우리나라에서 차입매수거래가 전혀 없는 것은 아니었다. Chapter 6에서 차입매수거래에 대해 설명하면서 이에 대한 사례도 같이 살펴보겠다.

## 5. M&A 흐름

M&A는 기업의 목표를 달성하기 위한 수단이다. 그러므로 그 기업이 속한 산업과 그 산업에서 각각의 기업이 처한 상황에 따라 M&A를 실행하여 목표를 달성하기도 하고 M&A 외에 다른 방법을 통해서 목표를 달성하기도 한다. 그러나 M&A는 기업의 목표 혹은 비전을 달성하는 데 효과적이나 다소 특이한 방법이기 때문에 무조건 M&A를 하지 않는다. M&A는 전쟁터의 핵폭탄과 같은 위력이 있다. 모든 전쟁에 항상 핵폭탄을 쓰지 않는 것처럼 모든 기업들이 목표달성을 위해 M&A를 항상 활용하지는 않는다. 적군과 전쟁을 하다 보면 전략적 판단에 의해서 핵폭탄을 사용할 시기가 있는 것처럼 산업과 기업의 흥망성쇠의 역사를 보다 보면 M&A가 필수적으로 필요한 시기가 있고 M&A가 특이하게 급증하는 시기가 있다. M&A의 본 고장이라고 할 수 있는 미국의 M&A 역사와 이 역사를 통해서 어떤 통찰력을 얻을 것인지 알아보고 이를 우리나라의 M&A 흐름에

비교하여 우리나라 M&A가 갖는 특징을 알아보자.

### 5.1 미국 M&A 역사

미국의 월스트리트(Wall Street)는 1700년대에 가축, 총기류, 담배 등 상품을 거래하던 지역이었으나 1789년 미국 의회가 전쟁비용을 조달하기 위해 8,000만 달러의 국채를 발행하면서 금융거래가 시작되었다. 1792년 5월 17일 채권과 주식 중개인 24명이 모여서 주식과 채권거래에 대한 협약을 한 것을 뉴욕증권거래소(New York Stock Exchange)의 시초로 본다. 이후 1817년 3월에 공식화된 거래 규칙을 채택하였고 1863년에는 월스트리트 11번가에서 거래소가 탄생하였다. 미국 M&A의 역사는 곧 미국 주식시장의 역사라고도 할 수 있다.

미국 M&A의 1차 물결은 1883년에 경제불황이 끝나고 호황이 되면서 시작하였다. 대량생산기술과 대형화로 인해서 기업 입장에서는 큰 수요처가 필요하였는데 이를 위해 같은 산업 내에서 시장을 확보하기 위한 M&A가 이루어졌다. 이 시기가 1897년부터 1904년까지이다. 이 시기에는 동종 산업 내에서 M&A가 활발하게 일어났다.

당시 M&A에 대한 규제도 없었기 때문에 많은 기업들은 산업 내 시장점유율을 늘리기에 최선의 노력을 다하였다. 더구나 이 시기는 미국의 산업혁명으로 대량생산과 대량소비가 가능해지는 시기였다. 이렇게 늘어난 생산량과 수요를 자신의 것으로 만들기 위해서 산업 내에서 수평적인 결합이 압도적으로 많이 증가하였다.

특히 이 기간 동안에는 철강, 전화, 석유, 광산, 철도, 기초소재에 대한 인수·합병이 활발히 증가하였다. 이러한 수평적인 M&A로 인해서 스탠더드 오일(Standard Oil)은 미국 시장에서 84%의 시장점유율을 확보하였다. 이 기간 동안 1,800건 이상의 M&A가 실행되었다. 그러나 1차 물결은 1903년 미국 경제가 어려워지고 1904년 주식시장이 폭락하면서 그 막을 내리게 되었다. 과도한 M&A로 인해서 셔먼 법(Sherman Act)을 제정하여 미국 내 수평적 M&A에 대하여 규제를 하였으나 이 법에는 경쟁을 제한하는 모든 행위를 금지하는 조항이 있어 엄격하게 해석한다면 모든 M&A 계약이 불법으로 간주될 수 있으므로 법원에서 이 법의 집행을 거부하여 실효성은 높지 않았다.

2차 M&A 물결은 1919년에서 1929년 사이에 진행되었다. 1차 세계대전이 끝나고 경제가 활황을 누리면서 주식시장에는 풍부한 현금이 존재하였다. 그리고 2014년 셔먼 법을 보완한 클레이튼 법(Clayton Act)이 제정되어 특정 지역이나 산업에서 경쟁을 제한할 수 있는 합병을 금지하였다. 그 결과 기업들은 수평적 합병보다는 수직적 합병에 더 많은 노력을 하여 수직계열화하는 데 힘썼다. 이 시기의 M&A는 운송과 전력사업에서 큰 활동이 나타났다. 포드(Ford)의 경우는 제철소, 철도, 철광석까지 하나의 계열로 보유, 수직계열화를 이루어서 범위의 경제를 누렸다. 포드 외에도 이 당시 두각을 나타낸 기업들로 아이비엠(IBM)과 지엠(GM) 등이 있다. 2차 M&A 물결은 1929년에 발생한 세계 대공황이 발발하면서 종료되었다.

3차 M&A 물결은 1965년에서 1975년의 기간에 발생하였다. 이 시기 역시 경제호황과 풍부한 자금을 바탕으로 기업들의 M&A가 활발해졌다. 그러나 1950년에 클레이튼 법을 보완한 셀러-키포퍼법(Celler-Kefauver Act)으로 인해서 경쟁을 제한할 수 있는 주식뿐만 아니라 자산의 취득도 금지되었다. 이를 회피하기 위해서 기업들은 비관련 사업 다각화를 위해 노력하였다.

그러므로 3차 M&A 물결은 다각화의 물결이라고 할 수 있다. 이 기간에는 소비재 산업에서 다각화가 발생하였다. 대표적인 기업이 아이티티(International Telephone & Telegraph ; ITT)로 많은 통신 · 우편 회사 인수는 물론 쉐라톤 호텔, 에이비스(AVIS) 렌터카 등 수많은 비관련 기업들을 인수하였다. 그 결과 1960년에 약 7,000억원의 매출규모에서 1970년에는 약 8조원으로 급성장하였다. 그러나 무분별한 다각화가 기업의 경쟁력에 도움이 되지 않는다는 미국 정부의 판단으로 이들의 인수 · 합병에 대한 자금 조달을 어렵게 하여 3차 M&A 물결은 종료되었다.

4차 M&A 물결은 1981년에서 1989년에 일어났다. 이 기간의 M&A는 적대적 인수 · 합병의 시기라고 볼 수 있다. 특히 정크본드[3]를 이용하여 소규모 기업이 대규모 기업을 인수하는 현상이 자주 목격되었고 그 과정에서 사모펀드의 역할이 중요하게 작용하였다. 이 기간의 M&A는 과거 그 어느때보다 딜 사이즈가 크다고 볼 수 있다. 이 기간 중에 알제이알 나비스코(RJR Nabisco)의 거래(딜 규모 약 25조원)가 케이케이알(KKR)을 통해서 성사되었다. 그러나 1987년의 블랙먼데이로 촉발된 주가하락과 정크본드 시장의 위축으로 자금 조달이 어려워지면서 4차 M&A의 물결도 종료되었다.

5차 M&A 물결은 1992년부터 2000년에 있었다. 대규모 M&A 배경에는 글로벌화와 주식시장의 활황, 그리고 규제완화가 있었다. 기업들의 경쟁이 미국내에 머물러 있지 않고 세계적으로 확대되었기 때문에 기업들은 몸집을 부풀리는 것이 중요하다고 생각하였다. 이 시기에는 크라이슬러와 벤츠와의 합병, 엑슨과 모빌의 합병 등 대규모 기업들이 합병하여 거대 기업이 생겼다. 그리고 1990년대 후반에는 IT 붐에 편승하여 IT 산업에서 대규모 합병이 일어났다. 대표적으로 2000년 타임워너(Time Warner)와 에이오엘(AOL)이 약 16.5조원에 합병을 하였다. 그러나 2000년에 IT 버블이 꺼지면서 자연스럽게 증시의 자금이 빠져나가고 5차 M&A 물결은 종료되었다.

6차 M&A 물결은 2001년부터 2008년의 시기에 일어났다. 2000년 IT 버블 붕괴 후 2001년 주식시장은 다시 살아났으며, 미국의 저금리 기조로 주식시장에 많은 돈이 몰렸다. 게다가 중국이 세계의 공장역할을 하면서 세계 경제는 유례

---

3. 정크본드(Junk Bond) : 신용등급이 투기등급인 BB 이하의 회사채

그림 1-5 미국 M&A 물결

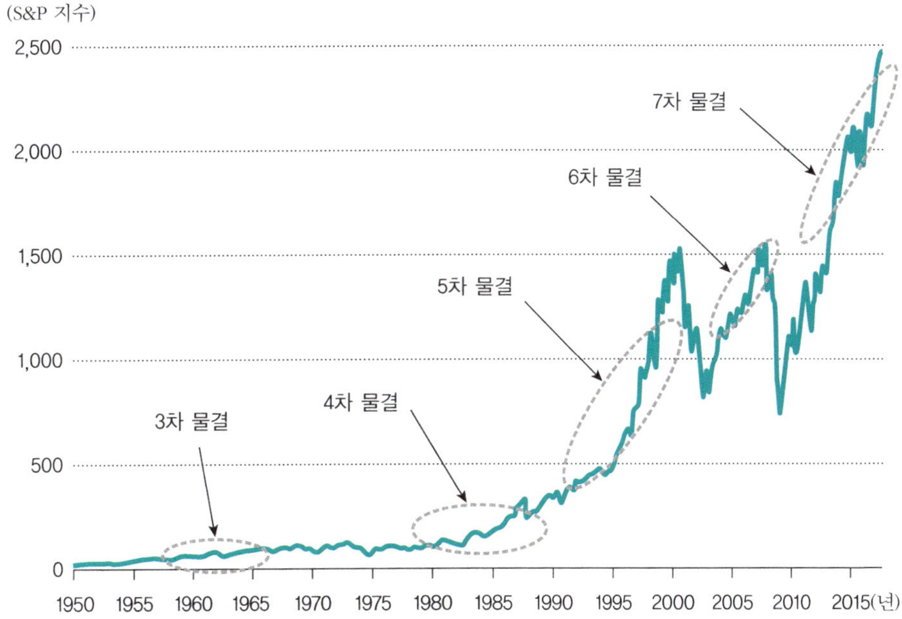


**출처** : Yahoo.com

없는 활황을 경험하였고 전 세계적으로 자산가격 상승이 일어났다. 이자율이 낮았기 때문에 사모펀드는 과감하게 차입매수거래(LBO)를 통해서 인수 · 합병에 참여할 수 있었고 성장하는 시장기회를 잡기 위해 기업들은 몸집을 불렸다. 그러나 2007년 서브프라임 모기지 사태로 발생한 금융위기로 인해서 세계 경제가 침체에 빠지면서 6차 M&A 물결도 같이 끝났다.

7차 M&A 물결은 2014년 다시 경제가 회복되고 자금이 증시에 몰리면서 시작되었다. 전 세계적으로 2013년 대비 2014년의 M&A는 75% 증가하였다. 기업들은 주기적인 금융위기를 겪으면서 시장의 변동성이 크다는 것을 알았다. 언제 불경기가 오고 언제 호경기가 올지 예측할 수 없는 환경이 되었다. 기업들은 이러한 환경에 잘 적응하기 위해서 단순히 자체적인 성장만으로는 한계가 있다는 것을 체득하게 되었다. 또한 이러한 환경일수록 안정적이고 외부환경에 유연하게 대응하기 위해서 M&A가 더욱 필요하다는 것을 경험으로 알게 되었다. 현재의 7차 물결은 주식시장이 활황이고 경제가 호황일 때까지 이어질 것이다.

100년이 넘는 미국의 경제사에는 총 7번의 M&A 물결이 있었다. M&A 물결이 생기게 된 이유와 그 물결이 종료된 이유는 시기를 막론하고 유사하다. 기업들은 외부환경에 맞춰서 살아있는 생명체처럼 생존을 위해 최선을 다한다. 기업의 외부환경은 신기술의 개발, 타 기업과의 경쟁, 그리고 기업의 활동을 규제하는 정부 정책으로 구분할 수 있다. 이러한 외부환경의 변화가 있을 때마다 늘 성장과 몰락의 기회는 존재하였다.

1차부터 7차의 M&A 물결의 공통점은 이러한 외부 환경이 변하면서 M&A가 시작되었다는 점이다. 산업혁명으로 인한 대량생산이 시작되면서 1차 M&A 물결이 생겼으며 1차 세계대전 이후 경제의 호황으로 인한 2차 M&A 물결이 생겼다. 모든 M&A 물결은 이유가 어찌 되었든 간에 결과적으로는 경제의 호황과 풍부한 자금력을 바탕으로 생겼고 M&A 물결을 생기게 한 경제의 호황과 자금이 없어지면 자연스럽게 사라졌다.

M&A는 기본적으로 기업의 투자전략이다. 기업은 크게 실물자산이나 기술개발 같은 무형자산에 투자할 수 있다. M&A는 둘 중 한쪽만 할 수도, 아니면 둘 다 할 수도 있는 투자이다. 기본적으로 기업의 목표를 달성하기 위한 투자활동이기 때문에 경제가 호황일 경우 같이 증가하고 경제가 불황일 경우 감소한다. 그러므로 M&A 물결의 시작과 끝이 경제의 호황과 불황에 맞물리는 것은 우연의 일치가 아니다.

## 5.2 국내 M&A 역사

1800년대 미국의 산업혁명은 우리나라에서 1970년대와 1980년대 중화학공업이 일어난 것과 같다고 볼 수 있다. 미국에서 100년 동안 이루어진 산업혁명이 우리나라에서는 20년이라는 짧은 기간에 이루어졌다. 그러므로 미국의 M&A 형태를 그대로 따르지는 않는다. 그러나 자본시장이 잘 발달된 미국 시장의 M&A 역사를 본다면 시장경제가 제대로 작동하는 시기에는 미국의 M&A 모습을 국내기업들도 따라간다고 볼 수 있다. 그러므로 미국의 M&A 물결을 보면 앞으로 우리나라의 M&A가 어떻게 변화할지 예측할 수 있는 하나의 단초를 제공해 줄 것이다. 우리나라의 M&A는 크게 외환위기 전, 2000년부터 2008년, 2008년 이후의 세 시기로 나눌 수 있다.

외환위기 전의 우리나라 경제는 고도성장을 하였다. 그러한 이유로 굳이 M&A를 통해서 성장의 돌파구를 찾을 필요가 낮았다. M&A가 있다 하더라도 같은 계열기업 간의 합병과 분할이 위주가 되었다. IMF 전의 국내기업 활동은 정부 규제로 인해 제약이 많았다. 특히 군사정부 시절에는 그 정도가 더욱 심했기 때문에 M&A는 정부주도로 하는 경우 외에는 쉽게 찾아볼 수 없었다. 문민정부 이후에도 고속성장을 했기 때문에 국내기업에서 M&A는 활발하지 않았다. 외환위기 이전 M&A의 큰 테마는 공기업들의 민영화였다. 예를 들어 SK그룹은 1980년 공기업이던 대한석유공사를 인수하여 주력사업을 유화산업으로 변화시켰다. 또한 1994년 한국이동통신 인수와 2000년 신세기 이동통신의 합병으로 현재의 SK텔레콤이 탄생하였다. 이를 통해 사업 포트폴리오를 에너지와 통신기업으로 변화시켰다.

그러나 외환위기 이후 많은 기업들이 부실화되고 공적자금이 투입되었다. IMF 이후 법정관리나 은행관리를 조기 졸업하는 기업들 위주로 시장에 매물로 나왔다. 그리고 IMF 때 부실화된 많은 기업들은 사업 자체의 근본적인 경쟁력 문제보다 단기적인 유동성의 문제가 더 큰 원인이었기 때문에 적절한 유동성을 공급하면서 사업성을 다시 회복하여 빠르게 시장에 매물로 나왔다.

이 기회를 잘 포착하여 소비재 기업에서 중공업 기업으로 변신한 그룹이 두산그룹이다. 두산그룹은 M&A를 기업의 성장 발판으로 이용하였다. 두산은 기존의 음료 등 소비재 사업을 매각하고 2001년 한국중공업(현재의 두산중공업), 2003년 고려 산업개발(현재의 두산건설), 2005년 대우종합기계(현재의 두산인프라코어)를 인수하면서 명실상부한 중공업 그룹으로 성장하였다. 이와 유사하게 성장한 기업이 STX그룹이다. 강덕수 회장이 2001년 사재를 털어 쌍용중공업(STX)을 인수하고 같은 해에 대동조선(STX조선), 2002년에 산단 에너지(STX에너지), 2004년에 산업은행으로부터 범양상선(STX팬오션)을 인수하면서 STX그룹은 해운 · 조선 기업으로 성장하였다. 금호아시아나그룹 역시 2006년에 대우건설을 인수하고 2007년에 대한통운을 인수하면서 급격하게 사세를 확장하였다.

이 시기에는 주요 기업들이 M&A를 통해서 성장하였다. 이 시기의 M&A는 상대적으로 단순한 형태의 M&A 구조를 띠었다. IMF 때 유동성 위기에 빠진 기업들을 보유하고 있는 정부기관들(자산관리공사, 산업은행 등)은 기업들을 공개입찰을 통해서 매도하는 경매 형식을 취하였다. 대부분의 주요 M&A는 경매에 의한 방식이었으며, 사모펀드는 단순히 재무적 투자자로 소수지분으로 참여하는 것이 목적이었다. 국내 사모펀드 시장은 성숙되지 않았고 국내 증권사의 일부에서 PI(Principal Investment, 증권회사 자체자본금으로 실행하는 투자)가 시행되었으며, 주로 외국계 사모펀드가 전략적 인수자와 같이 컨소시엄을 통해서 M&A에 참여하였다.

자본시장의 미성숙과 펀드 운영인력 부족으로 인해 미국의 M&A 사례에서 보여주었던 사모펀드의 역할을 하는 곳을 국내에서는 찾아보기 어려웠다. 그리고 사모펀드 같은 재무적 투자자는 실제 투자에 대한 위험을 부담하지 않고 풋옵션(Put Option)[4] 조항을 활용하여 사실상 주식투자라기보다는 채권투자에 가

4. 풋 옵션(Put Option) : 기준이 되는 자산을 팔 수 있는 권리. M&A의 풋 옵션은 재무적 투자자가 투자한 주식의 가격이 최소수익률을 넘지 못할 경우 사전에 약정된 수익률을 보장한 가격에 전략적 투자자가 이를 매입하는 조항. 예를 들어 10,000원에 재무적 투자자가 주식을 구입하고 연간 10%의 수익률을 전략적 투자자에게 보장받았다고 가정한다. 주가가 10,500원이 되면 전략적 투자자는 재무적 투자자의 주식을 11,000원에 매입해주는 것이다.

까운 투자형태를 보였다.

예를 들어 금호아시아나그룹의 대우건설 인수를 보면, 실제 주가는 최종입찰 전일 기준으로 1주당 12,450원이지만 실제 인수가격은 1주당 26,262원으로 매입하였다. 총 인수대금 6조 6,720억원 중 4조 2천억원을 재무적 투자자에게 차입을 했고 이들이 매입한 주식을 2009년 말까지 1주당 32,500원에 재매입하기로 약속하였다. 재무적 투자자는 1주당 26,262원에 매입하여 최소한 32,500원이라는 확정된 수익률을 금호아시아나그룹에게 보장받은 것이다. 즉, 손실을 부담하지 않고 이익이 날 경우는 더 높은 이익만을 가져가겠다는 투자행태를 보인 것이다. 당시는 대형 매물들이 쏟아져 나오는 시기이고 그러한 매물들을 인수하기만 한다면 사업 다각화는 물론 사업 포트폴리오 조정까지 쉽게 할 수 있었다. 그 때문에 많은 기업들이 무리를 해서라도 자금을 조달하려고 했기에 그러한 비정상적인 자금 조달이 가능했다.

그러나 2007년 미국의 서브프라임 모기지 금융위기가 시작되고 이에 대한 여파가 2008년 국내에 상륙하면서 국내 M&A 시장은 급속하게 얼어붙었다. 미국의 M&A 역사에서 본 것과 동일하게 경기축소 국면에 들어서면서 기업들의 투자가 모두 중단되었고 중국 경제의 활황으로 동반 성장하던 한국 경제는 중국 경제의 성장률이 저하되자 동반 하락하여 자금 조달이 쉽지 않았다. 오히려 2008년과 2009년에는 국내 자동차 업계가 어려워져서 많은 자동차 부품사들이 도산하거나 시장에 매물로 나왔다.

금융위기와 함께 M&A 시장이 침체기를 맞았고 2012년부터 경제가 회복되면서 M&A 시장은 서서히 활기를 띄게 되었다. M&A 시장은 2015년에는 2012년 거래금액 대비 3배 증가한 약 90조원을 기록하였다. 2008년 금융위기 이후 M&A의 달라진 점은 국내 사모펀드의 영향력이 커졌다는 것이다. MBK파트너스는 코웨이(2013년), 홈플러스(2015년)를 인수하면서 국내 M&A 시장에서 사모펀드의 영향력을 확장하였다. 한앤컴패니는 한온시스템(2015)을 약 3조 9천억원에 인수하였다. 이 외에도 대기업 간 자발적인 인수·합병도 늘어났다. 대표적으로 CJ헬로비전은 SK브로드밴드를 합병, 삼성은 삼성테크윈, 삼성탈레스, 삼성종합화학과 삼성토탈을 한화그룹에 매각한 것 같은 대기업 간 사업구조조정 차원의 인수·합병이 발생하였다. 현재 정부에서 소유한 대형 M&A 매물은 대우조선해양, STX그룹, 대우건설 등으로 제한되어 있어서 산업 간·기업 간 필요에 의한 자발적 인수·합병이 M&A 시장을 주도할 것으로 전망된다. 그리고 국내 시장의 포화와 국내기업들의 경쟁력 향상으로 해외 M&A도 적극적으로 진행될 것으로 전망한다.

[그림 1-6]은 우리나라 시장의 M&A 구조를 주식시장과 같이 나타냈다. 1997년 IMF 이후 10년이 지난 2007년경에는 대부분의 기업들이 주인을 찾아갔고 그 과정에서 재계 순위 10~30위 사이의 기업들 사이에 큰 지각변동이 일어났다. 그러나 금융위기 이후 M&A는 2012년부터 활성화되고 2015년에 폭발적

**그림 1-6 한국시장의 M&A 구조**

출처 : 한국증권거래소

으로 증가했지만 재계순위를 한번에 뒤바꿀만한 M&A는 많지 않았다.

다만 앞으로는 기업의 외형 확장보다는 기업들의 목표와 전략에 맞는 M&A가 활발하게 일어날 것이다. 최근의 주식시장 호황과 경제 회복은 이러한 M&A를 더욱 가속화시킬 것으로 전망된다. 이 과정에서 미국 기업이 보여준 것처럼 국내 사모펀드들의 역할이 중요해지고 M&A와 관련된 규제들이 변화되면 미국에서 소규모 회사들이 대기업들을 차입거래 방식으로 인수한 것처럼 국내기업도 그렇게 변해갈 수 있다. M&A를 활발하게 할 수 있는 제도가 형성된다면 사모펀드들이 효과적인 경영의 감시자로서 역할을 하고 기업들의 효율성을 높이면서 국내기업들의 경영과 자금운영의 효율이 증가될 수 있을 것이다.

## 5.3 최근 국내 M&A 현황

2012년부터 2015년까지 M&A 거래건수와 거래금액은 증가하였다. 2012년에 총 거래건수는 227건, 거래금액은 30.8조원에서 2015년에는 총 320건, 45.2조원으로 급격히 증가하였다. 이러한 증가의 배경에는 금융위기에 따른 구조조정으로 인한 M&A가 있으며, 전반적인 경제 흐름이 좋아지는 상황에서 기업 및 사모펀드들이 M&A를 주도하였다. 2015년을 정점으로 2016년에는 거래건수가 288건, 거래규모는 33.8조원으로 감소하였다. 2017년 상반기 기준으로 거래건수는 144건, 거래규모는 22.7조원으로 2016년 상반기 대비 소폭 증가하는 추세이다. 2016년부터 M&A가 감소한 이유로는 미래 경제에 대한 불확실성이 가장 크며, 2016년 겨울 탄핵정국으로 국내 정치가 불안정한 데 따른 기업들의 보수적인 투자운용의 결과이다.

주요 M&A 사례들을 연도별로 본다면 2012년의 M&A는 구조조정 매물이 M&A를 이끌었다. 특히 STX, 웅진, 동양그룹의 구조조정 발표로 M&A 시장은 활기를 띄었다. TOP 10 딜 중에 1조원 이상의 딜이 6개나 포함되었으며, 특정

그림 1-7 최근 국내 M&A 거래건수 및 금액

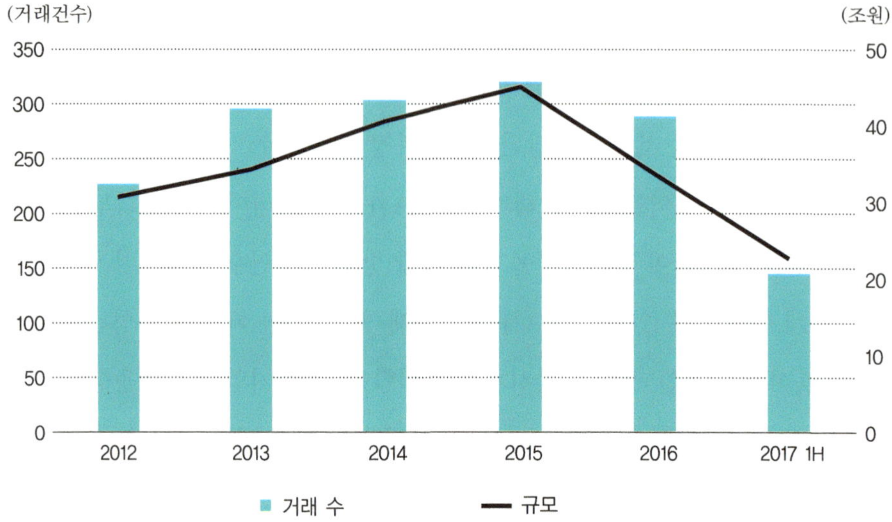


**출처** : The Bell League Table

표 1-9 2012년 TOP 10 M&A

(단위 : 조원)

| 순위 | 피인수자 | 인수자 | 거래금액 |
|---|---|---|---|
| 1 | 외환은행 | 하나금융지주 | 39,156 |
| 2 | 하이닉스 | SK테레콤 | 33,746 |
| 3 | 로이힐철광산 | 포스코, STX | 18,000 |
| 4 | 하이마트 | 롯데쇼핑 | 12,480 |
| 5 | 교보생명 | 어피니티 | 12,054 |
| 6 | 센트럴시티 | 신세계 | 10,250 |
| 7 | 금호고속 | IBK컨소시엄 | 9,499 |
| 8 | 엔씨소프트 | 넥슨 | 8,045 |
| 9 | SK에너지 | 신한-스톤브릿지 | 8,000 |
| 10 | 삼성에버랜드 | KCC | 7,738 |

**출처** : The Bell League Table

**표 1-10** 2013년 TOP 10 M&A

(단위 : 조원)

| 순위 | 피인수자 | 인수자 | 거래금액 |
|---|---|---|---|
| 1 | ING생명 | MBK파트너스 | 18,000 |
| 2 | 웅진코웨이 | MBK파트너스 | 11,914 |
| 3 | 아르셀로 미탈 | 포스코 컨소시엄 | 11,690 |
| 4 | 네파 | MBK파트너스 | 9,731 |
| 5 | STX OSV | 핀칸티에리 | 7,680 |
| 6 | EP Energy | 한국석유공사 | 5,545 |
| 7 | 고메다 | MBK파트너스 | 5,140 |
| 8 | LIG넥스원 | 스틱인베스트먼트등 | 4,200 |
| 9 | 호주 코카투 | SK네트웍스 | 3,827 |
| 10 | 동부팜한농 | 원익투자파트너스 | 3,500 |

**출처** : The Bell League Table

**표 1-11** 2014년 TOP 10 M&A

(단위 : 조원)

| 순위 | 피인수자 | 인수자 | 거래금액 |
|---|---|---|---|
| 1 | OB맥주 | AB 인베브 | 62,350 |
| 2 | 코닝 | 삼성디스플레이 | 24,398 |
| 3 | ADT캡스 | 칼라일 | 20,664 |
| 4 | 경남은행 | BS금융지주 | 12,269 |
| 5 | 우리투자증권 | NH농협지주 | 9,467 |
| 6 | STX에너지 | GS-LG | 6,306 |
| 7 | 현대로지스틱스 | 오릭스 | 6,300 |
| 8 | Cardinal 가스 | 삼천리 | 5,722 |
| 9 | 스토케 | 넥슨 | 5,200 |
| 10 | 광주은행 | JB금융지주 | 5,003 |

**출처** : The Bell League Table

**표 1-12** 2015년 TOP 10 M&A

(단위 : 조원)

| 순위 | 피인수자 | 인수자 | 거래금액 |
|---|---|---|---|
| 1 | 홈플러스 | MBK파트너스 | 72,000 |
| 2 | 한라비스테온 | 한앤컴퍼니 | 38,854 |
| 3 | S-OIL | 아람코 | 19,829 |
| 4 | 코레일공항철도 | 국내 PEF | 12,552 |
| 5 | 포스코건설 | 해외 PEF | 12,391 |
| 6 | 포워드벤처스 | 소프트뱅크 | 11,048 |
| 7 | 삼성종합화학 | 한화 | 10,600 |
| 8 | 동양생명 | 안방 보험 | 10,338 |
| 9 | KT렌탈 | 호텔롯데 | 10,200 |
| 10 | 뉴욕 호텔 | 호텔롯데 | 8,933 |

**출처** : The Bell League Table

산업에 집중되기보다 다양한 산업에서 다양한 형태의 거래가 일어났다. 가장 주목받은 딜은 SK텔레콤의 하이닉스 인수였으며, 결과적으로 본다면 SK텔레콤의 하이닉스 인수로 SK텔레콤은 미래성장동력을 확보했다고 평가할 수 있다.

2013년의 M&A는 2012년에 구조조정을 한 기업들의 딜이 완료되면서 구조조정의 마무리 성격 딜이 주종을 이루었다. 이때 웅진코웨이, STX OSV가 매각되었다. 2013년 한해는 시장을 선도하는 대형 M&A는 보기 어려우며, TOP 10 M&A 중에서도 거래규모가 1조원 이상의 딜은 3개에 불과했다. 그러나 전략적 투자자와 재무적 투자자(사모펀드)가 균형 있게 M&A를 이끄는 형태였다. MBK파트너스가 다양한 분야에서 M&A에 참여하며 국내 M&A의 주요 플레이어가 되었다.

2014년에는 초대형 M&A 딜이 출현하였다. AB 인베브가 OB맥주를 약 6.2조원에 인수하였고 삼성디스플레이는 코닝을 약 2.4조원, 칼라일 그룹은 ADT 캡스를 약 2조원에 인수하였다. 시장 전체적으로 규모도 증가하고 거래건수도 같이 늘어나는 양상을 보였다. 금융사들의 구조조정으로 금융사들의 매물들이 눈에 많이 띄었으며 이를 인수하기 위해서 국내 금융기업들이 주요 플레이어로 참여하였다. 전반적으로 대형 딜로 인해서 M&A의 활력이 높아진 한 해로 평가한다.

경제가 호경기에 진입했기 때문에 상대적으로 인수자금을 손쉽게 조달할 수 있었고 기업들은 미래에 대한 전망이 밝기 때문에 1조원 이상의 M&A에 적극적으로 투자할 수 있었다. 그러나 TOP 3 M&A 중에 2군데는 외국계가 주도한 M&A이기 때문에 국내기업들이 완전히 경제에 대한 자신감을 확보했다고 보기는 어려운 점 역시 존재한다.

2015년은 근래 동안 가장 활발하게 M&A가 이루어진 시기였다. TOP 10 거래 중에 1조원 이상 거래가 9건을 차지하며 전반적인 거래규모와 거래건수가 같이 상승하였다. MBK파트너스의 홈플러스 인수가 단연 독보적인 딜이었으며, 한앤컴퍼니와 한국타이어가 공동으로 한라비스테온을 인수하였다. 국내기업들의 자발적 구조조정이나 성장을 위한 투자는 여전히 높지 않았고 주요 M&A들을 사모펀드가 주도하고 있었다. 우리나라 시장도 점차 선진국 시장처럼 기업뿐만 아니라 사모펀드들이 M&A를 주도하는 시장으로 바뀌고 있는 중이다.

그러나 사모펀드들은 국내 대기업 계열을 인수하기보다 대기업 계열의 구조조정 기업 혹은 단독으로 시장에 나온 기업들을 인수하고 있다. 즉, 적대적 M&A를 통해서 저평가된 기업을 인수하기보다 여전히 호의적인 상황에서 M&A를 실행하고 있다.

이 해에 삼성그룹의 사업 포트폴리오 조정 차원에서 이루어진 M&A가 발표되면서 자발적인 M&A들이 시작되었고 호텔 롯데의 신 성장과 기존 사업 성장동력 확보를 위한 인수 · 합병이 있었다. 롯데 같은 보수적인 기업들 역시 성장을 위해 M&A를 선택하고 이를 기업목표 달성의 방법으로 인식하여 적극적으로 실행하였다.

2016년 M&A 시장은 전반적인 침체기라고 할 수 있다. 대기업 간의 사업구조조정이 일단락되면서 이에 대한 딜의 완료가 진행되었다. 삼성은 그룹 차원에서 이루어진 포트폴리오 재조정으로 삼성과 롯데 간에 인수 · 합병이 이루어졌다. 한화는 방산부문 사업강화를 위해서 두산 DST를 인수하였다. 금융사의 인수 · 합병이 눈에 띄며 그중 미래에셋 증권이 대우증권을 인수하면서 국내 증권업에서 1위의 기업이 되었다. 사모펀드들의 지속적인 인수 · 합병에 대한 참여가 있으며, 이러한 추세는 앞으로도 계속 이어지고 10년 후에는 사모펀드들이 인수 · 합병을 주도하는 핵심적인 주체로 떠오를 것으로 예상한다.

**표 1-13** 2016년 TOP 10 M&A

(단위 : 조원)

| 순위 | 피인수자 | 인수자 | 거래금액 |
|---|---|---|---|
| 1 | 삼성SDI, 정밀화학 | 롯데케미칼 | 27,915 |
| 2 | 우리은행 | 한화생명 | 24,000 |
| 3 | 대우증권 | 미래에셋증권 | 23,845 |
| 4 | 로엔터테인먼트 | 카카오 | 18,742 |
| 5 | Wharf T&T | MBK파트너스 | 13,965 |
| 6 | 현대증권 | KB금융지주 | 12,500 |
| 7 | 두산공작기계 | MBK파트너스 | 11,300 |
| 8 | 쌍용양회 | 한앤컴퍼니 | 8,837 |
| 9 | 마르스엔터테인먼트 | CJ CGV | 7,919 |
| 10 | 두산 DST | 한화테크윈 | 6,950 |

**출처** : The Bell League Table

2017년 상반기까지의 인수 · 합병은 침체기라고 볼 수 있다. 2016년 겨울부터 시작된 탄핵정국으로 정치가 불안하여 대기업들의 M&A 참여는 저조하였다. 삼성전자의 하만(미국계 오디오 전문 기업) 인수를 제외하면 MBK파트너스가 대성

**표 1-14** 2017년 상반기 TOP 10 M&A

(단위 : 조원)

| 순위 | 피인수자 | 인수자 | 거래금액 |
|---|---|---|---|
| 1 | 하만 | 삼성전자 | 93,384 |
| 2 | 대성산업가스 | MBK파트너스 | 12,000 |
| 3 | DDI | 더블율게임즈 | 9,261 |
| 4 | 카밤 | 넷마블 | 9,200 |
| 5 | 현대카드 | 어피니티 | 6,747 |
| 6 | 이랜드리테일 | 큐리어스 | 6,000 |
| 7 | 경남에너지 | 해외 PEF | 5,500 |
| 8 | 동부익스 | 동원산업 | 4,250 |
| 9 | 에코매니지 | IMM | 4,000 |
| 10 | SK해운 | 삼성증권 | 3,850 |

**출처** : The Bell League Table

**표 1-15** TOP 10 M&A 금융자문사

| 순위 | 2012 | 2013 | 2014 | 2015 | 2016 | 2017 1H |
|---|---|---|---|---|---|---|
| 1 | CS | 모간스탠리 | JP모간 | 도이치증권 | CS | JP모간 |
| 2 | 하나대투증권 | 골드만삭스 | 골드만삭스 | 씨티 | 언스트앤영 한영 | Lazard |
| 3 | 삼정KPMG | 바클레이즈 | CS | HSBC | 모간스탠리 | 골드만삭스 |
| 4 | 삼일 PwC | JP모간 | 도이치증권 | 바클레이즈 | 삼일 PwC | 삼정KPMG |
| 5 | 맥쿼리증권 | 삼일 PwC | 모간스탠리 | 삼일 PwC | 골드만삭스 | 도이치증권 |
| 6 | JP모간 | 딜로이트 안진 | 삼일 PwC | 삼정KPMG | BoA 메릴린치 | BoA 메릴린치 |
| 7 | 우리투자증권 | 삼정KPMG | Lazard | NH투자증권 | JP모간 | 삼일 PwC |
| 8 | Roshchiild | 한국산업은행 | 씨티 | 삼성증권 | 삼성증권 | CS |
| 9 | BoA 메릴린치 | CS | BoA 메릴린치 | BoA 메릴린치 | NH투자증권 | 동부증권 |
| 10 | 골드만삭스 | 씨티 | 삼정KPMG | 골드만삭스 | 미래에셋대우 | 한국투자증권 |

**출처** : The Bell League Table

산업가스를 인수한 것이 유일하게 메가 딜로 분류할 수 있으며 나머지 딜은 그 규모가 축소되었다. 전통적인 재벌 대기업들의 인수 · 합병이 많지 않은 가운데 눈에 띄는 인수 · 합병으로는 인터넷 기업들의 사업 확대를 위한 인수 · 합병이 많았다. 그리고 꾸준히 사모펀드들이 주요 인수 · 합병의 플레이어로 역할을 하고 있다.

2017년 6월 24일 코스피가 2,451로 사상 최고치로 마감을 하였다. 2017년 5월 문재인 정부 출범으로 정치도 안정되어 가고 있기 때문에 2018년까지 국내 경제상황이 괜찮다고 할 수 있으므로 대기업들이 이끄는 사업확대 M&A가 앞으로 1~2년 동안 적극적으로 확대될 것으로 예상된다. 동시에 M&A의 전반적인 규모와 거래건수도 같이 증가할 것으로 예상된다.

M&A를 하기 위해서는 크게 딜 전반에 재무를 자문하는 재무자문사, 회계자문, 법률자문이 필요하다. 2012년부터 2017년 상반기까지 자문사의 현황을 보면 딜 전체를 자문하는 재무자문사의 경우 대형 딜을 외국계 금융기관이 독점하다시피하고 있다.

딜 재무자문 부분에서 부동의 1위는 없으나 늘 TOP 10의 상위권에 이름을 올리는 기업들은 외국계 투자은행들이다. 간혹 국내 금융계열사를 보유한 대기업들이 인수 · 합병에 참여하면서 동일 계열의 금융사들을 재무자문으로 사용하지만 외국계 투자은행의 대형 딜 독식현상은 지속되어 왔고 우리나라 증권사들의 역량과 인수금융능력이 확충되지 않는다면 이러한 현상은 지속될 것이다.

특이할만한 것은 외국계 대형사들의 딜 독식현상이 발생했지만 꾸준한 삼정 KPMG, 삼일 PwC 같은 회계법인의 선전이다. 이들 회계법인들은 자체적으로 딜 재무자문 본부가 별도로 있고 이들을 딜 자문으로 고용하면 회계자문도 같이 할 수 있는 서비스를 제공해서 외국계 투자은행이 이끄는 대형 딜에서도 두각을 나타내고 있다.

경제 규모가 커지고 기업들의 경쟁력이 확대될수록 해외 M&A에 대한 수요가 증가할 것이며, 해외 네트워크를 갖고 있는 글로벌 투자은행의 역할이 더 중요해질 것이다. 이에 따라 대형 M&A를 글로벌 투자은행들이 독식하는 현상은 앞으로도 계속 발생할 것으로 예상한다.

회계자문은 Big 4(PwC, 딜로이트, KPMG, E&Y(언스트앤영))와 제휴를 맺은 회계법인들이 시장의 1~4위를 차지하고 있다. 트렌드에 따라서 특정 회계법인이 상위권에 랭크되는 경우가 있을 수 있으나 이러한 체제가 지속되지는 않는다. 그러나 Big 4가 앞으로도 지속적으로 M&A의 회계자문사로서 시장지배력을 현재처럼 유지할 것은 자명하다. 국내의 중소형 회계법인은 대형 M&A 딜의 회계실사 경험이 많이 없으며 이러한 업무에 특화된 전문인력을 상대적으로 Big 4에 비해서 많이 보유하지 못하고 있다. 게다가 해외 M&A가 활발하게 증가하면 글로벌 네트워크를 보유한 회계법인이 유리하기 때문에 대형 M&A는 앞으로도 Big 4가 시장을 선도해 나갈 것으로 예상한다.

**표 1-16** TOP 5 M&A 회계자문사

| 순위 | 2012 | 2013 | 2014 | 2015 | 2016 | 2017 1H |
|---|---|---|---|---|---|---|
| 1 | 삼정KPMG | 삼정KPMG | 언스트앤영 한영 | 삼정KPMG | 딜로이트 안진 | 딜로이트 안진 |
| 2 | 삼일 PwC | 삼일 PwC | 딜로이트 안진 | 딜로이트 안진 | 삼일 PwC | 삼정KPMG |
| 3 | 언스트앤영 한영 | 딜로이트 안진 | 삼일 PwC | 삼일 PwC | 삼정KPMG | 삼일 PwC |
| 4 | 딜로이트 안진 | 지성 | 삼정KPMG | 언스트앤영 한영 | 언스트앤영 한영 | 언스트앤영 한영 |
| 5 | 대주 | 언스트앤영 한영 | 예일 | 새길 | 한울 | 다산 |

**출처** : The Bell League Table

회계법인과 달리 법무 서비스는 국내법이 중심이 되기 때문에 국내의 법무법인들이 대형 M&A를 독식한다고 해도 과언이 아니다. 국내의 Big 5 법무법인

중에 매년 김앤장이 압도적으로 1위를 달리고 있다. 그 뒤를 태평양, 세종, 광장, 율촌 등이 따르고 있다. 국내변호사 및 해외변호사 보유 수도 김앤장이 타법무법인에 비해서 많으며, 기업들과의 좋은 관계를 맺고 있어서 법무자문 부분에서는 지속적으로 1위를 달리고 있다. 현재와 같은 법무자문 서비스 구도가 지속된다면 김앤장의 독주는 당분간 막기 어려울 것으로 예상한다. 다만 김앤장을 제외한 다른 법무법인들끼리 합병을 하여 김앤장을 능가할만한 규모의 법무법인이 탄생한다면 법무자문 시장에서도 큰 지각변동이 일어날 것이다.

**표 1-17** TOP 5 M&A 법무자문사

| 순위 | 2012 | 2013 | 2014 | 2015 | 2016 | 2017 1H |
|---|---|---|---|---|---|---|
| 1 | 김앤장 | 김앤장 | 김앤장 | 김앤장 | 광장 | 김앤장 |
| 2 | 태평양 | 태평양 | 태평양 | 태평양 | 김앤장 | 광장 |
| 3 | 광장 | 세종 | 광장 | 율촌 | 세종 | 태평양 |
| 4 | 세종 | 광장 | 세종 | 광장 | 태평양 | 세종 |
| 5 | 율촌 | 율촌 | 율촌 | 세종 | 율촌 | 율촌 |

출처 : The Bell League Table

## 6. 요약

기업이 M&A를 하는 이유는 다양하다. 그러나 대부분의 M&A는 시너지 효과를 통해서 기업의 가치를 높이기 위한 것이다. M&A로 기업의 가치를 높이는 방법으로 수평적 M&A를 통해서 규모의 경제를 이루는 방법이 있다. 혹은 수직적 M&A를 통해서 수직계열화를 이루어 범위의 경제를 달성하는 방법이 있다. 이러한 방법들을 통해서 기업은 원가를 절감하거나 시장을 개척하여 경쟁자와 경쟁에서 우위를 차지할 수 있다. 그리고 M&A를 통해서 기업이 보유하지 못한 기술을 구입하여 빠르게 시장에 진출할 수 있다. 지속적으로 우수한 기술을 보유한 기업들을 인수·합병하여 기술적 경쟁력을 보유, 경쟁자와의 경쟁에서 경쟁우위를 점할 수 있다. 이처럼 M&A는 어떤 목표가 아니라 기업의 목표를 달성할 수 있는 수단이다. 기업의 목표는 기업가치를 극대화하는 것이다.

기업가치를 극대화하기 위해서 어떤 기업은 원가우위 전략을 펼치기도 하고 어떤 기업은 차별화 전략을 통해서 프리미엄 제품을 공급할 수도 있다. M&A는 기업들이 수립한 전략을 보다 쉽게 달성할 수 있도록 도와주는 수단이다. 그러므로 M&A와 신사업 투자를 적절히 병행하여 기업전략을 구사한다면 효율적인 기업경영이 되어서 좀 더 수월하게 기업가치를 극대화할 수 있을 것이다.

대표적으로 구글, 아마존과 같은 미국의 IT 기업들은 왕성한 M&A를 통해서 자신들이 나아가야 하는 방향으로 신속하고 효과적으로 전진하고 있다. 그러나 M&A를 위해 무리하게 많은 투자를 하면 오히려 자금압박으로 인하여 재무적 곤경에 처하게 된다. 우리나라 금호아시아나그룹이 2006년 대우건설, 2007년 대한통운을 너무 비싼 가격에 인수하면서 승자의 저주에 걸려서 워크아웃에 들어간 사례를 교훈으로 삼아야 할 것이다.

앞으로 우리나라에서 재계순위를 순식간에 바꿀 만한 M&A 기회는 많지 않을 것이다. 기업의 경영을 효율화하고 경쟁력을 강화하기 위한 M&A가 더 빈번하게 행해질 것이다. 그리고 국내기업들의 경영능력 제고와 함께 해외기업을 인수하는 사례도 같이 증가할 것으로 예상한다. 국내의 M&A 관련 규제가 사모펀드들에게도 유리하게 변경된다면 앞으로 사모펀드는 M&A 시장에서 지금보다 더 적극적인 역할을 하여 비효율적인 기업을 지속적으로 인수하면서 경영의 효율성을 제고하는 순기능을 할 것으로 예상한다.

# M&A와 산업활동

ch. two

2

역사적으로 보았을 때 경제 전체적으로 M&A 흐름은 경제흐름이 결정한다. 호경기가 예상되거나 호경기일 경우에는 과거에 비해서 많은 M&A 활동, 즉 투자활동이 일어나고 그렇지 않을 경우에는 보수적인 기업운영으로 인해 투자활동이 축소된다.

본서에서는 M&A에 집중하여 설명하기 때문에 M&A라는 것이 기업활동의 별도의 한 부분으로 인식되기 쉽다. 그러나 넓은 개념으로는 M&A는 투자의 한 분야이다. 신사업 투자와 다르게 M&A는 투자의 효과가 상대적으로 짧은 1~2년의 단시일 내에 일어난다. 그러므로 경제활동이 극대화될 경우 혹은 경제가 호경기에 진입할 때 기업을 인수하면 그 인수 효과는 단기간 안에 발생한다. M&A는 신사업 투자와는 달리 투자에 막대한 자금이 필요하기 때문에 경제 전체적으로 자금이 경색되어 있는 불경기에는 자금 조달이 어려워서 M&A 활동이 많이 축소된다. 이러한 이유 때문에 M&A 활동은 경제 단계가 어떤 국면에 있는지에 따라서도 결정된다.

**그림 2-1 전 세계 M&A 현황**

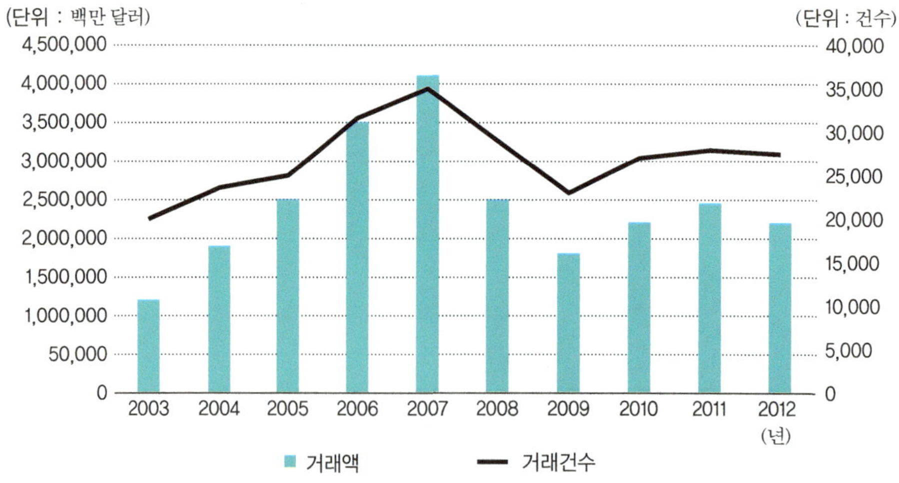


**출처** : 자본시장 연구원, 『자본시장 Weekly』, 2013

그러나 이러한 경제적 흐름은 M&A 수준을 결정하는 중요한 변수 중 하나이지 M&A 자체를 결정하는 절대적인 변수라고 할 수 없다. 금융위기가 가장 심했던 2009년에 전 세계적으로도 15,000건 이상, 2.5조 달러의 M&A 거래가 있었다. 세계적인 불경기 상황에서도 기업은 필요에 따라서 M&A를 실시한다.

Chapter 1에서 살펴본 바와 같이 M&A는 경제활동의 수준뿐만 아니라 기업의 고유한 투자욕구에 의해서도 발생한다. 특히 기업들은 시너지를 창출, 시장 다각화를 통해 사업을 확장, 기술 확보, 사업의 위험 분산 등 다양한 이유 때문에 M&A를 한다. 개별 산업별로 처한 환경이 다르기 때문에 불경기임에도 불구하고 많은 M&A가 발생한다. 산업이 성장하다 보면 성장 정체기가 올 수 있다. 이 경우 기업들은 생존과 지속적인 성장을 하기 위해서 타 기업을 인수 · 합병하고자 하는 욕구가 강해진다.

인수 · 합병을 통해서 시장점유율을 확대해 내부적으로 성장하지 못하는 것을 외부의 성장 엔진을 통해서 성장하려고 한다. 이런 시기에는 동종 기업 내 M&A가 주류를 이루게 된다. 시장이 성장할 경우에도 성장의 과실을 더 먼저 얻기 위해서 유사기업들을 인수 · 합병하면서 시장을 적극적으로 확대하기도 하며, 타 산업으로의 진출도 용이하여 동종 산업뿐만 아니라 이종 산업 간 합병도 활발하게 발생한다. 산업혁명처럼 획기적인 산업의 패러다임이 변화하는 시대에는 글로벌 표준을 만들기 위해서 규모를 확대하거나 신기술을 확보하기 위해서 전략적 제휴 혹은 M&A가 활발하게 일어난다.

기업활동을 하는 과정에서 그 기업이 처해 있는 산업의 독특한 라이프사이클(Life Cycle) 때문에 산업 간에도 M&A의 활동 수준이 다르고 그 시기도 달라진다. 여기에서는 산업의 어떤 사이클에서 M&A가 발생하고 어떤 형태의 M&A가 발생하는지 자동차 · 철강 · 해운 산업의 M&A 흐름을 보면서 살펴보겠다. 이를 통해서 독자 여러분은 M&A가 어떤 시기에 필요한지 알 수 있을 것이며, 왜 그 시기에 M&A를 할 수밖에 없는지 또한 같이 이해할 수 있을 것이다. 이는 M&A

의 본질에 대한 이해뿐만 아니라 실제 기업전략을 수립하고 실행하는 데 있어 도움이 될 것이다.

## 1. 자동차 산업의 M&A

자동차 산업은 내수시장을 넘어 글로벌 경쟁을 하는 시장이다. 모든 국가들이 자동차 산업의 고용파급효과로 인해서 국가 기간산업으로 보호하고 육성하려는 분야이다. 대부분의 선진국은 완성차를 만들 수 있는 역량이 있고 이러한 기업들이 글로벌 수준에서 경쟁을 한다. 북미 · 유럽 · 아시아 시장에서 각각의 플레이어들이 존재하고 이들이 전 세계적으로 경쟁을 하고 있다. 게다가 자동차는 소비자들이 소비하는 단일 소비재로 가장 값비싼 소비재 중의 하나이다. 그러므로 소비자 트렌드, R&D 기술, 생산, 타 산업과의 연관성이 매우 높은 산업

**표 2-1** 2015년 글로벌 TOP 10 자동차 생산 메이커

| 순위 | 메이커 | 생산대수 | % |
|---|---|---|---|
| 1 | TOYOTA | 10,083,831 | 11.2% |
| 2 | 폭스바겐 | 9,872,424 | 11.0% |
| 3 | 현대그룹 | 7,988,479 | 8.9% |
| 4 | GM | 7,485,587 | 8.3% |
| 5 | FORD | 6,396,369 | 7.1% |
| 6 | NISSAN | 5,170,074 | 5.7% |
| 7 | FIAT | 4,865,233 | 5.4% |
| 8 | HONDA | 4,543,838 | 5.0% |
| 9 | SUZUKI | 3,034,081 | 3.4% |
| 10 | RENAULT | 3,032,652 | 3.4% |
|  | 합계 | 62,472,568 | 69.3% |
|  | 세계 전체 | 90,086,346 | 100.0% |

출처 : OICA

이다. 이러한 이유 때문에 자동차 산업은 소비자의 취향 변화, 생산기술의 변화, 신기술 도입에 따라 민감하게 반응하고 생존을 위해 대응한다.

칼벤츠와 다임러가 자동차를 발명한 시기부터 자동차 산업의 역사를 본다면 100년이 넘는 역사를 자랑한다. 1900년에는 1만 대의 생산 수준을 보였으나 2016년에는 약 9,500만 대를 생산하였다. 자동차는 초기에는 부유층의 이동수단이었으나 1920년대에 포드시스템에 의한 대량생산으로 누구나 쉽게 소유하고 탈 수 있게 되었다. 이러한 이유로 미국은 60년 이상 자동차 산업의 패권을 가져갔다.

그러나 2차 세계대전 이후 유럽업체들의 약진으로 유럽의 자동차 판매시장은 유럽 기업들이 지배하기 시작하였다. 1970년대에는 오일쇼크로 인해 작고 연비가 높은 일본 자동차 수요가 증가하여 일본 업체들이 당당하게 글로벌 자동차 시장에서 경쟁을 하게 되었다. 1980년대부터 일본 업체들은 자국 내 생산뿐만 아니라 생산기지를 북미 등 해외로 방향을 돌리면서 비약적인 발전을 이루었다. 2000년대 들어서 한국 같은 개발도상국 기업들이 일본 기업을 모방하면서 글로벌 경쟁에 뛰어들었다. 꾸준한 연구개발과 공정혁신으로 인해 현대기아차는 글로벌 Top 5안에 드는 기업으로 성장하였다. 현재 전 세계적으로 100개 이상의 완성차 기업들이 경쟁을 하지만 주로 글로벌 무대에서 경쟁을 하고 있는 것은 세계시장의 약 70%를 차지하고 있는 Top 10 기업들이다.

자동차 시장의 M&A를 보면 기업의 전략적 M&A와 그에 대한 파급효과들을 같이 볼 수 있다. 최근 20년 동안 자동차 산업은 큰 변화를 겪었다. 그래서 1990년대 후반과 2000년대 초의 자동차 업계 현황과 그에 따른 M&A가 갖는 의의를 보고 현재 자동차 산업에서 일어나고 있는 패러다임의 변화를 보면서 자동차 산업이 어떻게 변화할 것이며, 자동차 기업들이 생존과 발전을 하기 위해서 산업의 지형을 어떻게 바꾸고 있는지 조망하고 그 안에서 M&A는 어떤 역할을 할 수 있는지 살펴보겠다.

## 1.1 2000년대 초의 자동차 산업 M&A

1991년 소련이 붕괴되면서 냉전체제가 종식되었다. 이로 인해 전 세계의 경제는 글로벌화가 빠르게 진행되었다. 자동차 산업은 내수에 기반한 산업이지만 냉전 이후 빠르게 세계 경제가 글로벌화되는 트렌드에 발맞추어 자국 내의 완성차 기업뿐만 아니라 해외의 완성차 기업들과도 경쟁을 하게 되었다.

세계 각국의 자동차 메이커들은 투자를 통해서 생산량을 늘렸고 이로 인하여 산업 전체적으로 과잉 설비를 보유하게 되었다. 게다가 글로벌 규모에 맞게 경쟁하기 위해서 자동차 기업들은 몸집을 부풀려 생산비용을 줄이는 규모의 경제가 필요하였다. 그리고 다양한 차종의 제품을 개발하기보다는 소품종 대량제품을 개발하여 생산비용을 낮추었다. 완성차 업계에서는 플랫폼을 통합하여 기존의 10~20개인 플랫폼을 4~5개로 축소하는 움직임이 나타났다. 또한 글로벌화로 인해서 지역적인 확대가 필요했으며, 엄격화되는 환경 및 안전 규제에 맞

**그림 2-2 1998년 글로벌 생산캐파와 생산량**

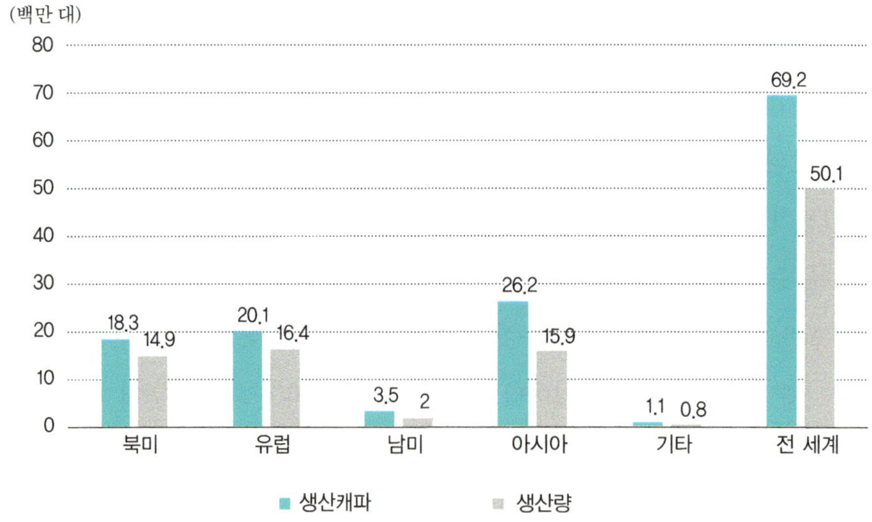


**출처** : "Reorganization of the Global Automobile Industry and Structural Change of the Automobile industry", Koichi Shimokawa, 2000

춰서 글로벌 표준을 선도하려는 움직임이 강하게 일어났다.

1998년 자동차 기업들은 전 세계적으로 생산캐파 대비 생산량이 72% 수준으로 과잉설비를 보유하고 있었다. 이로 인해 자동차 기업들의 고정비 부담이 높아졌고 규모의 경제를 통해서 이를 해결하려는 욕구가 강해졌다. 당시에는 4백만 대 이상의 규모를 가진 자동차 기업들만 시장에서 살아남는다는 인식이 팽배해서 각자 몸집을 키워서 글로벌 경쟁에 대처하고 과도한 생산설비를 최대한 활용하고자 하는 욕구가 강했다. 시장에서 이러한 기준으로 미래를 예측한다면 앞으로 5~6개 정도의 기업들이 이 시장을 지배할 것이라는 전망이 팽배했다.

실제로 1997년 완성차의 생산량 기준 순위를 본다면 지엠과 포드가 압도적으로 1, 2위를 하고 있었고 그 뒤를 일본계 자동차 기업과 유럽계 자동차 기업들이 따르고 있었다. 산업 전체적으로 과잉생산 설비를 갖고 있었기 때문에 전문가들은 4백만 대 이상을 생산하지 못한다면 미래에는 원가구조의 한계로 버티지 못할 것이라고 전망하였다.

글로벌화를 하기 위해서 모든 자동차 기업들은 규모를 확대할 계획을 갖고

**그림 2-3 1997년 생산량 기준 주요 자동차 기업 순위**

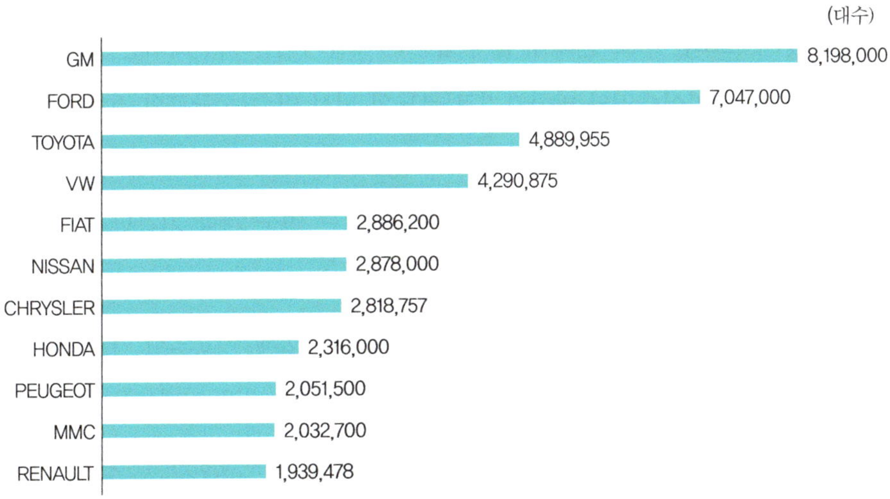


출처 : Automotive News Yearbook

있었고 특히 연간 4백만 대를 생산하지 못하는 기업들은 더욱더 생존을 위해서 몸집을 키우려고 하였다. 그 결과 1994년에는 BMW가 로버 지분 80%를 취득하였다. 1998년에는 다임러 벤츠와 크라이슬러가 합병하여 다임러 크라이슬러가 출범하였다. 다임러 벤츠는 1997년 기준으로 자동차 판매대수 113만 대, 매출액은 690억 달러의 기업이었고 크라이슬러는 자동차 판매대수 288만 대, 매출액 611억 달러의 기업이었다. 두 기업의 합병으로 두 기업은 4백만 대 생산 클럽에 가입하였고 이로 인해 규모의 경제를 창출하여 글로벌 경쟁에 적극 대응할 것으로 예상되었다.

특히 두 기업의 합병은 상호 서로 다른 분야의 합병으로 인해서 많은 시너지가 예상되었다. 다임러 벤츠는 고급차의 이미지를 갖고 유럽 시장에서 68%의 매출을 올리고 북미에서는 18%의 매출을 올렸다. 반면에 크라이슬러는 대중적인 차의 이미지를 갖고 북미 시장에서 87%의 매출을 올리고 유럽 시장에서는 4% 매출을 올렸다. 이렇듯 두 차의 브랜드 인지도도 다르고 주요 시장도 다르기 때문에 두 기업의 합병은 많은 시너지를 가져올 것이라는 기대가 있었고 상호 보완하여 글로벌 경쟁에 잘 대처할 것으로 예상되었다.

1999년에는 르노(Renault)가 닛산 지분 36.8%를 인수하여 4백만 대 클럽에 가입하였다. 르노는 이로 인해 유럽에 집중된 매출지역을 다변화하는 효과를 얻었다. 다임러 크라이슬러와 마찬가지로 르노의 닛산 인수는 규모의 경제를 가져왔고 이로 인해 자동차 공동개발을 하여 비용을 대폭 절감할 수 있었다.

자동차 기업들이 하나의 차종을 출시하는 데는 연구 개발 기간만 2~3년이 소요되고 자동차가 시장에 출시되면 대략 3~5년의 제품 수명을 갖는다. 이러한 과정에서 많은 투자비용이 집행되기 때문에 규모의 경제가 있으면 이를 획기적으로 감소시킬 수 있다. 아시아 시장이 당시에는 금융위기로 어려움을 겪었지만 소득 수준이 증가할수록 자동차의 수요도 증가할 것으로 예상되어 르노 입장에서는 아시아로 시장을 확대할 수 있는 절호의 기회였다.

그림 2-4 GDP 변화에 따른 인구 100명당 자동차 보유대수

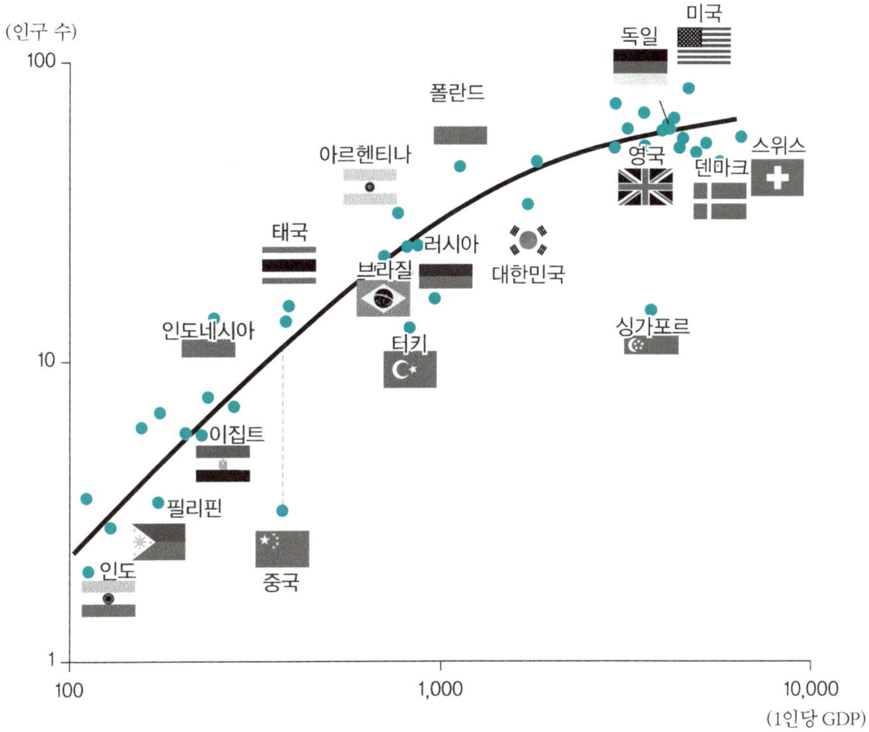


출처 : World Bank

닛산 역시 다양한 차종을 생산하면서 다품종 소량의 부품을 구매하여 구매 경쟁력이 낮았다. 자동차는 2만여 개의 부품으로 구성되어 있어서 이를 어떻게 조달하는지가 굉장히 중요한 산업이다. 다양한 부품들을 다양한 부품업체로부터 조달할 경우 모든 부품회사를 관리하고 부품조달 계획을 짜야 하기 때문에 관리의 비효율이 발생하고 이는 원가상승이라는 결과를 가져온다.

그러므로 두 기업의 합병으로 닛산은 공동으로 부품을 조달받을 수 있었다. 그리고 두 기업이 주력하는 자동차가 대중적인 자동차이기 때문에 차종 단순화를 통해서 소요되는 부품을 소품종 대량으로 변경하여 규모의 경제의 이점을 누리는 동시에 원가를 절감할 수 있는 여지가 많을 것으로 예상하였다.

이러한 완성차 업체들의 글로벌화는 부품기업들에게도 큰 변화를 가져왔다.

현대자동차에게 핵심부품인 엔진 관련 부품을 공급하는 현대모비스가 있듯이 대부분의 자동차 기업들은 엔진을 비롯하여 이와 연관된 부품생산기업들을 완성차의 지배 하에 두는 정책을 펼쳤고 많은 부품을 같은 그룹사 안에서 조달하였다. 그러나 자동차 기업들이 글로벌화되고 플랫폼이 소량으로 통합되자 글로벌 부품소싱을 시작하였다.

즉, 자신의 계열 내에 있는 부품사로부터의 조달은 물론이고 계열 밖에 있는 부품사들의 부품들을 조달받기 시작하였다. 그리고 글로벌 자동차 기업들이 원가절감을 통해 정체된 시장에서 수익을 내려는 전략으로 변경했기 때문에 부품사들에게 품질을 유지하면서 더욱 낮은 가격의 부품 공급을 요구하였다. 그 결과 부품사들 역시 글로벌화를 하면서 대형화되었다. 같은 자동차 회사 그룹 내에 있는 기업들이 분리되어 새로운 기업을 형성하고 부품기업으로 성장하는 계기를 맞게 되었다.

1990년대 후반부터 2000년대 초반까지 이어진 자동차 산업의 M&A 요인은 세계 경제가 글로벌화되고 자동차 시장의 성장이 정체되면서 규모의 경제에 대한 강한 욕구에서 비롯되었다. 이로 인해 완성차 업체 간의 M&A가 활성화되었다. 이 시기의 M&A는 구조조정을 통해서 생존을 하는 동시에 미래를 대비한다는 측면이 많은 M&A라고 할 수 있다.

### 1.2 2017년 자동차 산업 M&A

CES(The Consumer Electronics Show)는 매년 1월경에 미국 라스베가스에서 열리는 가전기계 박람회이다. 그러나 최근에는 CES에 전자와 IT 기업뿐만 아니라 자동차 기업들도 적극적으로 참가하고 있다. 전통적으로 자동차는 내연기관 내에서 일어나는 흡기, 압착, 폭발, 배기의 4과정을 통해서 힘을 얻고 이 힘으로 바퀴를 돌려서 움직이는 기계적인 영역이라고 생각했다. 그러나 이제 자동차는

그림 2-5 신차 대비 전기차 시장 전망

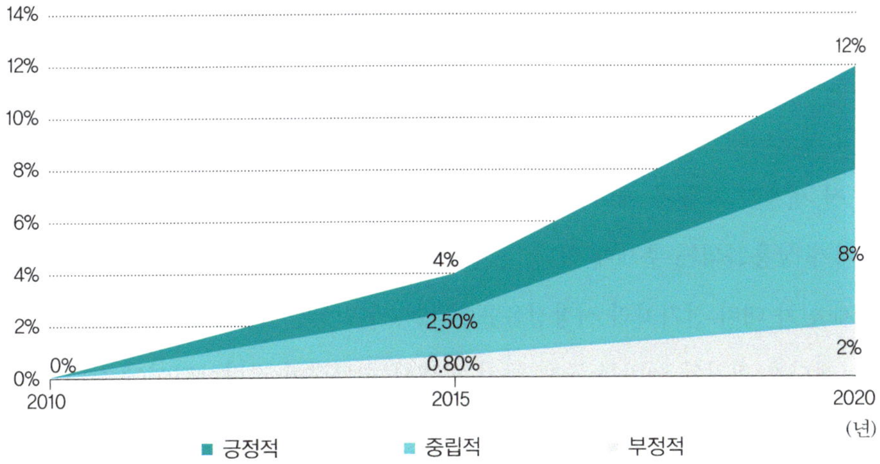


출처 : 에너지 경제연구원 2017

기계의 영역보다는 전자의 영역으로 발달하고 있다. 자동차 산업에서 1920년대에 포드시스템으로 겪었던 대변화에 맞먹는 커다란 변화가 현재 일어나고 있다. 자동차 산업에 영향을 주고 있는 요인은 크게 2가지로 요약할 수 있다.

첫째, 전기차의 도입으로 내연기관이 더 이상 필요 없는 시대가 올 것이다. 이미 많은 글로벌 자동차 메이커들은 내연기관을 대체하는 전기차를 만들기 시작했다. 자동차 산업 초기에 전기차가 도입되었으나 그 당시에는 휘발유에 비해서 연료효율이 낮았기 때문에 대중화에 실패하였다. 그러나 지금은 테슬라(Tesla)를 선두로 대부분의 자동차 기업들이 전기차를 앞다투어 생산하고 있다.

테슬라에서 만든 모델S를 필두로 도요타의 프리우스, BMW의 i3와 i8, 포드의 하이브리드 모델(전기차와 내연기관차를 합한 모델, 경제적 주행인 경우일 때는 전기로 동력을 얻고 고속주행이 필요한 경우에는 내연기관을 통해서 동력을 얻음)인 퓨전 하이브리드, 현대차의 아이오닉 등 전기와 내연기관을 결합한 자동차들이 100% 전기차의 전 단계로서 출시되고 팔리고 있다.

전기차가 등장한 배경에는 자동차로 인한 환경오염을 줄이기 위해서 $CO_2$

배출량을 감축하고 연비를 높이라는 각국 정부의 적극적인 정책과 규제가 있다. 예를 들어 미국은 2016년까지 자동차 $CO_2$ 배출량을 4.1% 감축하여 250g/mile을 만족해야 하고 연비도 2011년 27.6mpg[1]에서 2025년에는 54.5mpg까지 상향할 예정이다. 이러한 조건을 기존의 내연기관으로 만족시키기는 어렵기 때문에 전 세계의 자동차 메이커들은 적극적으로 전기차 연구를 해왔으며, 점점 전기차가 상용화되는 추세에 있다. 긍정적인 상황을 가정하였을 경우 2020년에는 전체 신차 대비 전기차의 시장점유율은 12%까지 상승할 것으로 예측하고 있다.

게다가 전기차 연비를 좋게 하기 위해서는 차량이 경량화되어야 한다. 기존과 동일하거나 높은 안전강도를 유지하면서 차량은 더 경량화되어야 각국 정부에서 설정한 연비규제에 맞출 수 있을 뿐만 아니라 전기차 1회 충전 시 이동거리가 기존 내연기관 자동차만큼 늘어나서 기존 내연기관 자동차를 빠르게 대체할 수 있다. 이러한 여파로 인해서 전통적인 자동차 소재인 철, 알루미늄 등 금속소재에서 탄소섬유같은 경량화된 복합소재로의 대체가 빠르게 일어나고 있다.

전통적으로 자동차 기업은 생산을 효율적으로 하는 것과 엔진에 대한 원천기술을 보유하는 것이 핵심역량이었다. 자동차의 성능을 결정짓는 가장 중요한 요인이 엔진이고 자동차는 20,000가지 이상의 부품으로 만들어지는 조립체이기 때문에 핵심적인 부품의 생산과 조립이 핵심 경쟁력이었다. 그러나 전기차가 상용화된다면 자동차의 핵심 경쟁력은 가솔린엔진을 제작하는 기술이 아니라 삼성 SDI, LG화학 같이 배터리를 제조하는 능력이 될 것이다. 그러므로 자동차 산업은 정부의 환경규제와 연비규제, 그리고 배터리의 기술진보로 인해서 점점 산업의 지형이 변화하고 있다.

둘째, 자율주행차의 도입이다. 세계적인 IT 기업들이 앞다투어 인공지능 개발을 하고 있다. 구글의 알파고, IBM의 왓슨(Watson)과 같은 인공지능 프로그램

1. mpg : mile per gallon, 1갤런으로 자동차가 운행하는 거리. 연비효율을 나타낸다.

은 기술진보로 인하여 상용화되는 시기가 앞당겨졌다. 이로 인해 실험실 수준에서는 완전자율주행도 가능한 수준으로 발전하고 있다. 전문가별로 예측하는 완전자율주행차가 상용화되는 시기는 제각각이지만 대체로 2030년에는 완전 상용화될 것으로 예측하고 있다.

그림 2-6 구글의 자율주행차

출처 : 구글

자율주행차의 핵심기술은 앞 차와의 거리를 조절하는 센서와 주변의 물체를 인식할 수 있는 라이더(Lidar), 차선이나 신호등을 볼 수 있는 카메라, 자신의 위치를 확인할 수 있는 GPS 등이다. 이러한 기술들은 전통적인 자동차 기업들이 만들기에는 어려움이 있으며, 애플, IBM, 구글, 네이버, 삼성전자 같은 전자기업들이 경쟁력을 갖고 있다. 즉, 자율주행차가 상용화된다면 기존의 자동차 산업은 이제까지와는 전혀 다른 변화를 겪게 될 것이다. 전통적인 자동차 기업들은 핵심부품을 생산하지 못하며, 자율주행차의 핵심 경쟁력을 갖춘 기업들에게 부품공급을 의뢰할 것이다. 극단적으로 IBM, 구글, 애플, 삼성전자 같은 기업들이 자동차를 생산하면서 전통적인 자동차 기업들과 경쟁을 할 수도 있다.

〈표 2-2〉의 자율주행 단계를 본다면 현재는 2단계 수준으로 운전자 보조장치들이 제한적으로 운전자를 도와주고 있으나 2020년 이후에는 운전자의 개입이 최소화되고 2025년 이후에는 운전자는 단순히 목적지를 입력만 하면 되는 완전자율주행의 기술을 확보할 수 있을 것으로 예상하고 있다. 완전 자율주행차가 상용화되면 전통적인 자동차의 개념보다는 이동하는 실내공간의 개념으로 자동차가 진화할 것이다. 자동차 안에서 영화를 보거나, 게임을 하거나, 지인

들과 놀이를 하며, 혹은 회의를 하며 지낼 것이다. 지금까지 자동차 시트가 갖고 있는 개념을 탈피해 움직이는 사무실이 될 수도 있으며 주거공간으로서의 역할도 할 수 있을 것이다.

표 2-2 **자율주행 단계**

| 단계 | Level 0 | Level 1 | Level 2 | Level 3 | Level 4 |
|---|---|---|---|---|---|
| 내용 | 운전자에 의해 제어되는 차량 | 1개 이상의 제어기능을 갖춘 자동화 시스템 | 2개 이상의 제어기능을 갖춘 자동화 시스템 | 가속, 주행, 제동 모두 자동화하는 시스템(필요시 운전자 개입) | 100% 자율주행 |
| 운전자 역할 | 직접운전 | 직접운전(운전 보조장치) | 운전자 주행상황 항상 주시 | 운전자 자동운전 결정 | 목적지 입력 |
| 예시 기능 | | 크루즈컨트롤 차선인식 | 장애물 회피 브레이크 제어 주차보조기능 | 운전자 없이 고속도로 주행자동 차선 변경 | |
| 시기 | 현재 | 현재 | 현재 | 2020 | 2025 |

출처 : 유진투자증권

〈표 2-2〉에서 본 트렌드 외에도 커넥티드 자동차와 공유경제의 도래가 자동차 산업에 영향을 미치고 있다. 무선인터넷의 속도가 빨라지고 사물인터넷이 확대되면서 컴퓨터 하나로 모든 것을 제어할 수 있는 시대에 돌입하고 있다. 머지않아 휴대폰 하나로 자동차를 제어하고 자동차와 모든 가전제품들이 연결되는 시대가 도래한다. 나아가 개별 자동차끼리 인터넷으로 연결되고 신호등 등 교통 인프라도 자동차와 연결되어 교통사고가 획기적으로 감소할 수 있다. 커넥티드카(Connected Car)가 IT 기술의 발달에 따라 상용화되면 자동차 안이 사무실이 되고 놀이 공간으로 변할 수 있다.

자동차에서 공유경제는 자동차를 소유하지 않고 공유하는 것을 의미한다. 자동차를 소유한 사람들 대부분은 자동차를 사용하는 시간이 많지 않다. 독자 여러분만 하더라도 24시간 중에 자동차를 운전하는 시간과 하지 않는 시간을 비교하면 어떤 시간이 더 많을까? 자동차는 개인의 이동을 위해서 만들어졌지만 현실에서는 자동차가 이동하지 않고 주차하고 있는 시간이 더 많다.

이러한 환경에서 자동차를 소유한다는 것은 큰 낭비가 될 수 있다. 그러므로 현재의 자동차 산업에서 렌터카 기업들이 공유경제를 이끌면서 자동차를 소유하지 않고 공유하는 개념으로도 사용할 수 있다. 이러한 상황이 도래한다면 지금보다 더 적은 수의 신차가 팔릴 가능성이 높다. 이런 소비자의 트렌드를 잡기 위해서 자동차 기업들은 물론 전통적인 IT 기업들도 자동차 공유경제 사업에 뛰어들고 있다.

자동차를 소유하고 있어야만 공유경제의 사업자가 되는 세상은 아니다. 일례로 에어비앤비(Airbnb)는 고객에게 숙박을 제공해 주는 기업이다. 그러나 에어비앤비는 한 채의 호텔도 보유하고 있지 않다. 대신 집을 보유한 소비자들이 자기집을 타인과 공유하도록 연결을 해주는 서비스를 통해서 기존의 호텔체인과 경쟁을 하고 있다. 현재도 자동차 산업에서 인터넷 기업들은 자동차를 보유하고 있지 않지만 자동차를 보유한 사람을 연결시키는 카풀 사업을 하고 있다. 대표적으로 '풀러스' 회사는 자사 자동차 없이 '플러스' 앱을 통해서 서비스를 제공한다. 이를 이용하면 자동차를 보유한 사람은 승객과 같이 카풀을 하면서 얻는 추가수입이 있고 승객은 택시보다 저렴하게 목적지까지 갈 수 있어서 비용을 절약할 수 있다. IT 기술 발달로 인해 자동차 산업은 더 이상 자동차 메이커와 부품업체들의 경쟁지가 아니다.

이렇듯 자동차 산업은 산업의 경계가 급속하게 무너지고 있으며 자동차 산업의 신규 진입장벽도 지속적으로 낮아지고 있다. 이러한 환경은 지금까지 경험하지 못한 자동차 산업 패러다임의 변화를 의미한다. 이러한 변화의 시기에는 다양한 사업의 기회가 존재하지만 변화를 잘 따라가지 못하면 미래를 보장할 수 없는 상황이 될 수 있다. 현재 자동차 산업은 동종 간 M&A, 전략적 제휴는 물론 이종 산업 간 M&A와 전략적 제휴가 빠르게 일어나고 있다. 이러한 M&A 활동들을 통해서 우리는 자동차 산업에서 왜 지금 이 시기에 활발한 M&A가 일어나고 일어난 M&A 특징은 무엇인지, 또 앞으로 M&A로 인한 산업지형이 어떻게 변화될지 예측해 볼 수 있다.

### 1.3 글로벌 자동차 산업의 M&A 현황

전기차, 자율주행차, 커넥티드카, 공유경제로 인해서 전통적으로 자동차 산업을 이끌었던 완성차 업체와 부품업체 대신 자동차 산업의 M&A는 소재 · 배터리 · IT 기업들이 이끌고 있다. 대표적으로 2017년 3월 인텔은 이스라엘의 카메라 모듈 업체인 모빌아이(Mobileye)를 약 17.5조원에 인수하였다. 모빌아이는 카메라로 획득한 영상정보를 처리하여 주행 중에 자동차 사고를 예방할 수 있는 핵심기술력을 보유하고 있어서 세계 카메라 모듈 시장의 85%를 점유하고 있다.

그림 2-7 글로벌 자동차 산업 M&A 현황

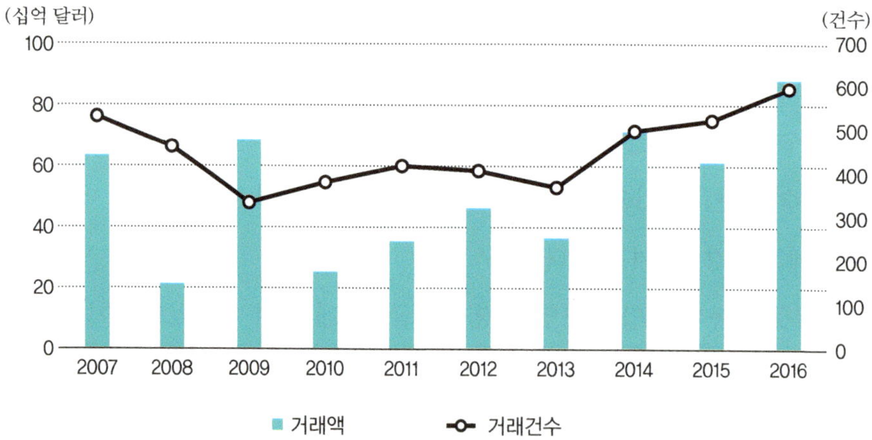


출처 : KPMG

이처럼 자동차 산업의 M&A는 타 산업이 주도가 되어 일어나고 있다. 자동차 산업의 지형이 바뀌는 지금 자동차 산업에서는 이종 간 연합 혹은 동종 간 연합이 활발하게 일어나고 있다. 최근의 이러한 트렌드로 인하여 자동차 산업의 M&A는 금융위기 이전보다 더 활발해지고 거래금액도 증가하고 있다. 전기차, 경량화 소재로의 전환, 자율주행차, 커넥티드카, 공유경제로 인하여 자동차 산업 밖에 있는 기업들이 적극적인 사업 전개와 확장을 위해 M&A를 그 도구로 택하기 때문이다. M&A를 통해서 초기에 빠르게 시장을 진입하여 선점하려는 니즈가 많이 반영된 결과이다.

그림 2-8 미국 자동차 산업의 M&A

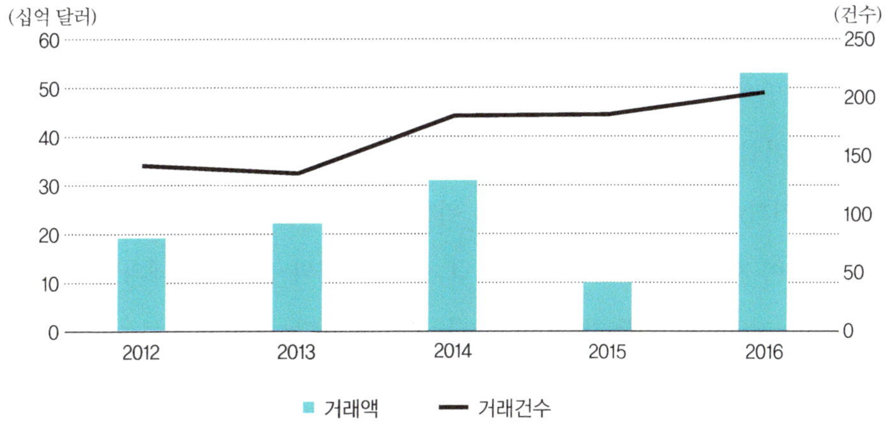


출처 : KPMG

지역별로 M&A를 본다면 2016년 북미 지역이 관여한 M&A는 572억 달러로 2016년 자동차 산업 전체의 M&A 중에 약 65%를 차지하고 있다. 그러나 아시아와 유럽에서의 M&A는 상대적으로 활발하지 않았다. 특히 2010년대 초반 M&A를 이끌었던 지역 주체가 아시아임을 감안할 경우 최근의 M&A는 북미 지역이 선도하고 있다. 북미 지역이 M&A를 이끄는 이유는 해외기업들이 북미의 기업들을 인수하거나 미국 내에서 많은 자동차 기업과 비자동차 기업들이 기술을 선점하고 시장을 선점하기 위해서 미국 내 M&A를 활발하게 진행하기 때문이다.

전 세계적으로 전기차, 자율주행차 등 관련 기술이 가장 발전한 곳이 미국이며 사실상 자동차 패러다임을 바꾸는 역할을 하고 있다. 그러므로 미국 내 M&A가 가장 활발하게 일어날 수밖에 없다. 중국의 닝보 조이슨 전자(Ningbo Joyson Electronic)는 에어백 및 자율주행 관련 부품을 생산하는 키세이프티시스템(Key Safety Systems)을 9억 2천만 달러에 인수했다. 미국 내 최대의 자동차 부품업체인 존슨 컨트롤스(Johnson Controls)는 아일랜드에 본사를 두고 있는 방화보안업체인 타이코(Tyco)를 165억 달러에 인수하였다. 이처럼 전통적인 자동차 산업의 플레이어들도 변화하는 기술과 패러다임에 맞추어서 경쟁력을 유지하고 사업기회를 확보하기 위해서 이종 산업의 기업들을 활발히 인수하고 있다.

2012년부터 2015년까지 미국 자동차 산업의 M&A가 거래건수 기준으로 소폭 증가하면서 2016년에는 거래건수나 규모 측면에서 폭발적인 증가가 일어났다. 일본 기업에게 자동차 산업의 패권을 넘겨준 듯 하였으나 새로운 패러다임을 사업 기회에 적극적으로 이용하기 위한 활동들이 일어나고 있어서 과거 미국 기업들이 자동차 산업을 이끈 것처럼 자율주행차와 전기차 시대의 자동차 산업도 미국 기업들이 이끌 가능성이 높다고 할 수 있다. 그러나 새로운 패러다임 하에서는 기존의 Big 3인 지엠(GM), 포드, 크라이슬러 대신 구글, 애플, 테슬라, IBM, 인텔 같은 IT 기업들이 그러한 패러다임을 이끌고 산업의 주요 플레이어가 될 수 있을 것으로 예상해 볼 수 있다.

미국 다음으로 자동차 기술이 발달한 독일의 M&A는 자국 내 M&A보다 해외 M&A가 활발하다. 2016년 총 81건의 M&A가 있었지만 그중 자국 내 M&A는 총 17건이었으며 나머지 64건은 국경을 넘는(Cross-border) M&A였다. 대표적으로 다임러(Daimler AG)가 네덜란드 업체인 애슬론 카 리스 인터내셔널(Athlon Car Lease International)을 12억 2,500만 달러에 매입하였다. 애슬론 카 리스 인터내셔널은 자동차 렌탈, 리스, 카쉐어링에 집중한 기업이다.

일본 기업의 M&A에서는 구조적인 변화가 일어나고 있다. 보통 완성차 기업들은 자동차 제조에 있어서 가장 핵심적인 엔진사업부를 계열회사로 보유하고 있어서 제품 경쟁력을 같이 갖고 있다. 즉, 다른 부품들은 전부 외주를 주고 협력사에게 공급을 받더라도 자동차 엔진에 한해서는 자신들이 보유한 계열회사에서 공급을 받아왔다. 그러나 닛산(Nissan)자동차는 세계적인 사모펀드인 KKR에게 자사 계열의 회사 중 가장 큰 회사인 칼소닉 칸세이(Calsonic Kansei)를 44억 871만 달러에 매각하였다. 칼소닉 칸세이는 열교환기, 자동차 에어컨, 배기부품을 생산한다. 이는 전통적인 자동차 산업이 갖고 있는 핵심부품의 계열화 현상에서 벗어나서 환경변화에 빠르게 대체할 수 있도록 몸집을 줄이겠다는 신호로 받아들여진다.

자동차 생산대수 면에서 가장 큰 중국시장에서는 M&A가 꾸준히 증가하고 있다. 현재 중국은 150개가 넘는 현지 자동차 회사가 난립하고 있기 때문에 미래에 대한 준비는 물론 자동차 기업들의 규모의 경제를 위한 산업 내 M&A도 활발히 일어날 것으로 예상한다. 중국 기업들은 세계 선두 기업들인 미국, 독일, 일본의 전통적인 자동차 업체를 추격하는 형태의 M&A뿐만 아니라 이들보다 앞서서 미래를 준비하기 위한 M&A도 동시에 진행하고 있다. 대표적으로 닝보인이 그룹(Ningbo Yinyi Group)은 벨기에의 자동변속기 제조업체인 펀치 파워트레인(Punch Powertrain)을 11억 1,940만 달러에 인수하였다. 동시에 디디추싱(Didi Chuxing)은 우버 차이나(Uber China)를 인수하여 중국 내 시장점유율이 93%에 달하는 초대형 차량호출서비스 기업으로 태어났다.

세계적인 자동차사의 움직임에 비해 국내 자동차사의 M&A는 활발하지 않다. 삼성전자가 세계적인 오디오 제조회사인 하만을 2017년 3월에 인수하면서 전자산업에서 자동차 산업으로 미래의 성장동력을 잡았다. 그 외에는 특별한 M&A가 일어나지 않고 있으며, 현대차와 기아차의 중국 내 부진으로 인해서 많은 부품업체들은 타 기업을 인수하기보다는 현재 구조 하에서 생존을 모색하는 형국이다. 아마도 자금사정이 악화된 부품기업들을 대상으로 부품기업 간에 혹은 외국의 기업들이 한국의 부품기업들을 인수 · 합병하는 사례가 자주 발생할 것으로 예상한다.

2012년부터 2016년까지 자동차 산업에서는 동종 간 M&A보다는 이종 간 M&A가 압도적으로 많았다. 자동차라는 제품의 특성상 기계적인 결합뿐만 아니라 전기, 전자가 차지하는 비율이 증가하면서 이러한 현상이 발생하였고 최근 들어 이러한 현상은 더욱 급속화되고 있다.

**그림 2-9 글로벌 자동차 산업 간 M&A 현황**

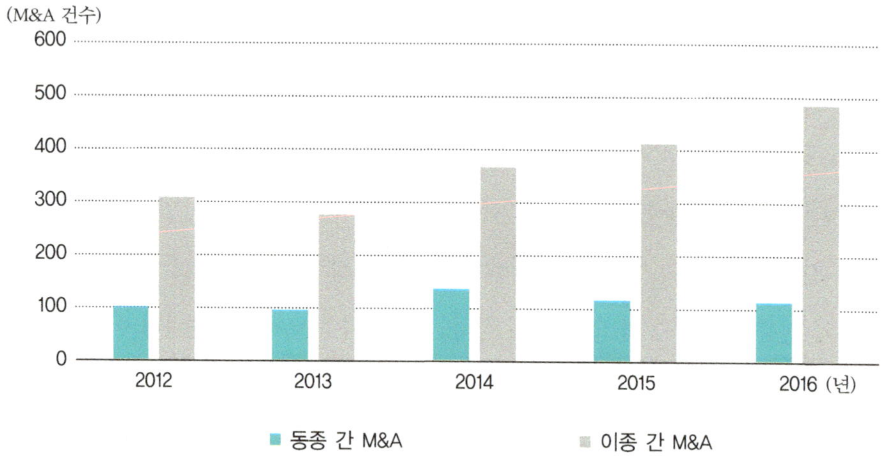


**출처** : KPMG

세부적으로 자동차 산업의 M&A를 보면 산업 내 M&A가 가장 높은 비중을 차지하고 있다. 2016년 총 370건의 인수 중 자동차 기업 간의 인수는 112건이었다. 금융, 소매, 전기전자, 투자회사, 정보통신산업이 그 다음으로 많은 인수를 차지하고 있다. 2016년 기준으로 부품업을 포함한 자동차 기업을 인수한 산업 중에 금융, 소매, 전기전자, 투자회사, 정보통신산업의 기업들이 총 370건의 인수 중 108건의 인수를 차지하고 있다.

## 1.4 닛산 사례를 통해 본 공급망 관리의 변화

2016년 11월 일본의 완성차 기업인 닛산은 자신의 계열사 내 최대 부품회사인 칼소닉 칸세이 지분 40.68%를 글로벌 사모펀드인 KKR에게 매각하였다. 칼소닉 칸세이의 시가총액은 2,400억 엔이며 이 거래를 통해서 닛산은 최소 1,000억 엔의 현금을 확보하였고 확보한 현금을 인공지능 등 첨단 분야에 투자할 예정이다. 닛산은 자동차 패러다임의 변화에 따라 선제적인 투자가 필요하다고 인식했고 과거처럼 계열회사를 통해서 주요 부품을 공급받는 생태계는 상대적으로 덜 중요하다고 판단하였다. 또한 기존의 전통적인 자동차 공급망과는 달리 IT 기업들이 대거 자동차 공급망에 포함될 것으로 예상하였고 미래자동차의 핵심기술은 전기차와 자율 주행차라고 믿었다. 그러므로 기존의 디젤이나 가솔린 같은 내연기관차는 점차적으로 시장에서 도태될 것이라고 생각하였다.

닛산은 자체적으로 필요한 부품을 만드는 것보다 공급업체에게 필요한 부품을 공급받는 것이 더욱 효과적이라고 판단하였다. 왜냐하면 자동차 산업이 움직이는 스피드는 대략 5년 주기로 움직이지만 IT 산업은 2~3년 주기로 움직이기 때문에 점차 IT 산업화되어가는 자동차 산업의 흐름을 따라잡기 위해서는 현재보다 더 가벼운 몸이 필요했고 게다가 모든 것을 자신의 계열 안에서 개발할 필요가 없다고 판단했다.

〈표 2-3〉에서 보듯이 글로벌 자동차들은 엔진을 핵심역량이라고 생각하여 엔진은 자체제작을 하고 있다. 엔진과 밀접한 관련이 있는 부품인 변속기도 자체제작을 하고 있다. 특히 일본 기업의 경우 핵심부품들을 계열기업으로부터 조달하는 경향이 크다. 반면에 미국 기업과 독일 기업은 엔진과 변속기 부분만을 자체제작하고 있으며 나머지 부품들은 계열기업이 아닌 제3자의 부품기업으로부터 조달하고 있다.

물론 초기에 미국 기업들 역시 계열기업 안에 주요 부품사가 존재하여 부품

표 2-3 글로벌 자동차의 주요 부품조달선

| 국가 | 기업 | 엔진 | 변속기 | 스티어링 | 전장부품 | 공조 |
|---|---|---|---|---|---|---|
| 일본 | TOYOTA | 자체제작 | 자제제작<br>Aisin Slki<br>(35.39%)<br>Deso(43.02%) | JTEKT<br>(33.93%)<br>N.S.K. | Denso<br>(43.02%) | Denso<br>(43.02%)<br>ABC Group |
| | Nissan | 자체제작<br>Nissan<br>Kohki(97.7%) | Nissan<br>Kohki(97.7%) | JTEKT<br>만도 | Clarion | Calsonic<br>Kansei<br>(41.5%) |
| 미국 | GM | 자체제작 | 자체제작<br>Allison<br>Transmission | Nexteer<br>JTEKT<br>만도 | BOSCH | Valeo<br>Delphi |
| | Ford | 자체제작 | 자체제작 | Nexteer<br>JTEKT<br>만도 | Visteon<br>BOSH<br>Continental | HVCC<br>Valeo |
| 독일 | 폭스<br>바겐 | 자체제작 | 자제제작<br>BorgWarner | ZF<br>Lenksysteme<br>ThyssenKrupp | Continental | BEHR<br>Denso<br>Valeo |
| | BMW | 자체제작 | 자체제작<br>ZF<br>Lenksysteme | ZF<br>Lenksysteme<br>ThyssenKrupp | Continental<br>BOSCH | Valeo<br>BEHR<br>Denso |

출처 : KPMG

을 조달받았지만 2007년과 2008년의 금융위기에 현금확보를 위해서 계열기업을 매각하였다. 그 결과 지금은 지분관계가 없는 기업들로부터 부품을 조달받는다. 대표적으로 GM은 델파이(Delphi)를 매각하였으며 포드는 비스테온(Visteon)을 분리하여 매각하였다. 그러나 전통적으로 기계업이 강한 독일은 주변의 부품기업들로부터 필요한 부품들을 조달받았다.

닛산이 매각한 칼소닉 칸세이에서 생산하는 부품들은 자동차 부품 중에 중요한 부품이지만 엔진만큼 핵심적인 부품은 아니다. 닛산이 계열부품회사를 매각한 것은 완성차업체와 부품업체가 수직계열화된 상태에서 외부환경 변화에 따라 빠르게 대응하기 위해서는 몸집을 줄이는 작업이 필요하다는 판단에 따른 것이었다. 전기차가 상용화되면서 전통적인 내연기관을 만드는 부품기업들이 완성차 기업들로부터 계열 분리가 되는 시점이 멀지 않다.

자동차 기업들은 지속적으로 핵심 경쟁력을 보유하기 위해서 자체적으로 전기 모터와 배터리를 만드는 작업을 하고 있으나 배터리 전문기업들의 역량이 높아질수록 자동차 기업들의 입지도 약해질 것이며, 그 시점이 올 때 자동차 산업의 공급망은 현재와는 확연히 다른 생태계를 구축하고 있을 것이다.

한국과 일본의 완성차 기업들이 부품계열사를 해체하는 순서에서 엔진부품은 가장 마지막이 될 가능성이 높다. 물론 전기차가 상용화되면 배터리가 핵심 역량이 된다. 배터리에서 발생한 전기로 전기 모터를 구동시켜야 하기 때문이다. 그러므로 엔진부품들은 전기 모터를 양산하는 부품기업으로 변모할 가능성이 있으나 전기 모터는 상대적으로 엔진에 비해서 제작하기가 쉽기 때문에 진입장벽이 높지 않다. 때문에 전기 모터를 생산하는 기업들과 배터리 기업들이 하나의 회사를 이루어 기존의 엔진 부품사를 대체할 수도 있을 것이다. 장기적인 자동차 기술 트렌드를 볼 때 부품사 계열 해체는 시간문제로 보이며 이 과정에서 밸류에이션이 낮은 기업들부터 차례로 해체가 될 가능성이 높을 것이다. 혹은 완성차 기업들은 내연기관을 제조하는 부품사들의 밸류에이션이 완전히 낮아지기 전에 이를 매각할 가능성도 존재한다.

닛산이 칼소닉 칸세이를 매각한 것은 자동차 부품사들의 수직계열화 해체의 신호탄이다. 칼소닉 칸세이는 자동차 부품의 핵심 영역이라고는 할 수 없는 공조부분을 담당하지만 매각했을 때 상대적으로 제값을 받을 수 있는 기업이다. 그리고 자동차 패러다임의 변화 중에 칼소닉 칸세이를 매입한 KKR 역시 자동차 패러다임이 변하더라도 공조부분은 지속될 것이라는 판단 때문에 칼소닉 칸세이를 매입하였다.

[그림 2-10]의 EV/EBITDA 밸류에이션을 보면 인테리어 업체의 가치가 가장 낮으며, 그 다음으로 공조, 몸체, 파워 트레인(Power Train), 전장기업순으로

가치가 높아진다. 가치가 낮을수록 패러다임 변화에 영향을 덜 받는 부품들이다. 단적으로 인테리어는 자동차 내부의 장식, 시트, 플라스틱 제품에 대한 것으로 이러한 것들은 자동차의 기능에 영향을 주지 않는다. 그래서 자동차 공급망 위치에서 낮은 기술의 제품이며, 상대적으로 진입장벽이 낮기 때문에 가치가 낮게 형성되었다.

공조는 자동차 내의 공기정화, 에어컨 등을 의미한다. 자율주행차가 되더라도 실내장식과 에어컨은 필요하다. 자동차 몸체는 현재는 금속원재료를 이용하지만 점차적으로 탄소복합소재 같은 신소재를 이용할 것이다. 몸체는 자동차 외관과 충돌 등 안전을 담보하기 때문에 높은 가치를 형성할 수 있다.

파워 트레인은 엔진 성능에 영향을 주기 때문에 핵심적인 부품이며, 완전히 기계의 영역이라고 할 수 있다. 누구나가 할 수 있는 분야가 아니기 때문에 진입장벽이 높다. 그러한 이유로 높은 가치를 투자자로부터 부여받을 수 있다. 전장은 전기 · 전자 제품으로 자동차에는 다양한 전기 · 전자 제품이 사용된다. 그리고 앞으로 이 부분에 대한 사용은 더욱더 증가할 것이다. 그래서 자동차 부품 중

**그림 2-10 2004년~2014년까지 부품 상장사 EV/EBITDA**

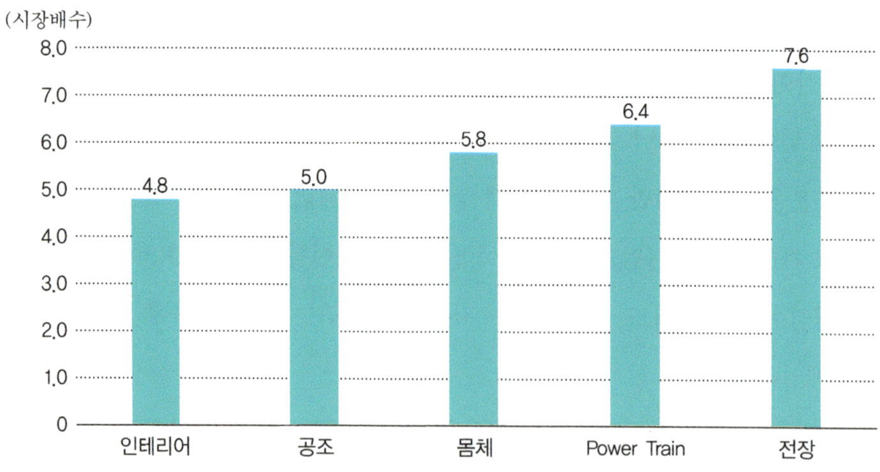


**출처** : "The Deal Engine", William Bair, 2015

에 가장 높은 가치를 부여받고 있다.

앞으로 5년 안에 전기차는 더욱 발전되고 전기차와 관련된 충전 인프라는 더욱 확장될 것이다. 완성차 기업들이 변화하는 시대에 맞춰 가기 위해서는 과거의 수직계열화된 부품 조달보다는 공급처의 다변화를 꾀해야 한다. 그리고 자동차의 핵심역량을 유지하고 현재와 같은 높은 수익력을 달성하기 위해서는 단지 조립만 해서는 안된다. 완성차 기업들이 엔진에 대해서 지속적으로 집착하고 조립공정에 대해서 집착하면 할수록 완성차 기업의 경쟁력은 더욱 하락할 가능성이 높고 그 자리를 IT 기업이나 배터리 기업들이 대신 차지할 것이다. 즉, 누구나 손쉽게 자동차를 제조할 수 있는 시대가 다가와서 현재 완성차 업체가 누리는 수익이 낮아질 수 있다.

이러한 사실들을 완성차 업체도 알기 때문에 앞으로 완성차 기업들이 자사의 엔진을 대체할 배터리 기업들과 전장기업을 인수하는 데 M&A 역량을 기울일 가능성이 높다. 혹은 이러한 기술들을 완성차 업체들이 내재화하기 위해 IT 기업과 배터리 기업 간의 조인트벤처(Joint Venture ; JV) 형태로 공동연구개발을 하면서 사업을 전개해 나갈 가능성이 높고 M&A도 자동차와 타 산업 간의 M&A가 활발할 것으로 예상할 수 있다.

## 2. 철강산업의 M&A

철강산업은 모든 산업의 기초가 되는 대표적인 기간산업이라고 할 수 있다. 철강은 타 소재로 쉽게 대체되지 않기 때문에 대체재의 위협이 낮은 제품이다. 그러나 기초 소재라는 측면이 강하게 존재하기 때문에 후방산업의 성과에 영향을 많이 받는다. 예를 들어 자동차 산업, 조선업, 건설업의 경기가 좋다면 후방산업의 호경기로 인하여 철강에 대한 수요도 증가하고 반대로 그러한 산업의 경기가 좋지 않다면 후방산업의 불경기로 인하여 철강에 대한 수요 역시 감소한다.

그리고 철강산업은 대표적인 장치산업이기 때문에 규모의 경제가 중요하며 한번 설비투자를 하면 이를 축소하기 어렵다. 반대로 수요가 증가한다고 설비투자를 갑자기 증가시켜서 생산량을 늘리기도 어려운 산업이다. 이는 농산물 가격이 비탄력적인 것과 같다. 장마로 인해서 수박 흉년이 들고 장마가 끝난 이후 소비자들이 수박을 많이 찾게 되면서 수요가 늘어나더라도 수박을 재배하여 출하하기까지는 많은 시간이 소요되기 때문에 소비자들의 수요에 적극적으로 대응하기 어렵다. 철강산업 역시 장치산업이다 보니 수요가 증가한다고 즉각 대폭적인 설비투자를 통해서 수요에 부응하고 수요가 감소한다고 설비 스크랩을 통해서 생산을 쉽게 조절할 수 있는 사업이 아니다. 그러므로 철강산업의 역사는 구조조정의 역사이며, 이 과정에서 M&A는 구조조정의 중요한 수단으로 많이 사용되었다.

**표 2-4** **철강산업의 통합화 추이**

| | 1960-80년대 | 1990년대 전반 | 1990년대 후반 |
|---|---|---|---|
| **배경** | 철강산업의 구조조정 | 세계적 공급과잉<br>수익성 악화<br>민영화 | 전후방 산업의 통합화<br>생존전략 |
| **특징** | 정부주도<br>자국 내 기업 간 통폐합 | 기업주도<br>유통, 판매, 생산부문 통합 | 기업 주도<br>대형 철강업체 간 통합<br>지역불문 |
| **사례** | British Steel, 신일본제철 | Arbed-Bremen<br>Hoesch-Krupp | TKS, 상해보강<br>Arcelor, Mittal Steel |

**출처** : 「세계철강산업의 통합화 현황 및 시사점」, 노재웅

철강산업은 규모의 경제가 중요한 산업이다 보니 공장기준으로는 최소 생산설비는 1천만 톤이며 기업기준으로는 최소 2천만 톤 규모의 생산설비를 갖고 있어야 공장에서 발생되는 고정비를 커버하면서 수익을 낼 수 있다. 그러나 최

소 규모는 철강산업의 시황과도 연관이 있기 때문에 획일적으로 단정해서 말하기는 어려운 부분이 존재한다. 철강시황이 좋아서 강재의 가격이 높아진다면 1천만 톤보다 약간 작은 규모에서도 규모의 경제가 발생할 수 있을 것이며, 철강시황이 나빠져서 강재의 가격이 낮아진다면 1천만 톤보다도 큰 규모에서 규모의 경제가 발생할 것이다. 그러나 철강 시황에 상관없이 철강산업은 고정비가 많이 발생하는 장치산업이기 때문에 규모가 클수록 더 낮은 원가로 철강을 공급할 수가 있어서 규모가 중요한 산업이다.

제품의 원가는 변동비와 고정비로 구성되어 있다. 변동비는 생산량에 따라서 비례적으로 증가하는 원가를 말한다. 대표적인 예가 원재료비이다. 철강을 생산하기 위해서는 철광석, 코크스, 석탄이 필요하다. 더 많은 철강을 생산하려면 더 많은 철광석, 코크스, 석탄의 투입이 필요하다. 그러므로 변동비는 획기적인 기술개발로 인해 요소 투입량을 감소시키지 않는 이상 생산량과 비례적으로 증가하기 때문에 원가절감을 할 수 있는 폭이 작다. 그러나 고정비는 생산량과 상관없이 일정하게 발생하는 금액이다.

제철소의 연구직, 사무직, 그리고 감가상각비가 연간 10,000원이라고 가정

**그림 2-11 생산량에 따른 단위당 고정비**

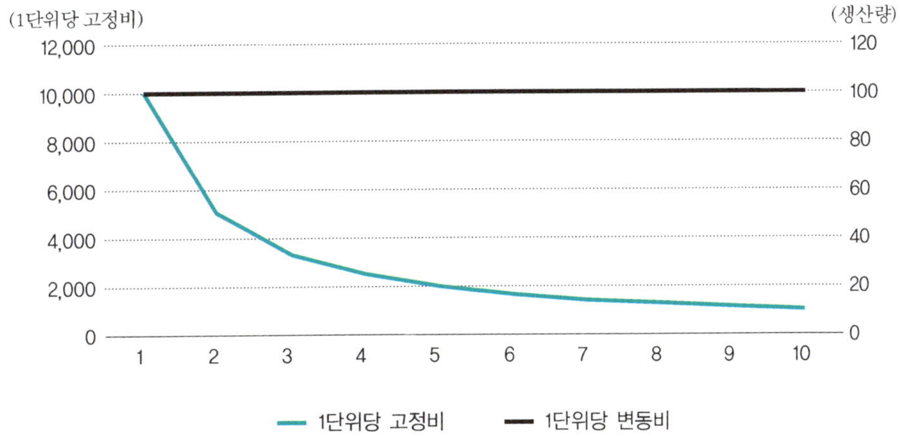

하자. 생산을 하나도 안 하더라도 이 비용은 발생한다. 그리고 생산을 아무리 많이 해도 해당 설비 하에서는 추가적인 비용이 발생하지 않는다. 그러므로 고정비는 생산량이 증가할수록 1단위당 제품의 원가가 같이 감소하는 형태를 보인다.

**그림 2-12 생산량에 따른 1단위당 원가**

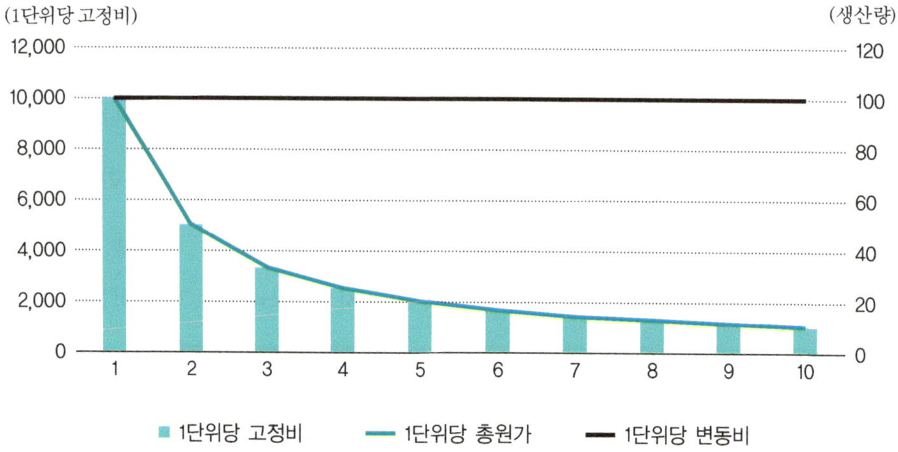


[그림 2-12] 처럼 주어진 설비 내에서 더 많은 제품을 생산할 수 있다면 제품 1단위당 원가가 지속적으로 감소하여 원가경쟁력을 확보할 수 있다. 철강제품에서 규모의 경제가 중요한 근본적인 원인은 과도한 고정비라는 원가구조에서 기인하지만 더욱 근본적인 원인은 철강제품은 기업 간 제품들을 차별화하기가 어려운 데 있다. POSCO에서 생산한 철강제품과 신일본 제철에서 생산한 철강제품은 동일하기 때문에 제품의 차별화를 통해서 각 기업들은 진입장벽을 쌓을 수 없다. 철강산업은 철저히 원가경쟁력을 바탕으로 경쟁해야 하는 구조이기 때문에 규모의 경제가 그 어느 산업보다 중요하다.

1971년부터 2005년까지 철강업의 생산량은 평균적으로 2% 증가하였다. 같은 기간 전 세계적으로 제철소 가동률은 55~80% 수준으로 낮았으며 항상 초과 생산능력을 보유하고 있었다. 이러한 이유 때문에 경기가 침체하여 철강수요가 줄어들 경우에는 규모가 작은 기업들이 먼저 파산하기 쉽다. 그렇기에 철강업에서 구조조정은 불경기에 단행되었다. 어려움을 극복하기 위한 주요 방법으로 철강기업끼리 통합을 하면서 덩치를 키우는 방법이 선호되었다. 이러한 결과로 꾸준히 전 세계 상위 5대 기업의 조강생산능력은 매년 증가하게 되었다.

**표 2-5** **세계 10대 철강기업 조강생산 추이**

| 순위 | 1994 | | 2001 | | 2005 | |
|---|---|---|---|---|---|---|
| | 업체명 | 조강생산 | 업체명 | 조강생산 | 업체명 | 조강생산 |
| 1 | 신일본제철 | 25.5 | POSCO | 27.8 | Mittal Steel | 49.9 |
| 2 | POSCO | 22.1 | 신일본제철 | 25.8 | Arcelor | 46.7 |
| 3 | Usinor | 18.5 | Arbed group | 23.4 | 신일본제철 | 32.9 |
| 4 | British Steel | 12.9 | Usinor | 20.1 | POSCO | 31.4 |
| 5 | NKK | 10.9 | LMN Group | 19.2 | JFE Steel | 29.6 |
| 평균 | | 17.98 | | 23.26 | | 38.1 |

출처 : 『한국철강신문』, 세계철강협회

철강기업들이 몸집을 불리면서 통합하게 된 배경에는 첫 번째, WTO 체제가 출범하면서 개별 국가의 무역장벽이 낮아지고 글로벌 경쟁이 본격화되었기 때문에 경쟁의 강도가 높아졌고 이로 인해 더욱 몸집을 크게 하여 규모의 경제를 가질 필요성이 생겼다. 두 번째는 철강산업은 국가 기간산업으로 정부의 보호를 받는 통제된 산업이었으나 각국에서 민영화가 되면서 철강기업 간의 효율을 증진시키기 위한 M&A가 활발히 일어났다. 세 번째로 철강산업의 전후방 산업들이 통합하자 이에 대응하기 위하여 철강기업들도 서로 통합을 하여 몸집을 불렸다. 대표적으로 1999년 닛산자동차는 구매비용을 20% 낮추기 위해서 철강업체를 포함한 모든 부품기업들에게 무리한 단가 인하를 요구하였고 이에 부응할 수 있는 기업들의 부품만을 구입하였다. 이 결과 규모의 경제가 되는 철강기업들만이 닛산자동차에 납품할 수 있게 되었으며, 이는 일본 철강산업의 지형을 바꾸어 놓았다. 그러므로 철강기업들 역시 통합화를 통해서 몸집을 불리고 이로 인한 규모의 경제를 더욱 추구할 필요성이 높아졌다. 이는 철강산업의 통합을 가속화하였다. 마지막으로 1990년대 철강산업이 부진하여 생존을 위해서 많은 철강기업들은 인수 · 합병을 하였다. 대표적으로 Arcelor, Corus, JFE, TKS 등이 철강산업의 부진을 탈피하기 위한 M&A의 결과로 생긴 기업들이다.

철강산업에 있어서 M&A는 불황에 대처하는 방법으로 몸집을 부풀려서 원가경쟁력을 얻는 수단으로 활발히 이용되었다. 이는 특히 한 국가 안에서 구조조정의 차원에서 자주 이루어진 형태라고 할 수 있다. 그리고 커진 몸집에 맞는 국내 시장수요가 충분하지 않아서 해외로 진출을 하는 과정에서 진출하고자 하는 곳의 제철소를 인수하면서 M&A 수요가 증가하였다.

마지막으로 철강산업의 후방산업 고객이 해외로 진출하면서 같이 동반진출을 하고 그 과정에서 적극적인 M&A가 발생하였다. 자동차 기업들이 해외 시장개척을 위해서 생산기지를 해외로 확대하자 이에 대한 물량확보를 위해 철강기업들도 해외로 적극적으로 진출하면서 현지의 업체를 인수하게 되었다.

철강업이 M&A를 통해서 통합하고 발전하는 계기는 철강이라는 제품의 속성에 기인한다. 첫째, 철강제품은 제품 간의 차별화 요소가 작기 때문에 강력한 원가경쟁력이 제품의 경쟁력을 확보한다. 강력한 원가경쟁력을 갖추기 위해서는 규모의 경제가 필수이기 때문에 많은 철강기업들은 M&A를 통해서 규모를 확대해 왔다. 규모의 경제를 갖추기 위해서 자체적으로 제철소를 건설할 수 있지만 늘 공급캐파보다 더 낮은 가동률을 보인 제철소 입장에서 신규로 공장을 짓는다는 것은 산업 내의 공급을 증가시켜서 산업 자체의 경쟁력을 저해하는 요소로 작용할 수 있다. 때문에 이에 대해 극도로 주의하면서 자체 공급량을 늘렸다.

둘째, 철강재가 갖고 있는 본연의 한계에서 철강업의 M&A 동기를 찾을 수 있다. 철강제품은 상대적으로 부피가 크고 무거운 제품이다. 그러므로 제품을 만드는 제철소와 제품을 소비하는 소비자 사이의 거리가 멀 경우 운송비에 대한 부담이 높아져서 가격경쟁력을 저해하는 요인으로 작용한다. 좀 더 쉽게 비유하면 솜과 비교할 수 있다. 솜은 가격에 비해서 부피가 큰 제품이다. 가격은 저렴하지만 많은 부피로 인해 운송할 경우 무게 기준보다 부피 기준으로 운송료가 책정된다. 그러므로 솜은 제품가격보다 오히려 운송비가 더 많이 발생할 가능성이 높은 제품이다. 철강도 이와 유사한 제품이라고 할 수 있다. 부피보다 무게가 더 많이 나가기 때문에 운송료는 무게 기준으로 책정되며 이는 철강제품의 원가경쟁력을 상실하게 만드는 요인이다. 그러므로 이를 회피하기 위해서 후방산업이 해외로 진출하면 철강기업도 동반진출하는 경향을 보인다. 동반진출하는 과정에서 자체적인 제철소 투자가 이루어지기도 하지만 현지에 있는 제철소를 인수하는 형태도 많이 발생한다.

마지막으로 원가경쟁력이 중요한 산업이다 보니 전방산업과 후방산업이 과점화되는 정도가 높을수록 철강산업도 과점화되기 위해서 산업 내 M&A가 증가한다. 철강의 주 원료인 철광석과 석탄업이 과점화되고 있으며, 후방기업인 자동차 산업도 몇몇 대형 업체에 의해서 과점화되고 있다. 이러한 추세에서 가격협상력을 높이기 위해서 철강기업들의 대형화가 필요해지고 그 결과 산업의 집중도가 높아지게 되었다.

## 3. 해운산업의 M&A

해운산업은 기간산업인 동시에 국제적으로 경쟁하는 산업이다. 해운업은 크게 정기선과 부정기선으로 구분할 수 있다. 정기선은 시내버스가 시간에 맞춰 특정한 노선 스케줄을 갖고 각 정거장을 운행하는 것처럼 해운사가 특정 시간에 주요 항구에 입항하여 화물을 싣고 목적지까지 가는 것을 의미한다. 예를 들어 동남아로 가는 정기선이라면 부산, 홍콩, 싱가포르, 자카르타 같은 주요 항구를 1달에 1회씩 혹은 1달에 2회씩 운항하는 것을 말한다. 그래서 정기선은 국가 간의 물동량이 많은 해상 루트를 대상으로 운송로가 개설되고 해운동맹이 형성되어서 유가, 물동량 등의 외부변수에 변화가 생기더라도 운임이 급격하게 상승하거나 하락하지 않는다. 즉, 주요 화주들과 주요 선주들이 사전에 협의한 운임으로 일정 기간 운행을 하고 그 기간이 종료되면 다시 선주와 화주들이 경제상황을 고려하여 운임을 책정하여 항로에 적용한다. 그러므로 정기선은 주로 컨테이너선을 일컫는다.

부정기선은 정기선처럼 특정 항구를 정해진 날짜에 입항하고 출항하는 것이 아니라 특정 항구의 정함이 없이 그때 그때 화주가 생기면 화주의 요구에 맞는 목적지까지 화물을 운송하고 운송료를 받는다. 이러한 특징 때문에 부정기선은 유가, 선복량, 물동량 같은 외부변수에 의해서 운임이 쉽게 결정되어 사실상 운임의 변동폭이 크다. 교통수단으로 비유하자면 부정기선은 택시라고 할 수 있다. 손님이 원하는 목적지까지 손님의 요구에 맞게 운송한다. 퇴근길이나 심야에 택시잡기가 어려우면 기본 요금이 있더라도 웃돈을 주고 택시를 타려는 사람이 증가하는 것처럼 부정기선도 외부환경에 따라 요금변동이 심하다. 부정기선은 보통 벌크선을 지칭할 때가 많다.

벌크선은 컨테이너선과 다르게 비표준화된 화물을 운송한다. 컨테이너선은 의류, 이사 화물 등 상대적으로 컨테이너 박스에 들어갈 수 있는 규격화된 화물을 운송하지만 벌크선은 목재, 철강, 석탄, 철광석 등 포장하기 어려운 화물들을 주로 운송한다. 이러한 특징으로 인해 정기선을 운행하는 해운사가 부정기선만을 운행하는 해운사보다 규모 면에서 크다. 이는 개인택시와 버스회사의 차이를 보면 된다. 개인택시는 승객 한 명 한 명을 서로 다른 목적지로 운송하는 운송서비스를 제공하므로 택시 1대만 필요하다. 그러나 버스회사는 버스노선을 정해진 시간에 따라 운행해야 하기 때문에 버스 수십대를 갖고 전 노선에 버스가 항상 운행할 수 있도록 해야 한다.

그러나 현실에서는 정기선을 운행하는 대규모 해운선사들은 부정기선 사업도 같이하는 경향이 있다. 정기선에서 얻은 해운업의 노하우를 부정기선 사업에도 동일하게 활용할 수 있고 부정기선 사업이 변동성은 크나 호경기일 경우에는 더 큰 이익을 가져다 줄 수 있기 때문이다. 즉, 포트폴리오 다변화라는 측면에서 정기선과 부정기선을 동시에 영위하는 정기선 해운사들이 다수 존재한다.

**그림 2-13 컨테이너 선복량**

**출처** : 「해운시황과 정기선 해운기업의 M&A관련성 및 사례분석」, 한국해양대, 2006, 강다영

1988년부터 2008년까지 선박 수와 선복량이 꾸준히 증가하였다. 1998년부터 2000년에는 아시아의 금융위기로 인해 선복량 증가율이 큰 폭으로 둔화되었다. 시간이 흐르면서 선박건조 기술이 향상되고 이에 따라 컨테이너 선박들도 대형화되었다. 1988년에는 평균적으로 컨테이너선 1척당 1,285 TEU[2]를 운반하

2. TEU : twenty-foot equivalent unit. 컨테이너 운송의 단위이며 보통 컨테이너 1개의 크기를 일컫는다.

였으나 2008년에는 컨테이너선 1척당 2,512 TEU를 운반하게 되었다.

선박도 앞서 살펴본 철강산업과 유사하게 규모의 경제가 중요한 산업이다. 개별회사의 운송서비스는 차별화되기 어렵다. 개별회사들이 경쟁력을 지니기 위해서는 동일한 서비스에 대해서 더 낮은 원가를 부담하고 더 낮은 운송비를 제시해야 한다. 그러므로 선박들은 점차 대형화되는 추세에 있다. 선박이 대형화될수록 규모의 경제 효과가 작동하여 1단위당 화물의 원가가 감소하여 타 해운기업에 비교해서 규모의 경제를 가질 수 있다.

해운산업의 특성상 해운동맹이 있기 때문에 신규 진입자의 진입이 매우 어렵다. 해운동맹에 진입하기 위해서는 신규투자를 통해서 해운회사를 설립하기보다는 기존의 해운기업을 인수하면서 자연스럽게 시장에 발을 디뎌 놓아야 한다. 이러한 측면에서 해운산업은 해운산업에 속한 기업끼리 경쟁이라고 할 수 있다. 이 때 가장 강력한 경쟁수단은 규모의 경제를 통해서 시장지배력을 확대하여 화주와의 협상력을 높이는 동시에 화물 단위당 원가를 낮춰서 강력한 원가경쟁력을 보유해야 경쟁력을 확보할 수 있다.

1990년대 중반부터 2005년까지 컨테이너 운임지수를 보면 해운업의 시황을 알 수 있다. 해운업 시황은 1995년에서 2002년까지 지속적으로 내리막길을 걸었다. 2002년 해운시황이 가장 안 좋았으며 이를 기점으로 2003년부터 반등하였다. 1995년부터 2002년까지 해운 시장이 좋지 않음에도 불구하고 선복량은 지속적으로 증가하여 해운업의 불황이 왔다는 것을 알 수 있다. 그러나 2002년부터 중국경제가 상승하면서 해운 시장은 활기를 띄게 되었다.

해운업의 M&A 특징은 불황기 때 더욱 활발해진다는 점이다. 앞서 설명했듯이 해운업은 진입장벽이 높은 상태에서 해운업에 있는 기업 간의 규모의 경제를 위해 경쟁하다 보니 호황기보다는 불황기에 M&A가 더 활발히 증가한다. 해운업의 또 다른 특징은 상대적으로 시장변화에 대해서 유연하게 대응할 수 없다는 점이다. 선박을 건조하기 위해서는 최소 2~3년의 시간이 소요되기 때문에 지금

그림 2-14 컨테이너 운임지수

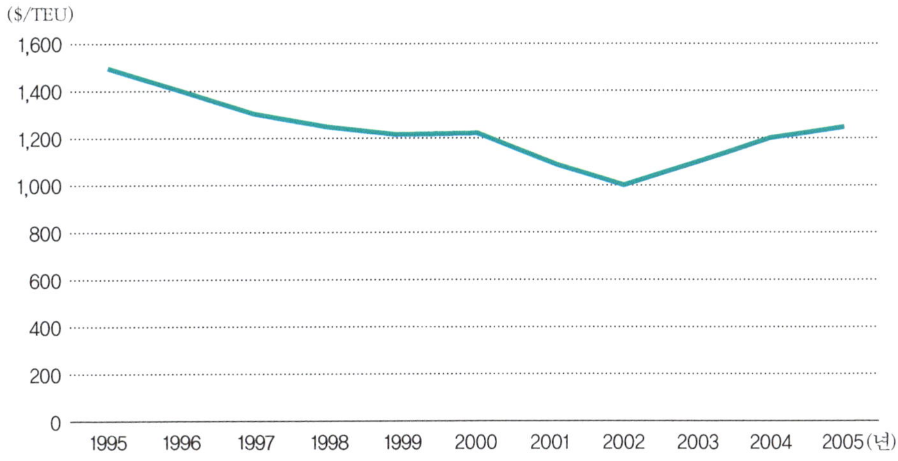


출처 : 「해운시황과 정기선 해운기업의 M&A관련성 및 사례분석」, 한국해양대, 2006, 강다영

그림 2-15 정기선 해운기업 M&A 현황

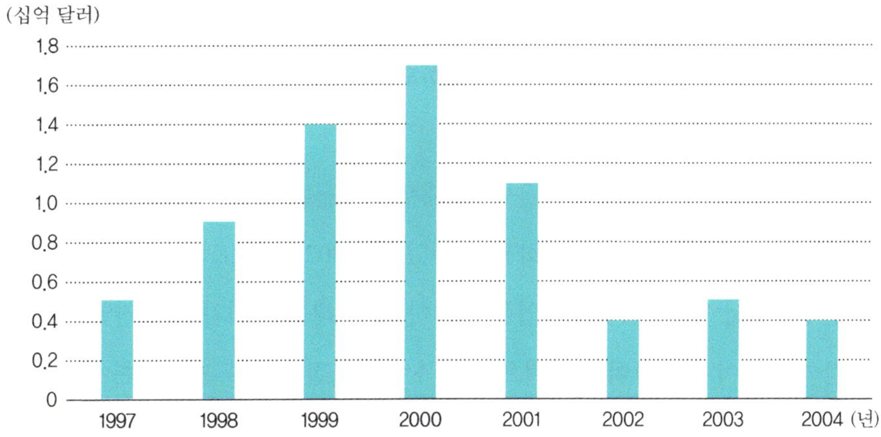


출처 : Lloyd' s Shipping List, 2005년 3월

당장 산업이 호황에 있어도 선박투입을 증가시킬 수 없고 반대로 불황이라도 바로 선박을 스크랩할 수 없는 특징이 있다.

이러한 이유 때문에 해운업에서는 선박을 많이 확보하면서 규모의 경제를 이루는 전략이 실행되었고 산업이 불황일 경우 가장 경쟁력이 낮은 기업부터 도산한다. 즉, 산업이 불황일 경우 치킨게임이 시작되어서 그 불황을 견딜 수 있는 기업들만 지속적으로 생존할 수 있다. 그동안에 업계 상위 기업들은 도산하는 기업들을 인수하면서 시장점유율을 확대하고 다시 호경기가 오면 불황기 동안 확대된 시장점유율을 바탕으로 불황기 때 투자 의사결정한 것에 대한 보상을 받는다.

1996년부터 2002년까지 M&A는 구조조정의 일환으로 시작되었다. 그래서 주로 대형 해운사들이 소형 해운사를 인수하거나 합병하는 형태로 진행되었다. 해운기업들의 M&A 동기를 보면 1996년부터 2002년까지는 주로 생존을 위한 M&A로 몸집을 불렸다. 이 과정에서 수평적인 결합을 통해서 자연스럽게 시장이 확장되었다. 대표적으로 1996년 선복량 기준 세계 6위의 영국의 P&O Container가 세계 8위의 네덜란드의 Nedlloyd Line을 인수하면서 당시 1위인 Sea-Land 사를 제치고 선복량 기준으로 세계 1위의 기업이 되었다. 이 시기에 해운시장이 지속적으로 악화되었고 더욱 악화되기 전에 양사는 합의를 통해서 선제적 대응을 하였다.

경제가 활황이 되면서 몸집을 불린 해운 선사들은 호경기 때 얻은 수익을 바탕으로 항만 등으로 사업 다각화를 이루었다. 2002년 NYK는 Ceres Terminal을 인수하면서 항만 분야로 사업을 확장하였다. 해운 경기가 불경기일 때는 선사 간의 합병이 증가하여 자체적으로 선복량을 조절하는 효과는 물론 규모의 경제를 달성하는 효과 또한 발생하여 불황의 파고를 넘는 M&A 유형을 해운업에서는 자주 목격할 수 있다. 그러나 호경기 때 해운업의 M&A는 고객의 다양한 요구에 부응하기 위해서 복합운송, 물류업체와의 결합, 항만 운영 등으로 사업을 확장하여 상대적으로 사업 포트폴리오를 다양화하는 M&A를 추구해왔다. 그 결과 불경기에는 동종 산업 내 M&A가 주류를 이루고 호경기에는 인접 산업과의 M&A가 주류를 이루게 되었다.

표 2-6 해운업 주요 M&A 사례

| 연도 | M&A 사례 | M&A방법 |
|---|---|---|
| 1996 | P&O Containers가 Nedlloyd Lines 인수 | 합병 |
| 1997 | NOL이 APL 합병<br>CMA가 CGM 인수 | 지분 70% 인수<br>지분 90% 인수 |
| 1998 | P&O Containers가 Blue Star Line 인수<br>Evergreen이 Lloyd Triestino 인수<br>NYK가 Showa Line 인수 | 인수<br>인수<br>인수 |
| 1999 | MOL이 Navix 인수<br>Maersk가 Sea-Land Service 인수 | 합병<br>합병 |
| 2000 | CSAV가 Norasia 인수<br>CMA-CCM이 ACL 지분 취득 | 인수<br>지분 10% 취득 |
| 2001 | APL이 American Automar 인수 | 인수 |
| 2002 | NYK가 Ceres Terminal 인수 | 인수 |

출처 : 「해운시황과 정기선 해운기업의 M&A관련성 및 사례분석」, 한국해양대, 2006, 강다영

해운업 발전은 곧 해운업 내에서 구조조정의 역사이며, 구조조정을 통해서 해운기업들은 성장 · 발전하였다. 해운산업을 보면 M&A는 늘 호경기에 활발하게 이루어진다고 볼 수 없다. 오히려 불경기에 생존을 위한 M&A가 더욱 활발하게 이루어지는 산업이다.

## 4. 시사점

미국의 M&A 역사를 보면 시중에 자금이 풍부할 때 M&A 활동 역시 활발해진다는 것을 알 수 있다. 시중에 자금이 풍부하다는 의미는 기업들도 자금을 풍부하게 갖고 있으며, 경제가 활황인 상태이다. 그러한 상황일 경우 기업들은 기존의 사업뿐만 아니라 신규사업을 통해서 기업을 성장시키려는 욕구가 강해진다. 그러므로 시중에 자금이 풍부할 때에는 동종 산업 내의 M&A뿐만 아니라 이종 산업에서의 M&A도 활발하게 발생하였다.

산업의 특징에 따라서 어떤 산업은 산업 자체가 불황일 때는 이종 산업 간 M&A보다 동종 산업에서 더 많은 M&A 활동이 일어났다. 1990년대 후반부터 2000년대 초반까지 자동차 기업들은 산업 내에서 초과 생산여유가 존재했고 이에 맞는 수요는 충분하지 않았다. 그러므로 규모의 경제를 통해서 생존하기 위해서 동종 산업에서 다임러 벤츠와 크라이슬러의 합병, 르노의 닛산인수 같은 대형 M&A가 발생하였다.

그러나 2017년 지금 자동차 산업에서 발생하는 M&A는 이전의 M&A와는 양상이 다르다. 지금 자동차 산업에서는 전자기업과 자동차 부품기업 간의 M&A 등 이종 산업 간에 M&A가 활발하게 일어나고 있다. 이는 자동차 산업의 미래 성장성이 높기 때문에 성장 기회를 획득하기 위한 M&A이다. 기술개발이 진행되면서 자동차 산업의 핵심역량이 엔진을 만들고 부품을 조립하는 분야에서 전기 배터리와 소프트웨어, 전자장비를 만드는 분야로 이동하고 있기 때문이다. 산업이 대변혁의 시기를 겪고 있고 그 과정에서 이종 산업의 기업들에게 새로운 시장이 열린 상황이다.

이처럼 동일한 산업에서 발생하는 M&A라도 M&A를 발생시키는 근본적인 원인은 다르다. 산업을 보는 통찰력이 있다면 자동차뿐만 아니라 모든 산업에서 M&A가 발생하게 되는 원인을 알게 되고 그보다 앞서 신속한 의사결정을 통해서 경쟁기업보다 유리한 고지에 설 수 있다. 산업을 보는 통찰력은 산업의 지형을 볼 수 있는 안목에서 출발한다.

하버드 대학교의 마이클 포터 교수는 산업의 매력도를 결정하는 5가지 변수를 찾아냈다. 이 변수들이 서로 영향을 주고받으며 산업의 특성을 만들고 우리는 그러한 변수들에 대해 이해하면서 산업을 보는 통찰력을 기를 수 있다.

산업의 지형을 구성하는 5개의 주요 변수로는 공급자의 파워, 고객의 파워, 진입장벽의 높고 낮음의 정도, 대체재의 위협, 시장 내의 경쟁이 있다. 자동차 산업을 예로 든다면 공급자는 자동차 부품기업들이다. 전통적으로 자동차 부품

그림 2-16 5 포스(Forces) 모델

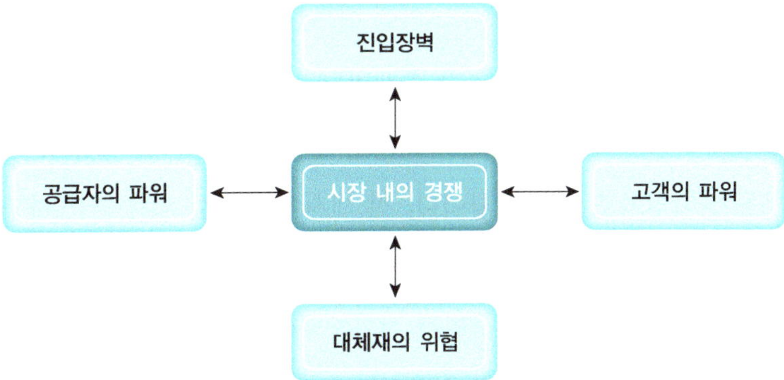


출처 : Porter, M., "How Competitive Forces Shape Strategy", *Harvard Business Review*(1979)

들은 완성차의 하나의 사업부에서 분사해서 설립되는 경우가 많았고 생산물량을 자동차 기업들에게 의존하는 경향이 높다. 한국의 부품기업들은 현대, 기아차라는 자동차 회사에 종속되어서 부품을 공급한다. 미국의 자동차 부품기업들은 포드와 지엠에게 주로 자동차 부품들을 공급한다. 유럽, 일본도 상황이 비슷하다. 그러므로 자동차 기업 입장에서 공급자는 상대적으로 완성차에 비해서 낮은 협상력이 있다.

자동차 기업 입장에서 고객은 일반 소비자이다. 고객과 자동차 기업 간의 협상력은 진입장벽과 대체재의 위협, 시장 내의 경쟁 정도가 결정한다. 자동차 기업들은 고객들에게 더 많은 협상력을 갖기 위해서 자사의 자동차를 지속적으로 구매하게 하는 마케팅 활동을 한다. 특정 고객에게 더 많은 소구점을 갖기 위해서 자동차 브랜드의 포지션도 달리한다.

도요타는 대중적인 차이기 때문에 일반 대중에게 소구를 한다. 만약 도요타가 고급 브랜드를 선호하는 고객에게 소구하려면 기존의 대중차 브랜드와 다른 브랜드를 만들 필요가 있다. 때문에 도요타는 렉서스라는 고급차 브랜드를 별도로 만들어서 고급 브랜드를 선호하는 고객이 원하는 자동차를 제공해주고 있다. 전 세계에 프리미엄 브랜드가 렉서스 하나면 렉서스는 고객의 파워에서 엄청난

협상력을 가진다. 즉, 전 세계 독점기업이기 때문에 매우 높은 협상력을 보유할 것이다. 그러나 시장 내에는 렉서스 외에 벤츠, BMW, 아우디, 포르쉐, 제네시스 등 다양한 고급 브랜드의 자동차가 존재한다. 그러므로 어떤 특정 고급 브랜드의 자동차가 소비자에게 더 많은 소구점을 갖고 있다고 보기 어렵다. 다른 대중적인 자동차 기업들도 같은 상황이다. 전 세계에는 수십 개가 넘는 자동차 기업들이 있으며 이들은 소비자에게 다양한 제품을 공급한다.

자동차 산업은 타 산업에 비해서 진입장벽이 높고 대체재의 위협이 낮다고 할 수 있다. 자동차 사업을 하기 위해서는 막대한 초기 시설 투자가 필요하고 자동차를 개발하기 위해서 많은 R&D 투자가 수반되어야 한다. 게다가 수만 개의 부품을 조달하기 위해서 공급망 관리를 하고 이를 오차 없이 조립해야 한다. 그러므로 신규로 자동차 기업을 설립해서 자동차 산업으로 진입하는 경쟁자는 좀처럼 찾아보기 어렵다.

자동차를 대체할만한 직접적인 대체재가 존재하기도 어려운 형편이다. 자동차를 대체할 수 있는 것으로 대중교통, 비행기, 철도, 도보, 자전거, 오토바이 같은 이동수단과 이동방법들이 있다. 그러나 대체재라 할 수 있는 이동수단들의 장점과 단점이 명확하고 자동차는 그들의 단점을 충분히 잘 보완하기 때문에 자동차를 대체할만한 대체수단은 현재까지는 많지 않다고 볼 수 있다. 이러한 것들을 고려할 때 자동차 산업은 매력이 높은 산업이라고 할 수 있다.

5 Forces 모델을 자동차 산업에 응용하여 5 Forces 모델에 대한 이해를 높여보자. 자동차 산업이 불황일 경우 주로 일어나는 M&A는 시장 내의 경쟁을 제한하는 움직임이 많이 포착된다. 그러나 시장이 활황일 경우 시장 내의 경쟁을 축소시키기보다는 더 성장한 자동차 시장에서 시장점유율을 높이려고 한다. 이 경우 M&A를 통해서 진출하기보다 신규로 공장을 건립하여 지역적 확장성을 겨냥한 투자들이 활기를 띄게 된다.

산업이 호황일 경우 동종 산업의 경쟁자를 인수하기 위해서는 높은 비용이 소요된다. 왜냐하면 산업이 활황이기 때문에 대부분의 기업들이 이익을 많이 내고 있어서 인수자는 높아진 밸류에이션에 대한 가치지급은 물론 높아진 프리미엄도 감당해야 한다. 그러므로 동종 산업 간에 인수를 한다면 불황이 다가올 경우 인수한 기업이 자금경색에 빠져서 재무적 곤경에 처할 위험이 높다. 그러므로 산업이 호황일 경우 신사업 투자가 M&A보다 더 저렴하고 위험이 적은 사업 확장 방법이 될 수 있다.

대체재의 위협이 낮고 진입장벽이 높은 산업들은 주로 경제가 불황일 경우에 생존을 위해서 동종 산업에서의 M&A가 많아지고 경제가 호황일 경우에 산업 내의 통합보다는 산업 외적인 혹은 전방산업이나 후방 산업과 통합하여 사업 포트폴리오를 다각화하려고 한다. 철강산업 역시 대체재의 위협이 낮고 진입장벽이 높기 때문에 불황의 시기에는 규모의 경제로 원가경쟁력을 확보하기 위해서 산업 간 M&A가 활발하게 발생한다. 산업이 호황일 경우에는 전방 산업인 공급자 분야에 대한 투자가 활발히 일어난다. 그 결과 많은 철강기업들이 석탄광, 철광석 광산을 보유하여 안정적인 원재료를 조달하고자 한다.

해운산업 역시 철강과 유사하게 진입장벽이 높고 대체재의 위협이 낮은 산업이다. 그러므로 불황일 경우 산업 내에서 경쟁을 제한하는 M&A가 발생하여 규모의 경제를 통해서 불황을 극복한다. 경제가 호황을 누리게 되면 항만, 육상 물류 같은 유관사업에 진출하여 사업 포트폴리오를 다각화하며 미래의 불황을 준비한다. 어떤 산업이든 산업의 지형을 보고 산업의 핵심을 본다면 경제가 호황일 경우 발생하는 M&A와 경제가 불황일 때 발생하는 M&A를 예측해 볼 수 있고 이를 통해 M&A 담당자는 선제적으로 미래에 대한 준비를 할 수 있다.

## 5. 요약

모든 산업에서 M&A가 발생하고 M&A를 통해서 산업의 지형이 바뀌고 경쟁구도가 변화된다. M&A 담당자는 산업의 지형을 보고 그 흐름을 읽을 수 있는 통찰력이 있어야 한다. 경제가 불황일 때 발생하는 M&A와 경제가 호황일 때 발생하는 M&A를 구분하여 이에 대한 적절한 대비를 해야 한다. 진입장벽이 높고 대체재의 위협이 낮아서 산업 내에 신규 진입자가 들어올 가능성이 낮은 산업에서는 경제가 호황일 경우 관련 사업을 다각화하기 위한 M&A가 발생한다. 반대로 경제가 불황일 때 그러한 산업은 동종 산업 내에서 생존을 위한 M&A가 발생하며 시장의 구도가 변하게 된다. 대체로 업계 1위의 기업들이 상대적으로 풍부한 자금력을 바탕으로 업계 하위의 기업들을 인수하며 업계 1위를 공고히 하는 동시에 시장점유율을 확대하는 전략을 많이 쓴다. 혹은 업계 3위, 4위 수준의 기업들이 생존과 경쟁력 강화를 위해서 합병을 하여 업계 1위의 기업으로 재 탄생하는 경우도 종종 목격된다.

반대로 진입장벽이 낮고 대체재의 위협이 큰 산업일 경우 경제가 호황일 때 과도한 M&A가 발생한다. 그러나 어떤 산업이 진입장벽이 낮고 대체체의 위협이 크다면 그러한 산업은 이미 타 산업에 종속적으로 변하거나 없어졌을 것이다. 그러므로 현재 존재하는 모든 산업은 어느 정도 진입장벽이 있어서 신규 진입자가 시장에 진입하기는 쉽지 않다.

그러나 혁신적인 기술개발로 그러한 진입장벽이 낮아지는 시기가 존재한다. 그 시기에 그러한 산업은 엄청난 M&A가 수반되고 자금이 몰리게 된다. 대표적으로 1990년대 후반의 IT 호황을 예로 들 수 있다. 인터넷의 발전으로 전 세계에서 IT 기업의 창업이 붐을 이루었다. 전 세계의 모든 자금이 IT 산업으로 쏠렸고 매일 수백개의 신규 기업들이 탄생하였다. 호황을 넘어 버블까지 경험하였다. 버블이 터진 후에는 투자자들의 고통이 심하지만 그 버블로 인해서 과도하게 자금이 집중되어 단시간 내에 그 산업은 성장하였다. 그 결과 IT 산업은 꾸준히 성장하여 지금의 IT 산업 구도를 이루었다. 2007년도의 신재생 에너지 산업이 호황이 되자 M&A뿐만 아니라 전 세계의 자금이 신재생 에너지로 투입되었다. 그 결과 산업 내의 M&A뿐만 아니라 이종 산업 간의 M&A도 활발히 진행되면서 신재생 에너지 기술이 획기적으로 발전되는 계기가 되었다.

현재의 자동차 산업도 신기술의 개발로 산업의 패러다임이 변하면서 진입장벽이 낮아지고 있다. 전 세계의 IT, 통신, 화학, 소재기업들이 자동차 분야에 뛰어들고 있다. 따라서 자동차 분야도 활황을 넘어서 버블이 될 가능성이 높다. 특히 전기차와 자율주행차 분야는 호황을 넘어서 버블이 될 가능성이 높은 분야이지만 획기적인 기술개발로 자동차 지형을 바꿀 수 있을 정도의 변화도 뒤따를 것으로 예상한다. M&A 담당자는 산업의 지형은 물론, 흐름까지 보면서 어떻게 산업이 변할지 예측하는 안목을 갖춰야 한다. 과거 수많은 산업의 흥망성쇠에는 M&A가 그 중심에 있었다. 독자들이 늘 산업의 큰 지형을 읽는 연습을 한다면 산업의 격변기에 나무를 보기보다 숲을 보면서 어떻게 격변기에서 기회를 찾을 수 있을지 알게 될 것이다.

# M&A 절차

ch. three

3

우리가 일상생활에서 물건을 사고팔 때 다양한 방법으로 사고팔 수가 있다. 옥션에서 경매를 통해서 물건을 살 수도 있고 혹은 잘 아는 매도자가 있으면 매도자와 일대일로 협상을 하면서 매수할 수도 있다. 만약 너무 갖고 싶은 물건이 있지만 상대방이 이를 팔지 않는다고 할 경우 더 비싼 프리미엄을 주고 구입할 수도 있다. 때로는 매수자가 물건을 매도하지 않는다면 그 사람이 그 물건을 팔 수밖에 없는 환경을 조성하여 억지로 원하는 물건을 손에 얻는 방법도 있다.

이렇듯 우리가 물건을 사는 방식과 파는 방식이 다양하듯이 기업의 M&A 역시 다양한 방식이 존재한다. 매수자가 여럿이 있는 경쟁입찰을 하는 M&A가 있으며, 매수자와 매도자가 일대일로 협상을 하는 M&A가 있을 수 있다. 혹은 적대적 M&A를 통해서 강제로 매수할 수도 있다. 다양한 환경과 다양한 동기로 인해서 M&A가 발생하기 때문에 M&A가 이루어지는 방식 역시 하나의 정형화된 방식으로 설명할 수 없다.

그러나 물건을 매매하는 방법이 다양하더라도 가장 보편적으로 매매하는 방법이 존재하듯이 M&A도 다양한 상황에서 다양한 방법으로 진행되지만 가장 보편적인 방법이 존재한다. 대부분의 M&A는 이번에 소개할 일반화된 절차를 따른다. 일반화된 절차를 따르지 않더라도 이번에 소개할 내용은 모든 M&A에 공통적으로 포함되는 내용이다. 여기서는 실제 M&A를 실행하면서 우리가 겪게 될 주요 단계에 대해서 알아보고 각 단계별로 어떤 업무를 해야 하고 그러한 절차가 왜 필요한지 살펴보겠다.

## 1. M&A 절차

M&A는 매수자 입장 혹은 매도자 입장에서 생각해 볼 수 있다. 여기서는 각 단계별로 매수자가 해야 할 일과 매도자가 해야 할 일에 대해서 같이 살펴보겠다.

2004년 범양상선의 M&A를 사례로 각 단계별로 해야 할 주요 업무에 대해서 설명하겠다.

그림 3-1 M&A 흐름도

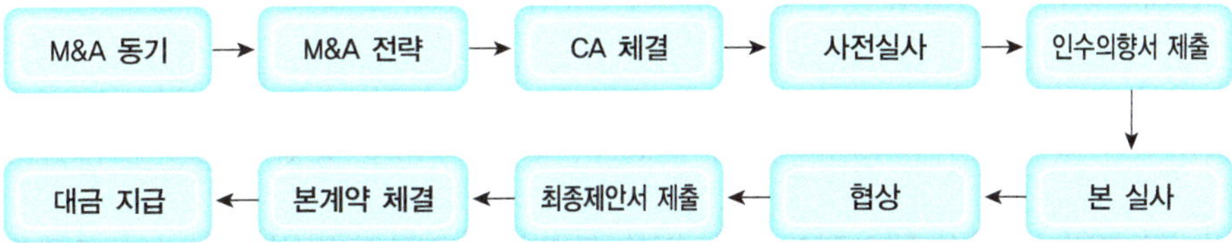


## 1.1 M&A 동기

M&A를 하려면 계기가 있어야 한다. 즉, 우리 기업은 지금 이 시점에서 왜 M&A를 해야 하는가에 대한 물음이 있어야 하고 어떤 대상을 인수할지 명확한 동기가 있어야 한다. 예를 들어 2004년 7월에 산업은행이 대주주로 있는 범양상선(지금의 팬오션)이 시장에 매물로 나왔다. 이에 동국제강, 대한해운, STX 등 여러 기업들이 범양상선을 인수하려고 하였다. 왜 이들 기업이 범양상선을 인수하려고 하였는가?

범양상선은 해상운송업을 영위하며, 주로 벌크선 영업에 강점이 있는 기업이었다. 벌크선 영업이라고 하는 것은 목재, 철광석, 석탄처럼 포장할 수 없는 제품을 그대로 적재할 수 있는 화물전용선인 벌크선을 이용하여 운반하는 것을 의미한다.

동국제강은 상호 시너지를 예상하여 범양상선 인수에 뛰어들었다. 동국제강에서 철을 생산하기 위해서는 철광석과 석탄을 수입해야 한다. 그리고 생산된 제품을 해외에 수출하기 위해서는 벌크선을 이용하여 운송해야 한다. 동국제강은 내부에 운송사업부를 설치해서 운송수단을 내재화한다면 운송비를 절감할 수 있을 것으로 예상했다. 범양상선 입장에서는 추가적인 화물운송의 기회가 발생하여 추가적인 수익을 올릴 수 있을 것으로 예상했다. 즉, 동국제강은 운송회사를 소유하면서 운송비용을 절감할 수 있고 범양상선은 내부 시장을 확보할 수 있어서 양사에 이로운 인수 · 합병이 될 것으로 생각했다.

대한해운은 범양상선과 같은 벌크선 영업을 하고 있었다. 그러므로 동종기업을 인수하면 단숨에 선박 보유기준으로 글로벌 벌크선사로 발돋움할 수 있을 것이라고 예상하였다. 범양상선이 운용하고 있는 선박은 용선 선박을 포함하면 약 250척이 넘었다. 대한해운 역시 많은 선박을 보유하고 있어서 이러한 것들을 감안한다면 규모의 경제를 이룰 수 있다고 판단하였다.

게다가 대한해운은 많은 선박들이 주요 화주들과 전용선[1] 계약을 맺었고 상대적으로 범양상선은 전용선 계약이 없었다. 사업 포트폴리오상 대한해운은 전용선 계약에서 안정적인 수익이 발생하고 전용선 계약이 적은 범양상선에서는 시장 상황에 따라 더 높은 이익을 얻을 수 있는 상황이었다. 사업 포트폴리오의 안정화와 규모의 경제를 실현하기 위해서 대한해운은 범양상선을 인수하고 싶었다.

마지막으로 STX는 신생기업으로 STX엔진과 STX조선을 보유한 조선업이 주 핵심사업이었다. STX는 선박을 건조하는 STX조선, 선박용 엔진을 제작하는 STX엔진, 선박용 핵심 부품을 조달하는 STX엔파코로 조선산업의 수직계열화를 이루고 있는 기업이었다. STX 입장에서 범양상선이라는 해운기업을 인수한다면 해운과 조선의 완벽한 수직계열화를 달성하여 시너지 효과가 클 것이라고 생각하였다.

더군다나 해운산업은 조선산업의 전방산업으로 범양상선에서 필요로 하는 선박을 STX조선이 건조할 경우 STX조선 입장에서는 확정된 내부 시장을 보유함으로써 발생하는 안정적인 매출처도 확보할 수 있는 효과가 있었다. 수직계열

1. 전용선 : 해운사의 선박이 특정 화주에게 선박의 수명 대부분을 할애하며 운영하는 선박

화를 통해 원가구조 개선 및 시장확보라는 측면에서 STX는 범양상선을 인수하고자 하였다. 게다가 STX에너지가 사용하는 석탄을 수송하는 역할을 범양상선이 할 수 있을 것이라고 믿어서 STX에너지 입장에서는 운송비 절감이라는 추가 시너지 효과가 발생할 것이라고 예상했다.

당시 산업은행은 범양상선 지분 64.45%를 보유한 최대주주였으며, 투자자금 회수를 위해서 가능한 한 비싼 값에 범양상선을 매각하고 싶었다. 매도자인 산업은행은 국책은행으로서 공익적인 목적에서 범양상선을 인수, 잘 운영하여 범양상선이 독립된 회사로 성장하기를 원했으며 동시에 범양상선에 투자한 투자대금을 회수하기를 원했다. 2003년 범양상선의 손익과 재무구조를 본다면 이미 안정적인 손익과 재무구조를 갖고 있었기 때문에 잠재적 인수자들이 걱정하는 범양상선의 수익성은 매각과정에서 큰 걸림돌이 되지 않았다. 이러한 이유로 산업은행은 범양상선 M&A에서 매각 차익을 극대화하고자 하는 목표를 갖고 있었다.

범양상선은 2001년부터 매출액 1.5조원 이상을 기록하였으며, EBITDA는 매년 해운 시황에 따라 차이가 있으나 평균적으로 최소 5% 이상을 달성하는 안정적인 수익 창출력을 보여주었다.

**표 3-1** **범양상선 손익계산서**

(단위 : 억원)

| | 2001 | 2002 | 2003 |
|---|---|---|---|
| 매출액 | 17,552 | 15,645 | 19,771 |
| 영업이익 | 1,094 | 368 | 975 |
| EBITDA | 1,558 | 884 | 1,509 |
| % | 8.9% | 5.7% | 7.6% |
| 당기순이익 | 494 | 639 | 254 |

출처 : 「범양상선 감사보고서」

2001년에 자본잠식이 되었으나 감자와 출자전환을 통해서 2002년에는 차입금 규모도 2001년 대비 2,092억원이 감소하여 자본건전성을 확보하였다. 2003년에는 차입금도 추가적으로 757억원 감소하여 총 차입금은 1,804억원까지 감소하였다. 범양상선은 전체 자산 중에 선박이 차지하는 자산이 50% 이상이기에 유동성이 추가로 악화된다면 선박을 매각해서 유동성을 확보할 수 있는 재무구조를 갖고 있었다.

**표 3-2** **범양상선 재무상태표**

(단위 : 억원)

| | 2001 | 2002 | 2003 |
|---|---|---|---|
| **유동자산**<br>(현금) | 3,056<br>165 | 2,869<br>58 | 3,121<br>411 |
| **고정자산**<br>(선박) | 5,921<br>5,170 | 6,541<br>5,704 | 6,568<br>5,924 |
| **자산총계** | 8,977 | 9,410 | 9,689 |
| **유동부채**<br>(단기차입금) | 2,788<br>1,150 | 3,119<br>1,172 | 3,744<br>1,181 |
| **고정부채**<br>(장기차입금) | 6,978<br>3,668 | 4,410<br>1,447 | 3,808<br>1,034 |
| **부채총액** | 9,766 | 7,529 | 7,552 |
| **자본총액** | −789 | 1,881 | 2,137 |
| **순차입금** | 4,653 | 2,561 | 1,804 |

**출처** : 「범양상선 감사보고서」

범양상선의 안정적인 이익창출 능력과 재무구조를 바탕으로 산업은행은 높은 가격으로 범양상선을 매각할 수 있다는 확신이 들었다. 그래서 산업은행은 공개 매각을 통해서 최대한 많은 잠재 구매자가 범양상선 인수에 참여하여 경쟁을 하길 원했고 그 과정에서 비싸게 매도하여 많은 매각 차이를 실현시키려는 동기가 있었다.

### 1.2 M&A 전략

범양상선의 매각은 국책은행이 상대이고 상대적으로 변동성이 큰 해운업이라는 특징 때문에 매수자들은 두 가지 측면에서 M&A에 대한 전략을 세웠다. 첫 번째는 가격결정과 인수자금 조달이다. 당시 범양상선의 전체 기업가치는 경영권 프리미엄을 포함하여 약 6,000억원 수준으로 평가되었다.

보통 언론에 보도되는 매각가액의 가치는 기자들이 업계 M&A 전문가 의견을 받아서 발표하는 경우도 있다. 그러나 언론의 주목을 받는 M&A는 일부러 매도인이 자신들이 원하는 가격을 기자들을 통해서 흘리는 경우도 종종 발생한다. 그러므로 당시 언론에 자주 언급된 6,000억원의 전체 기업가치는 산업은행에서 생각하는 매각가치였을 가능성이 높았다. 따라서 인수전에 참여한 기업들은 지분 64.45%에 해당하는 약 5,000억원이라는 기준가격에 경영권 프리미엄을 얼마로 결정해야 하는가 하는 숙제를 안게 되었다. 보통 M&A 시 경영권 프리미엄이 30% 내외인 것을 감안하면 매수자들은 범양상선의 기업가치를 최대 6,500억원 수준으로 생각하였다.

그러나 강력한 인수자들이 존재하는 상황에서 일반적인 경영권 프리미엄을 고려하여 매각가격을 결정한다면 인수하기 어려울 가능성도 높았다. 그러므로 매수자 측에서는 매각가격에 대한 전략과 대규모의 자금을 조달할 수 있는 조달 방안을 찾아야 했다. 대표적으로 STX는 STX에너지, STX엔진, STX조선이 컨소시엄을 구성하여 자금 조달을 하려고 하였다.

두 번째는 인수 후 범양상선 운영방안에 대한 전략이 있어야 한다. 대부분의 M&A에서는 인수가 중요한 것이 아니라 인수 후에 해당 기업을 어떻게 경영하는지가 더 중요하다. STX는 컨소시엄으로 참여했기 때문에 인수 후에 범양상선을 기존의 기업과 합병하는 방법을 사용하지 않고 독립된 기업으로 STX그룹 내의 계열사로 존속하게 하려는 의지가 강했다. 그러나 대한해운은 범양상선이 별도의 기업으로 있다면 시너지 효과를 많이 내기 어렵기 때문에 인수 후에 범양상선과 대한해운을 합병하여 거대 선사로 거듭나려는 의지가 있었다고 추정할 수 있다.

동국제강 역시 철강사업과 운송사업은 별개이기 때문에 합병 후 범양상선을 하나의 사업부로 두는 방안은 고려하지 않았을 것이다. 게다가 당시 동국제강의 매출액이 약 2.3조원이고 범양상선의 2003년 매출액이 1.9조원이기 때문에 두 기업이 합병하는 것은 쉬운 일이 아니었을 것으로 추정한다. 그러므로 동국제강 역시 별도의 기업으로 범양상선을 운영하려고 했을 것이다.

모든 참여기업들은 인수전에 참여하기 전에 회사 내부에서 최고경영자와 함께 왜 인수를 해야 하고 인수와 관련된 자금 조달, 인수 후 통합 및 경영방안에 대해서 미리 계획을 세운다. 반면에 매각자는 M&A의 목표, 즉 가장 비싸게 매각하기 위한 계획을 수립한다. 그 계획이 산업은행 입장에서는 공개 매각이었다. 공개 매각은 최대한 많은 잠재 인수자를 인수전에 참여시켜서 인수 후보들끼리 경쟁을 유발하여 최대한 높은 가격에 매각하는 전략이다. 보통 매도자는 M&A에 대한 전략까지 내부적으로 수립되면 매각주관사를 선정하여 매각에 대한 자문 및 행정적인 절차들을 위임한다. 당시 산업은행은 삼정KPMG라는 회계법인을 매각주관사로 선정하여 매각과 관련된 모든 전략, 실행방안, 협상 등을 삼정KPMG와 상의하면서 진행하였다.

### 1.3 비밀유지 계약 체결

매수자들이 인수하려는 의도가 생기고 대략적인 M&A 전략을 수립하고 난 후에 보통 매도자와 비밀유지 계약(Confidential Agreement)을 체결한다. 범양상선의 사례에서 주로 정보를 제공하는 쪽은 매도자인 산업은행이며, 매수자인 동국제강, STX, 대한해운은 산업은행으로부터 범양상선의 정보를 제공받는다. 다시 말해 잠재적 인수자들은 범양상선에 대한 회사 소개자료 및 인수가격을 결정할 수 있는 참고자료, 인수 후 운영방안을 수립할 수 있는 범양상선의 내부자료를 제공받고 필요시 추가 자료를 요청한다. 이 과정에서 매도자인 산업은행은 자신들이 제공하는 정보가 오로지 본 거래에서만 사용될 수 있도록 법적 구속력이 있는 비밀유지 계약을 지키겠다는 약속을 인수 참여자들에게 받는다.

비밀유지 계약은 이제부터 공식적인 M&A 절차가 개시된다는 선언과 같은 의미를 갖는다. 범양상선과 같이 공개 매각인 경우에는 M&A 절차에 따른 별도의 안내서가 제공된다. 그 안내서에는 주요 절차에 대한 일정 및 각 단계별 매수자의 의무사항에 대한 내용이 포함된다. 비밀유지 계약서는 매도자가 제공하는 정보이기 때문에 제공한 정보가 제3자에게 유출되지 않게 매도자에게 유리한 내용으로 작성한다.

비밀유지계약서의 주요 내용은 어떤 것들이 비밀을 유지해야 하는 정보인지에 대한 범위를 정하는 것이다. 시장에 공표된 자료를 통해서 취득할 수 있는 정보는 비밀을 유지해야 하는 정보들에 해당되지 않는다. 예를 들어 동국제강이 범양상선의 과거 재무제표를 산업은행으로부터 수령한다 할지라도 이러한 정보는 이미 범양상선이 과거에 일반 대중에게 공표하였기 때문에 비밀정보에 해당하지 않는다. 비밀정보는 공표된 정보로 알 수 없는 정보를 그 대상으로 한다. 그리고 그 비밀정보를 받은 측에서는 그 정보가 외부로 새나가지 않도록 신의성실을 다하고 만약 제공받은 정보가 유출된다면 유출한 기업은 민 · 형사상의 책임을 진다. 그러므로 비밀유지 계약서를 검토할 때는 비밀유지 정보의 범위가 어디까지이고 이 규정을 어겼을 경우 어떤 법적 책임을 지는지 확인하는 것이 가장 핵심이다.

비밀유지 계약서를 체결하면서 같이 수령하는 것은 투자안내서(Information Memorandum ; IM)이다. 투자안내서에는 범양상선의 과거 실적은 물론 시장에 매물로 나온 해인 2004년을 포함한 미래 추정실적까지의 재무수치들이 제공된다. 뿐만 아니라 범양상선에서 분석한 해운산업의 과거 흐름 및 미래 전망까지 포함한다. 그리고 투자안내서는 인수의향서의 서식 및 작성방법에 대한 내용, 본계약 체결 내용 등 M&A에 대한 법적인 절차를 모두 포함한 완벽한 하나의 패키지인 경우가 많다. M&A에 따라서는 각 단계별 필요한 법적서류를 각 단계 시작 전에 자격 있는 매수자에게만 줄 수도 있다.

〈비밀유지 계약서 샘플〉

## 비밀유지계약서

○○ 주식회사(이하 "갑"이라 한다)와(과) △△ 주식회사(이하 "을"이라 한다)은(는) 다음과 같이 비밀유지계약을 체결한다.

**제1조 (계약의 목적)** 본 계약은 갑 · 을이 상호 자신의 비밀정보를 제공함에 있어 계약 당사자의 관련 비밀정보를 보호하기 위함을 목적으로 한다.

**제2조 (비밀의 내용)** 본 계약상 비밀정보란 갑 · 을간의 업무진행 과정에서 본 계약의 일방 당사자가 상대방에게 제공하거나 상대방 혹은 그 직원으로부터 지득 혹은 취득하는 상대방의 일체의 영업 혹은 기술상의 정보 및 이와 같은 영업 혹은 기술상의 정보에 근거하여 자사가 개발하거나 도출하는 일체의 영업 혹은 기술상의 정보(이하 "비밀정보"라 한다)를 말한다. 이와 같은 비밀정보는 서면, 구두 혹은 기타 방법으로 제공되는 모든 노하우, 공정, 도면, 설계, 실험결과, 샘플, 스펙, 데이터, 공식, 방법, 프로그램, 가격표, 거래명세서, 생산코스트, 선전상의 아이디어, 사업정보 등을 모두 포함한다.

**제3조 (비밀의 표시)** 갑 · 을은 상대방에게 서면이나 서류 형태로 비밀정보를 제공하는 경우 서류상에 비밀임을 알리는 문구("비밀")를 명백히 표시해야 하며 서면이나 서류 이외의 형태 즉 구두나 영상 또는 당사자의 시설, 장비 샘플 기타 품목들을 관찰하거나 조사함으로써 비밀정보를 제공할 경우에는 공개시 상대방에게 본 정보가 비밀에 속한다는 것을 알리고 또한 공개일로부터 (　)일 이내에 서면으로 비밀임을 알리는 문구를 표시하여 상대방에게 확인시켜야 한다.

**제4조 (정보의 사용 용도 제한)** 본 계약의 당사자는 상대방으로부터 제공받은 비밀정보를 관련 계약서에 명시된 본래의 목적에만 사용하여야 하며, 계약의 수행을 위하여 상대방에 관련된 비밀정보를 제3자에게 제공할 경우, 당해 제3자와 별도의 비밀유지계약을 체결하여야 한다.

**제5조 (정보취급자)** 본 계약의 당사자는 상대방으로부터 제공받은 비밀정보를 자사 조직내 목적상 부합하는 직원들에 한하여 이용하도록 조치하여야 하며 직원 각자에게 비밀유지의무를 주지시켜야 한다. 또한 상대방이 요구하는 경우 자사의 관계직원들에 대하여 당해 직원이 본 계약상의 비밀유지의무를 이행하겠다는 내용의 각서를 징구하는 등 상대방이 만족할 수 있는 적절한 조치를 취하여야 한다.

**제6조 (비밀유지의무의 면제)** 본 계약의 당사자는 상대 당사자의 사전승낙 없이는 본 계약의 체결사실이나 내용 및 앞으로 계약 당사자가 추진할 사업내용을 공표하거나 제3자에게 알려서는 아니된다. 다만, 다음에 해당하는 정보임이 객관적인 증거를 통하여 입증되는 경우는 비밀유지의무가 없다.

1. 비밀정보의 제공 이전부터 제공받은 당사자가 보유하고 있던 정보.
2. 비밀정보를 제공받은 당사자의 고의 또는 과실에 의하지 않고 공지의 사실로 된 정보.
3. 비밀정보를 제공받은 당사자가 적법하게 제3자로부터 제공받은 정보.
4. 비밀정보를 제공받은 당사자가 비밀정보와 관계없이 독자적으로 개발한 정보.
5. 비밀정보를 제공한 당사자가 공개를 허락한 정보.
6. 관련법규나 정부당국에 의하여 공개가 요구된 정보. 이 경우 사전에 반드시 상대방에게 그 사실을 서면으로 통지하고, 상대방으로 하여금 적절한 보호 및 대응조치를 할 수 있도록 하여야 한다.

**제7조 (자료의 반환)** 본 계약의 당사자는 상대방의 요청이 있으면 언제든지 상대방의 비밀정보가 기재되어있거나 이를 포함하고 있는 제반 자료, 장비, 서류, 샘플, 기타 유체물을 즉시 반환하거나, 상대방의 선택에 따라 이를 폐기하고 그 폐기를 증명하는 서류를 상대방에게 제공하여야 한다.

**제8조 (권리의무의 양도)** 본 계약의 권리와 의무는 상대방의 사전 서면동의 없이는 제3자에게 양도될 수 없다.

**제9조 (권리의 부존재 등)** ① 본 계약상 제공되는 비밀정보에 관한 모든 권리는 제공한

당사자에 속하고 본 계약은 어떠한 경우에도, 본 계약상 제공된 비밀정보에 관하여 상대방에게 어떠한 권리나 사용권을 부여하는 것으로 해석되지 않는다.
② 본 계약은 어떠한 경우에도 당사자간에 향후 어떠한 확정적인 계약의 체결, 제조물의 판매나 구입, 실시권의 허여 등을 암시하거나 이를 강제하지 않으며, 기타 본 계약의 당사자가 본 계약상 기술과 관련하여 다른 제3자와 어떠한 거래나 계약관계에 들어가는 것을 금지하거나 제한하지 아니한다.

**제10조 (내부규정의 준수)** 본 계약의 당사자는 본 계약상의 목적을 위하여 상대방의 시설을 방문하거나 이를 이용할 경우, 상대방의 제반 규정을 준수하여야 한다.

**제11조 (계약의 분리가능성)** 본 계약 중 어느 규정이 법원에 의하여 불법, 무효 또는 집행불가능하다고 선언될 경우, 이는 본 계약의 나머지 규정의 유효성에 영향을 미치지 아니한다.

**제12조 (계약의 수정)** 본 계약의 수정이나 변경은 양 당사자의 정당한 대표자가 서명한 서면합의로만 이루어질 수 있다.

**제13조 (손해배상 등)** ① 본 계약을 위반한 당사자는 금(            )원을 위약벌로 상대방에게 지불한다.
**② 제1항의 위약벌과 별도로 비밀유지의무 위반행위로 인하여 상대방이 입은 모든 손해를 배상한다.**

**제14조 (계약기간)** 본 계약은 본 계약 체결일로부터 (  )년간 그 효력을 가진다.

**제15조 (특약사항)**

______________________________________________

______________________________________________

______________________________________________

**제16조 (분쟁의 해결)** 본 계약과 관련하여 분쟁이 발생한 경우 당사자의 상호 협의에 의한 해결을 모색하되, 분쟁에 관한 합의가 이루어지지 아니한 경우에는 (            )법원을 합의관할로 하여 소송을 통해 분쟁을 해결하기로 한다.

또는(옵션)

**제16조 (분쟁의 해결)** 본 계약으로 발생되는 모든 분쟁은 대한상사중재원에서 국내중재 규칙에 따라 중재로 해결한다.

본 계약의 체결사실 및 계약내용을 증명하기 위하여 본 계약서를 2통 작성하여 계약 당사자가 각각 서명 또는 날인한 후 각 1통씩 보관한다.

20 년 월 일

**OO 주식회사 (갑)**
주소 :
상호 :
성명 : 대표이사 (인)

**△△ 주식회사 (을)**
주소 :
상호 :
성명 : 대표이사 (인)

**출처** : 로앤비, Lawnb.com

## 1.4 사전실사

비밀유지 계약을 체결하고 매수 후보자들은 투자안내서의 내용을 검토하면서 가장 먼저 범양상선의 가치를 판단해 본다. 과연 얼마의 가격에 인수하는 것이 적정한지가 우선적으로 중요하다. 그리고 범양상선의 각 사업부 영업내용 및 현황을 보면서 각 사업부의 강점과 약점을 파악하고 어떻게 운영할지에 대한 내용을 검토한다. 이 과정에서 투자안내서만으로는 합당한 가격을 결정하고 인수 후 어떻게 운영할 수 있는지에 대한 구체적인 자료가 부족하기 때문에 매도자에게 추가자료를 요청한다.

사전실사에서는 매도자가 인수의향서를 내기 위해서 꼭 필요한 정보들을 잠재적 매수자에게 제공한다. 보통 사전실사는 비밀유지 계약을 체결하고 약 2주의 기간을 준다. 그러나 2주라는 것은 모든 M&A 거래에서 정해진 기간이라고 할 수 없다. 당사자들끼리 합의를 통해서 2주를 4주로 연장할 수도 있고 어떤 M&A는 사전실사 없이 투자안내서만을 바탕으로 법적 구속력이 있는 가격을 제안하라고 할 때도 있다. 보통 투자안내서를 제공받고 약 2주간의 실사기간이 주어지면 이후 과정인 인수의향서 제출은 보통 법적 구속력이 없는 인수의향서인 경우가 많다.

그러나 투자안내서만으로도 법적 구속력이 있는 인수의향서 제출을 요구하는 경우도 있다. 이런 경우는 인기가 많은 M&A 프로젝트라서 너무 많은 기업이 참가하는 것을 제한하고 진정성을 갖고 M&A에 응하는지 확인하기 위해서 하는 경우가 많다. 범양상선의 사례에서 투자안내서 제공과 예비실사는 법적 효력이 있는 인수의향서를 제출하는 것이 목적이었기 때문에 사전실사 기간을 약 4주 정도 제공하였다. 이 과정에서 매도자는 잠재적 매수자가 충분히 기업의 운영방안 및 가치평가가 가능한 수준의 정보들을 제공하였다.

인수의향서에는 가치평가, 가치평가에 대한 근거, 인력운영 방안은 물론, 인수 후 운영계획, 인수자금 조달계획이 필수적으로 포함되어야 한다. 즉, 비밀유지 계약을 맺고 난 후 본격적인 M&A 절차가 개시되기 때문에 잠재적 매수자들은 범양상선 인수에 있어서 매도자처럼 자신들을 도와줄 M&A 자문사를 선정하게 된다.

작은 규모의 M&A는 국내의 중소형 회계법인, 혹은 소규모 증권사가 딜 자문사 역할을 주로 한다.그러나 범양상선처럼 대형 딜의 경우는 외국계 투자은행, 국내의 주요 증권사 혹은 소위 빅 4라고 하는 회계법인들이 딜 자문을 시행한다. 외국계 유명자문사들로는 골드만 삭스, JP모건, 크레디트 스위스, 메릴린치, 모간 스탠리, HSBC, 도이치 뱅크 등이 있다. 국내의 유명 증권사들에는 미래에셋 대우증권, 삼성증권, 한국투자증권, 굿모닝 신한증권, NH증권 등이 있다. 회계법인의 소위 빅 4는 삼일 PwC, 삼정KPMG, E&Y 한영, 딜로이트 안진이다.

지금은 회계법인, 국내 증권사, 해외 투자은행뿐만 아니라 국내외 컨설팅사도 M&A 자문업을 한다. 전통적인 컨설팅사는 전략을 포함하여 기업운영에 대한 조언을 기업에게 해주는데 이 과정에서 수립된 전략을 달성하기 위해 M&A가 많이 요구되었다. 이러한 요구로 인해 최근에는 컨설팅사도 M&A 자문을 하려고 한다. 보통 컨설팅 기업들이 자문을 하게 되는 계기는 기업이 전략 컨설팅을 받고 이 전략을 실행하기 위해서 패키지로 컨설팅 계약과 자문계약을 하는 경우다. 보스톤 컨설팅 그룹, 맥킨지, 베인앤 컴퍼니 같은 컨설팅사들이 전략 컨설팅과 이를 실행하는 M&A 자문계약을 같이하는 경우가 간혹 있다.

그러나 M&A에서 딜 자문의 범위는 단순히 가치평가를 하고 각 단계별로 필요로 하는 절차를 수행하는 것을 넘어선다. 인수자 간의 경쟁이 치열하기 때문에 타 경쟁자가 얼마의 인수가격을 염두에 두는지 자문사의 네트워크를 통해 확인해야 한다. 그리고 고객사가 인수금융이 필요하다면 사모펀드 같은 투자자 모집은 물론 자신들이 직접 인수금융을 주선하는 역할도 한다. 특히 산업은행 같은 국책은행이 매각 당사자일 경우에 매수자 입장에서는 산업은행, 나아가 정부에 영향력을 행사할 수 있는 인물을 보유한 투자자문사를 선정하는 경우가 빈번하게 발생한다. 그러므로 컨설팅 기업들이 M&A 절차를 잘 수행하고 최고의 서비스를 고객에게 제공한다고 할지라도 공개적으로 진행되는 M&A에 대해서는 상대적으로 투자은행에 비해 서비스의 영역이 좁기 때문에 경쟁력이 낮은 편이다.

잠재적 인수 후보자들은 자문사를 선택할 때 자문비용과 서비스의 질을 고려해 자문사를 선정한다. 미국에서 M&A 자문수수료는 총 거래금액의 5~7% 수준까지 차지하지만 국내의 M&A는 규모에 따라서 다르나 대체로 3~5백만 달러 혹은 전체 매수금액의 1~2% 수준으로 자문비용이 결정된다. M&A에서도 매각자문사와 매수자문사의 자문수수료 구조가 다르다. 매각자문사의 자문수수료는 매각사가 더 높은 가격에 매각하기를 희망하기 때문에 기본 자문료와 성공보수가 같이 있는 구조다. 즉, 특정 가격 이상으로 매각을 하게 된다면 그 가격을 넘어가는 금액에 대해서 성공수수료를 지급하는 방법이 있다. 혹은 미리 제시된 매각가액으로 매각을 하게 된다면 총액기준으로 얼마를 더 지급하는 방법이 있다. 어떤 방법으로 매각자문을 할지는 M&A를 하는 상황의 경쟁과 시장상황에 따라 달라진다. 반면에 매수자문사는 고정급을 주는 게 일반적이다. 매수자문사에게 M&A 성사 여부에 따라서 성공보수를 지급한다면 매수자문사는 최대한 높은 가격으로 인수하라고 기업에게 자문하기 때문에 기업의 이익과 자문계약의 구조가 이해상충의 결과를 가져온다.

M&A 프로젝트에서 시장에서 누구나 주목하는 M&A라면 먼저 자문사를 선정하는 것이 유리하다. 보통 하나의 자문사는 하나의 고객만을 자문할 수 있다. 예를 들어 크레디트 스위스가 여러 매수자를 동시에 자문한다면 이는 크레디트 스위스의 신의성실에 위반된다. 만약 크레디트 스위스가 매도자를 자문한다면 매수자를 자문할 수 없다. 매수자와 매도자를 동시에 자문한다면 이것 역시 신의성실에 위배되기 때문이다. 시장에서 규모가 크고 기업들의 주목을 받는 M&A일수록 경쟁자에서 선제적으로 자문사를 선정하기 때문에 자문사를 선정하기가 어려워진다. 따라서 M&A 딜에서는 자문사를 먼저 선점하는 것이 유리하다.

매도자문사의 경우 다수의 매수자에게 매각을 진행하기 때문에 매수자문보다는 매도자문이 성공할 확률이 높다. 즉, 매도자가 기업을 특정 매수자에게 팔 가능성이 매수자가 기업을 매수할 가능성보다 높다. 그러므로 많은 투자은행들은 매도자 측을 자문하기를 선호한다. 매수자 측 자문을 투자은행에서 한다면 여러 잠재적 매수자들로부터 러브콜을 받고 자문제안서(Request for Proposal ;

RFP) 요청을 받는다. 이 때 딜 자문사의 보수는 딜이 성공하는지 실패하는지에 달려 있기 때문에 매수자 측 자문사들 역시 여러 기업들 중에 실제 인수할 의지도 높고 인수할 수 있는 능력을 가진 기업의 매수자문을 하려고 한다. 그러므로 M&A의 절차가 어느 정도 시작된 후에 매수자문사를 선임하려고 할 때는 이미 능력 있는 자문사들은 이미 타 기업들을 자문하고 있다. M&A에는 딜 자문뿐만 아니라 회계와 법률자문도 중요하다. 국내의 M&A 회계자문은 Big 4가 많이 하기 때문에 매도인이 그 4개의 자문사 중에 어느 한 곳을 이미 선점했다면 매수인들은 나머지 3군데의 회계법인에게 자문요청을 해야 한다. 회계법인이 재무자문본부를 통해서 딜 전반을 자문할 수도 있으나 많은 경우 딜 전체의 자문보다는 상세실사에서 회계부문의 실사를 할 때 매도자가 제공한 회계정보에 오류가 있는지 혹은 부실자산이 있는지 검증하는 역할을 한다. 그러므로 의지가 있는 매수인 측은 회계법인도 남들보다 빠르게 선점하는 민첩성을 보여준다.

회계실사에 국한된 회계법인은 총 프로젝트의 시간을 감안하여 자문료가 결정되기 때문에 딜의 성공 여부와는 관계없이 보수를 받는 경우가 많다. 그러한 회계법인 입장에서는 어떤 잠재적 매수자의 회계실사 자문을 해도 자문료에는 큰 변동이 없기 때문에 먼저 연락하는 곳과 자문계약을 체결할 가능성이 높다.

법무법인도 국내의 경우 주로 5군데 법무법인(김&장, 광장, 태평양, 율촌, 화우)이 기업들에게 법률 서비스를 제공하기 때문에 이 5군데 중에서 법무자문사를 선정하는 경향이 높다. 법률자문은 회계자문과 달리 딜의 성격에 따라 잠재적 매수자 입장에서 어디를 사용할지 결정되는 경향이 일부 존재한다. 사기업 간의 M&A 딜이라면 누구를 선택해도 대부분 무방하다. 국내 Top 5의 법무법인 실력은 대동소이하며 차이가 있다면 법무법인 안에 있는 변호사 수의 차이이다.

그러나 산업은행 혹은 자산관리공사처럼 정부가 소유한 기업들을 민간에 매각할 경우 정부를 대상으로 한 로비가 중요하기 때문에 대형 법무법인을 선호한다. 특히 해당 법무법인에 이번 딜에 영향을 미치거나 정보를 얻어 올 수 있는 고문들이 누가 있는지 보고 선택하는 경우가 종종 발생한다. 그러므로 정부 소유의 기업 민영화에는 이러한 것들이 반영되어 특정 법무법인으로 러브콜이 쇄도하는 경우도 존재한다.

자문사를 선정하는 타이밍은 M&A 전략 수립과 비밀유지 계약체결 전의 중간 정도 시기이다. 그리고 자문사를 늦게 선정한다는 것은 매수자 측에게 그만큼 M&A에 적극적인 의지가 없다는 의미이기도 하다. M&A는 최고의사결정자의 업무 영역이기 때문에 최고의사결정자의 전폭적인 지지와 의지가 없다면 성공할 수 없다. 자문사들도 각 기업별 특징을 알기 때문에 가장 인수 가능성이 높은 기업들을 대상으로 영업을 하는 경우도 존재한다.

기업 입장에서도 필요할 때 자문사들의 도움을 받기 위해서는 평소 해당 자문사의 영업을 담당하는 직원(Relationship Manager)과 정기적인 만남을 통해서 해당 기업이 갖고 있는 니즈를 어필하고 자문사가 어떻게 자문할지 혹은 M&A 시장이 어떻게 지금 구성되고 판세가 어떤지에 대한 외부의 이야기를 지속적으로 청취해야 한다. 즉, 평소에 해당 직원과 아무런 관계도 없고 특별히 알고 있는 자문사의 담당자 연락처도 모르는 회사라면 실제 M&A를 할 필요가 있을 때 능력 있는 자문사를 구하지 못해서 일을 그르치거나 M&A를 하고 싶어도 할 수 없는 경우가 발생할 수 있다. M&A를 통해 기업을 성장시키고 기업의 목표를 달성하고자 하는 기업들은 늘 기업 외부와 커뮤니케이션을 하면서 산업은 물론 전체 경제의 흐름과 주요 경쟁자들의 동향이 어떤지 예의주시하여야 한다.

### 1.5 인수의향서 제출

투자안내서와 매도자가 제공한 추가정보를 바탕으로 매수인들은 인수의향서를 제출한다. 인수의향서에서 가장 중요한 것은 인수가액이다. 그러므로 인수의향서에는 인수가격이 명시적으로 포함되어야 한다. 그리고 그 가격을 산출한 근거가 있어야 한다.

인수가격을 산출할 때 주로 상대가치 평가법과 현금흐름할인모형을 이용한다. 매수자는 상대가치 평가법을 활용하여 범양상선의 가치를 산출하며, 동시에 현금흐름할인모형을 통해서 산출된 가격의 적정성을 검증한다. M&A에서 가장 많이 사용되는 가격산출방법은 상대가치 평가법이며 보조적으로 현금흐름할인모형이 사용되어 상대가치 평가법으로 계산된 인수가액의 근거를 뒷받침한다. 인수가격을 산출하는 방법에는 여러가지가 있으므로 인수의향서에 상대가치 평가법을 사용한 방법, P/E[2], PBR[3], EV/EBITDA 등 어떤 방법을 사용했는지 밝혀야 한다. 그리고 어떤 기업을 비교대상기업으로 했고 왜 그러한 기업들이 적절한 비교대상기업인지 설명해야 한다. 추가로 현금흐름할인모형으로 인수가격을 산출했다면 현금흐름할인모형에서 사용한 중요한 가정들에 대해서 설명을 하고 그 근거로 계산된 기업가치를 제공해야 한다. 잠재적 매수자들은 이렇게 가격을 평가하여 인수의향서에 그 내용을 담아서 제출한다.

매도자는 M&A를 개시하기 전에 이미 상대가치 평가방법과 현금흐름 할인모형으로 가치평가를 끝냈고 인수의향서를 통해서 받은 가치가 자신들이 사전에 평가한 가치와 얼마나 차이가 있는지 비교한다. 즉, 매도자는 M&A가 개시되는 시점에 이미 얼마에 매각을 할지 결정을 한 상태에서 M&A를 진행한다.

가격 외에 인수 후 운영계획 부분도 면밀하게 매도자가 검토한다. 특히 노조가 있는 기업들은 M&A로 인해서 기업의 주인이 바뀌게 되면 직원들을 해고하면서 구조조정을 하지 않을까 두려워한다. 그리고 M&A 과정에서 매각의 대상이 되는 기업 직원들은 누가 새 주인이 될지 기대를 하는 동시에 인수 후에 자신이 계속 그 직장에 다닐 수 있는지 불안을 느껴 M&A 기간에는 직원들이 업무에

2. P/E : Price to Earnings Ratio, 1주당 순이익 대비 주가가 얼마 수준에 형성되어 있는지 보는 지표로 P/E 배수가 높을 수록 주가가 높다고 할 수 있다.

3. PBR : Price to Book value Ratio, 1주당 장부가액 대비 시가가 몇 배에 형성되어 있는지 보는 지표

100% 몰입하기 어려운 측면이 있다.

그러므로 매도자는 이러한 우려를 불식시키고 M&A 과정을 최대한 순조롭게 하기 위해서 고용승계를 100% 하는 기업과 인수 후에 인원 관련 구조조정을 하지 않는 기업에게 높은 점수를 주고 그러한 기업이 인수해서 운영하기를 바란다. 만약 M&A 과정에서 M&A가 종료된 후 피인수기업의 직원에 대해서 구조조정이 있다는 소문이 퍼진다면 피인수기업에 노동조합이 있을 경우 M&A에 반대하는 목소리를 낼 것이고 노동조합이 없는 기업이라도 노동조합을 결성하려는 움직임이 만들어질 것이다. 그러므로 대부분의 매수인 측은 직원승계 100%를 약속하며 인수의향서를 제출한다.

다음은 인수의향서 샘플이다. 인수의향서를 통해서 매도자는 매도 가격 이외에 매수자가 진정성 있게 M&A에 대해서 접근하는지 알고 싶어한다. 또한 대상기업을 인수한 후에 경영할 수 있는 충분한 능력이 있는지 어떻게 경영을 할지 알고 싶어한다. 매도자는 매도 후에 대상기업과는 아무런 연관이 없는 기업이 되지만 상도의상 올바른 경영을 하지 못할 매수자에게 대상기업을 넘겨주지 않으려고 한다. 매도한 후에 매도자는 대금을 수령하고 법인등기 및 주식 명의개서를 하면 매도자로서 모든 권리와 의무를 행했기 때문에 법률적 책임이 없다.

그러나 대상회사가 M&A 후에 오히려 망가지거나 경영이 어렵게 된다면 매도자의 도의적 책임이 부각된다. 사기업 간에는 이러한 경향이 덜 하지만 정부가 소유한 기업 중 민영화 차원 혹은 구조조정의 마무리에 있는 기업을 매각할 때는 무조건적인 이윤추구보다는 공익성을 고려하기 때문에 실제 매도자가 대상회사에 대한 잠재적 매수자의 경영능력을 높게 평가하려는 경향이 강하다.

마지막으로 매도자는 매수자의 재무제표 혹은 인수에 대한 자금출처를 요청하면서 실제 매수자가 인수할 수 있는 자금적인 능력이 있는지 확인하려고 한다. 다음의 인수의향서 샘플을 보면 인수의향서에는 대체적으로 어떤 내용이 포함되어야 하는지 확인할 수 있다.

〈인수의향서 샘플〉

[별첨 1] 인수의향서 작성 안내문

# 인수의향서 작성 안내문

**주식회사 XX**

**M&A자문사 XXX**

# 인수의향서 작성 안내문

본 거래를 위한 입찰절차에 참여할 의향이 있는 투자자는 다음과 같은 요령에 따라 인수의향서를 작성해 주시기 바랍니다.

1. 인수의향서는 사전 심의를 위한 요청자료로서 해당양식에 맞게 작성하여 주시기 바랍니다.
2. 귀사/귀하는 단독으로 또는 기타 다른 방법(컨소시엄)으로 인수의향서를 **제출할 수 있습니다. 이 경우, 컨소시엄의 명칭과 컨소시엄 대표자를 정하여야 하며, 인수의향서 및 관련 서류는 컨소시엄 대표자가 제출하여야 합니다. 또한, 인수의향서에는 각 컨소시엄의 구성원 전원의 날인이 이루어져야 합니다.**
3. 인수의향서는 **제출인 본인 또는 그 대리인에 의한 서명날인을 필요로 합니다. 대리인에 의해 서명날인된 경우 공증을 득한 위임장을 첨부하여 제출하여야 합니다. 위임장은 각각의 컨소시엄 구성원에 대해서도 동일하게 요구됩니다.**

인수의향서 제출시 모든 서류는 원본 1부와 사본 2부를 제출하여야 하며 원본과 사본 간에 내용상 차이가 있는 경우 원본의 내용이 사본의 내용에 우선합니다. 제출되는 모든 문서에 대해 비밀이 보장되며 거래 중단을 이유로 반환되지는 않습니다. 또한, 보완을 필요로 하는 경우 추가적인 자료의 요청을 할 수 있으며, 인수의향서 제출 후 그 내용의 변동(예, 컨소시엄 구성의 변동사항 등)이 있을 경우에는 자문사에 즉시 그 내용을 통보하여야 합니다.

인수의향서 제출기간은 20XX년 X월 X일(화)~20XX년 X월 X일(화)까지이니 제출기한을 엄수하여 주시기 바랍니다.

인수의향서의 제출장소는 다음과 같으며 직접 제출하여 주시기 바랍니다. (우편, 팩스, 전자메일에 의한 제출은 인정하지 아니함)

**제출처 : XX Deal 1본부 주식회사 XX M&A 추진팀**
(서울특별시 XX구 XX로 X번지 LS용산타워 5층, Tel : 010-XXXX-XXXX)

**첨부서류 목록**

(첨부 #1-1) 인수의향서(단독신청인용)
(첨부 #1-2) 인수의향서(컨소시엄 신청인용)
(첨부 #1-3) 투자자 소개서

(첨부 #1-1)

# 인 수 의 향 서

(단독 신청인용)

주식회사 XX 및 M&A 자문사 귀중

| 회 사 명 | |
|---|---|
| 대 표 자 | |
| 업 종 | |
| 주 소 | |
| 사업자(주민)등록번호 | |

※ 첨부서류 : 1) 투자자 소개서 (첨부 #1-3)
2) 등기사항 전부증명서(구,법인등기부등본) 1통(주1)
3) 법인 인감증명서 1통(주1)
4) 사업자등록증 1통(주1)
5) 20XX년~20XX년 감사보고서 1부(주2)

본인은 주식회사 XXX의 M&A를 위한 공개경쟁입찰에 참가하고자 본 인수의향서를 제출합니다.

2014년 월 일

회 사 명 :

주 소 :

대표이사 : (인)

(주1) 외국법인으로 위 서류가 없는 경우 자문사와 사전 서면 협의에 따라 이에 준하는 서류, 개인일 경우 인감증명서 및 주민등록등본 각 1부

(주2) 외감 대상이 아닐 경우 원본대조필 날인한 세무조정계산서상 대차대조표 및 손익계산서 사본 각 1부

(첨부 #1-2)

# 인 수 의 향 서

(컨소시엄 신청인용)

주식회사 XXX 및 M&A 자문사 귀중

1. 컨소시엄의 명칭 : ______________
2. 컨소시엄 대표자

| 회 사 명 | |
|---|---|
| 대 표 자 | |
| 업 종 | |
| 주 소 | |
| 사업자(주민)등록번호 | |

3. 컨소시엄 참가자

| 회사명 | 대표자 | 사업자등록번호 | 주소 |
|---|---|---|---|
| | | | |
| | | | |

※ 첨부서류(주1) :
1) 투자자소개서(첨부 #1-3)
2) 등기사항 전부증명서(구, 법인등기부등본) 1 통(주2)
3) 법인 인감증명서 1 통(주2)
4) 사업자등록증 1 통(주2)
5) 20XX 년~20XX 년 감사보고서 1 부(주3)

당 컨소시엄은 주식회사 XXX의 M&A를 위한 공개경쟁입찰에 참가하고자 본 인수의향서를 제출합니다.

2014년 월 일

(신청인) 컨소시엄 대표자 : (인)

컨소시엄 참가자 : (인)

컨소시엄 참가자 : (인)

(주1) 2)~5)에 해당하는 서류는 컨소시엄 구성원별로 제출

(주2) 외국법인으로 위 서류가 없는 경우 자문사와 사전 서면 협의에 따라 이에 준하는 서류, 개인일 경우 인감증명서 및 주민등록등본 각 1부

(주3) 외감 대상이 아닐 경우 원본대조필 날인한 세무조정계산서상 대차대조표 및 손익계산서 사본 각 1부

(첨부 #1-3)

# 투자자 소개서

아래의 사항을 포함하여 작성하여 주시기 바랍니다. 컨소시엄의 경우 컨소시엄 대표자가 대표로 작성하되, 아래 설명에 따라 컨소시엄 구성원 각각에 대해 설명이 필요한 부분은 각각 기재해 주시기 바랍니다.

– 아　　　래 –

1. 투자자 소개

투자자의 전반적인 현황에 대해 다음의 사항을 포함하여 간단히 서술하여 주시기 바랍니다. 회사소개 책자 등 기타 유사한 자료의 제출도 가능합니다. 컨소시엄의 경우, 컨소시엄 구성원 각각에 대해 기재해 주시기 바랍니다.

① 회사소개

② 소유구조 (지분비율 5% 이상인 주요주주 목록)

| 주주명 | 소유주식수 | 금액(단위:원) | 지분율 | 비고 |
|---|---|---|---|---|
| | | | | |
| | | | | |
| | | | | |

③ 대표자 및 주요 임직원

| 직위 | 성명 | 주요경력/학력 사항 | 비고 |
|---|---|---|---|
| | | | |
| | | | |
| | | | |

④ 주요 사업 부문 및 현황

⑤ 주요 재무사항

(단위 : 백만원)

| 구분 | 2011 | 2012 | 2013 |
|---|---|---|---|
| 매출액 | | | |
| 영업이익 | | | |
| 당기순이익 | | | |
| 자산총액 | | | |
| 부채총액 | | | |
| 자기자본 | | | |

2. 담당자

본 M&A를 담당하는 담당자의 연락정보를 기재해 주시기 바랍니다. 컨소시엄의 경우, 컨소시엄 구성원 각각의 담당자를 기재해 주시기 바랍니다.

| 담당자(직급) | 전 화 | 휴대폰 | 팩 스 | 이메일 |
|---|---|---|---|---|
| | | | | |
| | | | | |
| | | | | |
| | | | | |

3. 자문사

본 거래와 관련하여 제출인 또는 그 대리인과 용역계약 체결을 예정하고 있거나 체결한 자문사명, 자문내용(금융, 법률, 회계, 세무, 기타), 담당자 연락정보 등을 기재해 주시기 바랍니다.

| 자문사명 | 자문내용 | 담당자(직급) | 휴대폰 | 팩 스 | 이메일 |
|---|---|---|---|---|---|
| | | | | | |
| | | | | | |
| | | | | | |

## 4. 회사의 관련 산업에 대한 경험

회사의 관련 산업에 대한 제출인의 사업 경험이 있을 경우 이에 대해 다음의 사항을 포함하여 간단히 설명해 주시기 바랍니다. 컨소시엄의 경우, 컨소시엄 구성원 각각에 대해 기재해 주시기 바랍니다.

① 세부 사업분야 및 사업 지역
② 사업 및 매출 규모

## 5. 사업전략

회사 인수 후, 제출인의 회사에 대한 장기적인 사업전략 및 향후 회사의 발전 계획에 대해 간략하게 설명해 주시기 바랍니다.

## 6. 자금 조달 계획

향후 인수대금을 조달할 계획에 관하여, 다음의 사항을 포함하여 설명해 주시기 바랍니다.

① 인수대금에 사용할 계획인 현금 및 현금성자산, 장단기 금융상품 잔액 (컨소시엄을 구성하는 경우 각 컨소시엄 구성원 별로 기재)
② 추가 출자, 자산 매각 등의 내역을 포함한 개략적인 자금 조달계획 (컨소시엄을 구성하는 경우 각 요소 별로 책임을 질 계획인 컨소시엄 구성원 기재)

## 7. 임직원 고용 승계 계획 및 처우개선 계획

회사 인수 후, 제출인의 회사 임직원 고용 승계 계획 및 처우개선 계획에 대해 간략하게 설명해 주시기 바랍니다.

## 8. 기타 사항

본 거래와 관련하여, 이사회, 주총 승인 등 회사 내부의 승인이 필요하거나 법령상 공정거래위원회 등 관계 당국의 인허가나 승인이 필요한 경우, 동 승인 절차 및 요건에 대해 설명하고 동 문제를 해결하기 위한 제출인의 계획 및 예상 소요 기간, 확실성 등에 대해 기술해 주시기 바랍니다. 컨소시엄의 경우, 컨소시엄 구성원 각각에 대해 기재해 주시기 바랍니다.

[별첨 2] 각서

# 각 서

XXX 및 M&A자문사 귀중

본인/당사는 회생회사 주식회사 XXX의 M&A를 위한 인수의향서를 제출함에 있어, 우선협상대상자의 선정 등은 회생회사 및 자문사의 고유 권한임을 알고 있으며, 본인/당사가 본 입찰절차에 참여하지 못하거나 우선협상대상자에 선정되지 않더라도 이에 승복하고 하등의 이의를 제기하지 아니할 것임을 확약합니다.

**20XX년 월 일**

**확약인 (잠재적 투자자) :** (회 사 명)
(주 소)
(대표이사)

(컨소시엄의 경우 컨소시엄 대표자와 참가자가 연명으로 각각 기명날인하여 작성한 후 제출합니다)

## 1.6 본 실사

잠재적 매수자가 인수의향서를 제출하면 먼저 매도인은 제출된 인수의향서를 검토한다. 매도인은 가장 먼저 제출된 인수의향서에 절차적인 오류가 있는지 검토한다. 만약 많은 잠재적 매수자 중에 A라는 매수자를 선정하여 본 실사의 기회를 부여했으나, 인수의향서에 중대한 절차상의 하자—예를 들어 인수의향서에 법인 인감과 다른 도장이 찍혀 있는 경우—가 발생하면 절차상의 하자를 거론하여 M&A가 무효라고 매도인 혹은 매수인이 주장할 수 있다. 혹은 본 실사에 초대받지 못한 경쟁자들이 본 실사의 기회를 부여받은 잠재적 매수자에게 절차상의 하자가 있다고 주장할 수도 있다.

그러므로 공정한 M&A를 진행하기 위해서 가장 먼저 하는 일은 잠재적 매수자들이 제출한 인수의향서가 절차적으로 문제가 없는지 확인하는 일이다. 이러한 이유 때문에 특히 정부기관이 매도자가 될 경우 절차적 완결성에 더 많은 주의를 기울이는 경향이 있다. 정부기관의 M&A는 가격적인 요소만큼 중요한 부분이 공정성이라는 부분이다. 만약 정부기관이 M&A를 진행함에 있어 이러한 공정성이 저해될 경우 여론의 역풍을 맞을 수도 있기 때문에 절차적인 측면에서도 완벽을 기하려고 한다.

매도자가 두 번째로 해야 할 일은 인수의향서의 내용을 살펴보고 매도자가 세워놓은 평가 기준에 부합하여 평가를 하여 어떤 잠재적 매수자에게 본 실사의 기회를 줄지 검토하고 우선협상 대상자를 선정하는 것이다. 여기서 본 실사의 기회를 부여받은 잠재적 매수자를 우선협상 대상자라고 부른다. 우선협상 대상자는 두 업체 이상을 선정할 수도 있고 하나의 업체만 우선협상 대상자로 선정하고 예비 우선협상 대상자를 추가로 선정할 수도 있다.

가격을 최대한 높게 받아 매각하는 경우라면 우선협상 대상자를 복수로 선정하여 우선협상 대상자끼리 가격경쟁을 시키는 방법도 있다. 2004년에 이루어진 범양상선의 경우 우선협상 대상자는 STX 한 곳만 선정되었고 예비 우선협상 대상자로 금호아시아나그룹이 선정되었다. 예비 우선협상 대상자는 우선협상 대상자와 매도자 간의 거래가 불발이 될 경우 M&A에 대해서 협상할 수 있는 잠재적 매수자를 의미한다. 예비 우선협상 대상자를 선정하는 이유는 우선협상 대상자와 가격 협상이나 기타 조건의 협상에 있어서 딜이 불발이 될 경우 다시 모든 M&A 절차를 새로 개시하는 것을 방지하기 위함이다. 즉, M&A 거래의 완결성을 높이기 위한 하나의 방법이다.

잠재적 매수자가 인수의향서를 제출하고 우선협상 대상자를 발표할 때까지 할 일은 딜 자문사를 통해서 경쟁자들이 얼마 정도의 가격을 제안했는지 알아보며 우선협상 대상자 발표까지 기다리는 것이다. 이 과정에서 타 경쟁자가 정확하게 입찰금액을 얼마로 제시했는지 알 수 없으나 딜 자문사들의 담당자들은 대부분 친분이 있는 사람들이기 때문에 비공식인 만남을 통해서 경쟁자들이 얼마의 가격을 인수의향서에 적어 냈는지 알 수도 있다.

우선협상 대상자가 선정되면 정밀실사를 하기 전에 매도인은 인수의향서에 기입한 인수가액의 5% 정도를 에스크로 계좌에 예치하도록 요청하는 경우가 있다. 무조건 인수의향서에 기입한 인수가액의 5%를 예치하는 것은 아니고 M&A 상황에 따라 이를 의무적으로 요구하는 경우도 존재한다. 에스크로 계좌에 인수의향서에 기입한 대금 5%를 예치함으로써 매도자 입장에서는 잠재적 매수자가 진정성을 갖고 본 거래에 임할 수 있게 하는 효과를 볼 수 있다.

예치금의 예치가 끝나면 매도자는 일반적으로 데이터 룸이라는 것을 열면서 우선협상 대상자에게 보통 4주간의 정밀실사 기회를 부여한다. 데이터 룸은 잠재적 매수자가 궁금해할 만한 내용들로 구성된 자료실이라고 생각하면 된다. 과거에는 IT 기술이 덜 발달하여 보통 지정된 장소, 대부분은 인수대상이 된 기업 내부에 자료들이 비치된 데이터 룸이 설치되었다. 지금은 물리적인 공간에 데이터 룸이 있기보다는 가상의 서버를 만들어서 데이터를 비치한다. 덕분에 우선협상 대상자는 대상회사까지 가지 않고 부여된 ID와 비밀번호를 이용해 가상의 데이터 룸에 접속하여 M&A에 필요한 정보를 열람하고 복사할 수 있다.

정밀실사부터 중요한 역할을 하는 자문사가 회계자문사와 법률자문사이다. 회계자문사는 외부 감사를 하듯이 가장 최근의 재무제표에 오류가 있는지 확인하는 작업을 한다. 이 과정에서 대상회사의 장부에 심각한 오류가 있는지 확인한다. 재무제표에 오류가 존재하면 이를 고객사(매수인)에게 보고한다. 매수인은 그 오류를 바탕으로 얻은 정보를 최종적으로 매도인과 가격 협상할 때 사용할 수 있다.

예를 들어, 회계실사를 하면서 10가지 오류를 발견하고 그중에 심각한 오류가 3가지 있다고 가정하자. 이 정보를 갖고 우선협상 대상자는 최종 가격을 협상할 때 나머지 미세한 오류는 협상카드로 활용하고 심각한 오류는 인수의향서에 기입한 가격에서 가격조정을 위한 카드로 활용한다. 보통 회계자문사는 매출채권, 재고자산, 매입채무, 미지급금 같은 운전자본에서 오류를 많이 발견한다. 매출채권에서 발견하는 오류는 매출채권과 관련된 대손 충당금을 적절하게 적립했는지 여부인 경우가 많다. 재고자산에서는 불용재고가 있는지, 재고의 현재가치와 장부가치가 현격하게 차이가 있는지 검토한다. 매입채무와 미지급금 역시 채무의 범위를 올바르게 설정하고 채무의 범위가 너무 좁은 건 아닌지를 검토한다. 즉, 자산은 최대한 줄이려고 하고 부채는 최대한 많이 계상하려고 한다.

그러한 방법으로 재무제표를 확인해야 매도인 입장에서는 최종가격 협상 시에 협상할 수 있는 카드도 많아지고 이는 실제로 가격조정으로 이어질 가능성도 높아진다. 그리고 우발채무 영역에서 매도자가 제공한 우발채무 외에 다른 우발채무가 있는지 확인한다. 우발채무는 재무제표 본문에 기록되는 것이 아니기 때문에 중요하지 않을 수도 있다. 그러나 우발채무는 우발채무가 실현되었을 경우 그 영향력이 커서 간혹 M&A의 딜 브레이커 역할을 한다. 즉, 정밀실사 과정에서 감당할 수 없는 우발채무가 발견될 경우 우선협상 대상자는 가격협상에 있어서 많은 가격조정을 요구할 수도 있고 이를 매도자가 받아들이지 않으면 딜이 불발되는 경우도 발생할 수 있다.

그러나 대부분의 M&A에서 매도자는 매도를 하기 전에 이미 회계법인으로부터 실사를 한 번 받았기 때문에 규모가 조 단위 이상 되는 대형 딜에서는 자주 발생하지 않는다. 법무법인 역시 회사 내의 정관, 내부 규정은 물론 주요 계약서 및 소송사건들을 검토하여 M&A로 인하여 회사의 주인이 바뀔 경우 기존 영업, 차입 등 외부와의 계약에 중대한 위반 사항이 발생하는지 검토한다.

대부분의 차입금 계약서에는 회사의 대주주가 변경될 경우 이를 디폴트 조항으로 넣어 놓는 경우가 많다. 즉, 회사의 주인이 바뀌면 차입을 해준 금융기관에서 해당 기업이 부도났다고 간주한다. 그러므로 이러한 절차상의 실수를 회피하기 위해서 M&A로 인해 주인이 바뀔 때 금융기관들의 동의를 얻도록 요구하는 조항을 차입계약서에 담는 경우가 많다.

영업 역시 중요한 수주나 영업 관련 계약들에도 이러한 내용이 포함될 수 있기 때문에 M&A로 인해 대상기업의 소유권이 이전되기 전에 영업 상대방으로 하여금 M&A로 인해서 회사의 주주가 변경되는 것은 예외사항이라는 동의를 받을 필요가 있다. 이러한 모든 것들을 법무자문사가 검토한다. 법무자문사는 현재 대상기업이 계류되어 있는 소송 관련 계약과 승소와 패소 가능성도 같이 검토하여 우선협상자가 가격협상에 유리한 고지를 차지할 수 있는 정보를 제공한다.

정밀실사 기간 동안 우선협상 대상자와 딜 자문사는 인수의향서에 기입한 금액이 적절한지 기업의 내부 자료를 통해서 가치평가를 다시 한다. 이 경우 상대가치 평가법보다는 현금흐름법을 이용하여 가치평가를 한다. 매수 대상회사의 내부 정보가 없을 경우에는 상대가치 평가법을 통해서 인수가격을 제안했지만 회사 내부의 정보를 거의 무제한적으로 열람이 가능한 경우에는 현금흐름법을 통해서 좀 더 면밀하게 매수 대상회사의 미래 영업성과를 예측해 볼 수 있다.

동시에 회사의 내부 정보들을 통해서 인수 후 운영에 대한 좀 더 구체적인 계획을 수립할 수 있다. 인수 후 운영계획에 조직구조 및 인사 영역을 포함한 인수 후 통합(Post-Merger Integration) 계획도 함께 세워 인수 후 혼란을 최소화하고 시너지를 극대화하려고 한다.

정밀실사 기간 동안에 우선협상 대상자는 M&A 대상이 된 직원과 경영진을 만날 기회가 많아진다. 즉, 핵심 경영진과 핵심직원을 대상으로 인터뷰할 수 있는 기회도 주어지게 된다. 이 때 우선협상 대상자는 점령군처럼 행동하지 않도록 조심해야 한다. 인수 후에 대상회사 직원도 우선협상 대상자와 같은 계열의 구성원이 되거나 혹은 합병을 통해 같은 기업의 구성원이 될 수 있기 때문에 점령군이라는 인상보다는 같은 동료라는 인식을 심어주어야 한다.

대상기업의 주요 임직원들이 우선협상 대상자를 점령군처럼 느낀다면 기업 내의 핵심 자산인 이들이 기업을 떠날 수도 있고 이들을 통해서 남아 있는 직원들에게 우선협상 대상자가 반감을 살 수도 있다. 그러므로 정밀실사를 담당하는 매수인의 직원들은 피인수기업의 임직원과의 만남에서 각별히 말과 행동에 주의를 기울여야 한다.

정밀실사 기간 동안 매수자는 데이터 룸에 없는 추가적인 자료를 요청할 수 있다. 보통 매일 시간을 정해서 매수자는 매도자에게 추가정보 요청리스트를 작성해서 매도자에게 전달하고 매도자는 요청받은 정보의 대부분을 제공한다. 이 기간 동안 매도자는 경영진 인터뷰, 추가자료 요청에 대응하면 된다.

〈정밀실사 리스트 샘플〉

Due Diligence Checklist(실사 확인 사항)

Please provide copies of the indicated documents or the information requested, as appropriate.

(아래의 자료 혹은 정보에 대한 사본을 적절한 형태로 제공 부탁합니다)

1. Basic Corporate Documents : (회사에 대한 기초 자료)

a. Articles of Incorporation, including all amendments. (수정사항까지 포함한 정관)

b. By-laws, including all amendments. (수정사항까지 포함한 내부 규정)

c. Minutes of all meetings of directors, committees of directors and shareholders, including copies of any written notices (if given) or waivers thereof and any written-consent to action without a meeting.
(이사회, 이사회의 위원회, 주주총회에 대한 모든 회의록)

d. List of all states where property owned or leased or where employees are located, indicating in which states the Company is qualified to do business.
(회사가 보유한 유형자산, 리스자산, 혹은 직원의 위치가 있는 자료목록)

e. List of all countries where Company is doing business, indicating in which countries the Company is qualified to do business.
(회사가 사업을 하고 있는 전 세계의 모든 국가의 이름)

f. Samples of common and preferred stock certificates (if any), warrants, options, debentures and any other outstanding securities. (보통주, 우선주, 워런트, 옵션, 채권, 혹은 현재 발행해서 유통 중인 증권의 사본)

g. Copies of any voting trust, shareholder or other similar agreement covering any portion of the Company's shares.
(회사 주식의 의결권을 위임했다면 위임한 내역이 있는 문서 사본)

h. Copies of all agreements relating to repurchases, redemptions, exchanges, conversions or similar transactions.
(자기주식구입, 상환, 교환, 전환 혹은 유사한 모든 거래의 계약서 사본)

i. Copies of all agreements containing registration rights or assigning such rights.
(회사 의결권의 영도 혹은 등기가 포함된 계약서 사본)

j. Copies of all agreements containing preemptive rights or assigning such rights.
(우선매수 청구권 등에 대한 계약서 사본)

k. Stock books of the Company. (회사의 주주명부)

l. All quarterly and annual reports and any other communications to the Company' s shareholders within the past five years.
(과거 5년간 주주들과 교신한 내용, 분기보고서, 연간 보고서)

m. All press releases issued by the Company within the past five years.
(과거 5년간 회사 보도자료)

n. List of all subsidiaries. (계열사 목록)

2. Documents for any Subsidiary: Same as those listed under No. 1 above.
(계열사에 관한 1번 항목의 모든 서류)

3. Securities Issuancesm : (증권발행)

a. Equity Financings : copies of any stock purchase agreements.
(주식매매 계약서 사본)

b. Debt Financings : copies of convertible debt agreements. (전환사채 계약서 사본)

c. Stock option or purchase plans and forms of option or purchase agreements which have been or may be used thereunder. (스톡옵션 혹은 주식매입계약서)

d. Any other agreements relating to sales of securities by the Company including any private placement memoranda or other offering circulars.
(기타 제3자에게 주식을 매각하는 계약서 등)

e. Blue Sky permits, notices of exemption and consents for issuance or transfer of Company' s securities and evidence of qualification or exemption under other applicable state blue sky laws.
(회사 주식을 양도하거나 발행하는 동의서 혹은 동의의 면제서, 혹은 허가서)

f. Forms D or any other forms filed to establish an exemption under the Securities Act of 1933. (증권거래법에 규정된 양식 D 혹은 증권거래법에서 규정한 면제서)

4. Shareholder Information : (주주정보)

a. Records setting forth all issuances or grants of stock, options and warrants by the Company, listing the names of the issuees or grantees, the amounts issued or granted, the dates of the issuances or grants, the number of shares presently exercisable (if applicable) and the consideration received (or to be received) by the Company in each case.

(주식, 옵션, 워런트 발행에 대한 모든 사항, 인수인 포함, 발행과 수여에 대한 주식의 양, 발행과 수여일자, 현재 워런트나 옵션이 행사가능할 경우 해당하는 주식의 수 등)

b. Lists of all current shareholders, including addresses and numbers of shares owned. (주주의 주소 및 보유주식 수가 포함된 주주명부)

c. Numerical listing of stock certificates showing certificate number and date, name of shareholder, number of shares, date of Board approval and permit and tracing transfers. (상장된 주식 증서—주식의 수 및 날짜, 주주의 이름, 각 주주별 주식 수, 주식 이전을 가능하게 한 이사회의 승인일)

d. Lists of all options proposed to be granted, if any, including names and addresses of proposed optionholders and number of options to be held by each.
(옵션이 부여된 주주의 이름, 주소 옵션이 행사될 때 얻을 수 있는 주식 수)

5. Material Contracts : (중요한 계약)

a. Bankline of credit agreements, including any amendments, renewal letters, notices, waivers, correspondences, etc. (당좌차월 계약서)

b. Other agreements evidencing outstanding loans to or guarantees by the Company, including correspondences. (현재 존재하는 차입금에 대한 차입계약서)

c. All outstanding leases for real and personal property. (유형자산에 대한 리스계약서)

d. Material contracts with suppliers or customers. Please indicate which suppliers are sole source. (공급자 및 고객과의 중요한 거래 계약서)

e. Model sales or manufacturing contracts. (제조 계약서)

f. Agreements for loans to and any other agreements (including consulting and employment contracts) with officers, directors or employees, whether or not now outstanding. (회사의 주요 임직원들과 맺은 계약서)

g. Schedule of all insurance policies in force covering property of the Company and any other insurance policies such as "key person" policies, director indemnification policies or product liability policies.
(모든 보험증서, 이사의 책임을 보상하는 보험증서)

h. Partnership or joint venture agreements. (파트너십 혹은 조인트 벤처 계약서)

i. Bonus plans, retirement plans, pension plans, deferred compensation plans, profit sharing and management incentive agreements. (보너스 계약, 은퇴 계획, 연금계약, 이

연된 보상에 대한 계약, 이익을 공유하는 계약 등 경영자에게 부여된 인센티브 계약)

j. Form of employee confidentiality invention assignment agreement.
(직원과 맺은 비밀유지 계약)

k. Any other material contracts outstanding. (기타 중요한 계약)

6. Patent and Trademark Matters : (특허에 대한 것)

a. List of all foreign and domestic patents and patent licenses held by the Company.
(국내 및 해외에 있는 모든 특허)

b. List of any trademarks, trade names or service marks.
(트레이드 마크, 서비스 마크 등의 모든 리스트)

c. List of any copyrights. (지적재산권의 모든 리스트)

d. Copies of all material agreements for licensing of Company technology to third parties. (제3자에게 기술공여한 중요 계약서)

e. Copies of all material agreements for licensing of technology from third parties.
(제3자로부터 받은 중요한 기술 계약서)

f. Describe importance of existing patents and whether additional patents are necessary. (현재 특허의 중요성에 대한 기술서)

g. Any correspondence from third parties regarding potential infringement of intellectual property right of others. (지적재산권을 침해한 제3자와 교신 내역)

h. List of proprietary processes controlled by the Company.
(회사의 상표가 붙은 모든 무형의 자산)

i. Please provide the name of the law firm which handles patent and trademark matters for the Company and the contact there.
(지적재산권권에 대해서 도움을 주고 있는 법무법인 이름)

7. Manufacturing : (제조)

a. A breakdown by manufacturing site of the products manufactured, personnel employed, number of shifts and capacity, if any.
(제조공장의 구분 : 제품, 직원, 직원의 교대조, 총 생산 CAPA)

b. List of major suppliers showing total and type of purchases from each supplier during the last and current fiscal years, and indicate which are sole sources.

(작년과 올해 공급받은 중요한 공급자의 이름과 공급받은 내역)

c. List of contract manufacturers or assemblers, if any, showing total and type of purchases from each contract manufacturer or assembler during the last and current fiscal years. (현재와 작년에 체결한 제조자와 조립자와의 계약서)

d. Material or outside of ordinary course of business contracts with suppliers, manufacturers, etc., if any. (제조자, 공급자와 맺은 중대한 계약서)

e. Description of all toxic chemicals used in production and manner of storage and disposition. Description of any EPA or other investigation or claim.
(제조에 사용되는 모든 유해 화학물질 및 이를 보관하는 방법에 대한 기술서. 환경검사에 대한 보고서)

8. Operations : (운영)

a. List of third party developers showing total and type of project for each developer during the last and current fiscal years, contact names and phone numbers, together with forms of agreements entered into with third party developers. (작년과 올해의 제3의 개발자 리스트와 프로젝트)

b. List of third party software duplicators and manual publishers showing total and type of services from each duplicator and publisher during the last and current fiscal years. (제3의 프로그램 복사가 목록)

c. Form of agreements relating to the sale or lease of material capital equipment.
(중대한 자산의 리스 혹은 매각과 관련된 계약서)

d. List of top 20 accounts payable with contact names and phone numbers.
(중대한 미지급금 채무자 20명의 연락처)

9. Sales and Marketing : (영업)

a. Copies of all market research or marketing studies conducted in the last three years.
(과거 3년간 시장분석한 자료)

b. List of the Company' s products and services. (회사 제품과 서비스 목록)

c. List of the Company' s competitors. (회사의 경쟁자 목록)

d. List of the Company' s 20 largest customers or groups in each of the last two fiscal years, indicating the types of products and the amounts of each purchased, and contact name and phone number for each customer.
(과거 2년간 회사의 주요 20대 고객 리스트)

e. All material licensing agreements, franchises, and conditional sales contracts to which the Company is a party.
(중요한 라이선스, 프랜차이즈 혹은 조건부 판매 계약서)

f. Agreements with distributors, VAR's, OEM's, dealers and sales representatives.
(유통업자, VAR, OEM, 딜러 및 판매점과의 계약서)

g. Copies of long-term sales contracts. (장기 매출계약서)

h. Company-financed customer purchase agreements, if any.
(회사가 금융을 알선하여 매출을 일으킨 고객과의 매매계약서)

i. Service and support contracts and marketing agreements, if any. (마케팅 계약서)

j. All material agency and advertising contracts to which the Company is a party.
(회사가 맺은 중대한 대행 업체)

k. Forms of warranties and guarantees provided to customers. (고객에게 보증한 내역)

l. Copies of all market research or marketing studies. (시장조사 자료)

m. Copies of sales literature and forms, including price lists, catalogs, purchase orders, etc. (판촉물)

n. List of top 20 accounts receivable with contact names and phone numbers.
(주요 20군데의 매출채권처)

o. Backlog at end of the most recent fiscal year and most recent fiscal quarter.
(가장 최근의 수주 잔량)

10. Tangible Property : (유형자산)

a. List of real and material personal property owned by the Company.
(회사의 중대한 유형자산)

b. Documents of title, mortgages, deeds of trust and security agreements pertaining to the properties listed in (a) above.
(a에서 언급한 유형자산의 차입금 혹은 타인에게 빌려준 계약서)

c. All outstanding leases for real and personal property to which the Company is either a lessor or lessee. (회사가 리스를 해주거나 리스를 받은 모든 유형자산)

d. List of any security interests in personal property, including any UCC filing.
(유형자산의 모든 증서)

e. Documentation of significant acquisitions or dispositions of assets. (중대한 자산의 처분 및 취득에 대한 자료)

11. Litigation and Audits : (소송과 감사)

a. All letters which have been sent to auditors in connection with year-end and current interim audits, including "litigation letters." (감사인에게 보낸 편지들)

b. Copies of any auditors' letters to management regarding internal accounting controls. (감사인이 경영진에게 보낸 편지)

c. Descriptions of (and reasons for) any change in accounting methods in the past three years. (과거 3개년 동안 변경한 회계처리 원칙)

d. Active litigation files, including letters asserting claims, complaints, answers, etc. (현재 진행 중인 소송사건)

e. Any litigation settlement documents. (합의를 본 소송 사건)

f. Any decrees, orders or judgments of courts or governmental agencies. (정부로부터 받은 각종 행정 명령)

g. Description of any warranty claims which have been made against the Company, any subsidiary, or any partnership or joint venture and the resolution of such claim.
(회사, 계열사, 파트너 사, 조인트벤처를 대상으로 발급된 수색영장)

h. Information regarding any material litigation to which the Company is a party or in which it may become involved. (중대한 소송사건)

12. Environmental : (환경)

a. Schedule of Hazardous Materials stored, manufactured or located at any facility of the Company either now or in the past, or that the Company ships or transports (Hazardous Materials means any substance or any material containing a substance that could be considered toxic or hazardous under Federal or state law, including solvents, petroleum, pesticides, paints, asbestos containing materials, lead based batteries, radioactive materials and PCB containing transformers)
(회사가 보유/제조한 유해화학물질의 리스트)

b. Schedule of chemicals, toxic substances or air contaminants which are regulated by OSHA present in any facility of the Company.
(회사가 환경규제를 받는 유해물질 리스트)

c. Schedule of any incidents involving the release of a potentially hazardous amount of any carcinogen into, or presence of asbestos in, the workplace.
(화학물질 유출사고가 발생한 내역)

d. Schedule of all instances in the past in which the Company has corrected unsafe working conditions. (회사가 과거 안전하지 못한 작업장을 안전하게 교정한 내역들)

e. Schedule of all the facilities of the Company that discharge waste into any body of water, stream or any sanitation systems.
(유해물을 회사 외부로 배출시키는 모든 시설 내역들)

f. Schedule of all permits or approvals obtained from any governmental body responsible for environmental or health regulation. (정부로 받은 환경 관련 허가)

g. Schedule of all occasions in which a liquid or solid waste material or any fuel or other Hazardous Material was accidentally or intentionally spilled or released.
(사고로 혹은 고의로 유해물질을 배출시킨 내역)

h. Any notices of violation or requests for information that have been received or threatened at any time for alleged failure of any facility to comply with applicable air pollution laws or with any air quality permit.
(환경규제를 위반하여 받은 요청사항 내역)

13. Employees : (인사)

a. Description of any significant labor problems or union activities the Company has experienced including any collective bargaining agreements.
(단체협상할 때 발생한 노무 문제의 기술)

b. Number of employees broken down by major types of employees and a management organization chart. (조직도 및 구성원의 직급별 내역)

14. Management : (경영진)

a. Completed copies of Directors' and Officers' Questionnaires.
(기제공된 설문지를 이사들이 작성할 것)

b. Detailed resume of directors and top management personnel. (주요 경영진의 이력서)

c. Founders agreements, management employment agreements, indemnification agreements, and "golden parachute" agreements, if any.
(주요 경영진과 회사가 맺은 고용계약서)

d. Schedule of all compensation paid in the most recent fiscal year to officers, directors and key employees showing separately salary, bonuses and non-cash compensation(e.g., use of cars, property, etc.) (주요 경영진과 맺은 보상체계 내역)

e. Bonus plans, retirement plans, pension plans, deferred compensation plans, profit sharing and management incentive agreements. (보너스 내역 및 계약)

f. Agreements for loans to and any other agreements(including consulting and employment contracts) with officers or directors, whether or not now outstanding. (주요 경영진에게 대출한 대출계약)

g. Description of any transactions between the Company and any insider (i.e., officer, director, or owners of substantial amount of the Company's securities). (주요 임원과 회사와의 거래 내역)

15. Other Review : (기타)

a. Copy of any internal or outside studies of the Company or the market for its products (e.g., management consultants).
(내부 혹은 회부에서 회사의 제품에 대해서 조사한 자료)

b. Summary of all OSHA inquiries (if any). (환경에 대한 질문지에 대한 요약본)

c. Summary of all EPA, EEO (etc.) inquiries (if any).
(근로조건에 대한 질문에 대한 요약서)

d. Summary of all Department of Labor inquiries. (노무에 대한 요약본)

e. Status of contracts subject to Renegotiation Act.
(계약갱신 관련 법령에 따른 계약의 상태)

f. Summary of Federal, State, local and foreign income tax status, i.e., have all returns been filed? all taxes been paid? any audits by taxing authorities? (연방, 주, 해외의 법인세 납부 상황)

g. Permits for conduct of business, including licenses, franchises, concessions and distributorship agreements. (영업을 위해 획득한 허가 사항내역)

**출처** : Lexisnexis.com

## 1.7 협상

정밀실사가 종료되면 우선협상 대상자의 회계자문사와 법률자문사는 실사 보고서를 우선협상 대상자에게 제출한다. 그리고 우선협상 대상자는 딜 자문사와 공동으로 적정가치에 대해서 다시 평가해 본다. 동시에 정밀실사 기간 중에 인수 후 운영계획 및 통합계획도 수립한다. 우선협상 대상자에게 남은 과제는 인수가액에 대한 최종 협상이다. 인수가액의 협상은 실사보고서를 바탕으로 우선협상 대상자에게 제공된 정보와 우선협상 대상자가 파악한 정보와의 차이가 있는 부분에 집중한다.

양사가 서로 보유하고 파악한 정보의 차이가 기업가치에 영향을 주면서 협상의 주요 소재로 사용된다. 그러나 보통 인수의향서에 기입한 가격과 가격협상으로 제시할 수 있는 가격 범위는 인수의향서에 기재한 가격의 +, - 5% 이내인 경우가 많기 때문에 최종가격 협상에서 우선협상 대상자가 인수가액을 큰 폭으로 협상하는 것은 현실적으로 어렵다. 그러나 조 단위 M&A에서 5%이면 최소 500억원 이상이기 때문에 마지막 최종 가격을 협상하는 것은 굉장히 치열한 논리 대결이 된다. 즉, 우선협상 대상자는 합리적인 근거와 철저한 논리를 바탕으로 인수가격 조정을 요청하고 매도자 역시 최대한 자료를 근거로 이를 반박하며 방어한다. 보통 최종 협상기간은 1~2주 기간이 소요된다.

이 과정에서 양측의 가격에 대한 인식이 크다면 협상이 결렬될 가능성이 높다. 그러나 정밀실사 후에 제공된 정보와 우선협상 대상자가 확인한 정보와의 괴리가 크지 않다면 무난하게 협상과정이 진행될 것이다. 2004년 범양상선의 M&A에서는 기제공된 재무상태표와 회계법인과 법무법인이 실사한 자료를 바탕으로 재작성된 재무상태표와의 차이를 근거로 가격협상이 진행되었다. 협상과정에서 중요한 것은 확실히 버리는 카드와 협상을 통해서 얻어낼 것을 사전에 결정하는 것이다.

10가지 이슈를 협상할 때 10가지 모두를 우선협상 대상자가 원하는 대로 받아 내는 것은 현실적으로 불가능하다. 그러므로 10가지 중에 확실하게 받아낼 카드를 정하고 이를 위해 포기할 수 있는 카드를 결정하여 협상전략을 수립하고 실행해야 한다.

매도자가 복수의 우선협상 대상자를 선정했을 경우 A라는 업체와 가격협상이 끝나면 이를 바탕으로 B라는 업체와 가격경쟁을 시키고 다시 이를 바탕으로 A와 가격경쟁을 시킨다. 이 과정에서 가장 높은 가격을 제안한 우선협상 대상자와 매도계약을 체결한다. 이렇게 절대적으로 매도자가 유리한 방식은 대상기업이 갖고 있는 독특함으로 인해서 시장에서 매력도가 높은 경우에 가능하다. 예를 들어 M&A 외에는 그 산업에 진입할 수 있는 방법이 없을 경우 매도자는 가장 높은 가격을 받고 매도할 수 있는 방법을 활용하려고 한다. 이러한 방법을 프로그레시브 딜(Progressive Deal)이라고 부른다.

그러나 이는 매도자 측 입장에서는 최대한 높은 가격에 매도할 수 있지만 너무 가격이 높아지면 우선협상자가 가격적인 부담을 느껴서 포기할 수 있는 위험성도 같이 존재한다. 그러므로 프로그레시브 딜은 매도자 측 자문사의 실력이 성패를 좌우한다. 프로그레시브 딜은 사기업 간 M&A 거래에서 자주 사용되는 방법이다. 공공성을 최우선으로 하는 정부기관이 주관하는 M&A에서는 좀처럼 보기 힘든 거래방식이다.

### 1.8 최종제안서 제출

가격 협상이 끝나면 이를 바탕으로 우선협상 대상자는 최종인수 제안서를 매도자에게 제출한다. 최종인수 제안서는 이미 제출한 인수의향서와 가격부분만 제외하면 거의 동일하다. 최종제안서 제출은 모든 M&A 거래에서 이루어지는 것은 아니고 이 과정을 가격 합의서라는 부분으로 대신하는 경우도 많다. 최종적으로 제안할 때 우선협상 대상자는 대금지급 방법까지 같이 제안서에 담는다.

주식 매매계약이 종료된 후 대금지급을 현금으로 할지, 혹은 주식으로 교부할지 양 당사자가 합의를 통해서 결정해야 한다. 주식과 현금을 같이 섞어서 지급할 수도 있다. 혹은 언 아웃(Earn-out) 방식으로 최종 인수가액 중에 절반 정도를 주식 매매계약이 체결될 때 지급하고 나머지는 향후 경영성과에 따라 분할 지급하는 방법도 사용된다. 이 경우 우선협상 대상자가 가격에 부담을 느껴서 이러한 방법을 사용할 수도 있다. 즉, 너무 비싼 가격에 매수하면 가격 부담을 느낀 우선협상 대상자가 이러한 조건을 제안할 수도 있다. 대금지급 방법도 이미 협상을 통해서 합의된 결과를 최종제안서에 담아서 매수자에게 전달한다. 최종제안서는 형식상 제안서이지 실질은 이미 합의한 내용을 확인하는 문서이다.

범양상선 M&A의 경우 산업은행이 보유한 지분 67%를 최종적으로 4,151억 원에 STX가 인수하였다. 최종 가격협상결과를 서로 합의서를 통해서 작성하고 최종제안서를 제출하지 않았다.

## 1.9 본 계약체결

가격까지 합의가 되면 우선협상 대상자와 매도자는 주식매매계약을 체결한다. 주식매매계약서는 거래되는 주식의 범위와 대상을 명확히 하고 거래 가격을 확정한다. 그리고 이와 별개로 대금지급 조건을 확정한다. 주식 매매계약을 체결한다고 체결된 날 바로 매매대금의 잔금을 수령하지 않는다. 보통 매매대금 지급 조건을 단서로 단다. 우리가 부동산을 매매할 때도 매매계약을 한 날 모든 금액을 지불하지 않는다. 잔금 지급은 부동산 매매를 하고 매수인이 등기를 완료할 때 잔금을 지급한다. 이처럼 M&A 거래 역시 우선협상 대상자가 법인등기를 할 수 있을 때 그 효력이 발생해서 잔금을 지급하게 된다.

〈주식매매계약서 샘플〉

# 주 식 양 수 도 계 약 서

본 주식양수도계약(이하 "본 계약")은 2014. [ ]. [ ].에 다음 당사자들 사이에 체결되었다.

(1) 경기도 ×××에 주소를 둔 ×××(이하 "양도인")

(2) 별첨 1.에 기재된 바와 같은 [ ](이하 "양수인(들)")

(이하 양도인, 양수인(들)을 총칭하여 "당사자들"이라고 하고, 양도인과 양수인(들) 중 어느 한 편을 가리켜 "당사자")

## 전 문

×××(이하 "대상회사")는 집단에너지의 생산, 수송, 분배 기타 이와 관련되는 사업 등을 주된 사업으로 영위하는 법인으로서, 본 계약 체결일 현재 액면금 일만원(₩10,000)인 기명식 보통주식 칠백오십육만육천육백칠십주(7,566,670주)를 발행하고 있다.

양도인은 대상회사의 주주로서 대상회사가 발행한 기명식 보통주식 삼백칠십팔만삼천삼백삼십오주(3,783,335주, 대상회사 발행주식총수의 50%에 해당하며, 이하 "대상주식")를 보유하고 있는바, 양도인은 자신이 보유하고 있는 대상주식 전부를 양수인(들)에게 양도하고자 하며, 양수인(들)은 이를 양도인으로부터 양수하고자 한다(이하 "본건 거래").

양도인은 2014. 9. 26. 한국자산관리공사 전자자산처분시스템(http://www.onbid.co.kr, 이하 "온비드")에 대상주식 매각 공고를 하였고, 양수인(들)은 2014. 11. 21. 온비드를 이용한 전자입찰 방식에 따른 입찰절차에 의하여 최종낙찰자로 선정되었다. 이에 당사자들은 온비드에 공고된 바에 따라 2014. [ ]. [ ].부터 2014. [ ]. [ ].까지 본 실사를 실시하였으며, 양수도대금 감액에 관한 협상을 거쳐 최종 양수도대금을 확정하였다. 한편 대상회사의 다른 주주들은 양도인과 사이에 2005. 12. 9. 체결된 "송도국제도시 집단에너지사업 합작투자 계약서" 제4조에 따라 그들에게 부여된 우선매수권을 행사하기 아니하기로 확정하였다.

이에 당사자들은 다음과 같은 내용과 조건으로 본건 거래와 관련하여 최종적이고 구속력을 가지는 본 계약을 체결한다.

제1조 (용어의 정의)

본 계약에서 사용되는 용어들은 본 계약의 각 조항에서 달리 정의하지 아니하는 한 다음과 같은 의미를 갖는다.

1. "**거래종결**"이란, 제4조에서 정하는 바에 따라 양도인과 양수인(들)이 각자의 의무를 모두 이행하는 것을 의미하며, "**거래종결일**"은 거래종결이 이루어지는 날로서 제4조 제(1)항에 정의된 바와 같은 날을 의미한다.
2. "**계약금**"은 제3조 제(2)항에서 기재된 금액을 의미한다.
3. "**계약체결일**"은 본 계약의 첫머리에 기재된 본 계약의 체결일을 의미한다.
4. "**공정거래법**"이라 함은 독점규제 및 공정거래에 관한 법률을 의미하고, "**자본시장법**"이라 함은 자본시장과 금융투자업에 관한 법률을 의미한다.
5. "**대상주식**"은 본 계약에 따라 양도인이 양수인(들)에게 매도하는 대상회사의 발행주식을 의미하며, 구체적 내역은 전문에 기재된 바와 같다.
6. "**본 실사**" 는 당사자들 사이의 합의에 따라 양수인(들)이 2014. [ ]. [ ].부터 부터 2014. [ ]. [ ].까지 대상회사에 대하여 실시한 실사를 의미한다.
7. "**세금**" 은 명칭 여하를 불문하고 조세 징수기관에 의하여 부과 징수되는 것을 의미한다.
8. "**양도인이 아는 한**" 이라 함은 양도인과 대상회사 및 그 임직원, 대리인 및 외부자문사 등이 실제로 알고 있는 범위를 의미한다.
9. "**양수도대금**" 은 대상주식의 양도에 대한 대가로서 본 계약 제3조 제(1)항에 기

재된 금액을 의미한다.

10. **"양수도대금 잔금"**은 제3조 제(4)항에 기재된 금액을 의미한다.
11. **"영업일"**은 국경일, 토요일 및 일요일을 제외한 시중 은행이 영업을 하는 날을 의미한다.
12. **"중대하게 부정적인 영향"**이라 함은 개별적 또는 전체적으로 대상회사의 재무상태, 경영실적, 영업상태 또는 영업활동에 대한 중대하게 부정적인 영향을 의미한다.
13. **"중대한 위반"**이라 함은 당사자들이 처음부터 그와 같은 위반사항을 알고 있었더라면 본건 거래를 하지 않았을 것이 객관적으로 명백한 사항으로서, 위반한 당사자에게 고의 또는 중대한 과실이 있는 것을 의미한다.

### 제2조 (주식의 양수도)

양도인은 본 계약 체결일 현재 보유하고 있는 대상주식 전부를 본 계약에서 정하는 내용과 조건에 따라 양수인(들)에게 양도하고, 양수인(들)은 양도인으로부터 대상주식을 양수한다.

### 제3조 (양수도대금 및 그 지급)

(1) 대상주식의 양수도에 대한 대가는, 대상주식에 대한 1주당 가격은 금 [ ]원(₩[ ]), 대상주식 전체에 대한 양수도대금은 금 [ ]원(₩[ ])(이하 **"양수도대금"**)으로 각 정하고, 양수도대금은 계약금, 중도금 및 잔금으로 구성된다.

(2) 본 계약상 계약금은 양수도대금의 20%에 해당하는 금 [ ]원으로 하며, 양수인(들)은 본 계약 체결과 동시에 계약금과 양수인(들)이 온비드 입찰 당시 납부한 입찰보증금의 차액에 해당하는 금액인 [ ]원을 [ ]에 개설된 ××× 명의의 계좌(계좌번호 : [ ])(이하 **"예치계좌"**)에 납부한다.

(3) 양수인(들)이 온비드 입찰 당시 현금으로 납부한 입찰보증금은 본 계약상 계약금의 일부로 본다.

(4) 양수인(들)은 양도인에게 (i) 2014. 12. [ ].에 본 계약상 양수도대금의 [30]%인 양수도대금 중도금 [ ]원을, (ii) 거래종결일에 본 계약상 양수도대금의 [50]%인

양수도대금 잔금 [ ]원을 예치계좌에 납부하는 방법으로 각 지급하여야 한다.

(5) 양수인(들)은 거래종결일에 양수도대금을 완납하지 아니하는 경우, 양도인에게 양수도대금 중 미납한 금액에 대하여 그 다음날부터 완납하는 날까지 연 19%의 이율에 의한 지연이자를 추가로 지급하여야 한다.

제4조 (거래의 종결)

(1) 본 계약에 대한 거래의 종결은, 제10조의 선행조건이 충족된 날로부터 [ ]영업일째 되는 날 또는 20[ ]. [ ]. [ ]. 이전의 날로 당사자들이 별도로 합의한 다른 날(이하 "**거래종결일**", 다만 거래종결일은 계약체결일로부터 90일을 초과할 수 없음)에 양도인이 지정한 장소에서 하기로 한다.

(2) 양수인(들)은 거래종결일에 아래의 사항들을 양도인에게 이행하여야 한다.

1. <u>잔금 지급</u>. 양수인(들)은 양수도대금 잔금을 거래종결일에 제3조 제(4)항 소정의 방법에 따라 양도인에게 지급한다.

2. <u>거래종결서류 교부</u>. 양수인(들)은 (i) 본건 주식의 취득과 관련하여 상법, 공정거래법, 자본시장법, 기타 법령 및 양수인(들) 회사 정관에서 정해진 바에 따라 적법한 절차를 이행하였고, 감독기관으로부터 대상주식의 취득과 관련된 일체의 인 · 허가 및 승인을 받았거나 이를 위한 적절한 조치를 취하였음을 입증하는 서류, (ii) 기타 양도인이 합리적으로 요구하는 서류를 양도인에게 교부한다.

(3) 양도인은 거래종결일에 아래의 사항들을 양수인(들)에게 이행하여야 한다.

1. <u>주식 양도절차의 이행</u>. 양도인은 양수인(들)로부터 본조 제(2)항에 따라 양수도대금 잔금을 지급받음과 동시에 양수인(들)에게 대상주식의 양도를 위하여 주권미발행확인서 교부, 확정일자부 주식양도통지 또는 승낙
2. <u>거래종결서류 교부</u>. 양도인은 (i) 본건 주식 매각과 관련하여 상법, 공정거래법, 자본시장법, 기타 법령 및 정관에서 정해진 바에 따라 적법한 절차를 이행하였음을 입증하는 서류, (ii) 기타 양수인(들)이 합리적으로 요구하는 서류를 양수인(들)에게 교부한다.

제5조 (양도인의 진술 및 보장)

양도인은, 본 계약 체결일 및 거래종결일을 기준으로 하여, 양수인(들)에게 다음과 같이 진술 및 보장한다.

1. 양도인은 대한민국의 법률에 의하여 적법하게 설립되어 유효하게 존속하는 법인이고, 양도인에 대하여는 회생, 파산 등 도산절차와 관련한 어떠한 신청도 법원에 제기되지 아니하였다.
2. 양도인은 그 소유의 대상주식에 대하여 적법한 소유권을 보유하고 있으며, 양수인(들)은 대상주식을 양수한 후 주식의 소유자로서 권리를 행사함에 있어 담보권 등 법률상 및 사실상의 부담이 없는 소유권을 취득할 수 있다.
3. 양도인은 본 계약을 체결 및 이행할 적법한 권한을 가지고 있다.
4. 양도인은 본건 거래에 필요한 모든 내부 절차를 거쳤다.
5. 양도인의 본 계약의 체결 및 이행은 관련 법령이나 양도인이 당사자가 된 다른 계약 등에 위반되지 아니한다.

제6조 (양수인(들)의 진술 및 보장)

양수인(들)은, 본 계약 체결일 및 거래종결일을 기준으로 하여, 양도인에게 다음과 같이 진술 및 보장한다.

1. 양수인(들)은 대한민국의 법률에 의하여 적법하게 설립되어 유효하게 존속하는 법인이고, 양수인(들)에 대하여 회생, 파산 등 도산절차와 관련한 어떠한 신청도 법원에 제기되지 아니하였다.
2. 양수인(들)은 본 계약을 체결 및 이행할 적법한 권한을 가지고 있다.
3. 양수인(들)은 본 계약 체결 및 이행을 위하여 필요한 일체의 법적, 사실적인 절차 및 조치를 모두 취하였다. 다만, 양수인(들)이 공정거래위원회에 기업결합의 신고를 하는 것은 그러한 절차 또는 조치에 해당하지 아니한다.
4. 양수인(들)은 본건 거래에 필요한 이사회결의 등 모든 내부 절차를 거쳤으며 본 계약의 체결과 이행을 위하여 이사회, 주주총회 등의 별도 승인이나 결의 등을 요

하지 않는다.

5. 양수인(들)의 본 계약의 체결 및 이행은 관련 법령이나 양수인(들)이 당사자가 된 다른 계약 등에 위반되지 아니한다.
6. **(양수인이 컨소시엄 등 다수일 경우)** 컨소시엄 대표자는 양수인(들)을 대리하여 본 계약을 체결하고 그에 따른 권리의 행사 및 의무의 이행, 의사표시의 발송 및 수령을 비롯하여 양수인(들)을 대리하여 본건 거래에 필요한 일체의 행위를 할 적법한 권한이 있다.

제7조 (대상회사에 대한 양도인의 진술 및 보장)

양도인은, 본 계약 체결일 및 거래종결일을 기준으로 하여, 대상회사에 대하여 양수인(들)에게 다음과 같이 진술 및 보장한다.

1. 회사의 설립. 대상회사는 (i) 설립지의 법규에 따라 적법하게 설립되고 유효하게 존속하며, (ii) 현재 영위하고 있는 사업을 수행하는데 필요한 회사법상의 능력 및 자격을 가지고 있다.
2. 법규, 정관, 정부승인, 계약에 위반되지 아니함. 본 계약의 체결 및 이행은 (i) 대상회사의 정관 또는 기타 설립서류를 위반하거나, (ii) 대상회사에게 적용되는 법규 또는 정부승인에 위반되지 아니하고, (iii) 대상회사가 당사자로 되어 있는 계약을 위반하거나 계약상 제3자의 권리행사를 가능하게 하거나, 대상회사의 권리에 대하여 기한의 이익 상실, 제한, 해지, 무효화, 취소, 변경 등 부정적인 영향을 주지 아니한다. 단, 개별적으로 또는 전체적으로 부정적인 영향을 주거나 줄 것으로 합리적으로 예상되지 않는 위반은 예외로 한다.
3. 자본구성. 현재 정관상 대상회사의 수권주식의 수는 주당 액면가격이 일만원(₩10,000)인 보통주식 이천만주(20,000,000주)이고 이 중에서 칠백오십육만육천육백칠십주(7,566,670주)가 발행되었다. 대상회사의 모든 발행주식은 적법, 유효하게 발행, 완납되었으며 추가 납입의무는 없다.
4. 허가 및 인가. 양도인이 아는 한, 대상회사는 현재 사업을 수행하는데 필요한 모든 허가, 인가 기타 승인을 가지고 있다. 대상회사는 동 허가, 인가 기타 승인에 대하여 현재까지 중대하고 명확하게 부정적인 영향을 주는 사항을 위반하지 않았

으며 현재 위반하고 있지 아니하고, 이러한 정부 승인의 취소, 제한, 변경 또는 정지를 야기할만한 절차는 없고, 양도인이 아는 한, 예상되지 아니한다.

5. 열수급계약. 양도인이 아는 한, 본 계약 체결 현재 해지되었거나 해지하기로 결정된 계약은 없다.

6. 조세. 양도인이 아는 한, 예비실사 및 본 실사 과정에서 공개된 자료로서 본 계약서상 별첨 2. 공개목록에 기재된 사항을 제외하고, 본 계약 체결일을 기준으로 (i) 세금 관련 일체의 법규, 법원의 판결이나 결정, 과세관청이나 관계기관의 조치, 명령, 지시, 예규 기타 유권해석을 위반한 바 없고, (ii) 그에 따라 모든 세금을 적법하게 신고, 납부하여 왔으며, (iii) 세금 관련 법규상 부당행위계산부인 규정 기타 조세회피방지 규정이 적용되는 거래를 한 바 없으며, (iv) 세무당국, 정부기관, 기타 제3자로부터 전 (i) 내지 (,iii)와 관련하여 문제를 지적받은 바 없다.

7. 재무제표. 양도인이 제공한 대상회사의 최근 3년간 재무제표 및 부속명세서는 일반적으로 적용되는 회계원칙과 관행에 따라 작성되었으며 당해 재무제표의 기준일 및 대상기간 동안의 대상회사의 자산, 부채, 손익, 현금흐름, 기타 영업 및 재무상태를 정확하고 공정하게 반영하고 있다.

8. 우발채무. 최근 3년간 과거의 관행에 부합하는 통상적인 영업과정에서 발생한 것 이외에 대상회사의 재무제표의 재무상태표에 기재되거나 반영되지 아니한 어떠한 종류의 부채나 우발채무는 존재하지 아니한다. 단, 본호에 있어서 금 일억원(₩ 100,000,000) 이상의 것은 통상적인 영업과정에서 발생한 것으로 보지 아니한다.

9. 환경, 보건 및 안전. 양도인이 아는 한 대상회사는 환경, 보건, 안전과 관련한 모든 법규를 준수하고 있으며, 필요한 정부 인허가를 모두 적법, 유효하게 취득하고 있다.

10. 근로관계.

    가. 양도인이 아는 한, 예비실사 및 본 실사 과정에서 공개된 자료로서 본 계약서상 별첨 2. 「공개목록」에 기재된 사항을 제외하고, 대상회사는 근로기준법, 노동조합법 기타 근로관계 법규 및 노무관련 규정 등을 위반한 바 없고, 그에 따라 임직원에 대한 모든 금전상의 지급의무 및 비금전상의 급여의무를 각 이행기에 모두 이행하였다.

    나. 양도인이 아는 한, 본 계약 체결 현재 예비실사 및 본 실사 과정에서 공개된

자료로서 본 계약서상 별첨 2. 「공개목록」에 기재된 사항을 제외하고, 대상회사에 파업이나 기타 근로자들의 단체행동이 개시된 바 없으며, 근로관계와 관련하여 노동위원회 제소, 소송제기, 기타 클레임이 제기된 바 없다.

11. 공개목록에 대한 특약. 별첨 2. 「공개목록」, 별첨 3. 「양수도대금 감액 사항」 및 이와 직접적으로 관련되거나 이로부터 파생된 사항은 어느 경우에도 매도인들의 본 계약 위반(진술보증, 선행조건, 확약사항 포함)을 구성하지 아니하며, 계약위반의 근거가 되지 아니한다.

### 제8조 (양도인의 확약사항)

양도인은, 다음과 같은 사항을 확약하며, 그 이외에 어떠한 확약도 하지 아니한다.

1. 양도인은, 양수인(들)의 사전 서면에 의한 동의가 없는 한, 본 계약체결일로부터 거래종결일까지 대상회사의 정관변경, 감자, 유상증자, 전환사채 또는 신주인수권부사채의 발행, 주식매수선택권의 부여, 합병, 분할, 영업의 전부 또는 중요한 일부의 양도, 해산 등 대상회사 구조에 변동을 가져오는 행위를 승인하는 의결권 행사를 하지 아니할 것임을 확약한다.
2. 양도인은, 양수인(들)이 관련 법령에 의한 승인, 인 · 허가, 신고 또는 대상회사에 대한 원활한 경영권 이전 등을 위하여 합리적인 범위 내에서 요청하는 경우(이 경우 양수인(들)은 자료제공의 필요성 등을 구체적으로 기재하여 양도인에게 서면으로 이를 요청하여야 한다), 본 계약의 거래종결일 이전이라도 대상회사로부터 자료를 제공받을 수 있도록 성실히 협조한다.
3. 양도인은, 양수인(들)의 사전 협의가 없는 한, 예비실사 종료일 당시에 적용되던 대상회사의 임 · 직원 근로조건이 변경되지 않도록 한다.

### 제9조 (양수인(들)의 확약사항)

양수인(들)은 다음과 같은 사항을 확약한다.

1. 양수인(들)은 본건 거래에 의한 대상주식의 취득을 위하여 관련 법령에 의한 승인, 인 · 허가, 신고 등이 필요할 경우 본 계약의 체결 후 지체 없이 감독당국에 관련 법

령에 의하여 요구되는 승인, 인·허가 등을 신청하거나 신고를 이행하고 그 즉시 신청서 또는 신고서 사본을 양도인에게 교부하기로 한다. 양수인(들)이 필요한 승인, 인·허가 등을 획득하지 못하거나 신고 수리가 거부되는 경우, 또는 위 승인, 인·허가, 신고 등의 이행 절차가 완료되지 아니하여 본건 거래가 거래종결일까지 종결되지 못하게 되는 경우 그 사유를 불문하고 이를 양수인(들)의 귀책사유로 보며 이 경우 양도인은 (i) 필요한 모든 승인, 인·허가, 신고 등이 이행되고 거래종결 되는 것을 전제로, 잔금에 더하여 양수인(들)에게 거래종결일 다음날(이하 "이자 기산일")로부터 실제로 거래가 종결되는 날까지의 기간에 대하여 연 19%의 이율에 의한 지연이자의 지급을 청구하거나, (ii) 언제든지 본 계약을 해제하고 계약금(발생이자 포함)을 위약벌로 몰취할 수 있다. 다만, 양수인(들)이 공정거래위원회에 기업결합의 신고를 하였으나, 공정거래위원회에서 경쟁을 실질적으로 제한한다고 판단하거나 심사기간을 연장하여 본건 거래가 거래종결일까지 종결되지 못하는 경우에는 양수인(들)의 귀책사유로 보지 아니한다.

2. 양수인(들)은 본건 거래에 관하여 양도인이 20××년 ×월 ×일자로 온비드에 공고한 대상주식 매각 공고에 기재되어 있는 내용을 모두 이해하였으며, 해당 공고에 첨부되어 있는 특약사항을 모두 준수하기로 한다.
3. 양수인(들)은, 법령의 제·개정이나 정부 정책의 변경, 중대한 시장 환경의 변화 등 합리적으로 예상되지 않는 경영환경의 변화가 발생한 경우를 제외하고, 거래종결일로부터 3년의 기간 동안, 그 소유의 대상주식을 제3자에게 매각하여서는 아니된다. 다만, 양도인의 사전 서면에 의한 동의가 있는 경우에는 그러하지 아니하며, 이 경우 당해 양수인(들)은 대상회사 발행 주식을 취득하는 제3자로부터 본 계약상의 양수인(들)의 모든 의무를 승계한다는 취지의 동의서를 받아 양도인에게 제출하여야 한다.
4. 양수인(들)은, 법령의 제·개정이나 정부 정책의 변경, 중대한 시장 환경의 변화 등 합리적으로 예상되지 않는 경영환경의 변화가 발생한 경우를 제외하고, 거래종결일로부터 「별첨 4. 소비자를 위한 방안(열요금 등 사회적 책임부문)과 지역발전 기여방안」의 내용을 성실히 이행하며, 양도인의 사전 서면에 의한 동의가 없는 한, 해당 「소비자를 위한 방안(열요금 등 사회적 책임부문)과 지역발전 기여방안」의 내용을 변경하지 않는다.
5. 양수인(들)은, 법령의 제·개정 등의 경우를 제외하고, 거래종결일로부터 5년의

기간 동안 별첨 5. 「노사관계 안정화 계획(근로조건 및 고용보장에 관한 사항)」의 내용을 성실히 이행하며, 대상회사 노동조합의 사전 서면에 의한 동의가 없는 한, 해당 「노사관계 안정화 계획(근로조건 및 고용보장에 관한 사항)」의 내용을 변경하지 않는다.

6. 양수인(들)은, 법령의 제 · 개정이나 정부 정책의 변경, 중대한 시장 환경의 변화 등 합리적으로 예상되지 않는 경영환경의 변화가 발생한 경우를 제외하고, 거래종결일로부터 5년의 기간 동안 별첨 6. 「자본확충계획서」의 내용을 성실히 이행하며, 대상회사의 의결권 있는 주주의 3분의 2 이상의 결의에 의한 동의가 없는 한, 해당 자본확충계획서의 내용을 변경하지 않는다. 양수인(들)은 거래종결일로부터 3년의 기간 동안 양수인(들)이 채무자인 채무에 관하여 대상회사로부터 보증이나 담보를 제공받지 아니한다.
7. 양수인(들)은, 법령의 제 · 개정이나 정부 정책의 변경, 중대한 시장 환경의 변화 등 합리적으로 예상되지 않는 경영환경의 변화가 발생한 경우를 제외하고, 거래종결일로부터 3년의 기간 동안 대상회사의 합병, 분할합병, 분할 및 상법 제374조에 의한 영업의 전부 또는 중요한 일부의 양도에 찬성하는 의결권 행사를 하지 아니한다. 단, 양도인으로부터 서면에 의한 사전 동의를 얻은 경우에는 그러하지 아니하다.

### 제10조 (본 계약의 거래종결 선행조건)

본 계약의 거래종결 선행조건은 다음의 사항으로 하며, 이에 한정된다.

1. 양수인(들)이 제9조 제1호의 승인, 인 · 허가를 획득하고, 양수인(들)의 신고가 수리되었을 것
2. 대상회사와 주식회사 ××은행 사이에 2010. 5. 31.에 체결되고 그 이후 변경된 인천종합에너지㈜ 집단에너지사업 대출조건 변경 및 추가대출 약정에 따라 요구되는 대주주 변경 승인 및 대상회사의 이사회 결의를 얻었을 것
3. 양도인 및 양수인(들)의 진술 및 보장사항에 중대한 위반이 없고, 양도인 및 양수인(들)이 확약사항(제8조 제3호 소정의 양도인의 확약사항을 제외함)을 중대하게 위반하지 않았을 것

### 제11조 (계약의 해제)

양도인 또는 양수인(들)은, 다음에서 정하는 사유 중 하나가 발생하는 경우 그 즉시 상대방에 대하여 서면통지를 함으로써 본 계약을 해제할 수 있다. (양수인이 컨소시엄 등 다수일 경우)다음의 해제 사유 및 효과와 관련하여 양수인(들) 중 1인에 관하여 발생한 사유는, 당사자들이 달리 합의하지 않는 한, 양수인들 전체에 발생한 사유로 본다. 다만, 해제 사유의 발생에 책임이 있는 당사자가 양도인인 경우에는 양수인(들)만이, 해제사유의 발생에 책임이 있는 당사자가 양수인(들)인 경우에는 양도인만이 동 사유를 이유로 본 계약을 해제할 수 있으며, 당사자들 모두 책임이 없는 경우에는 양 당사자 모두 본 계약을 해제할 수 있다.

1. 거래종결일에 양도인과 양수인(들) 사이에 대상주식의 매매가 완료되지 아니하는 경우
2. 계약체결일로부터 90일 이내에 거래종결이 이루어지지 않은 경우
3. 거래종결 전에 일방 당사자가 본 계약을 중대하게 위반하는 경우
4. 일방 당사자가 본 계약상의 진술 및 보장을 중대하게 위반한 경우
5. 본 계약 체결 후 본건 거래 종결을 위한 절차를 진행하지 않거나 거래종결일에 거래종결이 되지 않는 경우
6. 천재지변, 법령, 정부당국의 조치, 기타 불가항력적인 사유로 인하여 본 계약에 따른 본건 거래의 종결이 불가능해지거나 불법화되는 경우. 단, 양수인(들)이 공정거래위원회에 기업결합의 신고를 하였으나, 공정거래위원회에서 경쟁을 실질적으로 제한한다고 판단하는 경우를 제외하고, 양수인(들)이 제9조 제1호의 승인, 인·허가를 획득하지 못하거나 양수인(들)의 신고가 수리되지 않은 것은 양수인(들)의 귀책사유로 본다.
7. 거래종결 전에 당사자에게 회생, 파산 등 도산절차의 신청이 있는 경우(다만, 이러한 도산절차를 제3자가 신청하는 경우에는, 신청일로부터 3개월이 지나도록 그 신청이 법원에 계류되어 있는 경우에 한함)

### 第12조 (해제의 효과)

(1) 당사자들의 책임 없는 사유 또는 양도인의 책임 있는 사유로 인하여 본 계약이 거래종결 전에 해제되는 경우에는 양도인은 양수인(들)으로부터 지급받은 계약금(지급받은 날로부터 반환 시까지 계약금 납부계좌의 이자율에 따라 발생한 이자를 포함함. 단, 제세공과금은 제외하며, 이하 본조에서 같음)을 양수인(들)의 반환청구를 받은 날로부터 [ ]영업일 이내에 반환한다.
(2) 양수인(들)의 책임 있는 사유로 인하여 본 계약이 거래종결 전에 해제되는 경우에는 양수인(들)이 양도인에게 지급한 계약금은 위약벌로 양도인에게 귀속된다.
(3) 양도인과 양수인(들)은 본 계약이 해제될 경우, 전 2항에 규정된 구제수단만이 유일한 구제수단이며, 기타의 손해배상이나 원상회복 등 일체의 다른 권리를 주장할 수 없음을 확인한다. 양도인과 양수인(들)은 어떠한 경우에도 거래종결 후에는 본 계약을 해제하거나 취소할 수 없다.
(4) 본 계약이 해제되는 경우에도 본조(해제의 효과), 제13조(손해배상), 제16조(통지 등), 제17조(비밀유지 및 비공개), 제19조(준거법), 제20조(합의관할)는 유효하게 존속된다.

### 第13조 (손해배상)

본 계약상의 진술 및 보장사항, 확약사항 또는 기타 의무 위반에 따른 손해배상책임은 아래와 같이 정하기로 한다. 단, 본 계약이 거래종결 전에 해제되는 경우에는 본조의 규정이 적용되는 대신 전조 제(1)항 내지 제(3)항을 적용하기로 한다.

1. 일방 당사자가 본 계약상의 진술 및 보장사항, 확약사항 또는 기타 의무사항을 위반하고 이로 인하여 상대방 당사자에게 손해가 발생한 경우, 일방 당사자는 이를 배상하여야 한다. 다만, 양도인의 손해배상책임은 아래 제2호와 같이 한정된다.
2. 본 계약의 위반과 관련하여 양도인이 부담하게 되는 손해배상액은 양도인의 본 계약 위반으로 인하여 양수인(들)이 입은 직접적이고 통상적인 손해(거래종결일 이전의 사유로 인하여 발생한 손해에 한하며, 이하 본호에서 같음)에 한정된다. 단, 양도인의 본 계약 위반을 직접적인 원인으로 하여 대상회사에 직접적이고 통상적인 손

실(거래종결일 이전의 사유로 인하여 발생한 손실로서 발생 여부 및 금액이 객관적이고 명백하게 입증된 것에 한하며, 이하 본호에서 같음)이 발생한 경우 그 손실액에 거래종결일 현재 대상회사 발행주식총수에서 대상주식이 차지하는 비율을 곱한 금액은 양도인의 손해배상액에 포함된다. 이와 같이 산정된 양도인의 손해배상액의 합계가 양수도대금의 3% (이하 "손해배상 기준금액")에 달하기 전까지는 양도인의 손해배상책임이 발생하지 아니하며, 손해배상 기준금액을 초과하는 경우 양도인은 그 초과액을 배상하되 이 경우에도 배상액의 합계는 양수도대금의 5% 이내로 한정된다. 이 경우 각 손해배상 원인 사실에 의하여 발생하는 개별 손해배상액이 금일억 원(₩ 100,000,000)을 초과하는 경우에 한하여 손해배상의 대상으로 되고, 손해배상 기준금액 산정에 합산된다. 본 계약과 관련한 양도인의 손해배상책임은 거래종결일 이후 1년(조세에 관한 진술 및 보장사항 위반의 경우 거래종결일 이후 5년, 환경에 관한 진술 및 보장사항 위반의 경우 거래종결일 이후 3년)까지 양수인(들)이 손해배상의 구체적인 근거 및 내역, 금액 등을 객관적이고 합리적인 입증자료와 함께 양도인에게 서면으로 통지하지 아니한 경우에는 소멸한다.

3. 양수인(들)이 제9조 제2호 내지 제7호의 의무를 위반한 경우 양수인(들)은 (연대하여) 양수도대금의 10%에 상응하는 금액을 위약벌로 양도인에게 지급하여야 한다. 양수인(들)의 위약벌 지급책임은, 제9조 제4호의 의무를 위반한 경우를 제외하고, 거래종결일로부터 36개월 이내(제9조 제5호의 의무를 위반한 경우에는 60개월 이내)에 양도인이 지급을 청구하지 아니한 경우 소멸한다.

**(양수인이 컨소시엄 등 다수일 경우)**

제14조 (양수인들 사이의 관계 및 컨소시엄 구성의 변경 등)

(1) 본 계약서에 달리 규정되어 있는 경우를 제외하고, 본 계약에 따른 양수인들의 의무에 대하여 양수인들 전부가 연대책임을 부담한다.
(2) 본 계약서에 달리 규정되어 있는 경우를 제외하고, 양수인들의 권리 행사 및 의무의 이행은 컨소시엄 대표자를 통해서 행사되거나 이행되어야 한다. 컨소시엄 대표자의 또는 컨소시엄 대표자에 대한 권리 행사 또는 의무의 이행, 의사표시 등의 효력은 다른 양수인들에게도 동일한 효력이 있다.

(3) 양수인들이 각 양수하는 대상주식의 수는 별지 1. 기재 인수대상주식수와 같다.

(4) 컨소시엄 대표자는 어떠한 경우에도 변경할 수 없으며, 양도인의 사전 서면 동의 없이는 컨소시엄 구성 또는 컨소시엄 참가자를 변경(거래구조의 변경, 컨소시엄 구성원 간 투자비율의 변경, 컨소시엄 참가자의 탈퇴 및 추가를 포함하나 이에 한정되지 아니함)할 수 없다.

## 제15조 (세금 기타 비용의 부담)

본 계약과 관련하여 각 당사자 앞으로 부과되는 세금 및 기타 비용은 각자 부담하기로 한다.

## 제16조 (통지 등)

본 계약서에 달리 규정되지 않는 한, 본 계약서상 발송이 요구되거나 허용되는 모든 통지, 청구 및 고지 등(이하 **"통지 등"**)은 서면으로 하여야 하며, ㈎ 등기우편 또는 수령확인증이 송부되는 배달증명우편에 의하여 송부된 것을 수령한 때나, ㈏ 인편 또는 인지도가 있는 상업서류 송달회사에 의해 전달된 경우, 또는 ㈐ 전송확인에 의하여 전송이 확인된 팩시밀리에 의하여 전달되는 경우에 적절히 이루어진 것으로 간주되며, 다음에 기재된 주소(혹은 통지 등에 의해 지정되는 기타 주소)에 통지 등이 이루어질 경우 양도인 또는 (모든) 양수인(들)에 대하여 통지 등이 이루어진 것으로 본다.

양 도 인 :

수 신 인 :
주 　 소 :
담 당 자 :
전화번호 :
팩스번호 :

양수인(들) :

수 신 인 :

주 소 :
담 당 자 :
전화번호 :
팩스번호 :

제17조 (비밀유지 및 비공개)

(1) 당사자들은 본 계약의 조건, 체결 및 이행과 관련된 사항에 대하여 제3자에게 공개, 누설, 공표하여서는 아니 되며 그들의 법률자문인, 회계자문인 및 기타 대리인으로 하여금 본 조의 비밀유지 의무를 준수하도록 하여야 한다. 단, 상대방당사자의 사전 동의가 있거나 법령에 의하여 공표가 의무화되어 있는 경우에는 그러하지 아니하다.
(2) 양수인(들)은 본 계약의 체결 및 이행과 관련하여 얻은 모든 자료 및 정보(본 실사를 통하여 얻은 정보 포함)를 비밀로 유지하여야 한다.

제18조 (계약의 변경과 계약의 이전)

(1) 본 계약의 변경, 개정 또는 수정은 본 계약의 모든 당사자들 또는 그로부터 적법한 대리권을 수여받은 자가 서명하지 않는 한 그 효력이 없다.
(2) 당사자들은, 상대방 당사자의 사전 서면에 의한 동의 없이는, 본 계약상의 권리나 의무의 전부 또는 일부를 제3자에게 이전할 수 없다.

제19조 (준거법)

본 계약에 따른 당사자들의 모든 권리의무에 대하여는 대한민국 법률이 적용되고, 그에 따라 해석된다.

제20조 (합의관할)

본 계약과 관련한 일체의 분쟁에 대하여는 서울중앙지방법원을 제1심 전속관할법원으로 한다.

제21조 (기타)

(1) 본 계약의 내용이, 본 계약 체결 이전의 양도인과 양수인(들) 사이의 본건 거래에 관한 기타 어떠한 합의, 교섭, 구두 또는 서면상의 내용 등과 상호 충돌되는 경우에는, 본 계약의 내용이 우선한다.
(2) 본 계약서의 각 조항은 가분적이다. 어떠한 원인에서든지 본 계약서의 일부 용어, 약정, 조건 또는 규정이 불법이거나 무효이거나 집행 불가능하더라도, 특단의 사정이 없는 한, 본 계약서의 나머지 조항은 유효하고 집행가능하며 완전한 효력을 갖는다.
(3) 본 계약서를 수정하고자 하는 경우에는, 양도인과 양수인(들)의 사전 서면에 의한 합의가 있어야 한다.

이상을 증명하기 위하여 당사자들은 본 계약 첫머리에 기재된 날짜에 본 계약서 [ ]부를 작성하여 각자 기명 날인한 후 각각 1부씩 보관하기로 한다.

"양도인"

명　칭 :
주　소 :
사　장 :　　　　　　(인)

"양수인(들)"

명　칭 :
주　소 :
대표이사 :

**출처** : www. Kdhc.co.kr, 한국지역 난방

### 1.10 대금지급

대금지급은 보통 클로징(Closing)이라고 하며, 대금지급이 완료되어야 M&A 거래가 종결된다. 대체로 대금지급은 기업결합신고가 끝나고 법인등기를 할 때 완료된다. 기업결합신고는 공정거래 위원회가 승인을 해야 가능하다. 심사기준은 두 기업이 결합했을 때 해당 산업의 경쟁을 심각하게 저해하는지 여부이다. 만약 공정거래 위원회에서 기업결합 승인을 해주지 않으면 M&A 거래는 무효가 된다. 그러나 현실적으로 M&A를 하기 전에 매수자와 매도자는 기업결합 승인이 날 것인지 아닌지에 대한 사전 검토를 거친 후에 M&A 거래에 참여하기 때문에 공정거래위원회에서 기업결합 승인이 나지 않을 가능성은 낮다.

그러나 공정거래위원회 역시 정부 산하의 조직이기 때문에 규모가 너무 커서 여론의 주목을 받는 M&A의 경우는 심사에 더욱 신중을 기하며, 때에 따라서는 정치권의 입김이 작용되는 경우도 있다. 보통 대기업 간의 기업결합신고는 우선협상 대상자의 내부 직원이 담당하지만 여론의 주목을 받는 M&A의 경우 법무자문사를 통해서 하기도 한다.

국내기업이 해외기업을 인수할 때 역시 인수하려는 대상기업이 위치한 국가에 기업결합신고를 한다. 그리고 인수 대상기업이 미국 등 해외에 사업장이 있다면 해외에 있는 사업장이 위치한 국가에 기업결합신고를 해야 한다. 모든 국가들이 기업결합신고를 심사할 때 두 기업 간의 결합이 산업의 경쟁을 과도하게 해치는지 아닌지를 검토한다. 그러나 경쟁의 제한 여부를 심사할 때 정성적인 내용이 개입될 수 있기 때문에 정치적인 이유로 인해 기업결합신고가 거절되는 경우도 있다.

대표적으로 2007년에 STX에서 아커야드(Aker Yards, 노르웨이에 본사가 소재한 크루즈 건조기업)를 인수했을 당시 EU는 STX의 기업결합신고를 1차에서 거절하였다. 이에 불복한 STX는 2차 심사를 요청했고 2차 심사에서 EU는 STX와 아커야드의 기업결합신고를 승인하였다. 기업결합신고가 완료되고 법인등기를 하면 보통 인수대금의 잔금을 매도인에게 지불하며 M&A 거래는 종료된다.

## 2. 요약

인수가 본격화되기 전에 잠재적 인수자는 대상기업을 탐색하고 이에 대한 가치평가와 인수 후 운영계획 수립을 M&A 절차가 개시되기 전에 시작한다. M&A가 시작되면 비밀유지 계약서를 체결하고 투자안내서를 교부받는다. 이를 바탕으로 가치평가를 하며, 필요한 경우 매도자에게 요청하여 추가 정보를 얻는다. 혹은 매도자가 투자안내서와 같이 데이터 패키지를 제공하여 잠재적 매수자가 가치평가와 인수 후 운영계획을 수립하는 데 필요한 자료를 제공할 수도 있다.

그 이후 잠재적 인수 후보자는 인수가액을 포함하여 인수의향서를 제출한다. 매도자는 제출받은 인수의향서를 평가하여 우선협상 대상자를 선정한다. 우선협상 대상자를 1개의 기업만 선정할 수도 있고 2개 이상의 복수 기업을 선정할 수도 있다. 선정된 우선협상 대상자는 대상회사에 대해서 정밀실사 기회를 갖고 기제공된 정보와 실사한 회사의 정보가 일치하는지 확인한다. 그 과정에서 인수의향서에 기입한 가격의 적정성을 다시 평가하고 인수 후 운영계획 을 재수립한다.

실사가 끝난 후 실사보고서를 바탕으로 우선협상 대상자는 매도자와 가격협상을 하고 이에 합의하면 주식매매계약서를 작성한다. 주식매매계약서상의 대금지급조건은 대부분 법인등기를 할 수 있을 때로 하고 그 시점은 기업결합신고를 득하는 것을 의미한다. 대금지급조건이 충족되면 우선협상 대상자는 주식매매계약에 따른 대금을 지급하고 거래가 종료된다.

M&A 거래는 짧게는 3달 길게는 6개월 이내 종료되는 거래이기 때문에 이

거래에 참여한 기업들은 매우 빠르게 전개되는 M&A 과정을 따라가야 한다. 그러므로 각 기업들은 M&A만을 전담으로 하는 부서를 만든다. 이들은 늘 M&A의 대상이 되는 기업을 물색하고 M&A 거래를 절차에 맞게 진행하며, 기업의 목표를 달성하기 위해서 노력한다. 게다가 M&A 거래가 빠르게 진행되기 때문에 기업의 최고의사결정자 역시 빠른 의사결정이 필요하다.

만약 어떤 기업의 최고의사결정자가 의사결정하는 프로세스가 상대적으로 더디다면 그러한 기업은 M&A가 기업문화 측면에서 적합하지 않다고 할 수 있다. 왜냐하면 M&A는 최고의사결정자의 업무이기 때문에 M&A를 통해서 기업을 성장시키거나 변모시키고 싶다면 최고의사결정자가 M&A를 진두 지휘하며 의사결정을 신속하게 해야 한다.

# M&A 적대적 매수 및 방어전략

ch. four

4

M&A에는 피인수 대상기업의 경영진과 협력해서 실행하는 호의적 M&A가 있고 피인수기업의 경영진 의사에 반해서 실행하는 적대적 M&A가 있다. 호의적 M&A는 매도자가 정해 놓은 매각 절차를 인수 후보들이 충실히 이행하면서 인수 후보들끼리 경쟁을 한다. 그러나 적대적 M&A는 매도자가 설정해 놓은 M&A 절차가 없기 때문에 인수자는 강제적으로 피인수기업을 인수한다.

적대적 M&A는 인수기업 입장에서는 M&A를 통해 더 많은 사업을 효율적으로 영위할 수 있다는 믿음에서 시작된다. 혹은 피인수기업이 저평가되어 있기 때문에 M&A를 통해서 자본이득을 얻을 수 있다고 생각하기 때문에 발생한다. 적대적 M&A 대상이 된 기업은 경영자가 효율적으로 경영을 하지 못했기 때문에 피인수기업의 주가가 본질가치보다 낮게 형성되어 있는 경우가 많다. 자본시장의 비효율성을 이용해서 자본이득을 취하려는 헤지펀드 같은 투기적 자본은 이를 파고들어 최대의 이익을 이끌어 내려고 한다. 여기서는 적대적 M&A 매수전략과 방어전략에 대해서 살펴보겠다. 그리고 국내에서 발생한 적대적 M&A 사례를 통해서 적대적 M&A 매수와 방어 전략이 현실에서 어떻게 사용되는지 알아보겠다.

## 1. 매수전략

적대적 M&A를 손쉽게 할 수 있는 대상은 상장기업이다. 상장기업의 경영권이 있는 주식은 누구나 쉽게 증권시장에서 매입할 수 있다. 비상장기업은 그러한 주식을 매입하려고 하더라도 주식이 매매되는 시장이 제한되기 때문에 경영권에 대한 다툼을 하기 어렵다. 게다가 상장기업은 기업의 규모가 클수록 대주주의 지분율이 낮다. 대주주 지분율이 50% 미만이고 극단적으로 대주주가 20% 이하의 지분율만 보유한다고 할 경우 적대적 M&A는 수월해진다. 적대적 M&A의 매수전략은 크게 세 가지로 나뉠 수 있다.

첫째는 시장에서 공개매수로 피인수기업을 매수하는 방법이다. 인수하려는 기업의 주식을 얼마의 가격에, 언제 동안, 그리고 얼마만큼 매수할지 시장에 공표하고 기존 주주들이 이에 응하기를 기다리는 것이다. 공개매수를 통해서 매수하려는 기업의 지분 전량을 매수할 수도 있고 일부만 매수할 수도 있다. 공개매수방법이 대부분 적대적 M&A에서 사용되는 방법이기 때문에 지분 100%를 전부 매수하기는 어렵다.

예를 들어, A라는 투자자가 삼성전자 주식 20%를, 주당 2,500,000원에 앞으로 2주 동안 매수한다고 가정하자. 이에 응하는 주주들은 A에게 주식을 팔겠다고 통보한다. 이는 우리가 일상적으로 주식을 매매하는 방법과 다르다. 위의 예에 나온 공개매수에서 매수요구에 응하는 주주들이 많지 않아 인수하려는

**그림 4-1 공개매수 절차**

| | |
|---|---|
| 공개매수 사무취급자 선임 | 공개매수 사무취급자 선임 |
| 공개매수 내용공고 | 일간신문 또는 경제 분야의 특수 일간신문 중 전국을 보급지역으로 하는 둘 이상의 신문에 공고 |
| 공개매수 신고서 제출 | 공개매수 공고일에 금융위와 거래소에 공개매수 신고서를 제출하고 신고서 사본은 공개매수 대상회사에 송부 |
| 공개매수 설명서 작성 · 비치 | 공개매수 공고일에 설명서를 금융위와 거래소에 제출, 금융위, 거래소, 공개매수사무취급자의 본 · 지점에 배치 |
| 공개매수 실시 | 공개매수 공고일에서 3일이 경과하는 날부터 20일 이상 60일 이내 |
| 공개매수 통지서 송부 | 공개매수 기간이 종료한 때 매수상황, 매수예정 주식 등에 필요한 사항을 기재하여 응모자에게 송부 |
| 매수대금 지급 | 공개매수 기간 종료일의 다음 날 이후 지체 없이 공개매수 수량을 전부 매수 |
| 공개매수결과보고서 제출 | 공개매수 결과를 금융위, 거래소에 보고 |

출처 : 금융감독원, 기업공시 실무 안내

지분율 20%에 미달할 경우에는 A투자자가 1주도 인수하지 않겠다고 할 수 있고 당초 획득하려는 지분율에 미달하더라도 인수하겠다고 할 수도 있다. 적대적 M&A의 방법으로 공개매수를 한다면 피인수기업의 경영진은 기존 주주들에게 공개매수에 응하지 않을 것을 권유할 수 있다. 반대로 드물지만 공개매수가 호의적 M&A 형태로 진행된다면 피인수기업의 경영진은 기존 주주들에게 공개매수에 응해 달라고 권유할 수도 있다.

공개매수를 진행하기 위해서는 최장 6개월 내에 5% 이상의 지분을 10인 이상의 불특정 다수로부터 매입해야 한다. 공개매수를 하면 시장에서 매입하는 것보다 저렴하게 매입할 수 있는 장점이 있다. 일반적으로 공개매수 가격은 시장에서 거래되는 주가보다 높지만 원하는 지분까지 시장에서 매입하려면 매입하는 기간 중에 지속적으로 주가가 상승하여 결과적으로 공개매수하는 것보다 평균 매입단가가 비쌀 수 있다. 게다가 공개매수를 하면 빠르게 매수절차에 돌입할 수 있어 피인수 대상회사의 적대적 M&A에 대한 방어시간을 줄여서 효과적으로 M&A를 진행할 수 있다. 다만 시장에서 매수할 때 피인수 대상 지분 5%를 초과하면 인수자는 이 사실을 공시해야 한다. 그러면 피인수자는 자신의 기업이 적대적 M&A에 처했다는 사실을 알고 이에 대한 대비를 조기에 할 수 있다.

반면에 공개매수는 이에 응하는 주주가 없을 경우에는 쉽게 실패할 수 있는 전략이다. 공개매수는 적대적 M&A에서 가장 많이 사용되는 방법 중 하나라고 할 수 있다.

공개매수 사무취급자를 선정하면서 공개매수는 시작된다. 공개매수 사무취급자는 보통 증권회사가 한다. 인수기업은 공개매수 내용을 일간지에 공고하고 공개매수 신고서를 금융거래위원회와 거래소에 제출한다. 그 후 공개매수 설명서를 작성하고 공개매수 사무취급자의 본 · 지점에 이를 비치해 두면 공개매수가 실시된다. 공개매수가 실시되면 이 사항을 주주들에게 통지한다. 공개매수 종료 다음 날 대금을 지급하고 공개매수 결과보고서를 금융거래위원회와 거래

표 4-1 2010년~2014년 상장사의 공개매수 신고 현황

| | 2010년 | 2011년 | 2012년 | 2013년 | 2014년 |
|---|---|---|---|---|---|
| 상장폐지 | 2 | 1 | 7 | 3 | 6 |
| 지수회사 요건 충족 | 6 | 1 | 6 | 2 | 6 |
| 적대적 M&A | 1 | 0 | 0 | 1 | 0 |
| 경영권 안정 | 0 | 0 | 1 | 0 | 1 |
| 기업가치 제고 | 1 | 0 | 1 | 1 | 1 |
| 합계 | 10 | 2 | 15 | 7 | 14 |

**출처** : 한국거래소 상장공시시스템 및 통계청 국가통계포털

소에 제출하면 완료된다.

우리나라에서는 적대적 M&A에 대한 수단으로 공개매수가 많이 사용되지 않는다. 상장사들이 경영권을 공고히 한 상태에서 상장을 하여 경영권을 행사할 수 있는 충분한 지분을 보유하는 경우가 많기 때문이다. 또한 동양적 정서에서는 적대적 M&A를 쿠데타 혹은 배신으로 보기 때문에 기타 주주와 각종 이해관계자의 반발로 인해 성공하지 못하는 경우가 자주 목격된다.

둘째는 시장 내에서 매입하는 방법이 있다. 공개매수가 일시적으로 원하는 지분만큼 매입하는 방법이라면 시장 내에서 매입하는 방법은 매일 거래되는 가격으로 원하는 지분이 될 때까지 매입하는 방법이다. 공개매수에 비해서 시간도 오래 걸린다. 게다가 5%룰에 의해서 취득한 지분이 전체 지분의 5%가 초과할 경우 이를 공시하고 매입사유에 대해서도 공시해야 한다. 그러므로 피인수기업에게 적대적 M&A에 대해서 준비할 수 있는 시간을 주게 된다.

이러한 단점이 있음에도 불구하고 시장 내에서 매입하는 이유는 단독으로 적대적 M&A를 하는 것이 아니라 적대적 M&A를 실행하는 기업을 도와줄 수 있는 우호세력이 있기 때문이다. 그 우호세력과 지분을 합치면 충분히 적대적 M&A가 성공할 수 있다. 예를 들어 투자자 A가 삼성전자 지분 20%를 보유하길

원한다고 가정하자. 투자자 A와 이에 우호적인 투자자 B, C, D, E가 존재하며 B, C, D, E의 총 보유 지분이 15%일 경우 투자자 A는 굳이 공개매수를 통해서 삼성전자 지분 20%를 보유할 필요는 없다. 5%의 지분만 보유해도 투자자 A에 우호적인 주주 B, C, D, E가 있기 때문에 삼성전자 지분 20%를 보유한 것과 같은 동일한 효과를 낼 수 있다.

5%룰과 유사하게 10%룰이 있어서 매수할 때 유의해야 한다. 인수기업이 펀드(Fund)일 경우 펀드가 보유자금의 10%를 초과해 한 종목에 투자하거나 한 회사의 전체 발행주식 10%를 초과하여 취득할 경우 해당 내역을 5거래일 안에 금융당국에 보고해야 한다. 예를 들어, 한 펀드의 자산이 1,000억원이면 한 종목에 투자한 금액이 100억원이 넘어갈 경우 이를 감독당국에 보고하도록 하고 피인수기업의 지분 10%를 초과하여 투자할 경우 이 역시 금융당국에 보고해야 한다. 이 규정을 통해서 적대적 M&A의 대상이 되는 기업이 경영권 방어에 시간을 갖고 대응할 수 있다.

마지막으로 위임장 대결이 있다. 주주총회를 하면 안건에 대해서 주주들이 1주당 1개의 의결권을 행사한다. 많은 의결권을 보유한 주주는 자신들이 원하는 방향으로 주주총회 안건에 대해서 가결 혹은 부결시킬 수 있다. 현실에서는 주주총회를 개최해도 모든 주주가 참석하는 건 아니다. 참석하지 않는 주주들은 자신의 의결권을 제3자에게 위임하는 경우가 많다. 적대적 M&A 상황이 없는 경우 주주총회에 참석하지 않는 소액주주나 기관투자자들은 자신들의 의결권을 회사에 위임하는 경우가 많다. 적대적 M&A 상황이라면 인수자는 주주총회에 참석하지 않는 주주들에게 의결권을 위임해달라고 요청할 것이다.

예를 들어, A라는 투자자가 삼성전자 주식에 대해서 20%의 의결권만 보유한다면 주주총회에서 기존 이사를 해임시킬 수 있다고 가정하자. A라는 투자자가 보유한 지분율이 10%일 경우 나머지 10%의 의결권을 확보하는 방법은 두 가지가 있다. 하나는 A라는 투자자가 추가적으로 삼성전자 지분 10%를 더 확보하는 것이며, 다른 하나는 A라는 투자자가 주주들을 찾아다니며 의결권을 자신에게 위임해달라고 요청하는 방법이 있다. 위임장 대결은 추가적인 자금의 투자 없이 피인수기업에 대하여 경영권을 행사할 수 있는 방법이다. 위임장 대결은 적대적 M&A에서 인수자가 공격하는 수단으로 사용할 수도 있고 피인수자가 방어하는 수단으로 사용할 수도 있다.

이 외에도 그린메일(Green Mail), 곰의 포옹(Bear Hug), 파킹(Parking) 등의 적대적 M&A 공격수단이 있다. 그린메일은 투기성 자본이 특정기업의 지분을 매입한 후 경영진을 교체한다고 협박하거나 자신들이 매입한 지분을 비싼 가격에 되사줄 것을 요구하는 것이다. 이는 실제적으로 M&A를 목적으로 하기보다는 재무적 차익을 위해서 하는 경우가 많다. 곰의 포옹은 공개매수를 선언하면서 피인수 대상기업에게 적대적 M&A에 대해서 방어행위를 중지하도록 권유하는 방법이다. 마지막으로 파킹은 적대적 M&A를 실행하는 투자자에게 우호적인 제3자를 통해서 지분을 확보하게 한 뒤 주주총회에서 기습적으로 의결권을 행사하여 경영권을 확보하는 방법이다. 이의 3가지 기법을 기업 공개매수, 매수, 위임장 대결과 조합하여 M&A 매수전략을 수립하고 실행할 수 있다.

## 2. 방어전략

매수전략에는 시장에서 매입, 공개매수, 위임장 대결과 같은 상대적으로 단순한 방법이 있다. 적대적 M&A에서 공격하는 입장은 주식매입이라는 수단만 있고 주식매수를 빠르게 매입할지 천천히 매입할지 여부를 공격자 입장에서 선택할 수 있다. 단독으로 매입하여 인수할지 적대적 M&A에 호의적인 제3자를 통해서 매입할지도 결정할 수 있다. 자금이 충분치 않다면 위임장 대결을 통해서 경영권도 확보할 수 있다. 이렇듯 적대적 M&A에서 매수전략은 상대적으로 단순하다.

그러나 방어전략은 그 방법이 다양하게 존재한다. 5%룰과 10%룰은 매수전략인 동시에 피인수기업의 경영진에게는 적대적 M&A에 대응할 수 있는 시간적 여유를 주기 때문에 매수와 방어 둘 다 영향을 주는 제도이다.

대표적인 방어전략으로는 핵심 · 기간산업에 대한 사전규제, 주식의 제3자 배정, 자기주식 취득, 황금 낙하산, 시차 임기제, 초다수결의제, 포이즌필, 차등의결권주, 황금주가 있다. 이 중에서 우리나라에서 시행되는 제도는 〈표 4-2〉와 같다.

**표 4-2** 적대적 M&A 방어수단

| 적대적 M&A 방어전략 | 국내 제도 허용 여부 |
|---|---|
| 핵심 · 기간산업 사전규제 | O (전기, 통신업 규제) |
| 주식의 제3자 배정 | O |
| 자기주식 취득 | O |
| 황금 낙하산 | O |
| 시차 임기제 | O |
| 초다수결의제 | O |
| 백기사 | O |
| 핵심사업부 매각 | O |
| 팩맨 전략 | O |
| 포이즌필 | X |
| 차등의결권주 | X |
| 황금주 | X |

**출처** : 한국기업지배 구조원, 「국내 상장사의 다양한 M&A 방어수단」, 『IR FOCUS』, 2015년 9월호

첫째, 핵심 · 기간산업 사전규제는 전기 · 통신 산업에 한해서 외국인이 취득할 수 있는 지분은 40%(증권업 감독규정)이며, 외국인 투자 및 기술도입에 관한 규정은 외국인이 국내의 전기 · 통신 산업의 기업에 투자할 수 있는 비율을 50%보다 낮은 지분율로 설정하여 외국인은 전기 · 통신 사업의 최대 주주가 될 수

없도록 하였다. 두 법규는 서로 다른 지분율을 지칭하기 때문에 실제적으로 이를 종합하면 외국인이 전기 · 통신 산업에 한해서 취득할 수 있는 지분을 40%로 제한했다고 볼 수 있다. 이로 인해 외국인이 해당 산업에서 적대적 M&A를 하기는 어렵다.

둘째, 주식의 제3자 배정이다. 우리나라 상법은 정관에서 정한 경우를 제외하고 기존 주주들은 회사가 신주를 발행할 때 이를 배정받을 권리가 있다고 규정한다. 이러한 규정이 없다면 신주를 발행할 때마다 신규 주주에게 배정을 하면 구 주주의 지분율이 하락되어 구 주주의 재산권을 침해할 수 있다. 그러나 M&A 상황과 같은 특수한 경우에는 신주를 제3자에게 발행하여 적대적 M&A를 시도하려는 대상의 지분율을 낮추면서 적대적 M&A에 대한 방어를 허용한다. 유상증자의 경우 크게 4가지가 있으며 회사는 자신들이 유리한 방향에 맞춰 신주를 배정할 수 있다.

**표 4-3** **유상증자 유형**

| 유형 | 설명 |
|---|---|
| 일반 공모 | ▪ 기존 주주뿐만 아니라 주주가 아닌 일반 투자자에게도 공개적으로 주식을 인수할 수 있는 기회를 제공함<br>▪ 기존 주주는 공모에 참여할 수 있지만 일반인과 동일한 조건으로 참여해야 함<br>▪ 해당 회사 정관에 주주의 신주인수권을 배제할 수 있다는 조항이 있어야만 가능함 |
| 주주 우선 공모 | ▪ 주관사회사인 증권회사가 유상증자분을 총액으로 인수하여 기존 주주와 우리사주 조합원에게 우선청약을 받고 미달분에 한해서 일반 투자자를 대상으로 공모함<br>▪ 공모에서 청약 미달된 주식은 주관사회사가 인수하기 때문에 실권주 없음<br>▪ 기존 주주가 아닌 투자자는 초기 단계에서 공모에서 배제됨<br>▪ 제3자 배정이라고 할 수 없음 |
| 주주 배정 | ▪ 신주를 기존 주주에게 배정하는 방법<br>▪ 기존 주주는 신주에 대해서 청약을 할 수 있는 권리를 갖고 있음<br>▪ 기존 주주가 실권할 경우 실권주를 기존 주주에게 배정하거나 제3자에게 배정할 수 있음 |
| 제3자 배정 및 사모 | ▪ 정해진 제3자에게 주식을 배정하는 방법<br>▪ 기존 주주에게 배정하지 않으므로 주주평등의 원칙에 위배됨<br>▪ 제3자 배정요건을 정관에 명확히 기재해야 함 |

**출처** : 한국기업지배 구조원, 「국내 상장사의 다양한 M&A 방어수단 도입현황」, 엄수진

셋째, 자기주식 취득을 통해서 적대적 M&A를 방어할 수 있다. 회사는 여유자금을 통해서 자기주식을 취득할 수 있다. 자기주식을 취득하면 시장에서 유통 중인 주식 총 수가 감소하여 적대적 M&A를 실행하는 기업의 지분율이 증가한다. 그러나 곧 자기주식을 제3자에게 배정하거나 피인수기업에게 호의적인 기업에게 배정함으로써 우호 지분을 늘리는 방안이 있다.

이는 백기사 전략과 결합하여 사용한다. 백기사 전략은 적대적 M&A 상황에 처한 피인수기업에게 우호적인 존재가 되어서 피인수기업이 적대적 M&A 상황에서 벗어날 수 있도록 도와주는 방법이다. 이 전략은 백기사가 피인수기업의 대주주보다 지분을 많이 소유하게 되므로 적대적 M&A가 종료된 후에 백기사가 적대적 M&A를 실행하지 않는다는 확신이 있어야 한다. 피인수기업의 대주주와 백기사의 대주주 간에는 사업적 친밀도 혹은 인간적 친밀도가 있어서 서로 신뢰할만한 상대가 될 때 피인수기업의 대주주는 백기사에게 취득한 자기주식을 매각하여 적대적 M&A 상황을 해결할 수 있다.

넷째, 황금 낙하산은 이사가 임기를 채우지 못하고 회사의 경영일선에서 물러날 경우 이사에 대한 퇴직금 등 보수를 높게 책정하여 적대적 M&A를 실행하는 기업에게 재무적 부담을 줘서 적대적 M&A를 중단시키게 만드는 제도이다. 만약 적대적 M&A가 성공해서 피인수기업들의 경영자들이 임기만료 전에 해고된다면 이들은 회사에게 높은 보상을 요구할 수 있다.

이 전략은 이사들을 임기 전에 해고하면 많은 보수를 지급하기 때문에 이를 회피하기 위해서 피인수기업의 경영진 임기가 끝날 때까지 이들을 해고하지 못하게 할 수 있다. 이사들의 임기는 보통 3년이기 때문에 이들의 임기가 끝날 때까지 기다리면서 적대적 M&A를 하는 투자자는 많지 않다. 그러므로 황금 낙하산은 적대적 M&A를 효과적으로 방어하는 수단으로 사용된다. 황금 낙하산과 유사하게 주석 낙하산이라는 개념도 있다. 적대적 M&A가 성사되었을 경우 회사직원에게 별도의 퇴직금을 지급하게 하여 적대적 M&A의 주체가 되는 기업의 재무적 부담을 증가시키는 방법이다. 이를 통해 적대적 M&A의 동기를 낮출 수 있다.

다섯째, 시차 임기제는 이사들의 임기를 어떤 한 시점에 일괄적으로 몰아 두는 것이 아니라 임기를 분산시켜서 적대적 M&A가 성공하더라도 점령기업이 피인수회사의 점령까지 시간이 소요되게 하여 적대적 M&A를 방어한다.

여섯째, 초다수결의제가 있다. 상법상 특별결의를 하기 위해서는 총 발행주식 수의 $\frac{1}{4}$ 주식을 갖고 있는 주주들이 주주총회에 참석해야 하고 이 중 $\frac{2}{3}$이상의 의결권을 확보했을 경우에 의안이 가결된다. 이사 해임이나 합병 찬성 같은 중대한 행위에 대해서 이보다 더 엄격한 가결기준을 만들어서 충분히 많은 지분을 보유해야만 적대적 M&A가 성공할 수 있도록 만드는 것이 초다수결의제이다.

일곱째, 핵심사업부 매각이다. 적대적 M&A를 시도하는 기업은 피인수기업의 핵심사업부를 평가하고 그 핵심사업부가 자신의 사업활동을 영위하는 데 있어서 꼭 필요한 사업이라고 생각하여 적대적 M&A를 실행한다. 혹은 그 핵심사업부를 현재의 경영진이 효율적으로 운영하지 못해서 비효율이 발생한다고 생각하기 때문에 적대적 M&A는 발생한다. 즉, 모든 적대적 M&A의 원인은 피인수기업이 갖고 있는 핵심사업부 때문이다. 그러므로 핵심사업부를 제3자에게

**표 4-4 2013년 국내 상장사 M&A 방어수단 도입 현황**

| M&A 방어수단 | 도입비율 |
|---|---|
| **임원해임 요건 가중**(초다수결의제) | 7.7% |
| **합병 특별결의 요건 가중**(초다수결의제) | 3.4% |
| **시차 임기제 도입** | 87.1% |
| **황금 낙하산 도입** | 8.0% |
| **제3자 배정 유상증자 실시** | 2.1% |
| **최대주주 및 특수관계인에게 실권주 배정**(3자 유상증자) | 0.9% |

**출처** : 한국기업지배 구조원, 「국내 상장사의 다양한 M&A 방어수단 도입현황」, 엄수진

매각한다면 적대적 M&A를 추진하려는 점령군은 M&A를 할 이유가 사라진다. 이러한 방법을 통해서 기존 경영진은 M&A를 방어할 수 있다.

마지막으로 허용되는 방어전략은 팩맨 전략이다. 피인수기업이 인수기업의 주식을 역으로 매입하는 방법이다. 방어기업은 공격기업에 대한 인수계획을 공표하고 공격기업의 주식을 매입하는 방법이다. 이는 서로가 지분율 10% 이상을 확보하면 서로 의결권이 제한되는 것을 노린 것이다. 팩맨 전략은 방어하는 기업이 실제로 공격기업을 인수하려는 것은 아니며 단지 인수하려는 의욕을 꺾어놓아서 적대적 M&A 상황을 벗어나기 위한 전략으로 사용된다.

나머지 포이즌필, 차등의결권, 황금주식은 우리나라에서 허용되는 적대적 M&A 방어수단은 아니다. 포이즌필은 적대적 M&A로 인해 기존 경영권이 위협을 받을 경우 기존 주주들에게 회사 신주를 시가보다 낮은 가격으로 매입할 수 있는 권한을 부여하여 기존 주주의 지분율을 높이거나 기존 주주의 의결권을 강화시켜 적대적 M&A를 방어할 수 있게 하는 것이다.

차등의결권은 모든 주식의 의결권이 1주당 1개가 아닌 주식을 발행하는 것이다. 우리나라 상법상 1주당 1개의 의결권만을 인정하기 때문에 차등의결권은 현행법상 허용되지 않는 규정이다. 황금주식은 특정 주식에 주주총회의 특정 의결사항에 대한 부결권을 부여하는 방법이다. 예를 들어, 인수 · 합병에 대해서 황금주식이 부결권을 행사하면 모든 요건이 충족됨에도 불구하고 인수 · 합병이 부결되게 할 수 있다.

우리나라 기업들은 시차 임기제를 제외하고는 다양한 방어수단을 도입하지 않는다. 적대적 인수 · 합병이 우리나라 경영환경에서 자주 일어나는 일이 아니기에 과도하게 방어전략을 수립하여 대비할 필요가 낮기 때문으로 추정된다.

〈표 4-5〉는 해당 기업이 적대적 M&A의 타깃이 될 수 있는지에 대한 자가진단표이다. 〈표 4-5〉를 참고해 적대적 M&A의 타깃이 될 가능성이 높은 기업은 이에 대한 방어를 해야 할 필요가 있다.

표 4-5 적대적 M&A 자가진단표

| 구분 | 주 내용 |
|---|---|
| 지분문제 | ▪ 대주주 지분이 낮은가(약 30% 이하)<br>▪ 지분분쟁 가능성은 없는가?<br>▪ 우호적인 안정지분은 어느 정도 확보하고 있는가?<br>▪ 피라미드식의 단순한 지배구조인가?<br>▪ 상속에 관한 문제는 없는가? |
| 자산상태 | ▪ 숨겨진 부동산 등 자산이 많은가?<br>▪ 경영을 지배하고 있는 자회사들이 우량한가?<br>▪ 현금성 자산이 많은가?<br>▪ 지주회사인가?<br>▪ 향후 개발 예정지역에 대규모 부동산은 없는가?<br>▪ 유휴자산이 많은가? |
| 수익규모 | ▪ PBR이 1 이하이면서 PER가 12배인가?<br>▪ 현금흐름이 양호한가?<br>▪ 수익에 비해서 배당금이 적지 않은가?<br>▪ 적자사업부가 존재해서 이 사업부가 회사 전체의 실적에 영향을 주는가? |
| 재무구조 | ▪ 유휴자산 매각으로 재무구조 개선이 용이한가?<br>▪ 부채비율이 낮고 차입여력이 높은가? |
| 기술인력수준 | ▪ 보유인력이 탁월한가? |
| 주가수준 | ▪ 대주주 지분이 낮으면서 주가가 저평가되지 않았는가?<br>▪ 수익이나 현금흐름에 비해서 주가가 너무 낮지 않은가?<br>▪ 보유 부동산에 비해서 주가가 너무 낮지 않은가?<br>▪ 특허 등 기업가치에 반영되지 않는 무형자산이 많은가? |
| 경영자의 자질 | ▪ 경영자의 부조리 등 도덕성에 문제가 없는가?<br>▪ 불만 주주세력은 없는가?<br>▪ 경영자가 무능한가?<br>▪ 시장진입 장벽이 낮은가?<br>▪ 브랜드 인지도는 탁월한가? |

출처 : 박희연, 『M&A 전쟁과 기업혁명』, 넥서스 1997

## 3. 적대적 M&A의 의의

적대적 M&A는 기존 경영진이 자신의 기업에 100% 에너지를 투입하지 못하게 하는 단점이 있다. 특히 상장사의 경영진은 언제 적대적 M&A가 발생할지 모르는 상황에서 경영을 해야 하기 때문에 경영에 대한 안정성이 떨어진다. 그리고 언제 발생할지 모르는 적대적 M&A에 대비하기 위해서 적대적 M&A 방어전략을 구축해야 한다. 이 과정에서 기존 경영진과 주주들 사이에서 갈등이 발생할 소지가 존재한다.

예를 들어 기존 경영진이 황금 낙하산 제도를 도입하려고 할 경우 기존 주주들은 이를 반대할 수 있다. 기존 경영진이 황금 낙하산이라는 제도를 도입하면 적대적 M&A가 발생하더라도 자신들이 피해를 보지 않기 때문에 이전보다 회사 경영을 더 등한시할 수 있는 동기를 제공한다. 극단적으로 적대적 M&A만을 하는 헤지펀드 같은 투자자들의 타깃 기업이 되기 위해서 더욱 방만한 경영을 할 수 있는 부작용이 존재한다.

동양적 정서상 적대적 M&A에 대해서 호감을 갖지 못하는 부분이 존재한다. 그러나 적대적 M&A는 단점도 있지만 장점도 있다. 자주 적대적 M&A의 대상이 되는 기업은 무능한 경영진으로 인해서 그 기업의 가치가 제대로 발현되지 않거나 시장에서 해당 기업이 내재가치보다 많이 저평가되어 있다는 확신을 주변에 심어주기 때문에 타깃이 된다. 적대적 M&A를 당하지 않기 위해서 경영자들은 회사의 가치를 높게 만들어서 적대적 M&A를 하는 투자자들이 해당 기업을 인수하더라도 자본이득을 볼 수 없다는 인식을 심어주어야 한다. 그러므로 적대적 M&A는 기존의 경영자들이 회사 경영을 좀 더 효율적으로 할 수 있는 장치이다.

## 4. 적대적 M&A 사례

적대적 M&A를 실행하는 기업은 언제 어떤 방식으로 대상기업을 공격하고 대상기업은 어떻게 이를 방어하는지 SK와 KT&G의 사례를 통해서 살펴보겠다. 이를 통해서 지금까지 살펴본 적대적 인수·합병의 매수전략과 방어전략이 현실세계에서 어떻게 활용되는지 알아보겠다. SK와 KT&G의 적대적 M&A는 주주행동주의 펀드라는 헤지펀드에 의해서 이루어졌으며, 이들은 언제나 기업지배구조와 관계되어 발생하는 비효율이 주식가치를 낮게 만들 경우 기업지배구조의 약한 부분을 공격하여 최대한의 이익을 올리는 방법으로 투자를 한다.

**표 4-6** 해외 사모펀드/헤지펀드 국내 투자사례

| 펀드명 | 종류 | 투자시기 | 투자대상 | 투자규모 |
|---|---|---|---|---|
| 아이칸 파트너스 | 헤지펀드 | 2006년 | KT&G | 지분 6.59% |
| 헤르메스 | 헤지펀드 | 2004년 | 삼성물산 | 200억원 |
| 소버린 자산운용 | 사모펀드 | 2003년 | SK | 지분 14.99% |
| CVC Capital 파트너스 | 사모펀드 | 2001년 | 머큐리 | 3.33억 달러 |
| 어피니티 에쿼티 파트너스 | 사모펀드 | 2001년 | 해태제과 | 1.06억 달러 |
| 칼라일 그룹 | 사모펀드 | 2000년 | 한미은행 | 지분 36.6% |
| 타이거펀드 | 헤지펀드 | 1999년 | SKT | 지분 6.66% |

출처 : 『LG주간경제』, 2007년 4월

상대적으로 지분구조도가 취약한 우리나라는 종종 글로벌 헤지펀드와 사모펀드의 공격을 받았다. 앞으로도 대기업의 지배구조가 취약하거나 경영자의 무능으로 주가가 내재가치보다 낮다면 언제든지 이러한 투기자본의 공격을 받을 것이다.

## 4.1 소버린의 SK그룹 인수

2003년 4월 소버린은 SK글로벌 분식회계 사태 직후 SK그룹의 사실상 지주회사인 SK의 주식을 집중 매입하여 SK의 경영권을 위협하였다. 소버린이 SK의 지분을 매입하기 전에 SK그룹의 지배구조도를 보면 최태원 회장이 SK C&C를 통해 SK그룹을 지배하고 있는 단순한 지배구조를 갖고 있다. SK C&C와 SK건설, SK케미칼이 소수의 SK 지분을 보유하고 SK는 SK해운, SK글로벌, SK텔레콤의 핵심 자회사를 보유하고 있다. 사실상 SK가 SK그룹의 주요계열사를 지배하고 있는 지주회사 역할을 하고 있다.

이러한 지배구조의 취약점을 이용하여 소버린은 2003년 4월 12일 크레스트 시큐리티를 통해 SK 지분 8.64%를 매입하였다. 이후 장내에서 추가 매입하였다. 2003년 4월 16일에는 총 약 1,500억원을 투입하여 SK 지분 14.99%까지 매입, SK의 2대 주주(단일 주주로는 최대주주)가 되었다. 소버린이 SK를 인수하면 SK그룹의 핵심계열사인 SK글로벌, SK해운, SK텔레콤까지 자회사로 둘 수 있는 상황이었다.

소버린은 SK의 2대 주주로 부상한 후 SK글로벌 지원 반대, 현 경영진 사임 요구, 사내외 이사후보 추천, 집중투표제 도입을 요구하였다. 소버린이 SK 지분

**그림 4-2 2002년 말 기준 SK그룹 지분구조**

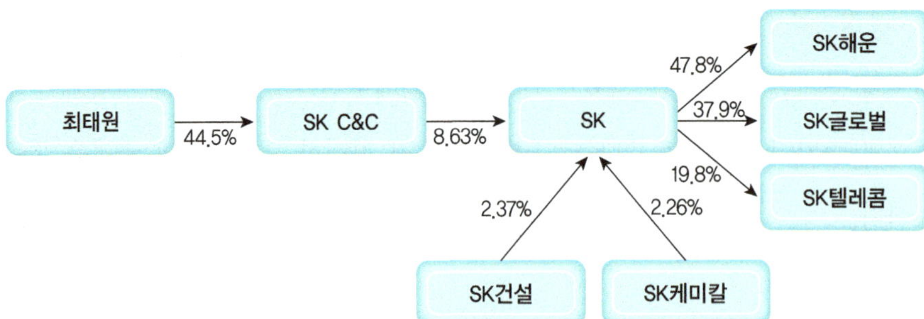


출처 : 각사 사업보고서

을 10% 이상 매입하면서 SK는 외국인 투자기업으로 지정되어 출자총액제한 적용대상에서 제외되었다. 이를 통해 SK그룹의 타 계열사가 보유한 SK의 지분이 부활되었다. 그러나 소버린 역시 크레스트 증권이 보유했던 지분 14.99%를 크레스트 증권의 5개 자회사로 분산 · 매각하였다. 왜냐하면 소버린이 SK의 감사위원으로 선임될 경우 3% 이상의 의결권 행사가 불가능하기 때문이다. 소버린은 SK의 감사위원으로 선임될 경우까지 내다보고 이러한 결정을 하였다.

소버린이 이미 SK 지분을 14.99%를 취득하였기 때문에(외국인이 전체 지분 10% 이상 취득할 경우 외국인 투자기업으로 분류됨) SK는 전기통신사업법상 이미 외국인으로 간주되었다. SK텔레콤은 전기통신 사업자이기 때문에 SK텔레콤의 대주주인 SK는 SK텔레콤에 대한 의결권이 제한된다. 왜냐하면 당시에는 핵심 기간사업인 전기통신 사업자의 경우 외국인이 최대한 취급할 수 있는 주식이 49%로 제한되었기 때문이다. 당시 SK텔레콤의 외국인 투자 지분율은 49%이었기 때문에 소버린이 SK 주식을 14.99%에서 추가로 더 취득한다면 더 취득한 만큼의 지분율만큼 SK는 SK텔레콤의 지분을 매각해야 했다. 즉, 소버린이 SK 주식을 더 취득하면 최태원 회장은 SK그룹의 알짜 계열사인 SK텔레콤의 지분을 매각해야 하기 때문에 SK텔레콤을 잃어버릴 수도 있는 상황이었다. 이처럼 소버린은 SK를 더 위협할 수 있는 상황이었다.

SK는 2004년 1월 30일에 지배구조 개선방안을 발표하고 자사주 매각, 지배구조 개선, 주주관리 강화 등 경영권 방어노력을 하였다. SK는 1차적으로 은행 및 국내외 협력사를 백기사로 동원하여 자사주를 매각하였으며 소액주주와 기관투자자들을 SK편으로 만들기 위해서 소버린이 요구한 개선 사항을 상당부분 수용하였다. 그 결과 2004년 주주총회에서 소버린으로부터 경영권을 방어하는데 성공하였으며, 2005년의 주주총회에서도 주주들의 신임을 얻었다. 2005년 7월 소버린은 SK의 지분을 전량 매각하고 이 과정에서 배당수익 500억원과 주가상승으로 확보된 이익 8,000억원을 챙겼다. SK와 소버린과의 경영권 분쟁에서 소버린은 2년 4개월 동안 약 8,500억원의 차익을 보았다. 투자금액 1,500억원으로 8,500억원의 이익을 보아서 총 560%가 넘는 수익을 올렸다.

이를 계기로 SK는 대주주 지분 안정화 작업을 했으며 2015년 8월 SK와 SK C&C가 합병하여 SK로 사명을 변경하였다. 합병 후 SK의 대주주인 최태원 회장의 지분이 23.4%로 확대되어서 안정적인 경영권을 확보하게 되었다. 최태원 회장과 특수관계인까지 지분을 합하면 30.89%의 지분을 보유하게 되므로 앞으로 경영권 관련 분쟁은 일어나지 않을 것으로 예상한다.

소버린은 SK 지배구조 중 가장 약한 부분을 파악하고 시장에서 단순 매집하는 전략을 통해서 적대적 M&A를 시도했었다. 그리고 주식 매집을 단기자본 차익보다는 지배구조 개선을 통한 주주가치 향상이라는 명분으로 시도해서 큰 호응을 얻었다. 이에 SK는 자기주식 취득과 주식의 제3자 배정, 백기사의 도움을 통해서 경영권을 방어하였다. 그리고 주주총회 때마다 위임장 대결을 통해서 실제 자신들이 보유한 주식보다 더 많은 의결권을 행사하려고 했다. 이러한 과정을 통해서 SK는 이전보다 투명한 경영을 했으며, 일반 투자자들은 소버린의 SK 투자목적을 알게 되었다.

실제 소버린은 14.99%의 지분보다 더 많은 지분을 취득하여 실질적으로 SK를 적대적 합병하는 것이 가능했다. 그러나 소버린은 지분취득을 더 하지 않으면서 적대적 인수 · 합병이라는 테마를 만들어서 단기 자본이득이라는 목적을 간접적으로 분명히 하였다. 이 과정에서 소버린은 8,500억원이라는 이익을 거머쥐었으나 나머지 85%의 주주도 소버린과 투자시점이 같고 매각시점이 같다면 이처럼 많은 수익을 올렸을 것이다.

투기자본이 경영권을 불안하게 하는 나쁜 측면도 있으나 지배구조 개선을 통해서 저평가된 기업의 가치를 끌어 올려 주주가치를 상승하게 만드는 순기능도 같이 존재한다. 이처럼 적극적으로 주주의 이익을 내는 투기자본을 주주행동주의 자본이라고 한다. 전 세계에는 소버린과 같은 투자자들이 많이 존재한다.

기업 내부의 구조로 인해 저평가된 기업이 있다면 언제든지 그들의 좋은 먹이감이 될 것이다.

## 4.2 칼 아이칸의 KT&G 인수

KT&G는 1952년 설치된 전매청과 1989년 창립된 한국담배인삼 공사의 후신이다. 1999년에 홍삼사업을 영위하는 한국인삼공사가 분리되어 나갔으며 같은 해에 한국증권거래소에 상장되었다. 이 후 정부출자은행들이 보유한 지분을 매각하면서 2002년에 완전 민영화되고 같은 해 한국담배인삼공사에서 KT&G로 사명을 바꿨다. KT&G는 지배주주가 존재하지 않고 다양한 기관 투자자들이 회사를 소요하였으며 전문경영인이 회사를 맡아 운영하였다.

**그림 4-3 2004년 말 KT&G 주요주주**

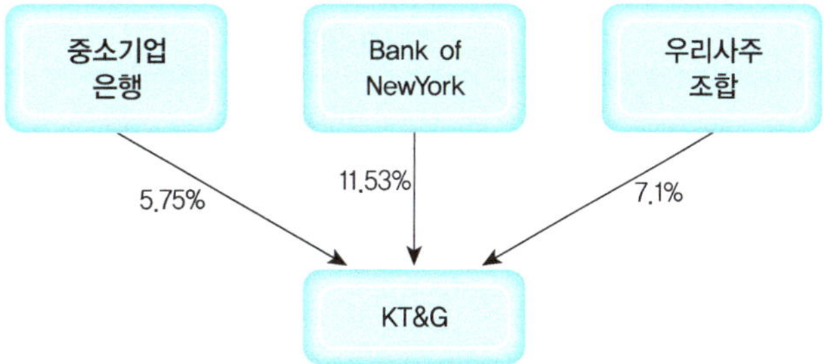


출처 : 「KT&G 사업보고서」

2004년 말 기준 KT&G 주요 주주는 중소기업은행, Bank of New York, 우리사주조합으로 총 24% 이상 지분을 소유하였으며, 나머지 지분은 기관투자자와 개인투자자에게 잘 분산되어 있었다. 2005년 9월부터 2006년 1월까지 아이칸은 KT&G 주식을 매입하여 주요 주주가 되었다. 매입가격은 대략 주당 45,000원에서 49,000원 사이였다.

**표 4-7** KT&G 주가 추이

| | 2005년 7월 | 2005년 8월 | 2005년 9월 | 2005년 10월 | 2005년 11월 | 2005년 12월 |
|---|---|---|---|---|---|---|
| 최고 | 42,850 | 45,950 | 48,200 | 44,000 | 47,800 | 49,000 |
| 최저 | 39,050 | 40,600 | 44,300 | 41,200 | 43,700 | 45,000 |

출처 : 「KT&G 사업보고서」

**그림 4-4** 2004년 말 KT&G 주요주주

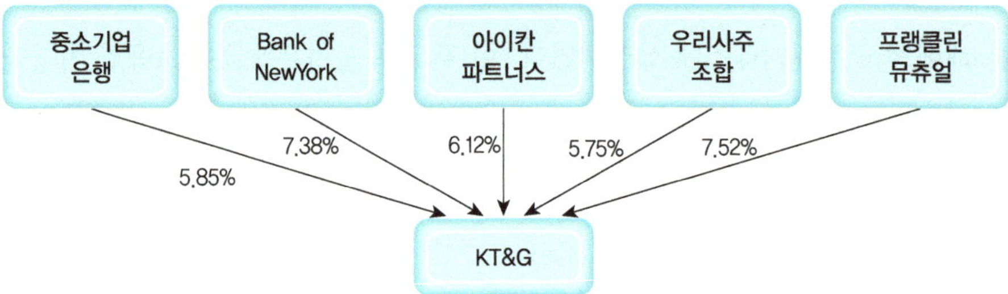


출처 : 「KT&G 사업보고서」

**표 4-8** KT&G 배당율

| | 2002 | 2003 | 2004 | 2005 |
|---|---|---|---|---|
| 1주당 순이익 | 2,364 | 3,724 | 3,183 | 3,497 |
| 1주당 배당금액 | 1,400 | 1,600 | 1,600 | 1,700 |
| 배당성향 | 59.2% | 43.0% | 50.3% | 48.6% |

출처 : 「KT&G 사업보고서」

아이칸이 주식을 매집하여 2005년 말 기준으로 3대 주주로 올랐으며 본격적으로 KT&G 경영에 참여하였다. 당시 KT&G는 전문경영인에 의해서 경영되었으며, 사업의 구조상 큰 성장 가능성이 없어서 배당도 전체 이익의 50% 이상을 꾸준히 하는 고배당 기업이었다.

이러한 것들을 고려할 때 칼 아이칸이 직접 KT&G의 경영에 참여할 가능성은 낮아 보였다. 경영에 참여해도 실제적인 기업운영이기보다는 적대적 M&A

이슈를 부각시켜서 주가를 부양하여 차익을 얻기 위한 수단으로 추정되었다. 아이칸은 KT&G 자회사인 인삼공사 매각과 부동산 처분 등을 요구했으며 주주총회에서 표대결을 통해 사회이사 1명을 확보하여 이사회에 진출하였다.

아이칸의 공격을 받은 KT&G는 2005년 8월 자사주 소각 등을 통해 최대 2조 8,000억원 규모의 주주환원정책이 포함된 중장기 경영계획을 발표했다. 아이칸의 적대적 M&A 이슈, 그리고 주주환원정책으로 4만원대의 KT&G 주가는 6만원대로 상승하였다. 그러나 아이칸은 KT&G로부터 원하는 것을 얻고 바로 2006년 12월 KT&G 주식을 전량 매각하면서 KT&G에 대한 적대적 M&A는 종료되었다. 배당수입과 시세차익을 통해서 아이칸은 약 1,500억원의 차익을 실현하였다. 이처럼 아이칸이 총 3,351억원을 투자하여 불과 1년 남짓 1,500억원의 차익을 챙기면서 투기자본에 대한 논란거리가 되었다.

SK와 소버린과의 경영권 분쟁과 다르게 KT&G와 아이칸의 분쟁은 아이칸 입장에서는 큰 명분이 보이지 않았다. 소유와 경영이 분리되었고 꾸준히 주주에 대한 가치환원 정책을 펼쳤기 때문에 아이칸 입장에서는 소버린처럼 기업지배구조 개선 등 주주가치 환원에 대한 명분이 낮았고 실제 그러한 결과로 이어졌는지조차 의문이 든다.

SK와 달리 KT&G는 실질적인 대주주가 없기 때문에 상대적으로도 조그만 위협에도 KT&G의 경영진이 손쉽게 손을 들었을 것이라고 추정한다. 당시 자본시장의 발달 정도를 보면 적대적 M&A가 발생했을 때 기존 경영진에게는 어떻게 대처해야 할지에 대한 경험이 없었다. 그래서 KT&G처럼 사실상 적대적 M&A 가능성이 낮은 기업들조차 적대적 M&A에 대한 공격을 받으면 손쉽게 항복하여 공격자가 원하는 것을 다 들어 주었을 것으로 추정한다. 그러나 실상 KT&G의 사례를 놓고 본다면 이를 통해 KT&G의 주주가치 제고가 이루어진 것은 분명하다. 나머지 약 93%의 주주들 역시 아이칸으로 인해서 자본이득을 보았다고 할 수 있다.

## 5. 요약

적대적 M&A의 공격전략은 시장에서 매수를 하면서 경영권 분쟁을 만드는 것이다. 진심으로 대상기업을 인수하여 운영할 생각이 있다면 20~30% 이상을 충분히 인수하면서 혹은 공개매수를 통해서 표대결을 했을 것이다. 그러나 인수 후 경영에 대한 생각이 없는 자본들은 대상기업의 약한 부분을 포착하여 이를 공격하면서 지속적으로 주주가치를 위해 더 많은 배당, 유휴 자산 매각, 자신들이 지명한 이사 선임, 기존 경영진 퇴진 등을 요구하며 대상기업과 분쟁을 한다. 이 과정에서 M&A로 인한 지분 분쟁이 발생하여 대상기업의 주가는 오르게 된다. 이것만으로도 적대적 M&A를 시도하는 투기자본은 성공했다고 볼 수 있다.

적대적 M&A를 방어하는 입장에서 경영권을 유지한다는 목적에서만 본다면 주식의 제3자 배정, 자기주식 취득, 황금 낙하산, 시차 임기제, 초다수결의제, 백기사, 핵심사업부 매각, 팩맨 전략 등을 활용하여 경영권을 지킬 수 있다. 그 밖에도 투기자본에 대항하기 위한 강력한 방어수단으로 황금주나 차등의결권주가 있는데 이 방어수단은 효과가 크지만 이에 못지않게 부작용도 크기 때문에 아직 우리나라에서는 도입을 하지 않았다.

적대적 M&A는 동양의 정서상 잘 받아들이기 어렵고 실패할 확률이 높다. 또 적대적 M&A를 하는 주체를 나쁘게만 보는 경향도 존재한다. 적대적 M&A는 기업에게 경영권 방어에 대한 추가적인 자원투입을 요구하는 비효율을 발생시키기도 한다. 그러나 적대적 M&A로 인해서 기존 경영진이 더 효율적으로 경영하게 하는 긍정적인 면도 존재한다. 언론에서는 국제 투기자본이 적대적 M&A를 통해서 투자수익률을 단기간에 올리고 이를 해외로 들고 나가버려 국부유출의 논란이 된다고 보도한다. 그러나 투기자본으로 인해서 나머지 주주 역시 주주가치 제고라는 긍정적인 혜택을 받았기 때문에 투기자본을 무조건 나쁘게 볼 필요는 없다. 사회현상에서 절대적인 단점과 장점을 찾아보기 어려운 것처럼 M&A에서도 장점이 존재하면 단점도 존재하고 단점이 존재하면 장점도 존재한다.

# 가치평가

ch. five

5

가치평가는 M&A 프로젝트의 가장 핵심적인 절차 중 하나이다. M&A는 기업을 사고파는 거래이기 때문에 매수자는 적정가치를 계산해서 매수금액 범위를 정하고 매도자도 적정가치를 계산해서 매도금액 범위를 결정한다. 거래하는 두 당사자의 최고가와 최저가가 서로 겹칠 때 M&A 거래는 성사될 수 있다.

예를 들어 매수자는 인수하려는 기업에게 최소 1조원에서 최대 1.5조원의 가치가 있다고 생각하고 매도자는 최소 1.2조원에서 최대 1.8조원의 가치를 매수자가 제시하면 팔 의향이 있다고 가정하자. 쌍방의 가치평가 결과가 겹치는 범위는 1.2조원에서 1.5조원 사이이다. 그러므로 최종 매매가격은 1.2조원에서 1.5조원 사이가 될 가능성이 크다. 1.2조원에 가깝게 형성될지 1.5조원에 가깝게 형성될지는 M&A 프로젝트를 둘러싸고 있는 경쟁요소, 현재의 경기 상황, 협상 등에 의해서 결정된다.

가치평가는 시장 배수평가법과 현금흐름할인모형이 있다. 매수인이 인수의향서를 제출할 때 주로 시장 배수평가법을 이용하여 가격을 제안한다. 인수의향서를 제출하는 단계에서 최종 가격을 결정할 수 있는 충분한 자료가 공개되지 않았기 때문에 매수자는 과거 유사한 기업이 거래된 시장배수를 보고 가격을 결정하는 것이 일반적이다.

추후에 정밀실사가 주어지면 피인수회사의 내부 정보를 바탕으로 현금흐름할인모형(Discounted Cash Flow ; DCF)을 활용하여 매수자가 피인수기업의 운영계획과 시너지 효과 등을 반영하여 가치를 계산한다. 최종적으로 인수하는 가격 결정은 시장 배수평가법과 현금흐름할인모형을 종합하여 결정한다. 여기에서는 다양한 시장 배수평가법과 이를 가치평가에 어떻게 적용하는지 알아보겠다. 그리고 M&A가 이루어진 실제 기업들을 예제로 적정하게 가치평가를 했는지 확인해 보겠다. 추가로 현금흐름할인모형의 원칙을 배우고 엑셀을 통해서 추정재무제표를 작성하고 현금흐름할인모형을 활용하는 방법을 가상의 기업을 통해서 연습해 보겠다.

## 1. 시장 배수평가법

시장 배수평가법은 동일한 물건은 동일한 가치를 갖는다는 원칙을 기업가치평가에 적용한 것이다. 시장이 효율적이라면 중국에서 팔리는 금 1톤과 한국에서 팔리는 금 1톤의 가격은 동일할 것이다. 만약 중국의 금 1톤 가격이 한국의 금 1톤 가격보다 더 비싸다면 사람들은 한국에서 금을 사다가 중국으로 금을 팔 것이다. 그 결과 중국에는 금의 공급이 증가하여 금 값이 하락하고 한국에는 금의 수요가 증가하여 금 값이 상승할 것이다. 결국 양 국의 금 값이 같아지는 수준에서 가격이 형성될 것이다. 기업가치평가에 있어서도 유사한 사업을 영위하고 기업 간의 유사성이 높을수록 그 기업들의 가치는 유사한 수준에서 형성될 것이다.

기업의 유사성 정도는 가치평가를 하는 사람마다 다르게 평가할 수 있다. 예를 들어 어떤 사람에게는 홈플러스와 현대백화점은 같은 유통업을 영위하는 기업이기 때문에 유사회사로 보일 수 있을 것이다. 그러나 어떤 사람은 두 기업이 유통업이지만 저가로 판매하는 대형마트와 고가제품을 주로 판매하는 백화점이기 때문에 두 기업을 같은 회사로 비교하기에는 적절하지 않다고 할 수도 있다. 이처럼 유사성의 개념은 주관적인 개념이기 때문에 가치평가자의 경험과 견해에 따라 그 비교대상이 달라질 수 있다. 그러므로 유사기업을 찾는 것은 매우 어려운 일이다.

신규상장하는 기업의 가치는 시장배수로 평가하는 방법이 일반적이다. 비교대상을 찾는 데 주관성이 많이 개입될 여지가 있기 때문에 증권거래소에서는 비교 대상기업을 선정하는 방법을 제시하고 있다. 〈표 5-1〉은 KOSPI 시장에서 기업공개(Initial Public Offering ; IPO)를 할 때 비교 대상기업을 선정하는 기준이다. 상대가치 평가를 할 때 〈표 5-1〉의 내용을 준용하여 비교 대상기업을 선정하면 된다. 사업내용이 유사해야 하고 재무적인 측면에서 규모가 유사해야 한

표 5-1 KOSPI 시장에서 비교 대상기업 선정 가이드

| 항목 | 내용 |
|---|---|
| 사업내용의 유사성 | ▪ 한국표준산업분류의 세부 분류기준에 속하는 기업<br>▪ 상장법인<br>▪ 주력제품이나 서비스가 유사할 것 |
| 재무적 적정성 | ▪ 자본금의 차이가 5배 이내일 것<br>▪ 매출액의 차이가 0.2~5배 이내일 것<br>▪ 부채비율의 차이가 0.2~2배 이내일 것<br>▪ 비교대상회사가 당기순이익을 실현하였을 것<br>▪ 영업활동으로 발생하는 현금흐름이 +일 것 |
| 기타 | ▪ 결산월이 동일할 것<br>▪ 최근 2년간의 감사의견이 적정일 것<br>▪ 1년간 중대한 경영상에 영향을 미치는 요인이 없을 것<br>▪ 1년간 중대한 합병, 분할, 영업의 양수도가 없을 것<br>▪ 관리종목, 투자유의 종목으로 지정되지 않았을 것 |

**출처** : 증권거래소

다. 그 외에 경영 외적인 요인들도 감안하여 비교 대상기업을 선정해야 한다.

예를 들어 홈플러스의 가치를 평가하기 위해서는 홈플러스와 유사한 기업들의 가치를 평가하여 홈플러스의 가치를 유추해야 한다. 홈플러스와 기업 규모, 자본구조, 영업의 특징이 유사한 기업들을 찾아내어 가치평가에 활용하면 된다. M&A 프로젝트에서 가장 많이 사용하는 시장 배수평가 방법으로 EV/EBITDA, PER, PBR 방법이 있다. 여기서는 각각의 방법을 이해하고 이를 응용하여 가치평가를 해보겠다.

### 1.1 EV/EBITDA 평가법

M&A에서 가장 자주 사용하는 시장 배수평가법은 EV/EBITDA(Enterprise Value/Earning Before Interest Depreciation & Amortization) 방법이다. 이 방법으로기업이 창출하는 EBITDA의 몇 배에서 기업가치가 형성되었는지 알아볼 수

**표 5-2** **손익계산서 주요 항목**

(단위 : 원)

| | 2016년 | 비고 |
|---|---|---|
| 매출액 | 1,000,000 | 주요 영업활동에서 발생하는 매출 |
| 매출총이익 | 1,000 | 매출에서 매출을 발생하기 위해 지출한 원가 차감 |
| 판매관리비 | 300 | 물건/서비스를 판매하기 위해 지출된 비용 |
| 영업이익 | 700 | 매출총이익 – 판매관리비 |
| 기타손익 | 100 | 주요 영업활동이 아닌 활동에서 발생하는 수익 |
| 금융손익 | –100 | 차입금등 재무활동으로 발생한 손익 |
| 법인세 | 140 | 법인이 발생한 소득에 대한 세금 |
| 당기순이익 | 560 | 기업이 벌어들인 총 이익 |

있다. 예를 들어 EV/EBITDA가 8배라고 하면 기업의 가치는 EBITDA의 8배에서 형성되었다고 말할 수 있다. A라는 기업이 EBITDA가 100억원이고 비교 대상기업들의 EV/EBITDA가 8배이면 A기업은 800억원의 EV(Enterprise value, 주주가치 + 순차입금)를 갖는다고 말할 수 있다. EV/EBITDA를 계산하기 위해서는 EBITDA부터 계산해야 한다.

EV/EBITDA를 계산하기 위해서는 주요 재무제표의 항목에서 영업이익과 감가상각비, 무형자산 상각비를 발췌하여 EBITDA를 계산한다. EBITDA를 계산하기 위해서는 손익계산서에서 영업이익 항목을 먼저 찾는다. 현금흐름표를 보면 감가상각비와 감모상각비(무형자산 상각비)를 찾을 수 있다. 영업이익 + 감가상각비 + 무형자산 상각비가 EBITDA이다. EV는 상장기업의 경우 주식의 시가총액에 총 차입금을 더한 금액에 현금 및 현금 등가물을 차감하여 계산한다.(주식의 시가총액 + 차입금의 시가총액 – 현금)

주식회사 두산의 재무제표를 활용하여 주식회사 두산의 2016년 EBITDA를 계산해 보겠다. 2016년 두산의 영업이익이 2,253억원이다. 감가상각비의 내역은 현금흐름표를 통해서 알아낼 수 있다. 두산의 현금흐름표에는 영업활동 현금흐름의 항목이 많은데 현금흐름표의 계정별 세부사항은 2016년 감사보고서 주석33에 상세내역이 표기되어 있다. 2016년 현금흐름표 주석 33의 상세내역에서 감가상각비와 무형자산 상각비(감모상각비)는 각각 421억과 133억원이다. EBITDA는 영업이익 2,253억원에 감가상각비와 무형자산 상각비 554억원을 더해줘서 총 2,807억원이다.

**표 5-3** 주식회사 두산 손익계산서

| 과목 | 주석 | 제80기 | |
|---|---|---|---|
| Ⅰ. 영업수익 | | | 2,067,135,544,555 |
| 1. 상품 및 제품매출 | 23, 32 | 1,645,154,856,763 | |
| 2. 기타매출 | 23, 32 | 242,646,808,752 | |
| 3. 배당금수익 | 23, 32 | 179,333,879,040 | |
| Ⅱ. 영업비용 | 24, 32 | | 1,841,764,172,745 |
| 1. 상품 및 제품매출원가 | | 1,307,014,397,408 | |
| 2. 기타매출원가 | | 169,825,338,874 | |
| 3. 판매비와관리비 | 25 | 364,924,436,463 | |
| Ⅲ. 영업이익 | | | 225,371,371,810 |
| 금융수익 | 4, 10, 26 | 38,675,545,024 | |
| 금융비용 | 4, 10, 26 | 74,976,069,824 | |
| 기타영업외수익 | 27 | 4,002,890,257 | |
| 기타영업외비용 | 27 | 38,776,901,133 | |
| Ⅳ. 법인세비용차감전순이익 | | | 154,296,836,134 |
| 법인세비용 | 28 | 494,779,953 | |
| Ⅴ. 당기순이익 | | | 153,802,056,181 |
| Ⅵ. 주당이익 | 29 | | |
| 보통주기본주당순이익 | | | 7,800 |
| 보통주희석주당순이익 | | | 7,800 |
| 구형우선주기본주당순이익 | | | 7,850 |
| 구형우선주희석주당순이익 | | | 7,850 |

**출처** : 「주식회사 두산 감사보고서」

**표 5-4** 주식회사 두산 현금흐름표 주석사항

(단위 : 백만원)

| 구분 | 2016년 |
|---|---|
| 조정액 : | |
| 현금유출 없는 비용 등의 가산 | 156,411 |
| 이자비용 | 38,164 |
| 법인세비용 | 495 |
| 외화환산손실 | 17,087 |
| 파생상품평가손실 | 104 |
| 매출채권처분손실 | 2,819 |
| 종속기업투자손상차손 | – |
| 감가상각비 | 42,198 |
| 무형자산상각비 | 13,392 |
| 유형자산처분손실 | 5,216 |
| 유형자산손상차손 | 11,384 |
| 무형자산처분손실 | 142 |
| 무형자산손상차손 | – |
| 투자부동산처분손실 | 1,025 |
| 투자부동산평가손실 | 2,327 |
| 퇴직급여 | 21,968 |
| 대손상각비 | 1,543 |
| 기타의대손상각비 | −23 |
| 충당부채전입액 | −1,461 |
| 재고자산평가손실(매출원가) | −146 |
| 주식보상비용 | 177 |
| 현금유입 없는 수익 등의 차감 | −202,362 |
| 이자수익 | 6,692 |
| 배당금수익 | 179,359 |
| 외화환산이익 | 12,211 |
| 채무면제이익 | – |
| 파생상품평가이익 | 260 |

| | |
|---|---|
| 장기투자증권처분이익 | - |
| 유형자산처분이익 | 971 |
| 유형자산재평가이익 | - |
| 무형자산처분이익 | 112 |
| 투자부동산처분이익 | 235 |
| 투자부동산평가이익 | 934 |
| 금융보증수익 | 1,588 |
| 기타이익 | - |
| 합 계 | -45,951 |

**출처** : 「주식회사 두산 감사보고서」

주식회사 두산의 EV를 계산하기 위해서는 주식회사 두산의 시가총액과 총차입금, 그리고 현금 및 현금 등가물의 금액을 알아야 한다. 2016년 기준으로 EV를 계산하기 때문에 총차입금과 현금도 2016년 기준으로 계산하면 된다.

총차입금과 현금은 주식회사 두산의 재무상태표를 통해서 확인할 수 있다. 현금 및 현금 등가물은 1,558억원이다. 차입금에는 단기차입금 4,535억원, 유동성 사채 199억원, 유동성 장기차입금 853억원, 사채 3,140억원, 장기차입금 2,105억원이 있다. 이러한 차입금을 전부 합하면 총 차입금은 10,382억원이다. 총 차입금에 현금을 차감한 순차입금은 9,274억원이다. 주식회사 두산의 2017년 9월 말 시가총액은 28,695억원이다. 그러므로 총 EV는 주식회사 두산의 시가총액과 순차입금을 합한 37,969억원이다. 이를 종합하여 계산하면 주식회사 두산의 EV/EBITDA는 13.5배(37,969억원/2,807억원)이다.

**표 5-5** 주식회사 두산 재무상태표

| 과목 | 주석 | 2016년 | |
|---|---|---|---|
| 자산 | | | |
| Ⅰ. 유동자산 | | | 810,637,992,600 |
| 1. 현금및현금성자산 | 4, 10, 33 | 155,824,168,783 | |
| 2. 단기투자증권 | 4, 6, 10 | 1,496,808,705 | |
| 3. 매출채권 | 4, 7, 10, 32 | 277,304,552,160 | |
| 4. 기타채권 | 4, 7, 10, 32 | 120,841,735,580 | |
| 5. 파생상품평가자산 | 4, 9, 10 | 401,840,536 | |
| 6. 재고자산 | 8 | 214,902,215,242 | |
| 7. 기타유동자산 | | 39,866,671,594 | |
| Ⅱ. 비유동자산 | | | 2,934,035,187,926 |
| 1. 장기금융상품 | 4, 6, 10 | 69,000,000 | |
| 2. 장기투자증권 | 4, 6, 10 | 1,688,233,184 | |
| 3. 종속기업, 공동기업 및 관계기업 투자 | 11 | 1,979,749,211,752 | |
| 4. 유형자산 | 12, 31 | 517,628,518,378 | |
| 5. 무형자산 | 13 | 194,110,528,550 | |
| 6. 투자부동산 | 14, 31 | 137,179,311,280 | |
| 7. 장기기타채권 | 4, 7, 10, 32 | 55,317,920,612 | |
| 8. 보증금 | 10 | 41,256,674,480 | |
| 9. 기타비유동자산 | | 7,035,789,690 | |
| 자산총계 | | | 3,744,673,180,526 |
| 부채 | | | |
| Ⅰ. 유동부채 | | | 1,042,961,198,475 |
| 1. 매입채무 | 4, 10, 32 | 297,854,795,885 | |
| 2. 기타채무 | 4, 10, 32 | 77,893,416,026 | |
| 3. 단기차입금 | 4, 10, 15 | 453,578,629,535 | |
| 4. 유동성사채 | 4, 10, 15 | 19,985,675,120 | |
| 5. 유동성장기차입금 | 4, 10, 15 | 85,301,058,200 | |
| 6. 파생상품평가부채 | 4, 9, 10 | 3,783,026,875 | |

| 7. 당기법인세부채 | 28 | 2,588,000,949 | |
|---|---|---|---|
| 8. 충당부채 | 17 | 4,267,443,453 | |
| 9. 기타유동부채 | | 97,709,152,432 | |
| Ⅱ. 비유동부채 | | | 589,161,495,223 |
| 1. 사채 | 4, 10, 15 | 314,031,589,541 | |
| 2. 장기차입금 | 4, 10, 15 | 210,531,926,322 | |
| 3. 순확정급여부채 | 16 | 37,533,913,536 | |
| 4. 장기기타채무 | 4, 10 | 9,729,892,676 | |
| 5. 파생상품평가부채 | 4, 9, 10 | 8,679,148 | |
| 6. 충당부채 | 17 | 849,343,730 | |
| 7. 이연법인세부채 | | 12,260,022,134 | |
| 8. 기타비유동부채 | | 4,216,128,136 | |
| 부채총계 | | | 1,632,122,693,698 |
| 자본 | | | |
| Ⅰ. 자본금 | 1, 18 | | 134,838,235,000 |
| Ⅱ. 자본잉여금 | 18, 19 | | 678,232,539,437 |
| Ⅲ. 기타자본항목 | 20 | | −428,592,130,188 |
| Ⅳ. 기타포괄손익누계액 | 21 | | 39,338,272,374 |
| Ⅴ. 이익잉여금 | 22 | | 1,688,733,570,205 |
| 자본총계 | | | 2,112,550,486,828 |
| 부채와 자본총계 | | | 3,744,673,180,526 |

**출처** : 「주식회사 두산 감사보고서」

M&A 시 EV/EBITDA를 가장 많이 사용하는 이유는 EBITDA가 기업의 현금흐름 대용치로 사용되므로 1년간 발생하는 현금흐름과 기업의 총 가치를 비교하기 용이하기 때문이다. EV/EBITDA 접근법은 기업의 주인을 채권자와 주주로 넓게 본다. EBITDA는 영업이익에 감가상각비와 무형자산 상각비를 더했기 때문에 EBITDA를 청구할 수 있는 청구권자는 주주와 채권자이다. 이자비용을 차감하기 전의 이익이므로 이에 대해서 채권자도 자신의 지분을 청구할 수 있

야 하는 이자비용보다 더 낮은 비용으로 자금을 조달한다. 그래서 그러한 이자율에 맞는 신용등급을 자신의 신용등급으로 착각하는 경우가 종종 발생한다.

두올이라는 자동차 시트를 제작하는 기업의 2017년 반기 신용등급은 BBB-이다. 감사보고서에서 확인한 두올의 만기 1년 이상의 차입금에 대해서 지불하는 차입이자율은 3.55~3.64%이다. 이 차입이자율은 두올의 신용등급보다 낮은 이자율이다.

**표 5-6** **2017년 반기 두올의 장기차입금** (단위 : 천원)

| 차 입 처 | 과 목 | 이자율(%) | 만기 | 장부금액 | |
|---|---|---|---|---|---|
| | | | | 당반기 말 | 전기 말 |
| 신한은행 | 일반대출 | 3.55 | 8/28/2018 | 1,083,333 | 1,516,667 |
| 산업은행 | 시설대출 | 3.68~3.85 | 11/13/2018 | 1,749,900 | 2,333,200 |
| 국민은행 | 일반대출 | 3.64 | 6/29/2020 | 4,000,000 | – |
| 한국캐피탈 | 금융리스 | 5.9 | 4/17/2019 | 50,518 | 83,183 |
| 합계 | | | | 6,883,751 | 3,933,050 |
| 유동성 대체 | | | | −2,070,961 | −2,092,161 |
| 비유동부채 | | | | 4,812,790 | 1,840,889 |

출처 : 「두올 감사보고서」

두올의 신용등급에 해당하는 만기 1년 이상의 차입금은 4.6%에서 7.18%로 만기에 따라 차입이자율이 높아지는 것을 알 수 있다. 그러나 두올은 실제 자신의 신용등급보다 더 낮은 금리로 조달하고 있다. 실제 두올이 조달하는 금리는 두올의 자산을 담보로 차입하기 때문에 두올의 신용등급을 반영했다고 볼 수 없다. 그러므로 실제 차입이자율은 두올이 장기차입금을 무보증, 무담보로 차입하였을 현재 차입이자율보다 1~3%는 높아져야 한다.

차입이자율을 계산할 때 분석하려는 기업의 감사보고서상 실제 차입이자율이 아니라 분석하려는 기업의 신용등급에 맞는 이자율을 적용해야 한다. 평가하

**표 5-7** 신용등급별 · 만기별 이자율

| 구분 | 3월 | 6월 | 9월 | 1년 | 2년 | 3년 | 5년 |
|---|---|---|---|---|---|---|---|
| 국고채 | 1.26% | 1.31% | 1.38% | 1.42% | 1.53% | 1.63% | 1.85% |
| AAA | 1.39% | 1.43% | 1.51% | 1.61% | 1.77% | 1.93% | 2.16% |
| AA | 1.48% | 1.51% | 1.58% | 1.67% | 1.85% | 2.03% | 2.37% |
| A | 2.00% | 2.06% | 2.17% | 2.34% | 2.61% | 2.99% | 3.53% |
| BBB | 3.13% | 3.67% | 4.19% | 4.60% | 5.96% | 6.92% | 7.18% |
| BB | 5.96% | 6.77% | 7.49% | 8.08% | 9.71% | 11.14% | 11.88% |
| B | 10.28% | 11.28% | 12.17% | 12.90% | 14.95% | 16.69% | 17.86% |

출처 : 한국 신용평가 , 2017년 6월 9일 현재

려는 기업의 신용등급은 알고 있다고 가정하자. 그리고 평가하려는 그 기업이 담보를 제공하거나 보증을 이용해 평가된 신용등급보다 낮은 이자율로 자금을 조달하고 있다고 가정하자. 이러한 상황에서는 평가하려는 그 기업이 무담보와 무보증인 상황에서 차입한다고 가정하여 신용등급에 맞게 차입이자율을 조정해야 한다.

한 국가에서 가장 높은 신용등급은 해당 국가에서 발행하는 채권이다. 사기업에서 발행하는 어떠한 채권이라도 해당 국가에서 발행하는 채권보다 신용등급이 높을 수는 없다. 〈표 5-7〉은 신용등급의 체계를 나타낸 것이다. AAA에서 BBB까지는 투자적격 등급으로 분류된다. BB부터는 투자 부적격 등급이기 때문에 BBB에서 BB로 변할 때 기업의 차입이자율이 급등한다. 신용등급이 B 이하일 경우 아무리 많은 이자율을 지급한다고 해도 자금을 차입할 수 없는 상황에 직면한다. 이자율은 신용등급이 낮아지면서 점진적으로 높아지지만 일정 수준의 신용등급에 도달하면 아무리 높은 이자율을 지급하더라도 자금을 차입할 수 없는 상황이 발생한다. 이런 상황을 자금경색이라고 하며, 이러한 상황에서는 신용등급은 아무런 의미가 없어진다.

**그림 5-1 만기 차입금 신용등급별 이자율 스프레드**

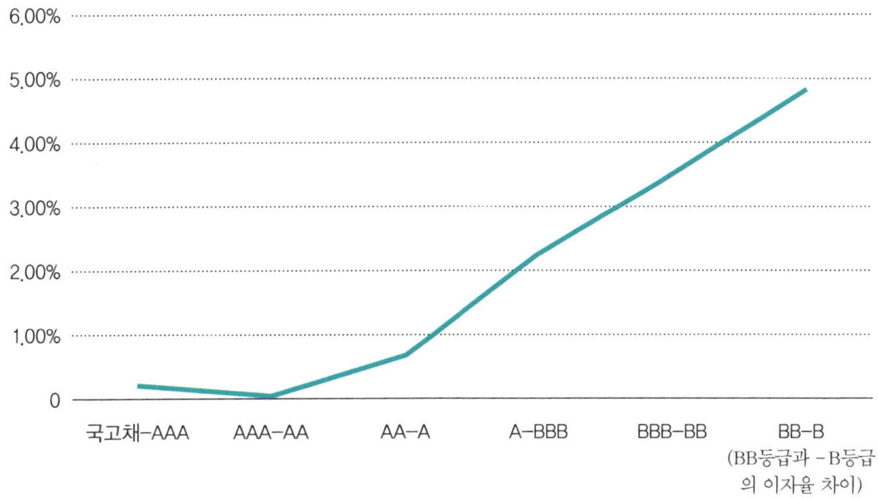


**출처** : 한국 신용평가 , 2017년 6월 9일 현재, (신용등급 간 이자율 차이)

신용등급은 AAA에서 D까지 있으며 현실에서는 BB부터 정크본드라 불힌다. 신용등급 B부터는 신용등급이 갖는 의미가 없으며, 실제로 신용등급 B인 기업에게 무보증, 무담보로 자금을 공여하는 금융기관과 투자자는 없다고 봐도 무방하다.

**표 5-8** **기업신용등급 체계 및 정의**

| 신용등급 | 등급 정의 |
|---|---|
| AAA | 상거래를 위한 신용능력이 최우량 등급이며, 환경변화에 충분한 대처가 가능한 기업 |
| AA | 상거래를 위한 신용능력이 우량하며, 환경변화에 적절한 대처가 가능한 기업 |
| A | 상거래를 위한 신용능력이 양호하며, 환경변화에 대한 대처능력이 제한적인 기업 |
| BBB | 상거래를 위한 신용능력이 양호하나, 경제여건 및 환경악화에 따라 거래 안정성 저하 가능성이 있는 기업 |
| BB | 상거래를 위한 신용능력이 보통이며, 경제여건 및 환경악화 시에는 거래 안정성 저하가 우려되는 기업 |
| B | 상거래를 위한 신용능력이 보통이며, 경제여건 및 환경악화 시에는 거래 안정성 저하 가능성이 높은 기업 |

| CCC | 상거래를 위한 신용능력이 보통 이하이며, 거래 안정성 저하가 예상되어 주의를 요하는 기업 |
|---|---|
| CC | 상거래를 위한 신용능력이 매우 낮으며, 거래의 안정성이 낮은 기업 |
| C | 상거래를 위한 신용능력이 최하위 수준이며, 거래위험 발생가능성이 매우 높은 기업 |
| D | 현재 신용위험이 실제 발생하였거나, 신용위험에 준하는 상태에 처해 있는 기업 |
| R | 1년 미만의 결산재무제표를 보유하였거나, 경영상태 급변(합병, 영업양수도 등)으로 기업 신용 평가등급 부여를 유보하는 기업 |

**출처** : 나이스평가정보

타인자본비용을 계산할 때는 식 (5-4)로 계산한다. 타인자본비용 $K_d$는 신용등급표의 이자율을 찾아서 계산하면 된다. 타인자본비용에 $(1-t)$를 곱한 것은 이자비용의 세금효과를 고려한 것이다. 그러므로 순 이자비용은 식 (5-4)로 계산할 수 있다.

$$\text{타인자본비용} = K_d \times (1 - t) \tag{5-4}$$

$K_d$ : 타인자본비용(Cost of Debt)

$t$ : 한계법인세율

타인자본을 사용하면 이자비용이 발생한다. 이자비용은 법인세를 감소시키며, 이자비용으로 인하여 법인세를 적게 지급하기 때문에 기업이 벌어들인 이익의 사외 유출이 감소한다. 이러한 효과를 이자비용의 절세효과(Tax Shield)라고 한다. 이 절세효과를 타인자본비용에 적용하여 타인자본비용을 계산한다.

### 주주의 요구수익률

채권자와 달리 주주의 요구수익률은 실제 관찰하기가 쉽지 않다. 주주의 요구수익률은 주주들이 자금을 공여하면서 기업에게 요구하는 수익률이다. 주주들이 자금을 공여하면서 명시적인 수익률을 요구하지 않기 때문에 주주의 요구수익률을 계산하는 것은 어렵다. 그러나 확실한 것은 주주의 요구수익률이 채권자의 요구수익률보다 높다는 것이다. 요구수익률은 투자자들이 부담하는 위험에 비례한다. 기업이 파산하였을 경우 가장 먼저 채권자의 순위에 따라 채권자들이 변제받는다. 그리고 채권자가 모두 변제받은 후에 주주들이 변제받는다. 파산한 기업은 자체적으로 채권자와 주주에게 지급해야 할 비용을 지급하지 못하기 때문에 파산한다. 그러므로 일반적으로 파산한 기업은 채권자와 주주 모두에게 투자자금을 변제하지 못한다. 이 경우 주주는 자신들이 투자한 자금 전체에 대해서 변제받지 못할 위험이 높다. 그러므로 채권자와 주주의 요구수익률을 비교한다면 대체로 주주의 요구수익률이 채권자보다 높다고 할 수 있다.

주주의 요구수익률을 계산하는 방법은 여러 가지가 있지만 본서에서는 실무에서 가장 빈번히 쓰이는 3가지 방법에 대해서 설명하겠다. 이 외에 이론적으로 우수하나 실무에서 잘 사용하지 않는 방법에 대해서도 간략하게 언급을 하겠다.

### 배당성장모형을 이용한 주주의 요구수익률 계산

주주들이 주식에 투자하면서 기대하는 현금흐름은 미래의 배당금이다. 그러므로 주주가 투자한 금액과 이에 따라 수취하는 배당금을 계산하면 주주들의 요구수익률을 계산할 수 있다.

$$k_e = \frac{d_1}{P_0} + g \qquad (5\text{–}5)$$

$k_e$ : 주주의 요구수익률

$d_1$ : 1기간 후의 1주당 배당금

$P_0$ : 현재의 1주당 주가

$g$ : 배당금의 성장률

주주가 현재 $P_0$의 가격으로 주식에 투자하면 그 주주는 1기간 후에 $d_1$의 배당금을 수령할 것이다. 이것이 1기간 동안 주주의 배당수익률이다. 주주는 1기간 동안만 투자하는 것이 아니라 기업이 존속하는 기간 동안 영구적으로 해당기업의 주식을 보유한다고 가정하기 때문에 미래 배당의 성장률까지 고려하여 주주의 수익률을 계산해야 한다.

$$g = b \times ROE \tag{5-6}$$

$b$ : 유보율

$ROE$ : 자기자본 수익률(Return on Equity)

배당의 성장률 $g$는 식 (5-6)처럼 계산할 수 있다. 그러므로 두 식을 합하면 주주의 요구수익률은 식 (5-7)로 계산된다.

$$k_e = \frac{d_1}{P_0} + (b \times ROE) \tag{5-7}$$

배당성장모형을 이용한 주주의 요구수익률 계산은 배당을 안정적으로 지급하는 기업의 주주 요구수익률 계산에 적합하다. 우리나라의 대부분 기업들이 시가배당보다는 액면가 배당을 하기 때문에 당기 순이익 중에 배당으로 지급하는 배당률이 상대적으로 낮다. 그러므로 우리나라 기업에 배당성장모형을 이용한 주주수익률 계산방법을 적용하기는 어렵다. 그러나 한국전력이나 강원랜드처럼 미래의 성장 가능성이 낮고 꾸준한 현금을 창출하는 기업들은 많은 배당을 하기 때문에 배당성장모형을 적용하여 주주의 요구수익률을 계산해 볼 수 있다.

강원랜드를 예제로 하여 강원랜드 주주의 요구수익률을 계산해 보겠다. 강원랜드는 2016년 말 1주당 990원의 현금배당을 실시하였다. 강원랜드의 배당성향($\frac{\text{1주당 배당금}}{\text{1주당 이익}}$)은 44.16%이고 유보율은 (1 − 배당성향) 55.84%이다. 강원랜드의 2016년 말 기준 총 자기자본은 32,527억원이며 당기순이익은 4,549억원이다. 그러므로 ROE($\frac{당기순이익}{총자기자본}$)는 14.1%이다. 배당성장률은 유보율 × 자기자본이익률의 공식을 이용하여 계산하면 7.87%로 계산된다. 그리고 2016년 1월의 강원랜드 1주당 주가는 38,300원이다. 따라서 배당수익률은 2.58%($\frac{990원}{38,300원}$, $\frac{1주당\ 배당금}{1주당\ 시가}$)이며, 배당의 성장률은 7.87%이다. 이 둘을 합산하면 강원랜드의 주주 요구수익률은 10.45%로 계산할 수 있다.

### CAPM을 이용한 주주의 요구수익률 계산

실무에서 가장 많이 사용하는 주주의 요구수익률 계산방법은 CAPM(Capital Asset Pricing Model)을 이용하는 방법이다. CAPM은 1960년대 Jack Treynor (1961, 1962), William F.Sharpe(1964), John Lintner(1965), Jan Mossin(1966)에 의해 도입된 모형으로 시장 포트폴리오라는 변수를 통해서 자산의 수익률을 계산하는 모형이다. 이 이론을 만든 공로를 인정받아 Sharpe, Markowitz, Merton Miller는 1990년에 공동으로 노벨 경제학상을 수상하였다. CAPM 모형에서는 베타($\beta$)라는 민감도 계수를 계산함으로써 개별자산의 가격을 계산한다. 다른 말로 하면 단일 변수 모델이라고도 한다. 쉽고 실무에 적용하기가 수월하여 많은 비판에도 불구하고 자기자본비용을 계산하는 데 가장 많이 이용되는 방법 중 하나이다.

$$R_i = R_f + \beta_i(R_M - R_f) + \varepsilon_i \quad (5\text{–}8)$$

$R_i$ : 개별 주식 $i$의 실제 수익률

$\beta_i$ : 개별 주식 $i$의 베타 계수(시장 리스크 프리미엄과 개별 주식의 민감도)

$R_M$ : 시장 포트폴리오의 실제 수익률

$R_f$ : 무위험 이자율

$\varepsilon_i$ : 잔차항 (측정 오차)

식 (5-8)은 개별 주식 $i$의 실제 수익률을 계산하는 식이다. 실제 수익률은 크게 3가지 부분으로 구성되어 있다. 무위험 이자율, 시장 포트폴리오의 실제 수익률과 무위험 이자율과의 차이인 시장 리스크 프리미엄과 베타, 그리고 잔차항이다. 잔차항은 개별 주식의 수익률의 추정 오차이며, 베타라는 설명변수로 설명되지 않은 부분을 의미한다.

식 (5-8)에 기대값을 적용하면 식 (5-9)처럼 변하게 된다. 오차라는 것은 실제값이 평균과 얼마나 멀어져 있는지를 나타내는 값이다. 이 값은 평균보다 높을 수도 있고 낮을 수도 있다. 그러나 오차의 평균은 0으로 수렴한다. 그러므로 잔차항의 기대값은 0이 된다. $E(\varepsilon_i) = 0$ 이다.

$$E(R_i) = R_f + \beta_i[E(R_M) - R_f] \tag{5-9}$$

$E(R_i)$ : 개별 주식 $i$의 기대 수익률

$R_f$ : 무위험 이자율

$\beta_i$ : 베타 계수(시장 리스크 프리미엄과 개별 주식의 민감도)

$E(R_M)$ : 시장 포트폴리오의 기대 수익률

주주의 요구수익률은 과거가 아니라 미래에 예상되는 기대값이기 때문에 식 (5-9)로 계산한다. 그러나 식 (5-9)를 현실에 적용하기 위해서는 여러 제약이 발생한다. 가장 먼저 시장 포트폴리오를 구성해야 한다. 시장 포트폴리오는 무형자산을 포함한 시장에 존재하는 모든 자산을 가치 가중치로 평균하여 만든 포트폴리오로 현실세계에서는 작성할 수 없는 가상적인 포트폴리오이다.

게다가 우리가 필요한 것은 시장 포트폴리오의 미래 수익률의 기대값이다. 미래 기대값은 미래에 발생할 수익률과 해당하는 확률의 값을 곱하여 계산한다. 시장 포트폴리오의 수익률이 발생가능한 확률을 우리는 알지 못하고 각각의 확률에 대응하는 기대값 역시 알지 못한다. 그러므로 식 (5-9)의 CAPM 수식을 실제로 사용하는 데에는 한계가 존재한다. 그래서 식 (5-9)를 변형하여 현실세계에서 적용할 수 있는 수식으로 만들고 CAPM의 수식에서 사용하는 모든 변수들과 상수들의 값을 식 (5-10)을 통해서 추정한다.

$$R_i = R_f + \beta_i(R_M - R_f) + \varepsilon_i \tag{5-10}$$

식 (5-10)을 통해서 우리가 추정하고자 하는 것은 개별 주식 $i$의 베타이다. 나머지 변수인 시장 포트폴리오의 수익률인 $R_M$과 무위험 이자율인 $R_f$의 대용치를 통해서 개별 주식의 수익률을 추정할 수 있다.

시장 포트폴리오인 $R_M$은 주식시장의 종합주가지수 수익률을 대용치로 사용한다. KOSPI 지수의 과거 수익률을 시장 포트폴리오인 $R_M$의 대용치로 사용한다. $R_f$는 무위험 이자율을 의미하며 이의 대용치는 5년 만기 국채수익률을 사용한다. $R_i$는 개별 주식의 수익률이다. 우리는 이미 개별 주식의 수익률 $R_i$를 알고 이에 대응하는 시장 리스크 프리미엄인 $(R_M - R_f)$를 알고 있다.

식 (5-10)은 개별 주식 $i$와 시장 리스크 프리미엄 간의 관계를 나타내는 식이다. 개별 주식 $i$의 수익률을 결정하는 것은 개별 주식의 민감도인 베타가 결정한다. 그러므로 식 (5-10)을 통해서 베타를 계산할 수 있다. 우리가 알고자 하는 변수는 베타 하나뿐이므로 개별 주식 $i$와 시장 리스크 프리미엄 간의 단 변수 회귀분석을 통해서 베타를 계산할 수 있다. 회귀분석을 하는 방법은 통계학 교재나 필자의 『사례로 쉽게 배우는 기업가치 평가』를 읽어보면 알 수 있다.

강원랜드의 주주 요구수익률을 CAPM을 통해서 간단히 계산해 보겠다. 강원랜드는 상장기업이기 때문에 주식정보를 제공하는 전문기관에서는 강원랜드의 베타에 대한 정보를 제공한다. 가치평가는 평가 대상기업을 영속기업으로 가정하여 평가하기 때문에 베타 역시 5년 이상의 장기베타를 통해서 계산하는 것이 논리적으로 일관성을 갖는다. 그러나 여기서는 계산의 편의를 위해서 강원랜드의 52주 베타를 사용하겠다. 강원랜드의 52주 베타는 0.42이다. 시장 리스크 프리미엄은 보통 7~9%로 가정한다. 그러므로 이 값의 중간 값인 8%를 가정하여 강원랜드 주식의 요구수익률을 계산하겠다. 그리고 무위험 이자율은 5년 만기 국고채 이자율인 1.85%를 사용하겠다. 그 결과 강원랜드의 주주 요구수익률은 5.21%로 계산되었다.

### 이자율 스프레드 가산 모델을 이용한 주주의 요구수익률 계산

실무적으로 매번 가치평가를 할 때 회귀분석을 이용하여 베타를 계산하는 방법은 번거롭다. 게다가 CAPM 모델의 설명력도 10% 이내로 낮으며, CAPM의 주요 설명변수인 베타와 위험 간의 척도도 연구자에 따라서는 관련이 없다는 연구결과가 나오기도 했다. 이러한 상황에서 CAPM의 무용성을 주장하는 학자들도 늘어나기 시작하였다. CAPM은 직관적으로 쉽게 이해 가능하고 실무에서 활용하기 쉽다는 장점이 있지만 CAPM 자체의 효용성에 대해서 의문을 제기하는 학자가 많아지고 있다. 그러므로 CAPM보다 좀 더 쉽고 실무에서 자주 사용하는 이자율 스프레드 가산 모델에 대해서 살펴보겠다.

$$R_i = B_i + (R_S - R_b) \tag{5-11}$$

$R_i$ : 개별 주식 $i$의 실제 수익률

$B_i$ : 개별 주식 $i$의 신용등급에 따른 타인자본 수익률

$R_S$ : 주식의 수익률 평균

$R_b$ : 채권의 수익률 평균

식 (5-11)에서 개별 주식 $i$의 주주 요구수익률은 개별 주식 $i$의 채권수익률과 주식이라는 상이한 두 자산의 수익률 차이로 계산할 수 있다. 주식은 일반적으로 채권보다 높은 수익률을 보이기 때문에 개별 주식 $i$의 채권수익률에 주식과 채권수익률 간의 차이를 더하면 이를 계산할 수 있다.

**표 5-9** **미국의 채권과 주식투자 수익률 비교**(1926~1998년)

| 투자대상 | 기하평균 | 산술평균 | 표준편차 |
|---|---|---|---|
| 대형주 | 11.2% | 13.2% | 20.3% |
| 소형주 | 12.4% | 17.4% | 33.8% |
| 장기회사채 | 5.8% | 6.1% | 8.6% |
| 장기국채 | 5.3% | 5.7% | 9.2% |
| 단기국채 | 3.8% | 3.8% | 3.2% |

**출처** : 『증권. 금융저널』 제2권 1호(2003.2), 「자본시장을 통한 대기업의 재무활동」(최도성, 박영석, 고봉찬)

이자율 스프레드 가산 모델을 통해 강원랜드 주주의 요구수익률을 계산해 보겠다. 강원랜드 신용등급은 현재 공표된 정보만으로는 확인할 수 없다. 그러나 강원랜드의 수익성과 재무적 안정성을 고려하면 강원랜드의 신용등급은 AAA로 봐도 무방할 것이다. 그러므로 강원랜드 주주 요구수익률은 2.16%(5년 만기)이며, 여기에 대형주와 장기회사채와의 수익률 차이인 5.4%(기하평균기준)를 더해 7.56%라고 계산할 수 있다.

### 기타 방법을 이용한 주주의 요구수익률 계산

주주의 자기자본 수익률을 계산하는 방법들로 Fama-French의 3요인 모델과 차익거래 결정모형이 있다. Fama-French의 3요인 모델은 Fama, E.와 French, K.R.이 1993년에 발표한 자산가치평가 모델이다. 기존의 CAPM을 보완하여 베타 이외에 추가로 기업규모 효과와 시가차이 효과를 반영한 모델이다.

CAPM보다는 이론적 배경이 약하지만 설명력이 높아 신뢰성이 높다. 그러나 실무에 응용하기에는 여러 가지 제약이 있으며, 고급 통계지식과 기법을 요구하고 있어서 널리 사용되지 않는다.

$$R_i = R_f + \beta_1(R_M - R_f) + \beta_2(SMB) + \beta_3(HML) + \varepsilon_i \quad (5\text{-}12)$$

$R_i$ : 개별 주식 $i$의 주식율

$(R_M - R_f)$ : 시장 리스크 프리미엄

$SMB$ : 소형주식 수익률 – 대형주식 수익률

$HML$ : 높은 시가대비 장부가 주식 수익률 – 낮은 시가대비 장부가 주식 수익률

$\varepsilon_i$ : 오차항

차익거래 결정모형(Arbitrage Pricing Model)은 CAPM과 Fama-French 3요인 모델의 확장 모델이다. 단순히 베타, 규모효과, 시가차이 효과를 넘어 가능한 모든 변수들을 모형에 넣어서 확장시킨 모델이다. 그러나 어떠한 변수를 넣어야 하는지에 대한 공통된 이론이 없다. 그러므로 차익거래 결정모형은 이론적으로만 존재하고 실무적으로는 거의 사용되지 않는 모형이다. 특히 각 변수들 간의 통계적 가정들을 충족시키면서 모델을 완성시켜야 하기 때문에 실무 적용이 매우 까다롭다.

$$R_i = R_f + \beta_1(A_1) + \beta_2(A_2) + \beta_3(A_3) + \cdots + \beta_n(A_n) + \varepsilon_i \quad (5\text{-}13)$$

식 (5-13)처럼 차익거래 결정모형은 독립변수가 $A_1$부터 $A_n$까지 N개가 존재하고 그에 대응하는 베타도 N개를 추정해야 한다. 그러나 차익거래 결정모형은 $A_1$부터 $A_n$까지 어떠한 변수를 사용해야 하는지에 대한 답은 하지 못한다. 매우 일반적인 모델인 동시에 어떠한 설명변수를 지정하지 않았기 때문에 일반화시

켜서 사용하기에는 한계가 있다. 이러한 이유에서 실무에서는 거의 사용하지 않는 모형이다.

**가중평균 요구수익률**(Weighted Average Cost of Capital ; WACC)

지금까지 다양한 모델을 통해서 채권자의 요구수익률과 주주의 요구수익률을 계산하였다. 채권자와 주주의 요구수익률을 각각의 시장가치로 가중 평균하여 기업 전체의 요구수익률을 계산해 보자. 기업 전체의 요구수익률(WACC)는 식 (5-14)로 나타낼 수 있다.

$$WACC = k_d(1-t) \times \frac{D}{V} + k_e \times \frac{E}{V} \tag{5-14}$$

$k_d$ : 타인자본비용

$t$ : 한계세율

$D$ : 이자지급 부채의 시가총액

$E$ : 자기자본의 시가총액

$V = D + E$ : 부채와 자기자본의 시가총액

$k_e$ : 자기자본비용

강원랜드 예를 들어서 식 (5-14)를 설명하겠다. 앞서 우리는 강원랜드 신용등급을 AAA라고 추정하였다. AAA에 해당하는 5년 만기 회사채의 수익률은 2.16%이다. 타인자본 계산 시 세금효과를 고려할 경우 한계세율인 22%를 사용하겠다. 그러므로 강원랜드의 타인자본 수익률은 1.68%[2.16% × (1 − 22%)]이다. 강원랜드 주주 요구수익률은 계산하는 방식에 따라 다르지만 5.21%에서 10.45%로 계산할 수 있다. 주주의 요구수익률은 5.21%와 10.45%의 중간값인 7.83%을 사용하겠다. 이를 기반으로 자본과 부채를 가치가중평균해서 강원랜드 기업 전체의 요구수익률을 계산하겠다.

요구수익률을 계산하려면 강원랜드의 전체 가치 중에 부채가 차지하는 비율과 자기자본이 차지하는 비율을 계산하면 된다. 그러나 가치평가는 영속기업을 가정하고 평가하기 때문에 강원랜드의 목표 부채비율을 가정하여 평가한다. 강원랜드의 목표 부채비율이 100%라고 가정하자. 목표 부채비율은 강원랜드의 경영진이 장기적으로 유지하려는 강원랜드의 부채비율 수준을 의미한다. 그러므로 산업과 기업마다 목표 부채비율은 상이할 수 있다. 부채비율(부채/자본)이 100%라는 것은 자기자본도 100%라고 하는 것과 동일하다. 즉, 가치 가중치로 부채비율이 100%라는 것은 부채가 1억원 있다면 이에 상응하는 자본도 1억원 있다는 것과 같은 의미이다. 그러므로 부채비율 100%인 상황에서 기업 전체의 가치는 200%라고 할 수 있다. 따라서 $\frac{D}{V}$는 0.5($\frac{1}{2}$, 부채가치/기업 전체 가치)이며, $\frac{E}{V}$도 0.5($\frac{1}{2}$, 자기자본가치/기업 전체 가치)이다.

이를 각 자본의 원천별로 가중하여 곱해주면 강원랜드의 WACC는 1.68% × 0.5 + 7.83% × 0.5 = 4.76%이다. 앞서 EV/EBITDA 계산 시 기업 전체의 가중평균 자본비용의 역수는 EV/EBITDA라고 할 수도 있다고 하였다. 그 수식을 이용하여 강원랜드의 EV/EBITD를 계산하면 21배로 계산할 수 있다. 강원랜드의 WACC를 계산할 때 가장 높은 주주수익률로 계산하면 1.68% × 0.5 + 10.45% × 0.5 = 6.1%이다. 이 경우 강원랜드의 EV/EBITDA는 16.4배로 계산된다. 가장 낮은 WACC를 이용해서 강원랜드의 WACC을 계산하면 3.46%이다. 이때 강원랜드의 EV/EBITDA는 28.9배이다.

강원랜드의 2016년 EBITDA는 6,973억원이며 이자지급부 부채는 존재하지 않고 현금만 913억원이 존재한다. 2017년 9월의 강원랜드 시가총액은 74,879억원이다. 이를 통해 강원랜드의 EV/EBITDA는 9.5배로 계산하였다. 강원랜드의 WACC에 비추어서 강원랜드의 EV/EBITDA 배수를 본다면 WACC에 내재된 강원랜드의 EV/EBITDA 배수의 최저치가 16.4배이며 지금 시가로 계산한 강원랜드의 EV/EBITDA는 9.5배이기 때문에 가치평가 측면에서는 강원랜드 주식은 저평가되어 앞으로 상승 가능성이 높다고 볼 수 있다.

**그림 5-2 강원랜드 주가**

**출처** : Yahoo Finance

강원랜드의 이론가치와 실제 시장에서 거래되는 가치의 괴리가 큰 이유는 강원랜드가 처한 환경을 고려하지 않았기 때문이다. 강원랜드는 일반 사기업처럼 주주의 의지에 따라 존속하는 것이 아니라 정부의 정책에 의해서 존속 여부가 결정된다. 이 때문에 강원랜드는 수익의 불확실성 자체는 높지 않으나 정부 정책의 변화에 따라 기업의 존속 여부가 결정되어질 수 있다. 그러므로 시장에서 강원랜드 주식이 거래될 때는 이러한 외부 환경적인 위험이 반영된다. 그 결과 강원랜드의 이론가치와 실제 거래되는 가치의 괴리가 커진다.

## 1.3 PER 평가법

M&A 거래에서 EV/EBITDA 외에 PER도 종종 보조지표로 사용된다. PER (Price per Earning ratio)는 1주당 순이익의 몇 배만큼 주가가 형성되어 있는지를 보는 지표이다. 성장성과 이익의 안정성이 높은 주식일수록 1주당 이익에 많은 가치가 부여되고 반대의 경우에는 1주당 이익에 적은 가치가 부여될 것이다. PER는 앞서 살펴본 EV/EBITDA와 다르게 기업의 주인을 주주라고 암묵적으로 가정하여 가치평가를 한다. 1주당 가치는 식 (5-15)처럼 쓸 수 있다. 미래의 1주당 순이익을 주주의 자본비용으로 나눈 것이 PER이다.

$$P_0 = \frac{EPS_0(1+g)}{(k_e - g)} = \frac{EPS_1}{(k_e - g)} \tag{5-15}$$

$P_0$ : 현재의 1주당 주가

$EPS_0$ : 현재의 1주당 이익

$EPS_1$ : 1년 후의 1주당 이익

$g$ : 이익의 장기 성장률(투자성과)

$k_e$ : 주주의 자본비용

식 (5-15) 양변을 $EPS_1$으로 나누면 식 (5-16)처럼 쓸 수 있다. PER은 주주 자본비용의 역수라고 할 수 있다.

$$\frac{P_0}{EPS_1} = \frac{1}{(k-g)} \tag{5-16}$$

계속해서 강원랜드의 사례를 통해서 PER을 계산하겠다. $EPS_1$을 알기 위해서는 미래의 EPS를 알아야 한다. 미래의 EPS 성장률 $g$는 유보율 × ROE를 통해서 계산되어진다. 2016년 강원랜드의 개별재무제표 기준 1주당 순이익은 2,244원이다. 성장률 $g$는 7.87%이다. 그러므로 강원랜드 2017년 1주당 순이익을 2,420원으로 추정할 수 있다. 2017년 9월 말 강원랜드의 1주당 가격은 35,000원이다. 이를 통해 강원랜드의 PER은 14.5배로 계산할 수 있다. 여기에 내재하고 있는 강원랜드의 주주 요구수익률은 14.5배의 역수로 계산하여 6.9%라고 할 수 있다. 자기자본 수익률 6.9%는 앞서 계산한 강원랜드 주주수익률의 범위인 5.21%와 10.35%의 사이에 포함된다.

### 1.4 PBR 평가법

M&A에서는 자주 사용되지는 않지만 가치평가의 보조지표로 PBR(Price per Book ratio)도 쓰인다. PBR은 평가하려는 기업의 당기순이익이 적자가 나거나 영업이익 적자가 심해서 PER과 EV/EBITDA를 사용할 수 없을 경우에 사용하는 평가방법이다. PBR 개념은 장부가치 대비 시가가 얼마나 높게 형성되어 있는지 보는 개념이다. 기업이 경영을 잘해서 투하된 자본 이상으로 높은 수익을 창출하면 PBR은 1보다 크게 나올 것이며, 투하된 자본 이상의 가치를 얻지 못하면 PBR은 1보다 작은 수치가 나올 것이다.

강원랜드는 독점적인 사업환경으로 투하된 자본수익률이 높아 PBR이 1보다 크게 계산된다. 강원랜드는 정부가 부여한 독점적인 영업권으로 인해서 늘 높은 수익을 창출하였으며, 이는 PBR이 2보다 큰 수준을 지속적으로 보여주었다. 과거 6년간 PBR의 높고 낮음은 존재하였으나 전반적으로 강원랜드의 PBR은 상승 추세에 있다. 강원랜드는 정부가 유일하게 강원랜드만을 내국인이 출입할 수 있는 카지노로 허용하는 한 지속적으로 높은 PBR을 유지할 것으로 예상된다.

그림 5-3 강원랜드 PBR 추이

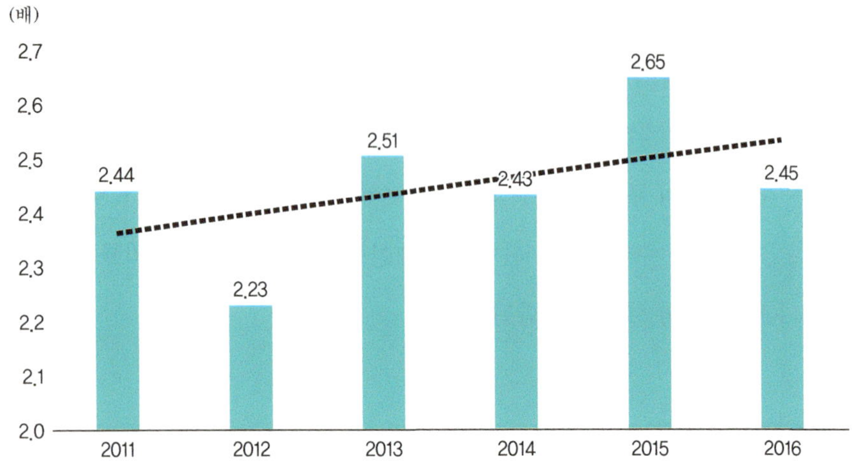


**출처** : Yahoo.com, 「강원랜드 사업보고서」

그림 5-4 주요 은행 PBR 추이

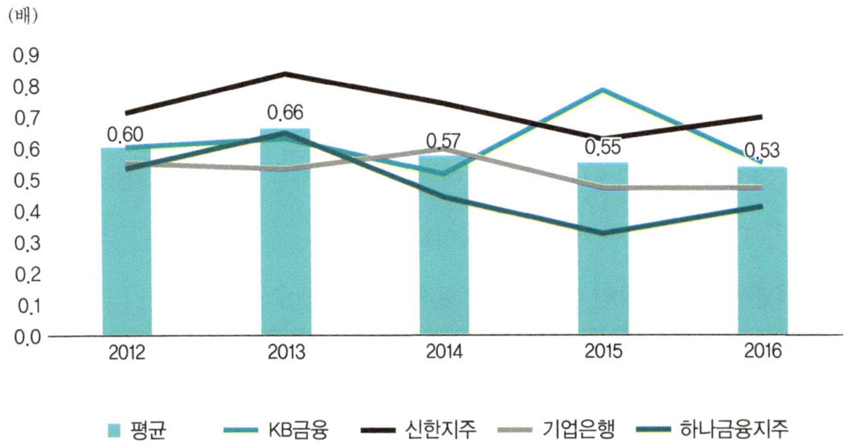


**출처** : Daum 증권

강원랜드와는 반대로 국내에 있는 모든 은행의 PBR은 1보다 낮다. 은행은 고객으로부터 받은 예금을 대출하면서 이익을 창출한다. 쉽게 이야기하자면 예금금리와 대출금리의 차이로 수익을 내는 업종이다. 은행은 정부에서 정한 지급

준비율을 맞추기 위해서 100이라는 예금이 있다면 예금 전체를 대출할 수 없고 10~20% 수준의 예금을 고객들의 인출에 대비하여 보유하고 있어야 한다. 은행이 고객으로부터 수탁한 현금보다 더 적은 현금을 대출에 사용하기 때문에 전체적으로 은행의 PBR지수는 1보다 낮게 나온다. 만약 예금지급준비율 제도가 없었다면 은행의 PBR은 지금보다 다소 높은 수준을 보였을 것이다.

## 1.5 PSR 평가법

가치평가를 하다 보면 EV/EBITDA, PER, PBR 모두 적용 불가능한 경우가 발생한다. 영업손실이 너무 커서 EBITDA와 당기순이익이 음수이며 자본잠식까지 되어서 장부가치 또한 음수인 경우도 발생한다. 이런 경우에는 앞서 설명한 상대가치 평가방법을 사용하기 어렵다. 이에 대한 보완책으로 PSR(Price per Sales ratio) 지표를 사용해서 1주당 매출액 대비 1주당 주가가 얼마에 형성되었는지 확인할 수 있다.

이러한 이유로 PSR을 사용하여 가치평가하는 기업은 정상적으로 영업활동을 하는 일반적인 기업이라고 할 수 없다. 대부분 벤처기업처럼 사업을 시작하여 아직 이익이 발생하지 않은 기업에 PSR을 자주 사용한다. 벤처기업의 인수·합병을 제외하고 PSR을 실무에서 사용하는 경우는 극히 드물다. 강원랜드를 예로 들어 PSR을 계산하면 강원랜드 2017년 9월 말 시가총액은 74,879억원이며, 2016년 기준 매출액은 16,945억원이다. 그러므로 강원랜드의 PSR은 74,879억원/16,945억원으로 4.42배이다. 매출액 1원당 주가는 4.42원에 형성된다는 의미이다. PSR 비율이 높으면 높을수록 매출액 1원당 높은 주가가 형성되는 것을 알 수 있다.

### 1.6 상대가치 평가 시 주의사항

M&A에서는 상대가치 평가를 가장 많이 사용한다. 상대가치 평가법을 사용할 때 가장 주의할 점은 단순히 유사기업들을 평가대상으로 고려해서는 안된다는 것이다. 고려대상 비교기업들은 실제 과거에 M&A 매물대상이 되어 매매가 된 기업들을 사용해야 한다. M&A 거래는 경영권이 이전되는 거래이기 때문에 경영권 프리미엄이 시장배수에 포함된다.

즉, 현대자동차가 M&A 시장에 매물로 나왔다면 현재 주식시장에서 거래되는 포드, GM, 도요타, 폭스바겐의 주가를 비교대상으로 하여 계산하면 안된다. 현대자동차가 M&A 시장에 나온 순간 현대자동차는 현대자동차의 가격에 경영권 프리미엄이 포함된 가격으로 매매될 것이다. 따라서 과거에 실제 M&A가 이루어진 자동차 기업들의 시장배수를 찾아서 현대자동차의 적정 가치를 계산해야 한다. 매일매일 주식시장에서 거래되는 기업들의 주식가격은 경영권 프리미엄까지 포함된 주가라고 볼 수 없다. 그러므로 M&A 시에는 경영권 프리미엄을 염두에 두고 가치평가를 해야 올바르게 가치를 평가할 수 있다.

## 2. 현금흐름할인모형

M&A 프로젝트에서 상대가치 평가법이 빈번히 이용되나 정밀실사를 하는 과정에서는 현금흐름할인모형(Discounted Cash Flow Model)을 통해서 상대가치 평가법으로 평가한 가치를 다시 검증하고 확인한다. 상대가치 평가는 비교 대상기업을 어디까지 설정하는지에 따라서 그 값이 변할 수 있다. 그리고 주식시장이 활황인 경우와 불황인 경우 M&A에 있어서도 그 가치가 다를 수 있다. 그러나 현금흐름할인모형은 미래의 장기적인 현금흐름을 추정하므로 상대적으로 주식시황에 덜 영향을 받고 비교 대상기업의 범위에 영향을 받지 않는다.

현금흐름할인모형은 인수자가 세운 향후 피인수기업 운영계획까지도 평가할 수 있다. 즉, 별도의 시너지 효과를 고려해서 기업가치 평가를 할 수 있다. 시너지가 존재하는 경우와 존재하지 않는 경우를 구분하면서 가치평가를 진행하여 인수기업의 피인수기업에 대한 경영계획들이 가치평가에 많이 반영될 수 있다. 그러나 실무에서 현금흐름할인모형으로 가치평가를 할 때는 먼저 시너지 효과가 발생하지 않는 것을 가정하여 피인수 대상기업의 가치평가를 한다. 그 이후에 추가적인 시너지가 발생한다고 가정하여 가치평가를 한다. 여기서는 시너지 효과를 별도로 계산하지 않고 피인수기업의 가치평가를 현금흐름 할인모형을 사용하여 평가하겠다.

## 2.1 추정재무제표 작성

현금흐름할인모형을 이용하기 위해서는 자유현금흐름(Free Cash Flow)를 추정해야 한다. 그러나 자유현금흐름을 추정하기 위해서는 먼저 평가하려는 기업의 추정재무제표를 작성해야만 이를 바탕으로 자유현금흐름을 추정할 수 있다. 여기서는 자유현금흐름을 추정하기에 앞서 추정재무제표를 작성하는 방법을 먼저 알아보겠다. 여기에서 설명하는 추정재무제표 작성을 처음부터 따라한다면 독자 여러분도 충분히 엑셀을 활용하여 자신만의 추정재무제표를 작성할 수 있을 것이다.

추정재무제표의 작성은 재무상태표, 손익계산서, 현금흐름표의 주요 재무제표를 추정하는 것이다. 3대 주요 재무제표를 추정하기 위해서 가장 먼저 해야 할 일은 손익계산서를 추정하고 그 후 재무상태표를 추정한다. 마지막으로 현금흐름표를 추정해야 한다. 손익계산서를 추정할 때는 매출액부터 당기순이익까지 추정해야 한다. 재무상태표를 추정할 경우는 운전자본을 추정하면 이미 손익계산서를 작성할 때 추정된 차입금, 유형자산 추정을 이용하여 현금을 제외한 재무상태표의 항목들을 추정할 수 있다. 마지막으로 손익계산서와 재무상태표를 이용, 현금흐름표를 추정하여 재무상태표의 기말현금을 추정한다.

여기서 추정재무제표는 한국항공이라는 항공기업을 가정하여 추정하겠다. 독자 여러분이 본서에서 설명하는 내용을 엑셀을 보면서 같이 따라하면 〈표 5-10〉 한국항공의 3대 재무제표를 추정할 수 있을 것이다.

**표 5-10** 　　**한국항공 추정 손익계산서**

(단위 : 억원)

| | | 2017F | 2018F | 2019F | 2020F | 2021F |
|---|---|---|---|---|---|---|
| **매출액** | 하와이노선 | 17,095 | 18,974 | 24,957 | 25,955 | 26,993 |
| | 도쿄노선 | 6,178 | 6,425 | 8,823 | 9,088 | 10,921 |
| ***총매출액*** | | 23,273 | 25,398 | 33,780 | 35,043 | 37,914 |
| **변동매출원가** | 연료비 | 13,780 | 14,193 | 14,840 | 15,285 | 15,978 |
| | 운항인건비 | 1,400 | 1,442 | 1,485 | 2,142 | 2,206 |
| | 공항이용료등 | 813 | 870 | 983 | 1,012 | 1,134 |
| ***변동매출원가총액*** | | 15,993 | 16,506 | 17,308 | 18,439 | 19,317 |
| **고정매출원가** | 인건비 | 7,163 | 7,665 | 8,215 | 8,790 | 9,393 |
| | 감가상각비 | 1,150 | 1,150 | 1,150 | 1,425 | 1,225 |
| ***고정매출원가 합계*** | | *8,313* | *8,815* | *9,365* | *10,215* | *10,618* |
| **총 매출원가** | | 24,305 | 25,320 | 26,672 | 28,654 | 29,936 |
| ***매출총이익*** | | *−1,032* | *78* | *7,108* | *6,389* | *7,978* |
| ***%*** | | *−4.4%* | *0.3%* | *21.0%* | *18.2%* | *21.0%* |
| **판매관리비** | | 815 | 889 | 1,182 | 1,226 | 1,327 |
| ***영업이익*** | | −1,847 | −811 | 5,925 | 5,162 | 6,651 |
| ***기타손익*** | | 0 | 0 | 0 | 0 | 0 |
| ***금융손익*** | | −400 | −400 | −480 | −420 | −360 |
| **세전이익** | | −2,247 | −1,211 | 5,445 | 4,742 | 6,291 |
| **법인세** | | 0 | 0 | 932 | 1,043 | 1,384 |
| **당기순이익** | | −2,247 | −1,211 | 4,514 | 3,699 | 4,907 |
| | | −9.7% | −4.8% | 13.4% | 10.6% | 12.9% |

**표 5-11** 한국항공 추정 재무상태표

(단위 : 억원)

| | 2016A | 2017F | 2018F | 2019F | 2020F | 2021F |
|---|---|---|---|---|---|---|
| 현금 | 1,500 | 2,083 | 4,052 | 6,660 | 5,964 | 9,630 |
| 매출채권 | 3,000 | 2,909 | 3,175 | 4,222 | 4,380 | 4,739 |
| 비유동자산 | 14,000 | 12,850 | 11,700 | 10,550 | 13,125 | 11,900 |
| 자산총계 | 18,500 | 17,842 | 18,927 | 21,432 | 23,469 | 26,269 |
| 매입채무 | 3,000 | 4,051 | 4,220 | 4,445 | 4,776 | 4,989 |
| 미지급금 | 2,500 | 3,038 | 3,165 | 3,334 | 3,582 | 3,742 |
| 단기차입금 | 0 | 0 | 0 | 0 | 0 | 0 |
| 유동성장기차입금 | 0 | 7,000 | 0 | 0 | 0 | 0 |
| 장기차입금 | 10,000 | 3,000 | 12,000 | 10,500 | 9,000 | 7,500 |
| 부채총계 | 15,500 | 17,089 | 19,385 | 18,279 | 17,357 | 16,231 |
| 자본금 | 500 | 500 | 500 | 500 | 500 | 500 |
| 자본잉여금 | 1,000 | 1,000 | 1,000 | 1,000 | 1,000 | 1,000 |
| 기타자본조정 | 500 | 500 | 500 | 500 | 500 | 500 |
| 이익잉여금 | 1,000 | −1,247 | −2,458 | 1,153 | 4,112 | 8,037 |
| 자본총액 | 3,000 | 753 | −458 | 3,153 | 6,112 | 10,037 |

**표 5-12** 한국항공 추정 현금흐름표

(단위 : 억원)

| | 2017F | 2018F | 2019F | 2020F | 2021F |
|---|---|---|---|---|---|
| 영업활동현금흐름 | 583 | −31 | 5,010 | 5,544 | 6,147 |
| 당기순이익 | −2,247 | −1,211 | 4,514 | 3,699 | 4,907 |
| 감가상각비 | 1,150 | 1,150 | 1,150 | 1,425 | 1,225 |
| 운전자본변동 | 1,680 | 30 | −653 | 420 | 15 |
| 투자활동현금흐름 | 0 | 0 | 0 | −4,000 | 0 |
| CAPEX 투자 | 0 | 0 | 0 | −4,000 | 0 |
| 재무활동현금흐름 | 0 | 2,000 | −2,403 | −2,240 | −2,481 |
| 단기차입금순변동 | 0 | 0 | 0 | 0 | 0 |
| 장기차입금순변동 | 0 | 2,000 | −1,500 | −1,500 | −1,500 |
| 배당금지급 | 0 | 0 | −903 | −740 | −981 |
| 현금흐름 | 583 | 1,969 | 2,608 | −696 | 3,665 |
| 기초현금 | 1,500 | 2,083 | 4,052 | 6,660 | 5,964 |
| 기말현금 | 2,083 | 4,052 | 6,660 | 5,964 | 9,630 |

## 2.2 손익계산서 추정

손익계산서를 추정하기 전에 재무제표 전체를 콘트롤하는 가정 시트를 만들어야 한다. 매출추정은 2017년부터 2021년까지 5개년을 한다고 가정하자. 가정 시트에는 거시변수와 미시변수가 있다. 추정의 단순함을 위해 거시변수에는 경제성장률, 물가상승률, 환율, 유가인상률만 가정하였다. 한국항공은 해외 노선도 취항하기 때문에 환율변수에 민감하게 반응한다. 그리고 항공산업의 주요원가는 항공유이기 때문에 유가와 한국항공의 실적은 밀접하게 관련되어 있다. 미시변수를 추정할 때 가장 중요한 것이 항로별 운임인상률이다. 한국항공은 국내선은 없고 국제선 중 인천과 도쿄를 운항하는 노선과 인천과 하와이를 운항하는 노선만 있다고 가정하였다. 마지막 변수로 한국항공 전체 인원의 증가율 변수를 만들었다. 매년 직원이 새로 입사하고 퇴사하지만 순 증가율은 2018년부터 2%로 가정하였다.

**표 5-13** 추정 재무제표 주요 변수 가정

| | | 2017F | 2018F | 2019F | 2020F | 2021F |
|---|---|---|---|---|---|---|
| 거시변수 | 경제성장률 | 3% | 3% | 3% | 3% | 3% |
| | 물가상승률 | 3% | 3% | 3% | 3% | 3% |
| | 환율(USD/KRW) | 1,250 | 1,300 | 1,300 | 1,300 | 1,300 |
| | 유가인상률 | 0% | 3% | 3% | 3% | 3% |
| | 임금인상률 | 0% | 3% | 3% | 3% | 3% |
| 미시변수 | 하와이 운임인상률 | 0% | 5% | 4% | 4% | 4% |
| | 도쿄 운임인상률 | 0% | 4% | 3% | 3% | 3% |
| | 인원증가율 | 0% | 2% | 2% | 2% | 2% |

〈표 5-13〉과 같은 내용을 엑셀의 가정 시트에서 작성하면 [그림 5-5]처럼 작성할 수 있다.

그림 5-5 가정 시트 엑셀 화면

| | A | B | C | D | E | F | G | H |
|---|---|---|---|---|---|---|---|---|
| 1 | | | | | | | | |
| 2 | | | | | | | | |
| 3 | | | | 2017F | 2018F | 2019F | 2020F | 2021F |
| 4 | 거시변수 | | 경제성장률 | 3% | 3% | 3% | 3% | 3% |
| 5 | | | 물가상승률 | 3% | 3% | 3% | 3% | 3% |
| 6 | | | 환율(USD/KRW) | 1,250 | 1,300 | 1,300 | 1,300 | 1,300 |
| 7 | | | 유가인상률 | 0% | 3% | 3% | 3% | 3% |
| 8 | | | 임금인상률 | 0% | 3% | 3% | 3% | 3% |
| 9 | 미시변수 | | 하와이 운임인상률 | 0% | 5% | 4% | 4% | 4% |
| 10 | | | 도쿄 운임인상률 | 0% | 4% | 3% | 3% | 3% |
| 11 | | | 인원증가율 | 0% | 2% | 2% | 2% | 2% |

가정 시트를 작성했으면 이제 매출을 추정해야 한다. 매출은 〈표 5-14〉와 같은 형식으로 작성한다. 하와이 노선에 대해서 1주일 동안 비행편수는 5편을 가정했으며, 좌석 점유율은 2017년 90%에서 2019년 100%까지 증가한다고 가정하였다. 인바운드 비행편은 2017년 85%의 좌석 점유율에서 2019년 95%까지 상승한다고 가정하였다. 운임도 아웃바운드는 편도가 40만원/인으로 가정을 하였고 인바운드 비행요금은 35만원/인으로 가정하였다. 이와 유사한 방법으로 인천-도쿄 간 노선도 같은 양식으로 작성을 하였다. 매출을 추정할 때 가장 기본이 되는 것은 1편당 총 승객수, 승객 1인당 비행기 운임, 1편당 좌석 점유율 정보이다. 이러한 정보들을 구하여 이를 이용하면 〈표 5-14〉처럼 작성할 수 있다.

〈표 5-14〉에서 운임의 변동률은 가정 시트의 물가상승률과 연결되므로 물가상승률이 변하면 같이 운임도 변동하도록 엑셀에서 식을 서로 맞물리게 만들었다. 2017년 먼저 추정하고 이를 2021년까지 동일한 방식으로 연결하면 [그림 5-6]과 같은 매출액 추정 화면을 작성할 수 있다.

표 5-14 한국항공 매출 추정

| | | | 2017F | 2018F | 2019F | 2020F | 2021F |
|---|---|---|---|---|---|---|---|
| 하와이 노선 | Out-Bound | 비행편수/주 | 5 | 5 | 5 | 5 | 5 |
| | | 운임/인(원) | 400,000 | 420,000 | 436,800 | 454,272 | 472,443 |
| | | 총좌석수/편 | 100 | 100 | 120 | 120 | 120 |
| | | 좌석 점유율 | 90% | 95% | 100% | 100% | 100% |
| | | Out-Bound 매출액/년(백만원) | 9,360 | 10,374 | 13,628 | 14,173 | 14,740 |
| | In-Bound | 비행편수/주 | 5 | 5 | 5 | 5 | 5 |
| | | 운임/인(원) | 350,000 | 367,500 | 382,200 | 397,488 | 413,388 |
| | | 총좌석수 | 100 | 100 | 120 | 120 | 120 |
| | | 좌석 점유율 | 85% | 90% | 95% | 95% | 95% |
| | | In-Bound 매출액/년(백만원) | 7,735 | 8,600 | 11,328 | 11,782 | 12,253 |
| 하와이 노선 총매출액 | | | 17,095 | 18,974 | 24,957 | 25,955 | 26,993 |
| 도쿄 노선 | Out-Bound | 비행편수/주 | 5 | 5 | 6 | 6 | 7 |
| | | 운임/인 | 120,000 | 124,800 | 128,544 | 132,400 | 136,372 |
| | | 총좌석수 | 120 | 120 | 120 | 120 | 120 |
| | | 좌석 점유율 | 90% | 90% | 100% | 100% | 100% |
| | | Out-Bound 매출액/년(백만원) | 3,370 | 3,504 | 4,813 | 4,957 | 5,957 |
| | In-Bound | 비행편수/주 | 5 | 5 | 6 | 6 | 7 |
| | | 운임/인 | 100,000 | 104,000 | 107,120 | 110,334 | 113,644 |
| | | 총좌석수 | 120 | 120 | 120 | 120 | 120 |
| | | 좌석 점유율 | 90% | 90% | 100% | 100% | 100% |
| | | In-Bound 매출액/년(백만원) | 2,808 | 2,920 | 4,011 | 4,131 | 4,964 |
| **도쿄 노선 총매출액** | | | 6,178 | 6,425 | 8,823 | 9,088 | 10,921 |
| **총 항공운송매출액** | | | 23,273 | 25,398 | 33,780 | 35,043 | 37,914 |

**그림 5-6 매출액 추정시트 엑셀 화면**

| | A | B | C | D | E | F | G | H |
|---|---|---|---|---|---|---|---|---|
| 1 | | | | | | | | |
| 2 | | | | | | | | |
| 3 | | | | *2017F* | *2018F* | *2019F* | *2020F* | *2021F* |
| 4 | 하와이 노선 | Out-Bound | 비행편수/주 | 5 | 5 | 5 | 5 | 5 |
| 5 | | | 운임/인 (원) | 400,000 | 420,000 | 436,800 | 454,272 | 472,443 |
| 6 | | | 총좌석수/편 | 100 | 100 | 120 | 120 | 120 |
| 7 | | | 좌석점유율 | 90% | 95% | 100% | 100% | 100% |
| 8 | | | Out-Bound 매출액/년 (백만원) | 9,360 | 10,374 | 13,628 | 14,173 | 14,740 |
| 9 | | In-Bound | 비행편수/주 | 5 | 5 | 5 | 5 | 5 |
| 10 | | | 운임/인 (원) | 350,000 | 367,500 | 382,200 | 397,488 | 413,388 |
| 11 | | | 총좌석수 | 100 | 100 | 120 | 120 | 120 |
| 12 | | | 좌석점유율 | 85% | 90% | 95% | 95% | 95% |
| 13 | | | In-Bound 매출액/년(백만원) | 7,735 | 8,600 | 11,328 | 11,782 | 12,253 |
| 14 | 하와이 노선 총매출액 | | | 17,095 | 18,974 | 24,957 | 25,955 | 26,993 |
| 15 | 도쿄 노선 | Out-Bound | 비행편수/주 | 5 | 5 | 6 | 6 | 7 |
| 16 | | | 운임/인 | 120,000 | 124,800 | 128,544 | 132,400 | 136,372 |
| 17 | | | 총좌석수 | 120 | 120 | 120 | 120 | 120 |
| 18 | | | 좌석점유율 | 90% | 90% | 100% | 100% | 100% |
| 19 | | | Out-Bound 매출액/년 (백만원) | 3,370 | 3,504 | 4,813 | 4,957 | 5,957 |
| 20 | | In-Bound | 비행편수/주 | 5 | 5 | 6 | 6 | 7 |
| 21 | | | 운임/인 | 100,000 | 104,000 | 107,120 | 110,334 | 113,644 |
| 22 | | | 총좌석수 | 120 | 120 | 120 | 120 | 120 |
| 23 | | | 좌석점유율 | 90% | 90% | 100% | 100% | 100% |
| 24 | | | In-Bound 매출액/년(백만원) | 2,808 | 2,920 | 4,011 | 4,131 | 4,964 |
| 25 | 도쿄 노선 총매출액 | | | 6,178 | 6,425 | 8,823 | 9,088 | 10,921 |
| 26 | 총 항공운송매출액 | | | 23,273 | 25,398 | 33,780 | 35,043 | 37,914 |
| 27 | | | | | | | | |

매출액을 추정하였으면 이제 매출원가를 추정해야 한다. 추정 손익계산서를 작성할 때는 손익계산서의 위에서부터 아래로 작성한다. 즉, 매출액, 매출원가, 판매관리비, 기타손익, 금융손익, 당기순이익의 순서대로 작성한다.

매출원가는 변동비와 고정비로 분류하여 변동매출원가부터 추정하겠다. 변동비는 비행기의 운항 편수가 증가하면 같이 증가하는 비용들이다. 변동비의 항목에는 연료비, 인건비, 공항이용료, 정비비용만 있다고 가정하였다. 연료비는 운항거리, 1회 운항하는 데 소요되는 연료의 양, 운항 횟수가 주요변수가 된다. 인건비에서 중요한 변수는 비행기 1편당 필요한 승무원의 수와 승무원의 연간 급여비용이다. 마지막으로 공항이용료 및 정비비용은 얼마나 자주 항공기를 운항하는지가 결정한다. 그러므로 1회 운항당 발생하는 공항이용료와 정비비용을 변수로 보고 손익계산서를 추정하였다. 같은 방식으로 도쿄 노선도 작성하면 〈표 5-15〉를 작성할 수 있다.

**표 5-15** 한국항공 변동매출원가

| | | | 2017F | 2018F | 2019F | 2020F | 2021F |
|---|---|---|---|---|---|---|---|
| 하와이 노선 | 연료비 | 운항거리Km/회 | 7,000 | 7,000 | 7,000 | 7,000 | 7,000 |
| | | 소요연료(리터) | 700 | 700 | 700 | 700 | 700 |
| | | 항공유/리터 | 10 | 10 | 11 | 11 | 11 |
| | | 운항 횟수/주 | 5 | 5 | 5 | 5 | 5 |
| | | 연료비 총액(백만원) | 12,740 | 13,122 | 13,516 | 13,921 | 14,339 |
| | 인건비 | 평균승무원/운항 | 4 | 4 | 4 | 4 | 4 |
| | | 승무원 평균급여/년(백만원) | 70 | 72 | 74 | 76 | 79 |
| | | 승무원/조 | 2 | 2 | 2 | 3 | 3 |
| | | 총 필요승무원(명) | 8 | 8 | 8 | 12 | 12 |
| | | 인건비 총액(백만원) | 560 | 577 | 594 | 918 | 945 |
| | 공항이용료 및 정비비용 | 이용료/회(USD) | 1,300 | 1,339 | 1,379 | 1,421 | 1,463 |
| | | 연간 운항 편수 | 260 | 260 | 260 | 260 | 260 |
| | | 연간 공항이용료(백만원) | 423 | 453 | 466 | 480 | 495 |
| 하와이 노선 변동원가 | | | 13,723 | 14,152 | 14,576 | 15,319 | 15,779 |
| 도쿄 노선 | 연료비 | 운항거리Km/회 | 2,000 | 2,000 | 2,000 | 2,000 | 2,000 |
| | | 소요연료(리터) | 200 | 200 | 200 | 200 | 200 |
| | | 항공유/리터 | 10 | 10 | 11 | 11 | 11 |
| | | 운항 횟수/주 | 5 | 5 | 6 | 6 | 7 |
| | | 연료비 총액(백만원) | 1,040 | 1,071 | 1,324 | 1,364 | 1,639 |
| | 인건비 | 평균승무원/운항 | 4 | 4 | 4 | 4 | 4 |
| | | 승무원 평균급여/년(백만원) | 70 | 72 | 74 | 76 | 79 |
| | | 승무원/조 | 3 | 3 | 3 | 4 | 4 |
| | | 총 필요승무원(명) | 12 | 12 | 12 | 16 | 16 |
| | | 인건비 총액(백만원) | 840 | 865 | 891 | 1,224 | 1,261 |
| | 공항이용료 및 정비비용 | 이용료/회(USD) | 1,200 | 1,236 | 1,273 | 1,311 | 1,351 |
| | | 연간 운항 편수 | 260 | 260 | 312 | 312 | 364 |
| | | 연간 공항이용료(백만원) | 390 | 418 | 516 | 532 | 639 |
| 도쿄 노선 변동원가 | | | 2,270 | 2,354 | 2,732 | 3,119 | 3,538 |
| 총 변동원가 | | | 15,993 | 16,506 | 17,308 | 18,439 | 19,317 |

〈표 5-15〉를 엑셀에 구현하면 [그림 5-7]처럼 작성할 수 있다. 연료비 항목은 기술이 변하거나 비행기 기종이 변하지 않는 한 일정하다고 가정하였다. 다만 항공유 가격은 가정 시트의 유가변동에 연동하여 계산하였다. 인건비 역시 승무원의 1조당(같은 비행기에서 같은 시간에 근무를 하는 승무원의 업무 조) 인원이 증가하면 인건비도 증가하도록 가정 시트의 변수에 연결시켰다. 1회당 공항이용료 역시 가정 시트의 물가상승률과 연동시켜서 변동되게 만들었다.

**그림 5-7 변동매출원가 엑셀 화면**

| | A | B | C | D | E | F | G | H |
|---|---|---|---|---|---|---|---|---|
| 1 | | | | | | | | |
| 2 | | | | | | | | |
| 3 | | | | *2017F* | *2018F* | *2019F* | *2020F* | *2021F* |
| 4 | 하와이 노선 | 연료비 | 운항거리Km/회 | 7,000 | 7,000 | 7,000 | 7,000 | 7,000 |
| 5 | | | 소요연료 (리터) | 700 | 700 | 700 | 700 | 700 |
| 6 | | | 항공유/리터 | 10 | 10 | 11 | 11 | 11 |
| 7 | | | 운항회수/주 | 5 | 5 | 5 | 5 | 5 |
| 8 | | | 연료비 총액 (백만원) | 12,740 | 13,122 | 13,516 | 13,921 | 14,339 |
| 9 | | 인건비 | 평균승무원/운항 | 4 | 4 | 4 | 4 | 4 |
| 10 | | | 승무원 평균급여/년(백만원) | 70 | 72 | 74 | 76 | 79 |
| 11 | | | 승무원/조 | 2 | 2 | 2 | 3 | 3 |
| 12 | | | 총 필요승무원(명) | 8 | 8 | 8 | 12 | 12 |
| 13 | | | 인건비총액 (백만원) | 560 | 577 | 594 | 918 | 945 |
| 14 | | 공항이용료 | 이용료/회 (USD) | 1,300 | 1,339 | 1,379 | 1,421 | 1,463 |
| 15 | | 및 정비비용 | 년간 운항 편수 | 260 | 260 | 260 | 260 | 260 |
| 16 | | | 년간 공항이용료 (백만원) | 423 | 453 | 466 | 480 | 495 |
| 17 | 하와이 노선 변동원가 | | | 13,723 | 14,152 | 14,576 | 15,319 | 15,779 |
| 18 | 도쿄노선 | 연료비 | 운항거리Km/회 | 2,000 | 2,000 | 2,000 | 2,000 | 2,000 |
| 19 | | | 소요연료 (리터) | 200 | 200 | 200 | 200 | 200 |
| 20 | | | 항공유/리터 | 10 | 10 | 11 | 11 | 11 |
| 21 | | | 운항회수/주 | 5 | 5 | 6 | 6 | 7 |
| 22 | | | 연료비 총액 (백만원) | 1,040 | 1,071 | 1,324 | 1,364 | 1,639 |
| 23 | | 인건비 | 평균승무원/운항 | 4 | 4 | 4 | 4 | 4 |
| 24 | | | 승무원 평균급여/년(백만원) | 70 | 72 | 74 | 76 | 79 |
| 25 | | | 승무원/조 | 3 | 3 | 3 | 4 | 4 |

변동매출원가를 추정했으므로 이제는 고정매출원가를 추정하면 된다. 고정매출원가는 고정인건비와 감가상각비만 있다고 가정하였다. 고정인건비는 한국항공 본사직원의 기술 및 항공운항에 필요한 간접인원에 대한 인건비를 가정하였다. 인건비는 본사 관리직, 하와이 공항에 있는 직원, 도쿄 공항에 있는 직원, 본사 기술직만을 포함하였다. 엄밀히 말하면 본사 관리직의 급여는 판매관리비에 포함될 수도 있다. 엄격한 회계분류를 한다면 본사 관리직의 인건비는 손익

계산서의 판매관리비에 포함되어야 하지만 분석의 간편함을 위해서 본사 관리직의 인건비를 고정매출원가에 포함시켰다.

**표 5-16** 고정인건비 내역

| | | 2017F | 2018F | 2019F | 2020F | 2021F |
|---|---|---|---|---|---|---|
| **본사 관리직** | 인원수 | 50 | 51 | 53 | 55 | 57 |
| | 1인당 평균급여(백만원) | 55 | 57 | 58 | 60 | 62 |
| | 총급여 | 2,750 | 2,889 | 3,093 | 3,305 | 3,528 |
| **하와이 공항** | 인원수 | 10 | 11 | 12 | 13 | 14 |
| | 1인당 평균급여(USD) | 30,000 | 30,900 | 31,827 | 32,782 | 33,765 |
| | 총급여 | 375 | 442 | 497 | 554 | 615 |
| **도쿄 공항** | 인원수 | 14 | 15 | 16 | 17 | 18 |
| | 1인당 평균급여(USD) | 25,000 | 25,750 | 26,523 | 27,318 | 28,138 |
| | 총급여 | 438 | 502 | 552 | 604 | 658 |
| **본사 기술직** | 인원수 | 60 | 62 | 64 | 66 | 68 |
| | 1인당 평균급여(백만원) | 60 | 62 | 64 | 66 | 68 |
| | 총급여 | 3,600 | 3,832 | 4,074 | 4,327 | 4,592 |
| **총 인건비 합계** | | 7,163 | 7,665 | 8,215 | 8,790 | 9,393 |

엑셀을 이용하여 〈표 5-16〉을 구현하면 [그림 5-8]처럼 구성할 수 있다. 인원수의 증가는 가정 시트에 있는 인원의 증가율과 수식으로 연동시켰다. 1인당 평균급여 역시 가정 시트에 있는 임금인상률과 연동시켰다. 해당 직군의 인원수 × 1인당 평균급여를 통해서 총급여가 계산된다. 이를 모두 수식으로 연동시킨 결과 [그림 5-8]의 엑셀 화면을 만들 수 있다.

고정인건비의 추정이 끝나면 감가상각비를 추정할 수 있다. 감가상각비를 추정할 때 기존 자산에 대한 감가상각비와 신규투자에 대한 감가상각비를 구분하여 추정하였다. 엑셀을 통해서 추정재무제표를 작성할 때 감가상각비 추정에서 가장 많은 오류가 발생한다. 감가상각비 추정을 기존 자산과 신규 자산으로 구분하여 추정하면 오류를 최소화할 수 있다.

**그림 5-8 고정인건비 엑셀 화면**

| | A | B | C | D | E | F | G |
|---|---|---|---|---|---|---|---|
| 1 | | | | | | | |
| 2 | | | | | | | |
| 3 | | | *2017F* | *2018F* | *2019F* | *2020F* | *2021F* |
| 4 | 본사관리직 | 인원수 | 50 | 51 | 53 | 55 | 57 |
| 5 | | 1인당 평균급여 (백만원) | 55 | 57 | 58 | 60 | 62 |
| 6 | | 총급여 | 2,750 | 2,889 | 3,093 | 3,305 | 3,528 |
| 7 | 하와이공항 | 인원수 | 10 | 11 | 12 | 13 | 14 |
| 8 | | 1인당 평균급여 (USD) | 30,000 | 30,900 | 31,827 | 32,782 | 33,765 |
| 9 | | 총급여 | 375 | 442 | 497 | 554 | 615 |
| 10 | 도쿄공항 | 인원수 | 14 | 15 | 16 | 17 | 18 |
| 11 | | 1인당 평균급여 (USD) | 25,000 | 25,750 | 26,523 | 27,318 | 28,138 |
| 12 | | 총급여 | 438 | 502 | 552 | 604 | 658 |
| 13 | 본사기술직 | 인원수 | 60 | 62 | 64 | 66 | 68 |
| 14 | | 1인당 평균급여 (백만원) | 60 | 62 | 64 | 66 | 68 |
| 15 | | 총급여 | 3,600 | 3,832 | 4,074 | 4,327 | 4,592 |
| 16 | 총인건비합계 | | 7,163 | 7,665 | 8,215 | 8,790 | 9,393 |

감가상각비를 추정할 때 추정한 유형자산은 재무상태표의 비유동자산으로 분류되기 때문에 손익계산서를 추정하면서 동시에 재무상태표의 일부 항목도 같이 추정하게 된다. 토지는 감가상각대상 자산이 아니기 때문에 감가상각비를 추정하지 않는다. 건물은 내용연수 40년을 근거로 기초가액을 기준으로 감가상각비를 추정하였다. 항공기, 차량운반구, 비품도 건물과 동일한 방식으로 추정한다.

손익계산서와 달리 재무상태표 항목은 2016년 자료를 같이 주어진 자료로 가정하여 추정한다. 왜냐하면 2017년 추정 현금흐름표를 정확하게 작성하기 위해서는 2016년과 2017년 사이에 변동된 자산의 금액을 알아야 하기 때문이다. 이러한 이유로 재무상태표 항목은 2017년부터 추정을 하지만 항상 2016년의 금액도 같이 기입해 주어야 한다. 감가상각비 추정 결과 〈표 5-17〉처럼 작성하였다. 그리고 마지막에 기말가액은 기초가액에 감가상각누계액을 차감한 자산의 순액으로 표시하였다. 재무상태표에도 자산의 순액만을 표시한다.

표 5-17 기존 자산 감가상각비 추정

| | | 2016A | 2017F | 2018F | 2019F | 2020F | 2021F |
|---|---|---|---|---|---|---|---|
| **토지** | 기초 | 3,000 | 3,000 | 3,000 | 3,000 | 3,000 | 3,000 |
| | 매각 | 0 | 0 | 0 | 0 | 0 | 0 |
| | 기말 | 3,000 | 3,000 | 3,000 | 3,000 | 3,000 | 3,000 |
| **건물** | 기초 | 2,000 | 2,000 | 2,000 | 2,000 | 2,000 | 2,000 |
| | 매각 | 0 | 0 | 0 | 0 | 0 | 0 |
| | 감가상각비 | 50 | 50 | 50 | 50 | 50 | 50 |
| | 내용년수 | 40 | 40 | 40 | 40 | 40 | 40 |
| | 감가상각누계액 | 500 | 550 | 600 | 650 | 700 | 750 |
| | 기말 | 1,500 | 1,450 | 1,400 | 1,350 | 1,300 | 1,250 |
| **항공기** | 기초 | 15,000 | 15,000 | 15,000 | 15,000 | 15,000 | 15,000 |
| | 매각 | 0 | 0 | 0 | 0 | 0 | 0 |
| | 감가상각비 | 750 | 750 | 750 | 750 | 750 | 750 |
| | 내용년수 | 20 | 20 | 20 | 20 | 20 | 20 |
| | 감가상각누계액 | 7,500 | 8,250 | 9,000 | 9,750 | 10,500 | 11,250 |
| | 기말 | 7,500 | 6,750 | 6,000 | 5,250 | 4,500 | 3,750 |
| **차량운반구** | 기초 | 1,000 | 1,000 | 1,000 | 1,000 | 1,000 | 1,000 |
| | 매각 | 0 | 0 | 0 | 0 | 0 | 0 |
| | 감가상각비 | 200 | 200 | 200 | 200 | 200 | 0 |
| | 내용년수 | 5 | 5 | 5 | 5 | 5 | 5 |
| | 감가상각누계액 | 200 | 400 | 600 | 800 | 1,000 | 1,000 |
| | 기말 | 800 | 600 | 400 | 200 | 0 | 0 |
| **비품** | 기초 | 1,500 | 1,500 | 1,500 | 1,500 | 1,500 | 1,500 |
| | 매각 | 0 | 0 | 0 | 0 | 0 | 0 |
| | 감가상각비 | 150 | 150 | 150 | 150 | 150 | 150 |
| | 내용년수 | 10 | 10 | 10 | 10 | 10 | 10 |
| | 감가상각누계액 | 300 | 450 | 600 | 750 | 900 | 1,050 |
| | 기말 | 1,200 | 1,050 | 900 | 750 | 600 | 450 |
| **합계** | 기초 | 22,500 | 22,500 | 22,500 | 22,500 | 22,500 | 22,500 |
| | 감가상각비 | 1,150 | 1,150 | 1,150 | 1,150 | 1,150 | 950 |
| | 기말 | 14,000 | 12,850 | 11,700 | 10,550 | 9,400 | 8,450 |

〈표 5-17〉을 엑셀 화면에 구현하면 [그림 5-9]와 같이 작성할 수 있다. 감가상각비는 기초가액과 내용연수만 주어져 있으면 언제든 쉽게 추정하기 때문에 이미 작성한 가정 시트와는 별개로 추정이 가능하다.

**그림 5-9 기존 자산 감각상각비 엑셀 화면**

| | A | B | C | D | E | F | G | H |
|---|---|---|---|---|---|---|---|---|
| 1 | | | | | | | | |
| 2 | | | | | | | | |
| 3 | | | *2016A* | *2017F* | *2018F* | *2019F* | *2020F* | *2021F* |
| 4 | 토지 | 기초 | 3,000 | 3,000 | 3,000 | 3,000 | 3,000 | 3,000 |
| 5 | | 매각 | 0 | 0 | 0 | 0 | 0 | 0 |
| 6 | | 기말 | 3,000 | 3,000 | 3,000 | 3,000 | 3,000 | 3,000 |
| 7 | 건물 | 기초 | 2,000 | 2,000 | 2,000 | 2,000 | 2,000 | 2,000 |
| 8 | | 매각 | 0 | 0 | 0 | 0 | 0 | 0 |
| 9 | | 감가상각비 | 50 | 50 | 50 | 50 | 50 | 50 |
| 10 | | 내용년수 | 40 | 40 | 40 | 40 | 40 | 40 |
| 11 | | 감가상각누계액 | 500 | 550 | 600 | 650 | 700 | 750 |
| 12 | | 기말 | 1,500 | 1,450 | 1,400 | 1,350 | 1,300 | 1,250 |
| 13 | 항공기 | 기초 | 15,000 | 15,000 | 15,000 | 15,000 | 15,000 | 15,000 |
| 14 | | 매각 | 0 | 0 | 0 | 0 | 0 | 0 |
| 15 | | 감가상각비 | 750 | 750 | 750 | 750 | 750 | 750 |
| 16 | | 내용년수 | 20 | 20 | 20 | 20 | 20 | 20 |
| 17 | | 감가상각누계액 | 7,500 | 8,250 | 9,000 | 9,750 | 10,500 | 11,250 |
| 18 | | 기말 | 7,500 | 6,750 | 6,000 | 5,250 | 4,500 | 3,750 |
| 19 | 차량운반구 | 기초 | 1,000 | 1,000 | 1,000 | 1,000 | 1,000 | 1,000 |
| 20 | | 매각 | 0 | 0 | 0 | 0 | 0 | 0 |
| 21 | | 감가상각비 | 200 | 200 | 200 | 200 | 200 | 0 |
| 22 | | 내용년수 | 5 | 5 | 5 | 5 | 5 | 5 |
| 23 | | 감가상각누계액 | 200 | 400 | 600 | 800 | 1,000 | 1,000 |
| 24 | | 기말 | 800 | 600 | 400 | 200 | 0 | 0 |
| 25 | 비품 | 기초 | 1,500 | 1,500 | 1,500 | 1,500 | 1,500 | 1,500 |

가정 | 매출액 | 매출원가요약 | 변동매출원가 | 고정인건비 | 감가상각비 | 신규

기존 자산에 대한 감가상각비 추정을 완료했으면 신규투자(Capital Expenditure ; CAPEX)에 대한 감가상각비를 추정해야 한다. 신규 자산으로는 항공기, 차량운반구만 있다고 가정하였다. 항공기는 2020년 초에 3,000억원 투자를 하고 내용연수는 40년으로 가정하였다. 차량운반구는 2020년에 1,000억원을 투자하고 5년간 상각한다고 가정하였다. 그 결과 〈표 5-18〉과 같은 신규투자에 대한 감가상각비를 추정할 수 있다.

표 5-18 신규 투자자산 감가상각비 추정

| | | 2017F | 2018F | 2019F | 2020F | 2021F |
|---|---|---|---|---|---|---|
| **항공기** | 기초 | 0 | 0 | 0 | 0 | 3,000 |
| | 매입 | 0 | 0 | 0 | 3,000 | 0 |
| | 감가상각비 | 0 | 0 | 0 | 75 | 75 |
| | 내용년수 | 40 | 40 | 40 | 40 | 40 |
| | 감가상각누계액 | 0 | 0 | 0 | 75 | 150 |
| | 기말가액 | 0 | 0 | 0 | 2,925 | 2,850 |
| **차량운반구** | 기초 | 0 | 0 | 0 | 0 | 1,000 |
| | 매입 | 0 | 0 | 0 | 1,000 | 0 |
| | 감가상각비 | 0 | 0 | 0 | 200 | 200 |
| | 내용년수 | 5 | 5 | 5 | 5 | 5 |
| | 감가상각누계액 | 0 | 0 | 0 | 200 | 400 |
| | 기말가액 | 0 | 0 | 0 | 800 | 600 |
| **합계** | 기초 | 0 | 0 | 0 | 0 | 4,000 |
| | 매입 | 0 | 0 | 0 | 4,000 | 0 |
| | 감가상각비 | 0 | 0 | 0 | 275 | 275 |
| | 기말가액 | 0 | 0 | 0 | 3,725 | 3,450 |

〈표 5-18〉을 [그림 5-10]처럼 구현할 수 있다. 2020년 항공기의 감가상각비는 2020년 항공기 매입가격을 내용연수로 나누어 준다. 같은 방식으로 2021년도 추정을 하고 차량운반구도 추정을 한다. 이때 주의할 것은 매입액을 제외한 모든 금액들은 수식으로 작성해서 자동으로 계산되어야 한다는 점이다.

감가상각비를 추정하면서 고정비에 대한 모든 추정이 끝났다. 변동매출원가와 고정매출원가를 하나의 매출원가표로 작성하면 모델을 작성하는 작성자 입장에서도 구분하기 쉽기 때문에 이러한 모든 항목들을 하나의 화면에 작성한다.

그림 5-10 신규투자 추정 엑셀 화면

| A | B | 2017F | 2018F | 2019F | 2020F | 2021F |
|---|---|---|---|---|---|---|
| 항공기 | 기초 | 0 | 0 | 0 | 0 | 3,000 |
| | 매입 | 0 | 0 | 0 | 3,000 | 0 |
| | 감가상각비 | 0 | 0 | 0 | 75 | 75 |
| | 내용년수 | 40 | 40 | 40 | 40 | 40 |
| | 감가상각누계액 | 0 | 0 | 0 | 75 | 150 |
| | 기말가액 | 0 | 0 | 0 | 2,925 | 2,850 |
| 차량운반구 | 기초 | 0 | 0 | 0 | 0 | 1,000 |
| | 매입 | 0 | 0 | 0 | 1,000 | 0 |
| | 감가상각비 | 0 | 0 | 0 | 200 | 200 |
| | 내용년수 | 5 | 5 | 5 | 5 | 5 |
| | 감가상각누계액 | 0 | 0 | 0 | 200 | 400 |
| | 기말가액 | 0 | 0 | 0 | 800 | 600 |
| 합계 | 기초 | 0 | 0 | 0 | 0 | 4,000 |
| | 매입 | 0 | 0 | 0 | 4,000 | 0 |
| | 감가상각비 | 0 | 0 | 0 | 275 | 275 |
| | 기말가액 | 0 | 0 | 0 | 3,725 | 3,450 |

그림 5-11 매출원가 엑셀 화면

| A | B | 2017F | 2018F | 2019F | 2020F | 2021F |
|---|---|---|---|---|---|---|
| 변동원가 | 연료비 | 13,780 | 14,193 | 14,840 | 15,285 | 15,978 |
| | 운항인건비 | 1,400 | 1,442 | 1,485 | 2,142 | 2,206 |
| | 공항이용료등 | 813 | 870 | 983 | 1,012 | 1,134 |
| 변동원가총액 | | 15,993 | 16,506 | 17,308 | 18,439 | 19,317 |
| 고정비 | 고정인건비 | 7,163 | 7,665 | 8,215 | 8,790 | 9,393 |
| | 감가상각비 | 1,150 | 1,150 | 1,150 | 1,425 | 1,225 |
| 고정비 총액 | | 8,313 | 8,815 | 9,365 | 10,215 | 10,618 |
| 총매출원가 | | 24,305 | 25,320 | 26,672 | 28,654 | 29,936 |

지금까지 추정을 통해서 한국항공의 매출원가까지 추정하였다. 손익계산서의 매출액, 매출원가, 매출총이익의 추정이 끝났다. 이제 추정할 부분은 판매관리비이다. 판매관리비는 실무에서 세부항목으로 추정을 하기도 하고 추정에 있

어 중요하지 않을 경우 과거의 실적을 분석하여 매출액의 일정비율 추세가 발견되면 매출액의 일정비율로 추정을 한다.

본 예제에서는 분석의 편의를 위해서 판매관리비를 매출액의 일정비율로 추정하였다. 판매관리비는 매출액의 3.5%라고 가정하여 추정하였다. 2017년 매출액은 매출액 시트에서 금액을 연결하고 2018년의 매출액도 2017년과 동일한 방식으로 연결시킨다. 그 결과 [그림 5-12]를 작성할 수 있다.

그림 5-12 **판매관리비 추정 엑셀 화면**

| | A | B | C | D | E | F |
|---|---|---|---|---|---|---|
| 1 | | | | | | |
| 2 | | | | | | |
| 3 | | *2017F* | *2018F* | *2019F* | *2020F* | *2021F* |
| 4 | 매출액 | 23,273 | 25,398 | 33,780 | 35,043 | 37,914 |
| 5 | 판관비율 | 3.50% | 3.50% | 3.50% | 3.50% | 3.50% |
| 6 | 판관비 | 815 | 889 | 1,182 | 1,226 | 1,327 |
| 7 | | | | | | |

한국항공의 기타 손익은 없고 금융손익만 있다고 가정하였다. 금융손익을 추정하기 위해서는 한국항공의 차입금 현황을 알아야 하고 차입금 상환 스케줄을 추정해야 한다. 단기차입금의 경우 2016년 초에 1,000억원이 있다. 2016년의 1,000억원은 2016년 1월 1일에 빌렸고 2016년 12월 31일에 상환한다고 가정한다. 2018년부터 단기 자금 수요가 있어서 〈표 5-19〉처럼 단기차입금을 차입하고 상환한다고 가정하였다.

2016년 장기차입금으로 1조원이 있으며 일부를 상환한다고 가정하였다. 장기차입금 중 만기가 1년 이하로 도래하는 차입금은 회계분류상 유동성 장기차입금으로 분류가 된다. 그러므로 다음의 장기차입금 추정처럼 장기차입금이지만 이를 재무상태표에 분류하기 위해서 장기차입금과 유동성 장기차입금을 구분해 준다.

표 5-19 **한국항공 차입금 상환 스케줄**

| | | 2016A | 2017F | 2018F | 2019F | 2020F | 2021F |
|---|---|---|---|---|---|---|---|
| **단기차입금** | 기초 | 1,000 | 0 | 0 | 0 | 0 | 0 |
| | 차입 | 0 | 0 | 1,000 | 1,500 | 1,500 | 1,500 |
| | 일수 | 360 | 360 | 360 | 360 | 360 | 360 |
| | 이자율 | 3% | 3% | 3% | 3% | 3% | 3% |
| | 이자비용 | 30 | 0 | 0 | 0 | 0 | 0 |
| | 상환 | 1,000 | 0 | 1,000 | 1,500 | 1,500 | 1,500 |
| | 기말 | 0 | 0 | 0 | 0 | 0 | 0 |
| **장기차입금** | 기초 | 10,000 | 10,000 | 10,000 | 12,000 | 10,500 | 9,000 |
| | 차입 | 0 | 0 | 7,000 | 0 | 0 | 0 |
| | 일수 | 360 | 360 | 360 | 360 | 360 | 360 |
| | 이자율 | 4% | 4% | 4% | 4% | 4% | 4% |
| | 이자비용 | 400 | 400 | 400 | 480 | 420 | 360 |
| | 상환 | 0 | 0 | 5,000 | 1,500 | 1,500 | 1,500 |
| | 기말 | 10,000 | 10,000 | 12,000 | 10,500 | 9,000 | 7,500 |
| **합계** | 기초 | 11,000 | 10,000 | 10,000 | 12,000 | 10,500 | 9,000 |
| | 차입 | 0 | 0 | 8,000 | 1,500 | 1,500 | 1,500 |
| | 상환 | 1,000 | 0 | 6,000 | 3,000 | 3,000 | 3,000 |
| | 이자비용 | 430 | 400 | 400 | 480 | 420 | 360 |
| | 단기차입금 | 0 | 0 | 0 | 0 | 0 | 0 |
| | 유동성장기 | 0 | 7,000 | 0 | 0 | 0 | 0 |
| | 장기차입금 | 10,000 | 3,000 | 12,000 | 10,500 | 9,000 | 7,500 |

차입금 상환 스케줄을 〈표 5-19〉처럼 작성하였으며 동일한 방식으로 엑셀에 차입금 상환 스케줄 시트를 작성하여 이를 엑셀의 수식으로 구현할 수 있다. 이자비용은 기초금액과 이자율, 일수, 차입일수를 고려하여 계산한다. 〈표 5-19〉는 모두 1월 1일에 차입하고 상환은 12월 31일에 한다고 가정하여 일수를 위의 서식처럼 구분했지만 일수를 고려치 않고 이자율만 고려하여 계산해도

그림 5-13 차입금 상환 스케줄 엑셀 화면

| | A | B | C | D | E | F | G | H |
|---|---|---|---|---|---|---|---|---|
| 1 | | | | | | | | |
| 2 | | | | | | | | |
| 3 | | | *2016A* | *2017F* | *2018F* | *2019F* | *2020F* | *2021F* |
| 4 | 단기차입금 | 기초 | 1,000 | 0 | 0 | 0 | 0 | 0 |
| 5 | | 차입 | 0 | 0 | 1,000 | 1,500 | 1,500 | 1,500 |
| 6 | | 일수 | 360 | 360 | 360 | 360 | 360 | 360 |
| 7 | | 이자율 | 3% | 3% | 3% | 3% | 3% | 3% |
| 8 | | 이자비용 | 30 | 0 | 0 | 0 | 0 | 0 |
| 9 | | 상환 | 1,000 | 0 | 1,000 | 1,500 | 1,500 | 1,500 |
| 10 | | 기말 | 0 | 0 | 0 | 0 | 0 | 0 |
| 11 | 장기차입금 | 기초 | 10,000 | 10,000 | 10,000 | 12,000 | 10,500 | 9,000 |
| 12 | | 차입 | 0 | 0 | 7,000 | 0 | 0 | 0 |
| 13 | | 일수 | 360 | 360 | 360 | 360 | 360 | 360 |
| 14 | | 이자율 | 4% | 4% | 4% | 4% | 4% | 4% |
| 15 | | 이자비용 | 400 | 400 | 400 | 480 | 420 | 360 |
| 16 | | 상환 | 0 | 0 | 5,000 | 1,500 | 1,500 | 1,500 |
| 17 | | 기말 | 10,000 | 10,000 | 12,000 | 10,500 | 9,000 | 7,500 |
| 18 | 합계 | 기초 | 11,000 | 10,000 | 10,000 | 12,000 | 10,500 | 9,000 |
| 19 | | 차입 | 0 | 0 | 8,000 | 1,500 | 1,500 | 1,500 |
| 20 | | 상환 | 1,000 | 0 | 6,000 | 3,000 | 3,000 | 3,000 |
| 21 | | 이자비용 | 430 | 400 | 400 | 480 | 420 | 360 |
| 22 | | 단기차입금 | 0 | 0 | 0 | 0 | 0 | 0 |
| 23 | | 유동성장기 | 0 | 7,000 | 0 | 0 | 0 | 0 |
| 24 | | 장기차입금 | 10,000 | 3,000 | 12,000 | 10,500 | 9,000 | 7,500 |

동일한 결과를 얻을 수 있다.

차입금을 재무상태표의 유동부채와 비유동부채 항목으로 분류해야 하기 때문에 2016년 금액을 기입한다. 지금 추정하는 시점이 2017년 1월 1일이기 때문에 우리는 이미 2016년 재무제표 항목들을 이미 알고 있다고 가정하였다. 그러므로 2016년의 모든 수치는 이미 주어진 수치라고 가정한다.

차입금 상환 스케줄의 각 항목들 간 연관관계를 파악한 후 [그림 5-13]처럼 차입금 상환 스케줄을 작성할 수 있다. 이로써 이미 손익계산서의 법인세 비용과 당기순이익만을 제외하고 모든 항목을 추정하였다. 감가상각비를 추정하면서 재무상태표의 비유동자산 항목을 추정하였고 이자비용을 추정하면서 유동부채와 비유동부채 항목을 추정하였다. 그 결과 [그림 5-14]와 같은 손익계산서를 추정하였다.

**그림 5-14 한국항공 추정 손익계산서 엑셀 화면**

| A | B | 2017F | 2018F | 2019F | 2020F | 2021F |
|---|---|---|---|---|---|---|
| 매출액 | 하와이노선 | 17,095 | 18,974 | 24,957 | 25,955 | 26,993 |
| | 도쿄노선 | 6,178 | 6,425 | 8,823 | 9,088 | 10,921 |
| *총매출액* | | *23,273* | *25,398* | *33,780* | *35,043* | *37,914* |
| 변동매출원가 | 연료비 | 13,780 | 14,193 | 14,840 | 15,285 | 15,978 |
| | 운항인건비 | 1,400 | 1,442 | 1,485 | 2,142 | 2,206 |
| | 공항이용료등 | 813 | 870 | 983 | 1,012 | 1,134 |
| *변동매출원가총액* | | *15,993* | *16,506* | *17,308* | *18,439* | *19,317* |
| 고정매출원가 | 인건비 | 7,163 | 7,665 | 8,215 | 8,790 | 9,393 |
| | 감가상각비 | 1,150 | 1,150 | 1,150 | 1,425 | 1,225 |
| *고정매출원가 합계* | | *8,313* | *8,815* | *9,365* | *10,215* | *10,618* |
| *총 매출원가* | | *24,305* | *25,320* | *26,672* | *28,654* | *29,936* |
| *매출총이익* | | *-1,032* | *78* | *7,108* | *6,389* | *7,978* |
| *%* | | *-4.4%* | *0.3%* | *21.0%* | *18.2%* | *21.0%* |
| 판매관리비 | | 815 | 889 | 1,182 | 1,226 | 1,327 |
| *영업이익* | | -1,847 | -811 | 5,925 | 5,162 | 6,651 |
| *기타손익* | | 0 | 0 | 0 | 0 | 0 |
| *금융손익* | | -400 | -400 | -480 | -420 | -360 |
| 세전이익 | | -2,247 | -1,211 | 5,445 | 4,742 | 6,291 |
| 법인세 | | 0 | 0 | 932 | 1,043 | 1,384 |
| 당기순이익 | | -2,247 | -1,211 | 4,514 | 3,699 | 4,907 |
| | | -9.7% | -4.8% | 13.4% | 10.6% | 12.9% |

법인세율은 계산의 편의상 최고세율인 22%를 가정하였다. 한국항공의 이익 규모가 천억 단위 이상이기 때문에 법인세율을 당기순이익의 소득 구간에 따라 나눠서 적용해도 그 효익이 크지 않다고 판단하였다. 그리고 2017년과 2018년에 결손금이 발생하였으므로 결손금의 법인세 절감 효과를 반영하여 2019년 이후의 법인세를 추정하였다. 한국항공은 2017년 매출액이 2.3조원에서 2021년 3.7조원으로 급격히 성장하였고 2017년 당기순손실 2,247억원에서 2021년 당기순이익은 4,907억원으로 성장하였다.

독자 여러분들도 지금까지 손익계산서를 추정한 것을 바탕으로 위의 엑셀 화면을 구현할 수 있어야 한다. 시간이 소요되더라도 꼼꼼히 하나씩 따라하면 [그림 5-14]처럼 엑셀에서 추정할 수 있다.

## 2.3 재무상태표 추정

재무상태표의 항목을 추정하기 위해서 운전자본을 추정하겠다. 운전자본은 유동자산과 유동부채의 금액을 추정하는 것이다. 운전자본을 추정하는 데 있어 매출채권, 매입채무, 미지급금만 존재한다고 가정하였다. 운전자본 역시 재무상태표 항목이기 때문에 2017년 추정뿐만 아니라 2016년 실적금액도 같이 표시하였다. 운전자산에 해당하는 매출채권은 매출액 대비 회전율로 추정을 하고 운전부채인 매입채무와 미지급금은 매출원가 대비 회전율로 추정을 하였다. 그 결과 〈표 5-20〉과 같이 운전자본을 추정하였다.

표 5-20 한국항공 운전자본 추정

| | | 2016A | 2017F | 2018F | 2019F | 2020F | 2021F |
|---|---|---|---|---|---|---|---|
| **매출채권** | 회전율 | 8.0 | 8.0 | 8.0 | 8.0 | 8.0 | 8.0 |
| | 매출액 | – | 23,273 | 25,398 | 33,780 | 35,043 | 37,914 |
| | 매출채권 | 3,000 | 2,909 | 3,175 | 4,222 | 4,380 | 4,739 |
| **매입채무** | 회전율 | 6.0 | 6.0 | 6.0 | 6.0 | 6.0 | 6.0 |
| | 매출원가 | – | 24,305 | 25,320 | 26,672 | 28,654 | 29,936 |
| | 매입채무 | 3,000 | 4,051 | 4,220 | 4,445 | 4,776 | 4,989 |
| **미지급금** | 회전율 | 8.0 | 8.0 | 8.0 | 8.0 | 8.0 | 8.0 |
| | 매출원가 | – | 24,305 | 25,320 | 26,672 | 28,654 | 29,936 |
| | 미지급금 | 2,500 | 3,038 | 3,165 | 3,334 | 3,582 | 3,742 |

매출채권, 매입채무, 미지급금 추정은 과거의 회전율을 분석하여 회전율 평균치를 사용했다고 가정하였고 이를 통해서 2017년부터 2021년까지 매출채권, 매입채무, 미지급금을 추정하였다. 지금까지의 내용을 인지한 후에 이를 [그림 5-15]처럼 구현할 수 있다. 2016년 실적 수치들과 회전율 수치만 제외하고 모

든 수치는 엑셀에서 수식들의 연결에 의해 스스로 만들어져야 한다.

그림 5-15 운전자본 추정 엑셀 화면

| | | 2016A | 2017F | 2018F | 2019F | 2020F | 2021F |
|---|---|---|---|---|---|---|---|
| 매출채권 | 회전율 | 8.0 | 8.0 | 8.0 | 8.0 | 8.0 | 8.0 |
| | 매출액 | | 23,273 | 25,398 | 33,780 | 35,043 | 37,914 |
| | 매출채권 | 3,000 | 2,909 | 3,175 | 4,222 | 4,380 | 4,739 |
| 매입채무 | 회전율 | 6.0 | 6.0 | 6.0 | 6.0 | 6.0 | 6.0 |
| | 매출원가 | | 24,305 | 25,320 | 26,672 | 28,654 | 29,936 |
| | 매입채무 | 3,000 | 4,051 | 4,220 | 4,445 | 4,776 | 4,989 |
| 미지급금 | 회전율 | 8.0 | 8.0 | 8.0 | 8.0 | 8.0 | 8.0 |
| | 매출원가 | | 24,305 | 25,320 | 26,672 | 28,654 | 29,936 |
| | 미지급금 | 2,500 | 3,038 | 3,165 | 3,334 | 3,582 | 3,742 |

마지막으로 남은 것은 재무상태표의 자본총액에 대한 추정이다. 자본총액은 자본금, 자본잉여금, 기타자본조정, 이익잉여금으로 구성되어 있다. 자본금, 자본잉여금, 기타자본조정은 변하지 않는다고 가정하였다. 왜냐하면 각 항목들의 특성상 기업의 자본구조에 대한 의사결정이 바뀌지 않는 한 크게 변화하지 않기 때문이다.

이익잉여금은 매년 벌어들이는 당기순이익에서 배당금으로 지급하는 금액을 제외하면 계산할 수 있다. 그러므로 자본항목을 추정하기 위해서는 한국항공의 배당 정책을 알아야 한다. 한국항공은 2017년과 2018년 손실이 발생하여 배당을 지급하지 않는다고 가정하였다. 그러나 2019년부터 이익이 발생하여 당기순이익의 20%를 배당금으로 지급하기로 결정하였다. 그 결과 [그림 5-16]처럼 배당금을 추정할 수 있다.

그림 5-16 한국항공의 배당금 추정 엑셀 화면

| | A | B | C | D | E | F |
|---|---|---|---|---|---|---|
| 1 | | | | | | |
| 2 | | | | | | |
| 3 | | 2017F | 2018F | 2019F | 2020F | 2021F |
| 4 | 당기순이익 | -2,247 | -1,211 | 4,514 | 3,699 | 4,907 |
| 5 | 배당률 | 0% | 0% | 20% | 20% | 20% |
| 6 | 배당금 | 0 | 0 | 903 | 740 | 981 |
| 7 | | | | | | |

배당금 추정을 끝으로 한국항공 재무상태표를 [그림 5-17]과 같이 추정하였다. 2016년 현금부분은 추정하지 못했다. 이는 현금흐름표를 통해서 추정할 수 있다. 자본금과 자본잉여금, 기타자본조정은 2016년의 금액이 일정하다고 가정하였다. 이익잉여금은 당기순이익에서 배당으로 지급한 부분을 차감하여 추정하였다.

그림 5-17 한국항공 추정재무상태표

| | A | B | C | D | E | F | G |
|---|---|---|---|---|---|---|---|
| 1 | | | | | | | |
| 2 | | | | | | | |
| 3 | | 2016A | 2017F | 2018F | 2019F | 2020F | 2021F |
| 4 | 현금 | 1,500 | | | | | |
| 5 | 매출채권 | 3,000 | 2,909 | 3,175 | 4,222 | 4,380 | 4,739 |
| 6 | 비유동자산 | 14,000 | 12,850 | 11,700 | 10,550 | 13,125 | 11,900 |
| 7 | 자산총계 | 18,500 | 15,759 | 14,875 | 14,772 | 17,505 | 16,639 |
| 8 | 매입채무 | 3,000 | 4,051 | 4,220 | 4,445 | 4,776 | 4,989 |
| 9 | 미지급금 | 2,500 | 3,038 | 3,165 | 3,334 | 3,582 | 3,742 |
| 10 | 단기차입금 | 0 | 0 | 0 | 0 | 0 | 0 |
| 11 | 유동성장기차입금 | 0 | 7,000 | 0 | 0 | 0 | 0 |
| 12 | 장기차입금 | 10,000 | 3,000 | 12,000 | 10,500 | 9,000 | 7,500 |
| 13 | 부채총계 | 15,500 | 17,089 | 19,385 | 18,279 | 17,357 | 16,231 |
| 14 | 자본금 | 500 | 500 | 500 | 500 | 500 | 500 |
| 15 | 자본잉여금 | 1,000 | 1,000 | 1,000 | 1,000 | 1,000 | 1,000 |
| 16 | 기타자본조정 | 500 | 500 | 500 | 500 | 500 | 500 |
| 17 | 이익잉여금 | 1,000 | -1,247 | -2,458 | 1,153 | 4,112 | 8,037 |
| 18 | 자본총액 | 3,000 | 753 | -458 | 3,153 | 6,112 | 10,037 |
| 19 | Check | 0 | (2,083) | (4,052) | (6,660) | (5,964) | (9,630) |

## 2.4 현금흐름표 추정

손익계산서, 재무상태표의 추정이 완료되었고 나머지 하나 남은 재무상태표의 현금항목을 추정하기 위해서는 현금흐름표를 추정해야 한다. 현금흐름표는 [그림 5-18]을 통해서 추정한다. 각각의 항목들은 재무상태표 혹은 지금까지 추정한 시트의 내용과 연결시켜서 추정한다. 이를 통해서 기말현금을 추정할 수 있다.

그림 5-18 한국항공의 현금흐름표 추정

| | A | B | C | D | E | F |
|---|---|---|---|---|---|---|
| 1 | | | | | | |
| 2 | | | | | | |
| 3 | | 2017F | 2018F | 2019F | 2020F | 2021F |
| 4 | 영업활동현금흐름 | 583 | -31 | 5,010 | 5,544 | 6,147 |
| 5 | 당기순이익 | -2,247 | -1,211 | 4,514 | 3,699 | 4,907 |
| 6 | 감가상각비 | 1,150 | 1,150 | 1,150 | 1,425 | 1,225 |
| 7 | 운전자본변동 | 1,680 | 30 | -653 | 420 | 15 |
| 8 | 투자활동현금흐름 | 0 | 0 | 0 | -4,000 | 0 |
| 9 | CAPEX 투자 | 0 | 0 | 0 | -4,000 | 0 |
| 10 | 재무활동현금흐름 | 0 | 2,000 | -2,403 | -2,240 | -2,481 |
| 11 | 단기차입금순변동 | 0 | 0 | 0 | 0 | 0 |
| 12 | 장기차입금순변동 | 0 | 2,000 | -1,500 | -1,500 | -1,500 |
| 13 | 배당금지급 | 0 | 0 | -903 | -740 | -981 |
| 14 | 현금흐름 | 583 | 1,969 | 2,608 | -696 | 3,665 |
| 15 | 기초현금 | 1,500 | 2,083 | 4,052 | 6,660 | 5,964 |
| 16 | 기말현금 | 2,083 | 4,052 | 6,660 | 5,964 | 9,630 |

현금흐름표의 추정이 끝나서 이제 모든 추정재무제표의 추정이 완료되었다.

## 2.5 FCFF로 가치평가

추정재무제표 추정이 완료되었으므로 이를 통해서 FCFF(Free Cash Flow to

the Firm)를 추정하고 추정한 FCFF를 이용하여 한국항공의 EV(Enterprise Value)를 추정할 수 있다. FCFF를 추정하기 전에 이를 할인하는 가중평균 자본비용(Weighted Average Cost of Capital ; WACC)을 추정하자.

한국항공의 신용등급은 BBB이고 이에 해당하는 이자율이 7%라고 가정하였다. 앞서 배운 타인자본 수식을 이용해서 한국항공의 타인자본비용은 5.5%로 추정하였다. 자기자본비용은 CAPM을 활용하여 추정하였다. 무위험 이자율을 2%로 가정하고 베타를 1.1, 위험 프리미엄을 7%로 가정하여 한국항공의 자기자본비용은 9.7%로 추정하였다. 목표 부채비율 150%를 가정, 가중평균 자본비용

그림 5-19 **한국항공 자기자본비용추정**

| | A | B | C | D | E |
|---|---|---|---|---|---|
| 1 | | | | | |
| 2 | | | | | |
| 3 | | *타인자본비용계산* | | | |
| 5 | | 신용등급 | BBB | | |
| 6 | | 이자율 | 7% | | |
| 7 | | 법인세율 | 22% | | |
| 8 | | 타인자본비용 | 5.5% | | |
| 9 | | | | | |
| 10 | | | | | |
| 11 | | *자기자본 비용계산 (CAPM)* | | | |
| 13 | | 무위험이자율 | 2% | | |
| 14 | | 베타 | 1.1 | | |
| 15 | | 리스크프리미엄 | 7% | | |
| 16 | | 자기자본비용 | 9.7% | | |
| 17 | | | | | |
| 18 | | | | | |
| 19 | | *WACC* | | | |
| 21 | | 목표부채비율 (D/E) | 150% | | |
| 22 | | 타인자본 가중치 | 1.0 | | |
| 23 | | 자기자본 가중치 | 1.5 | | |
| 24 | | WACC | 8.0% | | |

을 추정하여 8.0%라는 가중평균자본비용을 추정하였다.

이를 바탕으로 FCFF를 추정하겠다. FCFF는 영업이익 × (1 - 세율) + 감가상각비 + 운전자본 변동 - CAPEX (투자금액)의 수식으로 계산할 수 있다. 이를 이용하여 FCFF는 〈표 5-21〉처럼 추정할 수 있다.

**표 5-21** 한국항공 FCFF추정

| | 2017F | 2018F | 2019F | 2020F | 2021F |
|---|---|---|---|---|---|
| 영업이익 | -1,847 | -811 | 5,925 | 5,162 | 6,651 |
| 한계세율 | 22% | 22% | 22% | 22% | 22% |
| 법인세 | 0 | 0 | 719 | 1,136 | 1,463 |
| 세후영업이익 | -1,847 | -811 | 5,207 | 4,026 | 5,188 |
| 감가상각비 | 1,150 | 1,150 | 1,150 | 1,425 | 1,225 |
| 운전자산변동 | 1,680 | 30 | -653 | 420 | 15 |
| CAPEX | 0 | 0 | 0 | -4,000 | 0 |
| FCF | 983 | 369 | 5,703 | 1,872 | 6,428 |

지금 시점이 2017년 초라고 가정하고 잔존가치를 EV/EBITDA 배수로 계산하여 최종적으로 한국항공의 자기자본가치를 〈표 5-22〉와 같이 계산하였다.

잔존가액은 2021년의 EBITDA에 EV/EBITDA 4배수를 곱하여 계산하였다. 순차입금(Net Interest Beard Debt ; Net IBD)은 2017년 말 기준 8,500억원이 있다. Net IBD는 총 차입금 - 현금이기 때문에 순차입금이라고 불린다. 2017년부터 2021년까지 FCFF를 8%의 할인율로 할인한 금액을 더하고 잔존가치를 8%로 5년간 할인하여 EV가치를 계산하였다. 계산된 EV에서 순차입금 8,500억원을 차감하면 한국항공의 총 주식가치는 24,439억원이다.

정밀실사 기간에는 현금흐름할인모형을 적용할 수 있도록 매도자가 매도할 기업의 내부 정보를 제공하기 때문에 제공받은 정보를 바탕으로 추정재무제표

표 5-22 한국항공의 자기자본 가치계산

| | 2017F | 2018F | 2019F | 2020F | 2021F |
|---|---|---|---|---|---|
| 영업이익 | −1,847 | −811 | 5,925 | 5,162 | 6,651 |
| 한계세율 | 22% | 22% | 22% | 22% | 22% |
| 법인세 | 0 | 0 | 719 | 1,136 | 1,463 |
| 세후영업이익 | −1,847 | −811 | 5,207 | 4,026 | 5,188 |
| 감가상각비 | 1,150 | 1,150 | 1,150 | 1,425 | 1,225 |
| 운전자산변동 | 1,680 | 30 | −653 | 420 | 15 |
| CAPEX | 0 | 0 | 0 | −4,000 | 0 |
| FCF | 983 | 369 | 5,703 | 1,872 | 6,428 |
| 잔존가액 | 31,503 | | | | |
| EV/EBITDA | 4 | | | | |
| Net IBD | 8,500 | | | | |
| WACC | 8.0% | | | | |
| EV가치 | 32,939 | | | | |
| 총 주식가치 | 24,439 | | | | |

를 작성할 수 있다. 이를 통해 FCFF를 추정하여 총 주식가치를 계산할 수 있다. M&A 프로젝트 진행 시에는 인수의향서에 기입한 상대가치 평가법으로 작성한 인수가액과 정밀실사를 통해 획득한 추가정보를 바탕으로 현금흐름할인모형을 이용해 얻은 가치와의 차이가 얼마나 크며, 그 차이가 어디에서 왔는지 계산해 보아야 한다.

한국항공은 2017년 예상실적 기준으로는 EBITDA가 마이너스이기 때문에 EV/EBITDA 배수를 사용하여 계산할 수는 없다. 이를 보완하기 위해서 PBR 방법을 통해서 계산하거나 미래의 EBITDA를 대략적으로 추정한 후 적절한 EV/EBITDA 배수를 찾아서 EV를 계산하는 방법을 사용할 수도 있다.

## 3. 요약

얼마의 가격에 기업을 사고파는지가 M&A의 핵심이기 때문에 M&A 프로젝트에서 가치평가는 대단히 중요한 업무이다. 가치평가 담당자가 소홀히 평가할 경우 조 단위의 대형 M&A에서는 수백억원에서 수천억원의 가치가 가치평가 담당자의 손끝에서 변하게 된다. 그러므로 M&A에서는 가치평가를 아무리 강조해도 지나치지 않다. M&A 프로젝트에서 가장 많이 빈번하게 사용하는 가치평가 방법은 EV/EBITDA 배수를 이용한 시장 상대가치 평가법이다.

유사한 기업들이 M&A 시 얼마의 가격에 거래되었는지 파악함으로써 주식시장에서 거래되는 EV/EBITDA에 비해서 얼마의 프리미엄이 M&A 시 고려되었는지 알 수 있다. M&A 프로젝트에서 매도자는 가급적 가치가 높은 비교 대상 기업들과 비교하여 높은 가격으로 협상하려고 하고 매수자는 가급적 가치가 낮은 비교 대상기업들과 비교하여 낮은 가격으로 협상하려고 한다. M&A에 참여하는 참여자들은 모두 합리적이기 때문에 결국 최종 가격 결정에서는 지나치게 높은 시장배수와 지나치게 낮은 시장배수를 배제하고 가격이 정해지게 된다.

실제로는 기업의 본질가치뿐만 아니라 잠재적 인수 후보자들끼리의 경쟁에 의해서도 인수 대상기업의 가격이 결정되기 때문에 다소 높은 경영권 프리미엄을 지불하는 상황을 종종 목격한다. M&A 담당자는 이처럼 인수 후보자들끼리의 경쟁으로 인해서 인수가격이 가치평가의 범위를 벗어나게 되면 적극적으로 경영진에게 과대평가되었다고 조언을 해야 한다. 너무 높은 가격에 인수를 하게 되면 M&A에 너무 많은 비용을 치룬 탓에 오히려 인수한 기업이 재무적 곤경에 처할 수 있다.

인수의향서에 제시한 가격이 적절한 가격인지 확인하기 위해 정밀실사 과정에서 피인수기업이 제공하는 내부 자료를 보고 현금흐름할인모형을 적용하여 다시 한번 확인하는 절차를 가질 필요가 있다. 현금흐름할인모형은 피인수기업의 미래 경영계획까지 반영한 것이기 때문에 시장 배수평가법을 보완하며 최종 매수 가격을 결정하는 데 사용될 수 있는 중요한 자료이다. 현금흐름할인모형은 피인수기업의 경영계획을 근간으로 손익계산서, 재무상태표, 현금흐름표를 추정하여 자유현금을 추정한 후 적절한 할인율을 계산하여 피인수기업의 가치를 계산한다. M&A 프로젝트 담당자는 최종적으로 계산된 가격과 상대가치 평가법으로 계산된 가격을 비교하며 적정한 인수가격을 결정한다.

# 차입매수

ch. six

6

차입매수는 LBO(Leveraged Buyout)라고 하며 인수자금의 대부분을 차입금으로 조달하는 인수방법이다. M&A에서 인수자는 전략적 투자자와 재무적 투자자로 구분할 수 있다. 전략적 투자자는 투자차익보다는 지속적으로 사업을 영위할 목적으로 투자하는 투자자를 말한다. 재무적 투자자는 투자차익을 목적으로 기업을 인수하는 투자자를 말한다. 재무적 투자자 대부분은 사모펀드나 헤지펀드 같은 투자회사들이다. 차입매수는 전략적 투자자보다 재무적 투자자가 M&A에서 자주 사용하며, 많은 차입금을 보유한 투자자가 피투자회사를 인수하고 차입금을 피투자회사로 전가시키는 인수방법이다.

미국에서 LBO가 인기를 끈 시기는 1980년대이다. 당시 정크본드 시장이 번성하면서 투자자들은 인수에 필요한 자금을 손쉽게 조달하였다. 사모펀드가 인수에 필요한 자금을 정크본드를 통해서 조달하면서 1980년대 미국의 M&A붐을 이끌었다. 그 이후 1987년 주식시장의 폭락으로 정크본드 시장도 폭락하면서 1980년대에 M&A를 이끌었던 LBO 방식의 매수도 같이 감소하였다. 그러나 여전히 M&A에서 LBO는 매력적인 자금조달 방법으로 기업 인수 · 합병을 할 수 있는 도구이다.

여기서는 LBO가 무엇이며, LBO를 활용하여 기업인수를 할 경우 어떤 점이 유리한지 살펴보겠다. 그리고 Chapter 5에서 추정한 한국항공을 대상으로 LBO 모델을 엑셀로 구현하여 왜 재무적 투자자들이 LBO 방식의 인수 · 합병을 선호하는지 확인해 보겠다.

## 1. LBO란 무엇인가?

LBO는 M&A 프로젝트에서 인수기업이 인수자금의 대부분을 차입금으로 조달하여 기업을 인수하는 것을 의미한다. 다시 말해 LBO는 인수기업이 과도한 차입금을 일으켜서 피인수기업을 인수하고 다시 인수기업과 피인수기업이 합병하면서 인수기업이 보유한 부채를 피인수기업이 부담하는 방식의 인수 · 합병을 말한다.

그림 6-1 LBO를 통한 M&A

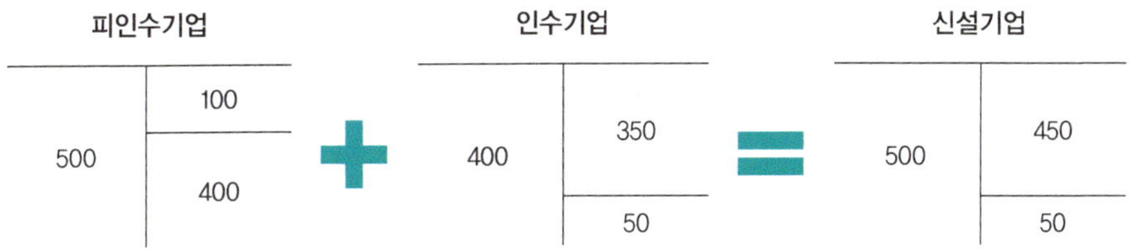


[그림 6-1]처럼 피인수기업은 자산총액이 500원이며, 이 중 부채가 100원, 자기자본이 400원이다. 인수기업은 피인수기업을 인수하기 위해서 필요로 하는 자금을 마련해야 한다. 피인수기업의 장부가치로 평가된 주주지분 400원이 실제 인수대금이라고 가정하자.

이 경우 인수기업은 400원의 총 자금을 조달하였는데 조달한 자금 중 350원은 부채로, 나머지 50원은 자기자본으로 조달하였다. 즉, 인수기업은 400원짜리 피인수기업을 합병하기 위해서 자기자본 50원만 조달하였고 나머지는 전부 차입금으로 조달하였다. 그리고 인수기업은 피인수기업 지분 100%를 인수하고 이를 합병하여 두 기업이 합병한 신설기업이 생겼다. 신설기업의 자산은 500원으로 자산총액은 변함이 없지만 인수기업의 부채 350원과 기존 부채 100원이 합쳐져 부채는 총 450원, 자기자본은 50원이 되었다. 인수기업이 피인수기업을 합병하기 전에 피인수기업은 부채비율이 25%였으나 합병이 종료된 후 신설기업의 부채비율은 900%로 높아졌다. 이처럼 인수에 필요한 자금을 과도한 차입금에 의존하는 인수방법을 LBO라고 한다.

## 2. LBO의 효과

LBO는 인수기업 입장에서는 적은 자본으로 자기보다 덩치가 몇 배나 큰 기업을 인수할 수 있는 효과가 있다. 앞서 살펴본 예제에서는 자산 총액 500원짜리 기업을 단지 50원의 자기 돈으로 인수하였다. 재무 레버리지를 최대한 일으켜 자신이 인수할 수 있는 규모의 기업보다 몇 배나 큰 기업을 인수한 것이다. 이러한 이유로 LBO는 사모펀드나 재무적 투자자들이 선호하는 인수방식이다.

그러나 인수를 당한 피인수기업은 합병 전에는 건전한 재무구조를 갖고 있었지만 합병이 끝난 후 부채비율이 25%에서 900%로 높아져서 재무위험이 큰 자본구조를 갖게 되었다. 이러한 단점이 있음에도 재무적 투자자들은 꾸준히 LBO를 통해서 기업을 인수하려 하고 전략적 투자자들 역시 기회가 된다면 LBO를 통해서 기업을 인수하려고 한다.

그 이유는 부채가 갖고 있는 장점을 LBO가 극대화하기 때문이다. LBO는 과도한 차입금으로 기업을 인수한다. 차입금이 많으면 많을수록 차입금에 대한 이자비용의 세금효과로 인해서 기업의 가치는 상승한다.

**그림 6-2 무부채기업과 부채기업의 기업가치**

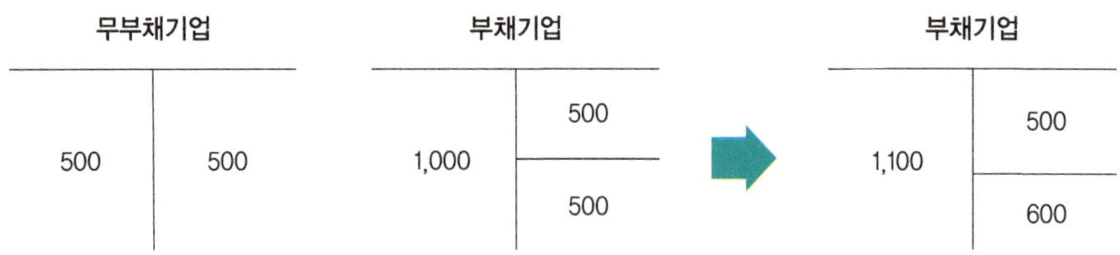


무부채기업의 경우 자산 500원이 전액 자본 500원으로 구성되어 있다. 그러나 부채기업의 경우 자산 1,000원이 부채 500원과 자본 500원으로 구성되어 있다. 부채를 사용하면서 발생하는 이자비용의 법인세 효과만큼 부채기업의 가

치는 증가한다. [그림 6-2]에서 법인세가 20%였다면 전체 이자비용의 20%만큼 법인세를 절감하는 효과가 발생한다. 이를 영속기업에 적용한다면 부채로 인한 기업가치 증가는 부채 × 법인세율 × 이자율이 된다.

$$V_u = E$$
$$V_L = E + t \cdot B \quad (6-1)$$

$V_u$ : 무부채기업의 가치

$V_L$ : 부채기업의 가치

$E$ : 자기자본의 가치

$B$ : 부채의 가치

$t$ : 법인세율

MM(Modigliani-Miller) 이론에 따르면 법인세가 존재할 경우 부채기업의 가치는 이자비용의 법인세 절감효과로 인해서 무부채기업보다 부채기업이 부채 × 법인세율 × 이자율만큼 기업가치가 증가한다. LBO로 기업을 인수하면 차입금이 증가하여 증가된 차입금 × 법인세율 × 이자율만큼 기업가치가 증가한다.

부채가 많다면 주주와 경영자의 대리인비용이 줄어든다. 이익이 많이 발생하는 기업은 많은 이익잉여금을 사내에 유보한다. 유보금액이 클수록 경영자는 기업의 가치를 위해 노력하기보다 자신의 부를 극대화하기 위해 다양한 노력들을 한다. 뿐만 아니라 기업에 유보금액이 많다면 기업의 직원들도 이전보다 더 많은 급여를 요구하게 된다. 이러한 것들은 결국 주주와 경영자와의 대리인문제 뿐만 아니라 기업의 전체적인 기강 해이로 이어져서 기업의 경쟁력을 약화시키게 된다.

그러나 만약 기업에 많은 부채가 있다면 기업의 경영진과 직원들은 도덕적 해이에 빠지기보다 부채로 인해서 자금부담이 많은 기업을 하루 빨리 자금부담이 적은 기업으로 만들기 위해 온 힘을 쏟을 것이다. 직원들에게 지불할 보너스를 줄일 것이고 경영진은 무분별하게 사용하던 법인카드는 물론 전용 제트기도 쓰지 않고 비용을 절감하여 부채를 줄이기 위해서 최선의 노력을 다할 것이다.

LBO를 통해서 기업인수를 한다면 이 같은 부채의 장점이 극대화된다. 그러나 동시에 부채가 임계치 이상으로 많아질 경우 재무 레버리지가 높아져서 파산의 위험이 커져 오히려 기업가치가 하락할 수도 있다. 너무 큰 재무위기가 닥치면 기업들과 거래하던 거래선들도 더 이상 해당 기업과 거래를 하지 않을 수 있다. 그리고 회사가 어려워지면 이를 가장 먼저 알아차린 유능한 직원부터 회사를 떠나기 시작하여 회사의 경쟁력을 약화시킨다. 게다가 부채가 너무 높고 회생 가능성이 없다면 경영진은 순현재가치(Net Present Value ; NPV)가 양수인 투자안을 기각할 가능성이 높다. 아무리 NPV가 양인 투자를 하더라도 모든 이익이 채권자에게 돌아간다면 경영자가 NPV가 0보다 큰 투자를 해야 할 동기를 상실하게 되기 때문이다.

대신 경영진은 투자안의 NPV가 0이거나 음수이더라도 한번 성공하면 막대한 이익을 가져다 주는 투기적인 투자를 할 유인이 높아진다. 마치 로또 복권을 부자들이 사는 비율보다 서민들이 사는 비율이 더 높은 것과 같은 이치이다. 매월 적은 월급을 손에 쥐는 서민이 부자가 되는 길은 로또 같은 일확천금을 얻는 경우뿐이기 때문에 서민들은 혹시나 모를 대박을 위해서 더 많이 복권을 구매한다. 즉, 복권을 구입하면서 발생하는 기대손익은 음수이지만 한번 복권에 당첨되면 엄청난 수익을 기대할 수 있기 때문에 재무적 곤경에 처한 사람일수록 복권 구입에 매달리는 것과 동일하게 재무적 곤경에 처한 기업은 위험한 투자안에 투자할 가능성이 높아진다. 이 같은 단점들은 부채가 과다한 현상이 오랫동안 지속되어서 회복 가능성이 없을 때 자주 목격된다.

LBO가 성공하기 위해서는 부채가 갖고 있는 장점을 짧은 시간 동안에 영위해야 한다. 부채가 많아졌으나 단기간의 노력으로 부채를 갚아 나가면 부채가 많아지기 전의 기업으로 변화할 수 있다는 자신감을 심어주어야 한다. 그래야 기업의 구성원이 하나가 되어서 비용절감을 하고 영업에도 박차를 가할 것이다.

그리고 주주의 이익과 경영자의 이익을 일치시키는 보상체계가 구비되어야 경영진은 더욱 속도를 내서 기업의 낭비를 줄이고 가능한 한 기업의 몸집을 가볍게 만들면서 경쟁력을 갖는 기업으로 만들 것이다. 그러므로 성공적인 LBO가 되기 위해서는 기업이 감당할 수 없을 정도의 과도한 차입금으로 인수하는 것을 지양하고 경영자의 성과목표를 주주의 성과목표에 연동시켜서 가능한 한 짧은 기간 안에 가장 높은 성과를 낼 수 있도록 해야 한다.

## 3. RJR Nabisco 사례

LBO의 대표적인 사례는 1980년대 KKR이 RJR Nabisco를 인수한 것을 들 수 있다. 1985년 RJ Reynold 담배회사는 Nabisco를 49억 달러에 인수하여 RJR Nabisco를 설립하였다. RJR Nabisco는 미국 내에서 담배판매 2위, 스낵판매 1위의 기업이었다. 1988년 KKR은 RJR Nabisco를 주당 $109에 인수하였다. KKR은 RJR Nabisco의 식품사업부를 매각하고 나머지 사업부를 인수하여 효율적으로 경영할 계획이었다. 그리고 LBO를 이용하여 부채가 갖고 있는 장점을 최대화하려고 했다. 당시 RJR Nabisco 경영진은 전용 제트기 10대를 보유할 만큼 방만한 경영을 하고 있었다. KKR은 부채를 이용하여 이 기업을 인수하면 경영진이 보다 비용관리에 신경을 쓸 것이며 이자비용에 대한 법인세 효과를 통해서 기업가치가 상승할 것으로 예상했다. KKR은 RJR Nabisco의 인수가액 중 92%를 부채로 인수하였다.

인수 이후 KKR은 RJR Nabisco의 자산을 매각하고 비용을 줄이면서 계획대로 경영을 진행했다. 그러나 그 후 주식시장이 폭락하면서 채권시장도 폭락하였고 너무 많은 차입금을 이용한 탓에 재무위험이 가중되어 KKR은 추가로 자기자

**표 6-1** KKR의 RJR Nabisco LBO 자금 조달 내역

(단위 : 백만 달러)

| 항목 | 금액 | 비율 |
|---|---|---|
| 부채 | 17,425 | 92% |
| - 은행 | 11,925 | |
| - 선순위 사채 | 1,250 | |
| - 후순위 사채 | 3,750 | |
| - 파트너십 부채 | 500 | |
| 자기자본 | 1,500 | 8% |
| KKR | 1,500 | |
| 총 조달금액 | 18,925 | |

출처 : 박상수, 「LBO를 활용한 M&A 및 사례」, 『사장』 2008년 12월호

금을 투자해야 했다. RJR Nabisco 투자는 KKR의 성공적인 투자라고 말할 수 없는 투자였으며, 과도한 부채 사용과 외부환경 변화로 인해서 KKR의 재무위험이 큰 투자가 되었다. LBO는 매력적인 인수방법이지만 외부환경이 조금만 악화돼도 기업 전체에 끼치는 효과가 크기 때문에 LBO를 실행할 때는 최대한 단기의 기간을 잡고 부채를 상환하는 계획을 세워야 한다.

## 4. 한국의 LBO 사례

우리나라의 LBO는 미국처럼 부채가 가진 효과를 극대화하기보다는 인수할 때 부족한 자기자본을 충당하기 위해 실행하는 경우가 많다. 그러므로 LBO를 실행할 때 은행 같은 금융기관에서 자금을 차입하여 인수를 추진하는 경우가 많다. 이번에는 국내의 LBO 사례를 보고 어떻게 LBO를 하였으며 LBO를 하는 데 있어서 어떤 제약요건들이 있었는지 살펴보자.

## 4.1 신한 LBO

회사정리 절차가 진행 중이던 신한(건설업체)을 인수하기 위해 재미교포 사업가인 김춘환이 2001년 S&K월드코리아라는 자본금 3억원의 기업을 설립하고 동양종금으로부터 350억원, 한미은행으로부터 670억원을 차입하여 신한의 발행주식 66.2%를 인수하였다. 인수에 사용한 자기자본은 총 인수대금의 1%였으며 나머지 99%를 금융기관에서 차입하여 실행하였다.

**표 6-2** **신한 인수대금 구성내역**

(단위 : 억원)

| 항목 | 금액 | 비중 |
|---|---|---|
| 부채 | 670 | 99% |
| - 동양종금 | 350 | |
| - 한미은행 | 320 | |
| 자기자본 | 3 | |
| - 김춘환 | 3 | 1% |
| 총투자액 | 673 | 100% |

출처 : 박상수, 「LBO를 활용한 M&A 및 사례」, 『사장』 2008년 12월호

신한을 인수한 후 1년간 임직원 중 30%가 교체되었다. 신한은 법정관리상태에서 벗어날 기미가 보이지 않았으나 김춘환이 인수한 후에 불필요한 경비를 줄이고 경영진과 직원이 주주와 같은 목적으로 기업을 살려야겠다는 생각을 하여 신한의 구성원들은 자신의 업무에 더욱 집중하게 되었다. 그 결과 인수한 지 1년 만에 신한은 59억원의 경상이익을 내는 기업으로 변했다. 유상증자를 실시하고 경영실적이 호전되어 1,000%로 높았던 부채비율도 100% 수준으로 감소하였다. S&K월드코리아가 LBO를 통해서 신한을 인수한 후 부채가 가진 이점을 최대한 활용한 덕분에 신한은 우량기업으로 거듭나게 되었다.

김춘환이 신한을 인수할 때 신한 소유의 부동산을 동양종금에게 담보로 제

공하였고 한미은행에게는 신한 소유의 정기예금채권에 근질권을 설정하였다. 이러한 과정에 대해서 신한 경영진의 행위가 신한에 대한 배임죄에 해당한다는 법원의 판결이 나왔다.

그림 6-3 신한 인수 구조도

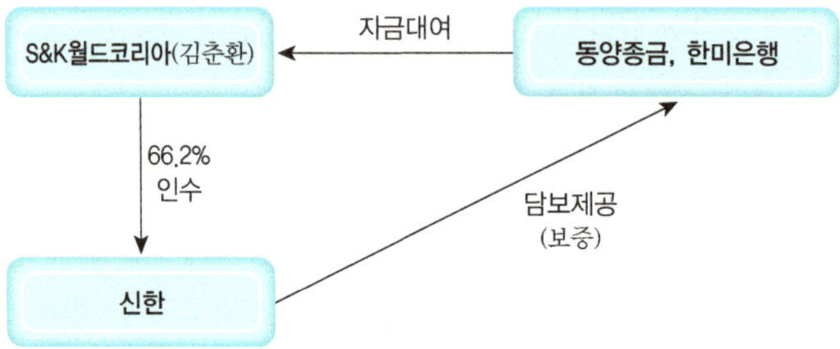


김춘환은 S&K월드코리아라는 SPC(Special Purpose Company, 보통 페이퍼 컴퍼니라고 부름)를 통해서 신한 지분 66.2%를 인수하기 위해 필요한 자금을 동양종금과 한미은행으로부터 차입하였다. 동양종금과 한미은행은 자본금이 3억원뿐인 S&K월드코리아에게 신용만으로 총 670억원을 대여할 수는 없었다. S&K월드코리아에게 충분한 자산과 높은 신용능력이 있다면 담보나 보증이 없어도 자금을 대여해 주었을 것이다. 그러나 S&K월드코리아는 신한을 인수하기 위해 만들어진 법인이다. 사실상 자본금 3억원만 존재하는 기업이기 때문에 S&K월드코리아를 믿고 은행들이 670억원을 대출해 준 것은 아니다.

은행으로부터 대출을 받기 위해 김춘한은 신한이 보유하고 있는 부동산과 정기예적금 등을 담보로 제공하였다. 신한과 S&K월드코리아는 어떠한 관계도 없기 때문에 신한이 S&K월드코리아를 위해서 670억원에 대한 지급보증과 같은 담보를 제공할 필요가 전혀 없었다. 추정컨데 S&K월드코리아의 설립자인 김춘환과 신한의 경영진과는 신뢰관계가 있었을 것이다. 우호적 M&A였기 때문에 김춘환의 요청으로 신한의 경영진은 한미은행과 동양종금에게 670억원에 대한 담보와 예적금을 S&K월드코리아를 위해서 제공하였다.

그러나 신한이라는 법인 입장에서 냉정히 분석한다면 신한은 S&K월드코리아를 위해서 670억원의 담보제공을 하는 과정에서 S&K월드코리아로부터 어떠한 금전적인 대가를 받지 못했다. S&K월드코리아가 차입금 670억원에 대해서 지불을 하지 못하면 신한이 이를 대신 지급해야 하는 구조이다. 그러므로 신한이라는 법인은 담보제공과 관련하여 자신에게 아무런 이익이 없는 행위를 제3자를 위해서 해 준 것이다.

다시 말해 S&K월드코리아를 위해서 670억원에 상당하는 담보를 제공한 신한의 경영진은 대가 없이 신한이라는 회사를 미래에 발생할지 모르는 위험에 빠뜨린 의사결정을 하였다. 결과적으로 신한은 LBO를 통해서 정상기업이 되고 실적이 좋아졌지만 신한 경영진이 제3자인 S&K월드코리아를 위해서 아무런 대가 없이 담보를 제공한 행위는 신한 경영진이 회사를 위해 일해야 하는 신의성실의 의무를 저버렸다고 할 수 있다. 그 결과 신한 경영진이 S&K월드코리아를 위해 담보를 제공해 준 것은 배임죄가 되었다.

아래는 이와 관련한 대법원의 판례이다. 이 판례는 우리나라 LBO에 대한 법률적인 가이드 라인을 제공하였다고 볼 수 있다.

**대법원 2006년 11월 9일 선고 2004도7027 특정 경제범죄가중 처벌 등에 관한 법률 위반**(배임)

1) 배임죄에서 '재산상의 손해를 가한 때'라 함은 현실적인 손해를 가한 경우뿐만 아니라 재산상 손해 발생의 위험을 초래한 경우도 포함되고, 일단 손해의 위험을 발생시킨 이상 나중에 피해가 회복되었다고 하여도 배임죄의 성립에 영향을 주는 것은 아니며, 재산상 손해의 유무에 대한 판단은 본인의 전 재산 상태를 고려하여 **경제적 관점에 따라 하여야 하므로, 법률적 판단에 의하여 당해 배임 행위가 무효라 하더라도 경제적 관점에서 파악하여 본인에게 현실적인 손해를 가하였거나 재산상 실해 발생의 위험을 초래한 경우에는 재산상의 손해를 가한 때에 해당한다.**

2) 주식회사 상호 간 및 주식회사와 주주는 별개의 법인격을 가진 존재로서 동일인이라 할 수 없으므로 1인 주주나 대주주라 하여도 그 본인인 주식회사에 손해를 주는 임무위배행위가 있는 경우에는 배임죄가 성립하고, 회사의 임원이 그 임무 위배되는 행위로 재산상 이익을 취득하거나 **제3자로 하여금 이를 취득하게 하여 회사에 손해를 가한 때에는 이로써 배임죄가 성립하며, 위와 같은 임무위배행위에 대하여 사실상 주주의 양해를 얻었다고 하여 본인인 회사에게 손해가 없었다거나 또는 배임의 범의가 없었다고 볼 수 없다.**

3) 기업인수에 필요한 자금을 마련하기 위하여 그 인수자가 금융기관으로부터 대출을 받고 나중에 피인수회사의 자산을 담보로 **제공하는 방식**(이른바 LBO방식)을 사용하는 경우, 피인수회사로서는 주채무가 변제되지 아니할 경우에는 담보로 제공되는 자산을 잃게 되는 위험을 부담하게 되므로 인수자만을 우한 담보제공이 무제한 허용된다고 볼 수 없고, 인수자가 피인수회사의 위와 같은 담보제공으로 인한 위험 부담에 상응하는 대가를 지급하는 등의 반대급부를 제공하는 경우에 한하여 허용될 수 있다. 만일 인수자가 피인수회사에 아무런 반대급부를 제공하지 않고 임의로 피인수회사의 재산을 담보로 제공하게 하였다면, 인수자 또는 제3자에게 담보 가치에 상응한 재산상 이익을 취득하게 하고 피인수회사에게 그 재산상 손해를 가하였다고 봄이 상당하다. 부도로 인하여 회사정리절차가 진행 중인 주식회사의 경우에도 그 회사의 주주나 채권자들의 잠재적 이익은 여전히 보호되어야 하므로, 피인수회사가 회사정리절차를 밟고 있는 기업이라고 하더라도 이와 같은 결론에는 아무런 영향이 없다.

4) 업무상배임죄의 고의가 인정되려면, 업무상 타인의 사무를 처리하는 자가 본인에게 재산상의 손해를 가한다는 의사가 있어야 하고, 자기 또는 **제3자에게 재산상의 이득을 주려는 의사가 있어야 할 뿐만 아니라, 그의 행위가 임무에 위배된다는 인식이 있어야 할 것인바, 피고인이 피해자 본인의 이익을 위한다는 의사도 가지고 있었다 하더라도 이는 부수적일 뿐이고 이득 또는 가해의 의사가 주된 것임이 판명되면 배임죄의 고의가 있었다고 보아야 하고, 피고인이 본인의 이익을 위하여 문제가 된 행위를 하였다고 주장하면서 범의를 부인하고 있는 경우에 배임죄의 주관적 요소로 되는 사실**(고의, 동기 등의 내심적 사실)은 **사물의** 성질상 고의와 상당한 관련성이 있는 간접사실을 증명하는 방법에 의하여 입증할 수밖에 없고, 무엇이 상당한 관련성이 있는 간접사실에 해당할 것인가는 정상적인 경험칙에 바탕을 두고 치밀한 관찰력이나 분석력에 의하여 사실의 연결상태를 합리적으로 판단하는 방법에 의하여야 한다.

5) 회사정리절차가 진행 중인 주식회사를 인수하기 위하여 서류상 회사를 설립하고 대출을 받아 피인수회사의 주식등을 인수하는 과정에서 피인수회사의 자산을 담보로 **제공한 행위가 업무상 배임죄를 구성한다고 한 사례**

6) 회사의 이사 등이 타인에게 회사자금을 대여함에 있어 그 타인이 이미 채무변제능력을 상실하여 그에게 자금을 대여할 경우 회사에 손해가 발생하리라는 점을 충분히 알면서 이에 나아갔거나, 충분한 담보를 제공받는 등 상당하고도 합리적인 채권회수조치를 취하지 아니한 채 만연히 대여해 주었다면, 그와 같은 자금대여는 타인에게 이익을 얻게 하고 회사에 손해를 가하는 행위로서 회사에 대하여 배임행위가 된다.

7) 회사의 대표이사가 제3자를 위하여 회사의 재산을 담보로 제공한 후 이미 설정한 담보물을 교체하는 경우에 기존 담보물의 가치보다 새로 제공하는 담보물의 가치가 더 크다면, 특별한 사정이 없는 한 회사에게 위와 같은 방법으로 증가된 담보가치 중에서 피담보채무액에 상당하는 액수만큼 재산상 손해가 발생하였다고 할 것이나, 회사의 대표이사가 제3자를 위하여 회사의 재산을 담보로 제공한 후 이미 설정한 담보물을 교체하는 경우에 기존 담보물의 가치보다 새로 제공하는 담보물의 가치가 더 작거나 동일하다면 회사에 재산상 손해가 발생하였다고 볼 수 없다.

이러한 상황에서 배임죄가 성립되지 않기 위해서는 [그림 6-4]의 구조와 절차로 한다면 배임죄에 대한 위험이 최소화되도록 방어할 수 있을 것으로 판단한다. 배임죄의 핵심은 신한의 경영진이 신한에게 아무런 대가 없이 제3자인 S&K 월드코리아에게 담보를 제공해 주었다는 것이다.

**그림 6-4 배임죄 가능성을 최소화하는 신한 인수 구조도**

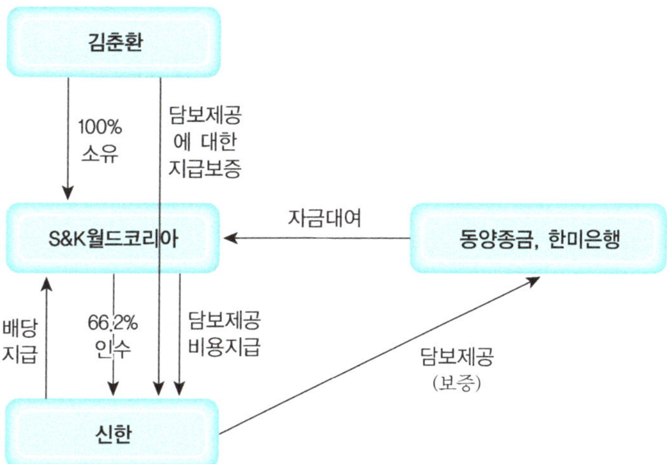

첫 번째로 신한이 670억원에 대한 담보제공에 대한 대가를 양사가 협의하여 S&K월드코리아가 신한에게 지급한다. 즉, 신한이 제공한 담보에 대한 대가로 S&K월드코리아는 신한에게 일정 금액을 지불한다. S&K월드코리아는 자금 전액을 신한 인수자금으로 사용하였기 때문에 담보제공에 대한 대가를 신한에게 지급하는 데 자금문제가 있을 가능성이 있으므로 S&K월드코리아가 신한을 인수한 후에 신한은 S&K월드코리아에게 배당을 하고 그 재원을 바탕으로 S&K월드코리아는 신한에게 담보에 대한 수수료를 지급한다.

두 번째는 신한이 S&K월드코리아에게 지급하는 담보수수료가 충분치 않을 가능성을 대비해서 S&K월드코리아의 설립자인 김춘환이 신한에게 담보를 제공받은 은행들에게 지급한 담보에 대해서 지급보증을 한다. 김춘환의 재산이 얼마일지 불확실하지만 김춘환이 신한이 은행에 제공한 담보에 대해서 신한에게 지급보증을 한다면 신한 입장에서는 신한이 장래에 입을지도 모르는 피해를 최소화할 수 있다. 즉, S&K월드코리아가 인수한 후 신한의 회사 상태가 악화된다면 이를 바탕으로 은행들이 S&K월드코리아에게 670억원을 갚으라고 요청할 수 있다. 그러나 신한의 경영이 악화되었기 때문에 S&K월드코리아가 소유한 신한지분 66.2%는 670억원을 갚기에 불충분할 것이다. 그러므로 모자라는 부분을 신한이 은행에게 제공한 담보로 충당하려고 한다. 이 경우 신한이 제공한 담보로 은행들이 변제를 받는다. 그리고 신한은 S&K월드코리아를 위해 은행에게 변제해준 만큼 지급보증을 한 김춘환에게 변제액을 청구한다. 이러한 구조가 된다면 신한의 경영진이 S&K월드코리아를 위해서 은행에게 담보를 제공한 일은 배임죄에 해당하지 않을 가능성이 높다고 할 수 있다.

### 4.2 한국까르푸 LBO

신한 LBO는 신한 경영진의 배임죄 문제로 인해서 제약이 많았다. 이 때문에 신한의 LBO는 성공한 LBO라고 보기 어렵다. 게다가 신한의 판례로 인해서 LBO 거래를 하고 피인수기업이 더욱 성과가 좋아졌다 할지라도 LBO를 허락한 피인수기업의 경영진은 배임죄를 피할 수 없다. 그 결과 국내에서 LBO는 해외처럼 공격적인 LBO가 될 수 없고 LBO 과정에서 충분한 법률 검토를 받고 이를 회피할 수 있는 방안을 수립해야 한다.

LBO의 배임죄는 피인수기업이 인수기업이 차입하는 차입금에 대해서 제공하는 담보에 대해 피인수기업이 충분한 보상을 받았는지가 핵심이다. 이랜드의 한국까르푸 인수는 법리검토를 철저히 하고 인수구조를 잘 수립하여 배임죄에 해당하는 우려사항을 보완하였다. LBO 자체만을 본다면 성공적인 LBO라고 할 수 있다.

2006년 4월 이랜드는 한국까르푸를 LBO 방식으로 인수하였다. 인수자금은 총 1조 6,000억원이 소요되었고 이를 마련하기 위해서 이랜드는 계열사 자금, 재무적 투자자, 은행차입을 추진하였다.

그림 6-5 한국까르푸 인수구조도

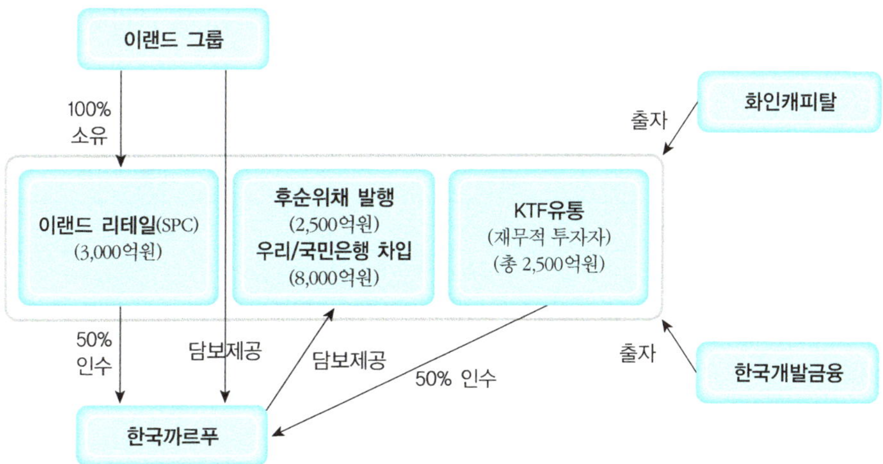


이랜드는 자체자금과 재무적 투자자의 자금으로 5,500억원을 조달하였고

이랜드 리테일과 KTF유통이 합해서 2,500억원의 후순위 채권을 발행하였다. 전략적 투자자와 재무적 투자자가 공동으로 8,000억원을 조달하였다. 인수대금 나머지 8,000억원을 조달하기 위해서 이랜드 그룹은 우리은행과 국민은행에서 8,000억원을 차입하였고 한국까르푸가 보유하고 있는 점포를 은행에 담보로 제공하였다.

여기까지 거래만 했다면 한국까르푸의 경영진은 배임죄에 해당하여 M&A가 종료된 후 사법처리를 받았을 것이다. 그러나 배임죄 회피에 대한 안전장치로 이랜드 그룹은 한국까르푸가 제공한 담보에 대한 대가로 이랜드의 자산을 한국까르푸에게 담보로 제공하였다. 만약 이랜드 리테일과 KTF유통이 우리은행과 국민은행으로부터 차입한 차입금을 상환하지 못한다면 한국까르푸의 점포를 매각하여 변제해야 한다. 이런 일이 발생하면 한국까르푸는 어떠한 혜택 없이 제3자인 이랜드 리테일과 KTF유통에 담보를 제공한 것과 같다.

여기서 이랜드 그룹이 자신의 계열사가 보유한 자산을 한국까르푸에 다시 담보를 제공하여 한국까르푸가 우리은행과 국민은행에게 변제를 하더라도 한국까르푸는 다시 이를 이랜드 그룹에 청구할 수 있게 되는 구조를 만들었다. 결과적으로 한국까르푸의 경영진은 회사를 위해 최선의 안전장치를 마련하고 우리

**표 6-3** **한국까르푸 LBO자금 조달 원천** (단위 : 억원)

| 조달원천 | 금액(억원) | 비중 |
|---|---|---|
| 부채 | 12,000 | 65% |
| - 은행차입금 | 8,000 | |
| - 후순위채권 발행 | 2,500 | |
| 자기자본 | 5,500 | 35% |
| - 이랜드 리테일(SPC) | 3,000 | |
| - KTF유통(SPC) | 2,500 | |
| 총 자본 조달액 | 16,000 | |

출처 : 박상수, 「LBO를 활용한 M&A 및 사례」, 『사장』 2008년 12월호

은행과 국민은행에게 8,000억원 상당의 담보를 제공하였다.

이랜드의 한국까르푸 인수는 부채의 효과를 극대화한다는 측면보다 인수자금이 부족하여 은행으로부터 차입한 것으로 볼 수 있다. 차입금을 이용하고 인수 후 SPC와 한국까르푸를 합병하여 부채가 갖는 장점을 일부 이용하려는 시도가 존재했으나 그 효과는 크다고 할 수 없었다. 부채가 갖는 효과를 최대한 누리려면 인수 후에 비업무용 자산과 이익이 충분히 나지 않는 점포를 매각하면서 인력에 대한 구조조정, 그리고 철저한 비용통제를 통해서 회사 전체를 슬림화했어야 한다.

그러나 이랜드는 추가로 자금을 투입하여 매장을 리뉴얼하고 고용을 100% 승계하며 확장 정책을 펼쳤다. 즉, LBO가 갖는 이점을 충분히 활용하지 않고 LBO로 피인수된 기업들과는 반대 정책을 펼쳤다고 볼 수 있다.

## 5. 한국항공의 LBO 예제

LBO를 국내에서 대기업들이 하기에는 이러한 배임 이슈로 인해서 무리가 있는 인수방법이다. LBO를 하기 위해서는 인수에 필요한 자금을 충분히 차입해야 한다. 부채가 갖는 장점을 십분 활용하기 위해서는 유연한 인력 구조조정이 선행되어야 한다. 우리나라는 노동시장이 경직되어 있어서 인력의 구조조정이 쉽지 않다. 쉬운 해고를 도입한다고 해도 재취업 시장에서 나이와 성별에 대한 차별이 여전히 존재하기 때문에 쉬운 해고는 실업자만을 양산할 가능성이 높다.

재취업 시장에서 나이와 성별에 대한 차별이 존재하는 한 쉬운 해고를 반대하는 정부 정책이 바뀌지 않을 것으로 예상한다. 그러므로 LBO를 통한 대대적인 인력 구조조정도 쉽지 않다. 다만 인력 외적인 부분에서 부채의 효과를 극대화하는 방법을 찾을 수 있다.

가장 먼저 비업무용 자산과 수익성이 낮은 사업부를 매각하여 조직의 크기를 줄이는 방법이 있다. 핵심역량을 보유한 사업만을 남기고 나머지 사업을 매각하여 인수하면서 과도하게 사용한 부채의 크기를 줄인다.

두 번째는 경영진의 목표와 주주의 목표를 일치시킨다. 피인수기업의 경영진에게 미래 성과에 대한 높은 인센티브를 제공하여 경영진과 주주의 대리인비용을 최소화한다.

마지막으로 회사 전체적인 비용통제를 강하게 하여 낭비되는 비용을 최소화하고 높은 부채로 인해서 직원과 경영진이 기업의 생존에 경각심을 갖게 하여 좀 더 성실히 일할 수 있는 분위기를 조성한다.

여기서는 이러한 LBO의 장점을 이해하고 Chapter 5에서 예제로 든 한국항공을 사모펀드가 LBO를 통해서 인수한다고 가정해 보겠다.

**그림 6-6 한국항공 LBO 구조도**

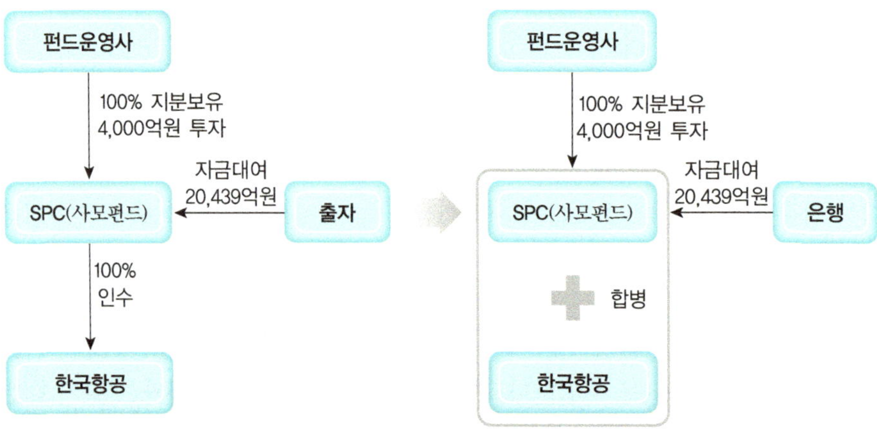


사모펀드는 4,000억원을 투자하여 한국항공을 인수할 SPC를 설립한다. 한국항공의 주식가치는 24,439억원이다. 모자라는 인수자금 20,439억원을 SPC는 은행으로부터 차입한다. SPC가 한국항공을 인수하면 펀드운용사는 한국항공의 지분 100%를 소유하게 되고 은행의 차입금은 합병회사로 이전된다. 이러한

상황을 고려하여 한국항공과 SPC가 어떻게 하나의 기업으로 신설되는지 확인해 보자.

2017년 초 기준으로 DCF 평가로 평가한 한국항공 주식가치는 24,439억원이었다. SPC는 한국항공을 2017년 12월 31일에 인수한다고 가정하였다. 2017년 1월 1일 평가한 한국항공과 2017년 12월 31일 평가한 한국항공의 가치가 동일하므로 인수금액 24,439억원이라고 가정하였다.

**표 6-4** 한국항공 지분가치

| | 2017F | 2018F | 2019F | 2020F | 2021F |
|---|---|---|---|---|---|
| 영업이익 | −1,847 | −811 | 5,925 | 5,162 | 6,651 |
| 한계세율 | 22% | 22% | 22% | 22% | 22% |
| 법인세 | 0 | 0 | 719 | 1,136 | 1,463 |
| 세후영업이익 | −1,847 | −811 | 5,207 | 4,026 | 5,188 |
| 감가상각비 | 1,150 | 1,150 | 1,150 | 1,425 | 1,225 |
| 운전자산변동 | 1,680 | 30 | −653 | 420 | 15 |
| CAPEX | 0 | 0 | 0 | −4,000 | 0 |
| FCF | 983 | 369 | 5,703 | 1,872 | 6,428 |
| 잔존가액 | 31,503 | | | | |
| EV/EBITDA | 4 | | | | |
| Net IBD | 8,500 | | | | |
| WACC | 8.0% | | | | |
| EV가치 | 32,939 | | | | |
| 총 주식가치 | 24,439 | | | | |

그림 6-7 사모펀드의 재무상태표

| | 2017말 |
|---|---|
| 현금 | 24,439 |
| 차입금 | 20,439 |
| 자본금 | 4,000 |
| 자산총액 | 24,439 |

사모펀드는 자본금 4,000억원을 보유하며, 나머지 금액은 차입금으로 조달하였다. 사모펀드가 차입한 차입금은 이자율이 4%이며 [그림 6-8]의 차입금 상환 스케줄에 따라 상환하기로 하였다.

그림 6-8 사모펀드의 차입금 상환 스케줄

| | | 2017F | 2018F | 2019F | 2020F | 2021F |
|---|---|---|---|---|---|---|
| 장기차입금 | 기초 | 0 | 20,439 | 18,439 | 16,439 | 14,039 |
| | 일수 | 360 | 360 | 360 | 360 | 360 |
| | 이자율 | 4% | 4% | 4% | 4% | 4% |
| | 이자비용 | 0 | 818 | 738 | 658 | 562 |
| | 상환 | 0 | 2,000 | 2,000 | 2,400 | 3,500 |
| | 기말 | 20,439 | 18,439 | 16,439 | 14,039 | 10,539 |

한국항공은 2017년 12월 31일에 사모펀드에 인수되었고 인수 후에 한국항공은 소멸법인이 되었으며 SPC가 신설법인이 되었다. SPC는 신설법인 사명을 한국항공으로 변경하였다. 이로써 이름은 동일하지만 주주는 SPC가 된 새로운 법인이 설립되었다. 기존의 영업과 자산 부채를 모두 승계하였기 때문에 영업성과도 동일하다. 다만 차이가 있다면 신설법인의 손익계산서에는 추가금융비용이 발생한다. 추가금융비용은 사모펀드가 한국항공을 인수하기 위해 금융기

관으로부터 차입한 20,439억원에 대한 이자비용이다. 기존의 한국항공과 동일한 손익계산서이지만 추가금융비용만이 달라졌다. 추가금융비용만큼 한국항공의 당기순이익은 감소하였다.

사모펀드가 한국항공을 인수할 때 매수법을 적용하였다. 매수법은 피인수기업의 자산과 부채를 공정가치로 평가하여 자본을 시가로 평가하여 매입하는 방법이다. 그러므로 과거의 한국항공 자산과 부채는 신설법인으로 이전되지만 자본항목은 신설법인으로 이전되지 않는다. 자본항목 중에 자본금은 사모펀드의

**그림 6-9** LBO 후 한국항공의 손익계산서

| | A | B | C | D | E | F |
|---|---|---|---|---|---|---|
| 1 | | | | | | |
| 2 | | | | | | |
| 3 | | | *2018F* | *2019F* | *2020F* | *2021F* |
| 4 | 매출액 | 하와이노선 | 18,974 | 24,957 | 25,955 | 26,993 |
| 5 | | 도쿄노선 | 6,425 | 8,823 | 9,088 | 10,921 |
| 6 | *총매출액* | | 25,398 | 33,780 | 35,043 | 37,914 |
| 7 | 변동매출원가 | 연료비 | 14,193 | 14,840 | 15,285 | 15,978 |
| 8 | | 운항인건비 | 1,442 | 1,485 | 2,142 | 2,206 |
| 9 | | 공항이용료등 | 870 | 983 | 1,012 | 1,134 |
| 10 | *변동매출원가총액* | | 16,506 | 17,308 | 18,439 | 19,317 |
| 11 | 고정매출원가 | 인건비 | 7,665 | 8,215 | 8,790 | 9,393 |
| 12 | | 영업권상각 | 1,184 | 1,184 | 1,184 | 1,184 |
| 13 | | 감가상각비 | 1,150 | 1,150 | 1,425 | 1,225 |
| 14 | *고정매출원가 합계* | | 9,999 | 10,549 | 11,400 | 11,803 |
| 15 | *종 매출원가* | | *26,505* | *27,857* | *29,839* | *31,120* |
| 16 | *매출총이익* | | -1,107 | 5,923 | 5,204 | 6,794 |
| 17 | 판매관리비 | | 889 | 1,182 | 1,226 | 1,327 |
| 18 | *영업이익* | | -811 | 5,925 | 5,162 | 6,651 |
| 19 | *기타손익* | | 0 | 0 | 0 | 0 |
| 20 | *금융손익* | | -400 | -480 | -420 | -360 |
| 21 | *추가금융비용* | | -818 | -738 | -658 | -562 |
| 22 | 세전이익 | | -2,029 | 4,708 | 4,084 | 5,729 |
| 23 | 법인세 | | 0 | 1,482 | 899 | 1,260 |
| 24 | 당기순이익 | | -2,029 | 3,226 | 3,186 | 4,469 |
| 25 | | | -8.0% | 9.5% | 9.1% | 11.8% |

자본금 4,000억원이다. 이러한 상황을 반영하여 사모펀드 인수 후의 재무상태표를 작성하였다. 기존 재무상태표와 달라진 점은 두 가지이다.

하나는 자산항목에 영업권이 발생하였다. 한국항공의 2017년 재무상태표 장부가와 시가가 동일하다고 가정하였다. 2017년 자본의 가치와 사모펀드가 자본에 해당하는 금액을 인수할 때 지급한 자금(총 24,439억원)과의 차이가 영업권으로 계상되었다. 2017년 말 한국항공의 자기자본 재무상태표 시가는 753억원이다. 24,439억원과 753억원의 차이가 영업권으로 계상된 것이다. 영업권은 앞으로 20년 동안 상각할 수 있으며 혹은 매년 영업권의 가치를 재평가하여 재평가금액을 기재하는 방법이 있다. 한국항공 예제에서는 향후 20년간 영업권을 상

그림 6-10 사모펀드 인수 후 한국항공의 재무상태표

| | A | B | C | D | E | F |
|---|---|---|---|---|---|---|
| 1 | | | | | | |
| 2 | | | | | | |
| 3 | | *2017F* | *2018F* | *2019F* | *2020F* | *2021F* |
| 4 | 현금 | 2,083 | 2,419 | 2,923 | 498 | 1,410 |
| 5 | 매출채권 | 2,909 | 3,175 | 4,222 | 4,380 | 4,739 |
| 6 | 비유동자산 | 12,850 | 11,700 | 10,550 | 13,125 | 11,900 |
| 7 | 영업권 | 23,686 | 22,502 | 21,318 | 20,133 | 18,949 |
| 8 | 자산총계 | 41,528 | 39,796 | 39,013 | 38,137 | 36,998 |
| 9 | 매입채무 | 4,051 | 4,220 | 4,445 | 4,776 | 4,989 |
| 10 | 미지급금 | 3,038 | 3,165 | 3,334 | 3,582 | 3,742 |
| 11 | 단기차입금 | 0 | 0 | 0 | 0 | 0 |
| 12 | 유동성장기차입금 | 7,000 | 0 | 0 | 0 | 0 |
| 13 | 장기차입금 | 3,000 | 12,000 | 10,500 | 9,000 | 7,500 |
| 14 | 인수 차입금 | 20,439 | 18,439 | 16,439 | 14,039 | 10,539 |
| 15 | 부채총계 | 37,528 | 37,825 | 34,719 | 31,397 | 26,771 |
| 16 | 자본금 | 4,000 | 4,000 | 4,000 | 4,000 | 4,000 |
| 17 | 자본잉여금 | 0 | 0 | 0 | 0 | 0 |
| 18 | 기타자본조정 | 0 | 0 | 0 | 0 | 0 |
| 19 | 이익잉여금 | 0 | -2,029 | 294 | 2,740 | 6,228 |
| 20 | 자본총액 | 4,000 | 1,971 | 4,294 | 6,740 | 10,228 |
| 21 | Check | 0 | 0 | 0 | 0 | 0 |

각한다고 가정하였다.

다른 하나는 한국항공 자본금이 4,000억원으로 변경되었다. LBO가 일어나기 전에 한국항공의 자본금은 500억원, 자본잉여금 1,000억원, 이익잉여금 -1,247억원, 기타자본조정이 500억원이 있었다. 매수법으로 추정재무제표를 작성하였기 때문에 이전의 모든 항목들은 사라지고 그 대신 사모펀드의 자본금 4,000억원이 한국항공의 새로운 자본금이 되었다.

현금흐름표도 2018년부터 재작성하였다. 현금흐름표에서 달라진 점은 매년 영업권 상각비용만큼 현금이 유출되지 않는다는 점이다. 이 부분을 현금흐름표에 반영하였다. 그리고 인수금융 차입금이라는 항목을 별도로 만들어서 은행차입금 20,439억원을 차입금 상환 스케줄에 따라 상환하는 방법을 사용하였다. 사

**그림 6-11 사모펀드 인수 후 한국항공의 현금흐름표**

| | A | B | C | D | E |
|---|---|---|---|---|---|
| 1 | | | | | |
| 2 | | | | | |
| 3 | | *2018F* | *2019F* | *2020F* | *2021F* |
| 4 | 영업활동현금흐름 | 336 | 4,907 | 6,215 | 6,893 |
| 5 | 당기순이익 | -2,029 | 3,226 | 3,186 | 4,469 |
| 6 | 감가상각비 | 1,150 | 1,150 | 1,425 | 1,225 |
| 7 | 영업권상각 | 1,184 | 1,184 | 1,184 | 1,184 |
| 8 | 운전자본변동 | 30 | -653 | 420 | 15 |
| 9 | 투자활동현금흐름 | 0 | 0 | -4,000 | 0 |
| 10 | CAPEX 투자 | 0 | 0 | -4,000 | 0 |
| 11 | 재무활동현금흐름 | 0 | -4,403 | -4,640 | -5,981 |
| 12 | 단기차입금순변동 | 0 | 0 | 0 | 0 |
| 13 | 장기차입금순변동 | 2,000 | -1,500 | -1,500 | -1,500 |
| 14 | 인수금융 차입금 | -2,000 | -2,000 | -2,400 | -3,500 |
| 15 | 배당금지급 | 0 | -903 | -740 | -981 |
| 16 | 현금흐름 | 336 | 504 | -2,424 | 912 |
| 17 | 기초현금 | 2,083 | 2,419 | 2,923 | 498 |
| 18 | 기말현금 | 2,419 | 2,923 | 498 | 1,410 |
| 19 | | | | | |

모펀드가 인수한 후에 부채비율이 높아졌지만 매년 발생하는 현금으로 꾸준히 차입금을 상환, 경영의 비효율을 최소화하고 방만한 비용을 관리하여 부채의 이점을 극대화하는 작업을 하는 중이다. 분석의 단순함을 위해서 2018년 이후 매각하는 자산은 별도로 없다고 가정하였다.

영업권은 무형자산이기 때문에 감가상각누계액을 별도로 작성할 필요는 없다. 기초금액에 상각기간 동안 매년 정액으로 상각하면 된다. 영업권은 20년 동안 상각하여 매년 영업권 상각비로 1,184억원의 비용을 손익계산서에 반영한다.

표 6-5 영업권 상각스케줄

| | 2018F | 2019F | 2020F | 2021F |
|---|---|---|---|---|
| 기초 | 23,686 | 23,686 | 23,686 | 23,686 |
| 내용년수 | 20 | 20 | 20 | 20 |
| 감모상각비 | 1,184 | 1,184 | 1,184 | 1,184 |
| 기말가액 | 22,502 | 21,318 | 20,133 | 18,949 |

2017년 12월 31일에 한국항공을 사모펀드가 인수한 후에 2021년에 다시 이를 매각한다고 가정하였다. 사모펀드는 2021년에 EV/EBITDA 4배로 한국항공을 매각한다. EV/EBITDA 4배를 적용한 한국항공의 주식가치는 19,611억원이다. 2017년 12월 31일에 매입한 한국항공의 가치 24,439억원에 비하면 오히려 한국항공의 가치가 하락한 것이다.

2017년 한국항공의 EBITDA는 -697억원에서 2021년 9,060억원으로 증가하였다. 그러나 같은 기간 순이자지급부 부채는 8,500억원에서 16,629억원으로 증가하였으며 EV/EBITDA 배수도 동일하게 4배를 사용하였다. 그리고 2017년 12월 31일 한국항공을 매입할 때는 EV/EBITDA 배수 대신 FCFF를 이용한 현금흐름할인모형을 사용하여 가치평가를 하였다.

이러한 차이들이 2017년에 한국항공을 인수한 가격과 2021년에 한국항공을 매각하는 가격의 차이를 가져왔다. 사모펀드 입장에서 2017년 말 한국항공을 24,439억원에 매입하고 2021년 말 한국항공을 19,611억원에 매도하기 때문에 사모펀드는 많은 손해를 보았을 것이라고 예상할 수 있다. 실제로 사모펀드가 한국항공투자와 관련하여 얼마의 수익률을 올렸는지 계산해 보자.

사모펀드는 한국항공을 인수할 때 자금 4,000억원을 투입하였다. 그리고 2019년부터 배당금을 수령하였다. 2021년 말에 한국항공을 19,611억원에 매각하고 인수할 때 차입했던 잔여 차입금 10,539억원을 상환하였다. 결과적으로 2021년 12월 31일에 사모펀드는 총 10,053억원을 손에 쥐게 되었다. 이에 대한 IRR(Internal Rate of Return)을 계산하면 33.3%의 높은 수익률이 나온다. 이렇게 높은 수익률이 나올 수 있는 것은 사모펀드가 최소한의 자금으로 한국항공을 인수하였고 2018년부터 2021년까지 인수한 차입금을 9,900억원 상환했기 때문이다. 차입금을 상환한 만큼 사모펀드의 가치도 같이 증가했다고 볼 수 있다.

**표 6-6** **사모펀드 입장에서 한국항공 투자수익률**(LBO 방식)

| | 12/31/2017 | 12/31/2018 | 12/31/2019 | 12/31/2020 | 12/31/2021 |
|---|---|---|---|---|---|
| 현금유출 | −4,000 | | | | |
| 배당금 수령 | 0 | 0 | 903 | 740 | 981 |
| 매각가액 | | | | | 19,611 |
| 차입금상환 | | | | | −10,539 |
| Cash flow | −4,000 | 0 | 903 | 740 | 10,053 |
| IRR | 33.3% | | | | |

만약 사모펀드가 한국항공을 LBO로 인수하지 않았다면 수익률이 얼마나 될까?

**표 6-7 사모펀드 입장에서 한국항공 투자수익률**(100% 자기자본으로 인수)

| | 12/31/2017 | 12/31/2018 | 12/31/2019 | 12/31/2020 | 12/31/2021 |
|---|---|---|---|---|---|
| 현금유출 | −24,439 | | | | |
| 배당금수령 | | 0 | 903 | 740 | 981 |
| 매각가액 | | | | | 33,633 |
| Cash flow | −24,439 | 0 | 903 | 740 | 34,614 |
| IRR | 10.6% | | | | |

한국항공을 100% 자기자본으로 매입할 경우 투자자는 2017년 12월 31일에 24,439억원을 지출하고 사모펀드와 동일하게 매년 배당금을 수령한다. 그러나 여기에서는 투자자가 100% 자기 돈으로 인수했기 때문에 인수와 관련한 차입금이 존재하지 않는다. 그러므로 2021년에 EV/EBITDA 4배를 계산할 때는 Chapter 5에서 추정한 한국항공의 2021년 EBITDA인 7,876억원에 4배를 곱하고 2021년의 장기차입금 7,000억원과 현금 9,630억원을 감안하여 매각가액을 계산해야 한다. 이 경우 매각가액은 33,633억원이다. 100% 자기자금으로 투자한 투자자의 한국항공 4년간 투자수익률은 연평균 10.6%이다. 사모펀드처럼 타인자본을 적절히 사용하면 동일한 투자에 대해서도 레버리지 효과로 인해서 높은 투자수익률을 올릴 수 있다.

레버리지 효과로 인해 사모펀드와 같은 재무적 투자자는 전략적 투자자보다 더 공격적인 가격으로 인수·합병전에 참여하여 많은 회사들을 인수할 가능성이 높다. 2004년부터 2010년까지는 IMF 때 어려워진 기업들이 주로 M&A 시장에 나왔지만 앞으로 M&A 시장을 주도할 플레이어는 사모펀드가 될 가능성이 높다.

전략적 투자자들이 사모펀드와 M&A 경쟁에서 이기기 위해서는 확실한 시너지가 존재하여 레버리지를 일으켜서 투자하는 재무적 투자자를 압도해야 한다. 그러나 현실에서 시너지 효과가 재무 레버리지를 압도할 만큼 큰 경우는 흔하지 않다. 전략적 투자자도 기업을 성장시키고 새로운 시장에 진입하기 위해서는 레버리지를 사용해야 한다. 한국항공의 예제처럼 극단적으로 높은 레버리지를 취하기는 어려우나 적절한 레버리지를 활용하고 피인수기업과 인수기업과의 시너지 효과까지 고려한다면 전략적 투자자는 M&A 경쟁에서 재무적 투자자와 충분히 경쟁할 수 있을 것이다.

## 6. LBO에 적절한 대상기업

LBO는 기본적으로 과도한 차입금을 통해서 기업을 인수하는 것이다. 부채의 효과를 극대화하는 긍정적인 측면이 존재하나 과도한 차입금은 LBO를 추진한 회사뿐만 아니라 피인수기업까지 재무적 곤경에 처하게 만들 가능성이 높다. 그러므로 모든 기업의 인수 · 합병에 LBO를 이용할 수 없다. LBO로 인수하기 적절한 기업은 안정적인 현금흐름, 방만한 경영을 한 기업, 낮은 부채비율의 기업, 유능한 경영자가 있는 기업이다.

LBO로 인수할 경우 많은 차입금이 순식간에 피인수기업에 발생한다. 만약 피인수기업이 속한 산업이 경기에 민감하다면 호황일 때와 불황일 때의 현금흐름의 차이는 매우 클 것이다. 만약 불황의 초입기일 때 경기에 민감한 기업을 LBO로 인수한다면 과도한 차입금으로 인해 이자비용까지 감내하기 어려울 가능성이 높다.

방만한 경영을 한 기업은 LBO로 인한 부채의 효과를 최대한 이용할 수 있을 것이다. 방만한 경영을 하는 기업은 대체로 내부현금 유보가 많은 기업들이라고 할 수 있다. 이러한 기업들에게 있어서 갑자기 차입금이 불어난다면 좀 더 많은 비용을 통제하고 인력운영을 효율적으로 하여 비용절감을 보다 용이하게 할 뿐만 아니라 그 효과도 클 것이다.

차입여력이 높을수록 LBO를 하는 입장에서는 매력적인 투자대상이 될 수 있다. 부채비율이 낮은 기업들은 자기자본으로만 경영을 하기 때문에 재무적 안정성이 높은 기업들이다. 이러한 기업들은 충분히 많은 자금을 차입할 수 있는 여력이 존재한다. 그러므로 부채비율이 낮아서 자기자본으로만 경영하는 기업들은 LBO 인수의 타깃이 되기 쉽다.

LBO는 높은 수준의 차입을 하기 때문에 피인수 대상회사의 재무위험이 급격히 증가한다. 살얼음판을 걷는 마음으로 경영을 해야 하는 시기가 찾아온다. 이러한 시기를 유능한 경영진과 같이 경영한다면 차입으로 인해서 재무위험이 높아진 시기를 무사히 지나 한층 가치 있는 기업으로 만들 가능성이 높다. 기존 경영진이 무능하다면 유능한 경영진으로 교체하여 어려운 시기를 잘 극복하도록 해야 한다. 이 외에도 비업무용 자산이 많거나 비 핵심 자산을 많이 보유한 기업들도 LBO의 좋은 대상이 된다. 투자자가 그러한 기업을 인수하여 이러한 비업무용 자산을 매각하고 작고 유연하게 경영을 한다면 상대적으로 수월하게 회사의 가치를 올릴 수 있다.

## 7. 요약

LBO는 부채가 가진 장점을 극대화하기 위해서 1980년대 미국에서 유행한 인수 · 합병 방법이다. 많은 사모펀드들이 기업들을 인수할 때 부채를 활용하여 인수자금을 조달하였다. 부채가 많은 기업들의 경우 재무적 위험이 증가하는 단점이 있지만 부채로 인해서 경영자의 방만한 경영이 감소하고 내부의 비용통제가 수월해지며, 불필요한 사업들을 매각하는 작업들이 활발히 일어날 수 있다. 구성원 모두가 생존을 위해서 한몸으로 움직이기 때문에 일반적인 기업들과는 비교할 수 없을 정도로 활발한 구조조정이 일어나고 구성원 개개인의 업무 몰입도가 높아지는 장점이 있다. 그러나 이러한 장점도 시간이 오래 지나면 구성원의 피로도가 증가하기 때문에 LBO를 이용하여 인수 · 합병할 때는 최장 3년 정도의 기간을 보고 인수·합병을 추진해야 부채가 가진 장점을 극대화하고 단점을 최소화할 수 있다.

우리나라의 LBO는 부채의 장점을 극대화하는 방향보다는 인수 시 부족한 자금을 차입을 통해서 인수하는 방향으로 나아가고 있다. 우리나라는 LBO에 있어서 피인수기업 경영진에게 배임죄를 묻고 이러한 배임문제의 대법원 판례까지 존재하여 LBO가 미국에서만큼 활발하게 일어나지 않는다. LBO에서 배임문제를 회피하는 가장 좋은 수단은 인수기업이 은행으로부터 자금을 차입할 때 피인수기업이 이에 대한 차입금에 지급보증을 하고 이에 상응하는 대가를 인수기업이 피인수기업에게 지불하도록 하는 것이다. 이러한 조건이 충족되면 LBO에서의 경영진 배임문제는 상당부분 해결할 수가 있다.

차입거래로 투자를 하기 때문에 재무 레버리지가 높은 만큼 100% 자기자본으로 투자한 경우보다 높은 수익률을 가져다 준다. 이러한 이유로 많은 사모펀드들은 LBO 방식을 선호한다. 전략적 투자자가 재무적 투자자와 경쟁하기 위해서는 차입을 통한 자금 조달은 물론 확실한 시너지가 발생할 때 인수해야 M&A 경쟁에서 재무적 투자자와 대등한 경쟁을 할 수 있을 것이다.

LBO에서 부채는 잘 쓰면 약이 되고 잘못 쓰면 치명적인 해가 되는 양면적인 성질을 지녔다. 그러므로 LBO에 적합한 기업을 대상으로 LBO를 활용하면 성공적인 M&A가 될 것이고 LBO에 적합하지 않은 기업을 대상으로 LBO를 활용하면 실패한 M&A가 될 것이다. 그러므로 LBO를 계획하는 담당자는 어떤 상황에서 LBO를 이용해야 가장 효과를 극대화할 것인지 판단해야 한다.

# 인수 후 통합

ch. seven

7

두 남녀가 서로에게 이끌려 결혼을 해서 부부가 되었다고 하자. 이 부부가 결혼하고 얼마 지나지 않아서 이혼을 했다면 서로에게 실패한 결혼이라고 할 수 있고 이 부부가 지속적으로 행복하게 살면 성공한 결혼이라고 할 수 있다.

M&A도 서로 모르는 남녀가 만나서 결혼을 하는 과정에 비유할 수 있다. 즉, M&A는 처음 만난 이성이 서로를 알아가면서 호감을 갖고 하나의 부부로 합쳐지는 과정과 유사하다. Chapter 6까지 우리가 살펴본 내용은 이성끼리 만나서 데이트를 하면서 서로를 알아가고 서로에게 확신이 들어서 결혼까지 한 단계이다. 그러나 두 남녀의 만남과 데이트 목표는 결혼이 아니고 두 사람이 행복하게 오랫동안 사는 것이다.

이처럼 M&A의 목표도 M&A라는 결과가 아니라 M&A를 시도했을 당시의 원래 의도했던 목표를 달성하는 것이다. 어떤 기업은 시장 내 지배력을 확대하기 위해서, 또 어떤 기업은 수직계열화를 통해 원가우위를 달성하기 위해서, 그 외에도 신시장을 개척하면서 성장을 지속시키기 위해서, 새로운 기술을 습득하여 시장을 선도하는 제품을 만들기 위해서 등 기업은 매우 다양한 목표를 갖고 M&A를 한다. 그러므로 M&A 절차가 끝나면 본래 의도했던 목표가 실현되도록 노력을 해야 하는 과정이 남았다.

이 과정을 우리는 인수 후 통합 혹은 PMI(Post-merger Integration)라고 한다. 많은 선남 선녀가 서로 사랑하여 결혼하지만 여러 가지 이유로 이혼을 많이 한다. 그중 가장 많은 이유가 성격 차이이다. 지금까지 많은 M&A가 있었지만 실패로 끝나는 M&A도 원인이 남녀 간의 관계처럼 성격 차이인 것이 많다. 그 성격 차이를 우리는 인수 후 통합상의 문제라고 한다. [그림 7-1]은 M&A 실패의 원인에 대한 설문조사이다. M&A가 실패한 가장 중요한 원인이 인수 후 통합상의 문제이며, 그 다음이 시너지를 과대평가한 것이다.

M&A 후에 슬기롭게 통합한 기업들은 본래의 목적을 달성하고 그렇지 못한 기업들은 적게는 수백억원, 많게는 수십조원의 손실을 보면서 인수했던 기업을

**그림 7-1 M&A의 주요 실패 원인, M&A 경험이 있는 CEO 250명 설문조사 결과**

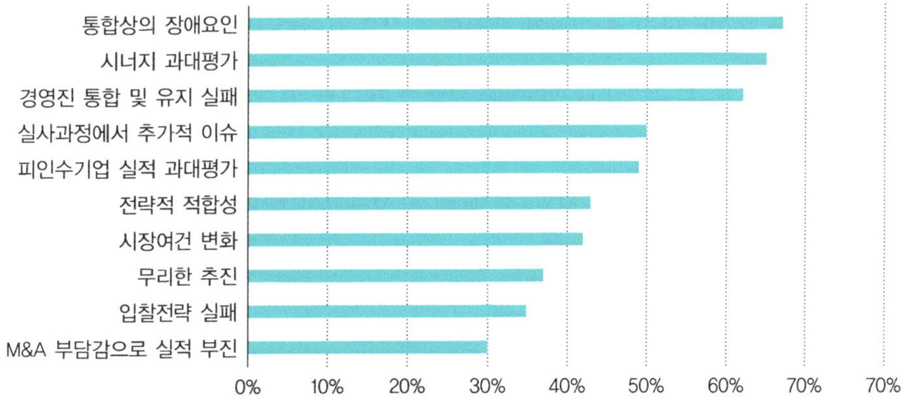


**출처** : 베인앤컴퍼니, 2014년

되팔던가 혹은 피인수기업과 같이 무너져 내리는 경우가 많다. 1990년대 후반 가장 성공적인 인수 · 합병이 될 것 같았던 다임러 벤츠와 크라이슬러의 합병은 인수 후 통합이 얼마나 중요한지 우리에게 교훈을 주고 있다.

1998년 독일의 다임러 벤츠는 미국의 크라이슬러 사를 합병하였다. 합병 당시 다임러 벤츠는 고급차를 제조하는 기업이었고 크라이슬러는 대중적인 차를 제조하는 기업이었다. 다임러 벤츠의 우수한 기술력이 크라이슬러의 기술을 향상시키고 양사의 부품과 기술을 교환, 구매와 유통망을 공동으로 이용한다면 많은 시너지 효과가 발생할 것이라고 전문가들은 전망하였다.

그러나 직원들에게 규칙과 규율을 강조하는 독일식 기업문화와 자율을 존중하는 미국식 기업문화가 서로 충돌을 일으켰다. 다임러 벤츠는 크라이슬러의 모든 조직을 통제하려 하였고 그 통제가 심할수록 크라이슬러 직원의 반발은 심해졌다. 그 와중에 핵심 경영진과 인력이 크라이슬러를 떠나면서 인력 유출이 심했다. 동시에 공통인력에 대한 구조조정 없는 합병으로 자동차 기업에서 중요한 원가절감도 달성하기 어려웠다. 그 결과 M&A 시 기대했던 글로벌 자동차 회사로 세계를 선도한다는 목표를 이루지도 못하고 2007년에 다임러 벤츠는 크라이슬러를 74억 달러에 서버러스에 매각하기로 하였다. 이 매각으로 인해서 다임러는 투자원금 360억 달러 중 286억 달러의 손실을 보았다.

인수 후 통합이 실패하면 M&A는 실패로 끝나고 결국은 막대한 투자손실만 남긴다. 그러므로 M&A를 할 때 M&A 자체의 과정도 중요하지만 그보다 더 중요한 것은 인수 후 통합으로 M&A를 통해 달성하고자 했던 목표를 달성하는 것이다.

## 1. PMI 모델

인수를 추진하는 기업이 피인수기업을 합병하여 하나의 기업이 된다면 그 어느 때보다 PMI가 중요하다. 이 경우 피인수기업은 사라지고 인수기업만 존재하게 된다. 2016년 하나은행이 외환은행을 합병하였다. 이로서 외환은행은 사라지고 KEB하나은행으로 통합하였다. 서로 다른 두 조직이 만나서 하나의 조직이 된 것이다. 이 경우 가장 중요한 것은 외환은행의 핵심인력이 통합된 KEB하나은행에도 남아 있어야 하며 외환은행 직원들이 하나은행 직원들과 잘 융합해야 하는 것이다.

기업은 인적자원과 물적 자원으로 구성되어 있다. 물적 자원에는 우리 눈에 보이는 유형자산들과 눈에 보이지 않는 기술, 특허, 브랜드 같은 무형의 자산들이 있다. 이러한 물적 자원을 잘 활용하기 위해서는 인적자원의 역할이 중요하다. 기업의 자원을 움직이는 구성원은 인적자원이기 때문에 내부 인력 간에 불화가 일어나거나 소통이 부재하게 된다면 그 기업은 오랫동안 경쟁력을 유지할 수 없다.

피인수기업을 합병하는 대신 피인수기업의 실체가 그대로 존재하고 인수하는 회사의 하나의 계열사로 편입될 수 있다. 이 경우 PMI는 인수기업과 피인수기업이 합병되어 하나의 기업으로 존재하는 경우보다 좀 더 단순해질 수 있다.

예를 들어 2004년 STX가 범양상선을 인수하였다. 이 인수로 인해 범양상선은 STX팬오션으로 사명을 바꾸고 STX의 계열사가 되었다. 이 경우 범양상선은 STX팬오션으로 사명을 변경했지만 범양상선 고유의 기업문화를 그대로 보존한다. 오랜 법정관리와 은행관리에 익숙한 범양상선의 문화가 바뀌지 않고 유지된 것이다. M&A가 발생하더라도 기업문화를 만드는 대부분의 기존 직원들이 합병으로 새로 생긴 회사에 남기 때문에 그러한 문화가 유지된다.

더구나 STX는 인수 후에 재무 · 인사 · 기획 부문의 최소한의 인력만을 STX팬오션으로 파견하여 통합작업을 하였다. 경영진도 주요 경영진은 그대로 승계하면서 범양상선의 고유문화가 보존되었다. 이처럼 그룹의 계열사로 인수되는 기업들은 대부분 원래의 직원들과 기존 경영진이 남아 있기 때문에 지속적으로 그들만의 기업문화를 유지할 수 있었다. 이러한 사례는 비단 STX뿐만 아니라 SK하이닉스, CJ대한통운 등 많은 M&A 사례에서 찾아볼 수 있다.

지금까지 살펴본 것처럼 인수 후 통합은 인수 목표를 달성하기 위한 인사, 조직관리라고 볼 수 있다. 그러므로 대부분의 인수 후 통합은 인사와 조직관리에 초점이 맞춰져서 진행된다. 인수한 기업에서 파견 나간 직원들이 마치 점령

**그림 7-2 인수 후 통합과정에서 가장 중요한 항목**

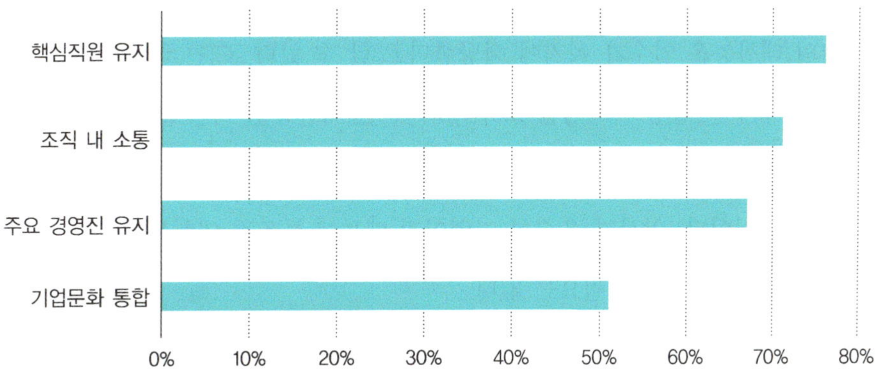


출처 : 『Mckinsey Quarterly』, 2000

군처럼 피인수기업에서 행동하면 통합을 저해하고 피인수기업의 직원들에게 반감을 사게 될 가능성이 높다. 그러므로 피인수기업으로 파견되는 직원들은 자신 역시 피인수기업의 조직원으로 행동해야 마찰을 최소화시키고 통합작업을 원활하게 진행할 수 있다.

인수 후 통합의 성패는 핵심직원을 얼마나 잘 유지하는지에 달렸다. 핵심직원이 지속적으로 회사에 남아 있게 하기 위해서는 기존의 유능한 경영진이 유지되어야 하고 조직 내 소통이 원활해야 한다. 이러한 것들이 선행된다면 자연히 기업문화의 통합은 이루어질 수 있다. 그러므로 인수 후 통합은 무엇보다 인사와 조직에 집중해서 피인수기업의 핵심인력이 회사를 떠나지 않도록 해야 한다. 만약 이들이 떠났다면 그 기업의 경쟁력은 낮아져서 인수 당시 예상했던 시너지는 물론 인수 시 계획했던 목표마저 달성하지 못할 가능성이 높다.

### 1.1 조직 · 인사 모델

인수기업과 피인수기업의 시스템과 전략적 통합의 필요성에 따라 [그림 7-3]처럼 4가지의 케이스를 만들 수 있다. 최적화 동화 모델(Assimilation)은 피인수기업의 조직체계가 인수기업보다 우수하면서 통합작업이 빨리 필요한 경우이다. 우수한 기업 간의 M&A인 경우가 이에 해당한다.

CJ의 대한통운 인수가 여기에 해당한다고 할 수 있다. CJ는 국내 굴지의 대기업으로 우수한 경영 시스템을 보유하고 있다. 대한통운 역시 80년이 넘는 기업역사를 갖고 있는 기업으로 내부 경영 시스템이 우수하며 육상운송에서 국내 1위의 기업이다. 양사가 우수한 기업이기 때문에 무조건 대한통운이 CJ의 인사 · 조직 시스템에 맞출 필요는 없다.

두 기업이 서로 본받을 것이 있으면 본받아야 한다. 대한통운의 경영진 역시 우수하기 때문에 경영진의 최소교체를 통해서 CJ는 대한통운을 운영해야 한다.

양사가 공동으로 시너지가 발생하기 때문에 일방적인 시너지보다 시너지를 창출하는 과정에서 더 큰 시너지가 발생할 수 있다. 최적화 동화모델의 경우 양사의 통합화 정도는 낮아지며, 양사가 융합하여 하나의 기업으로 탄생할 수 있는 방법을 찾아야 한다.

**그림 7-3 조직, 인사 PMI 모델**

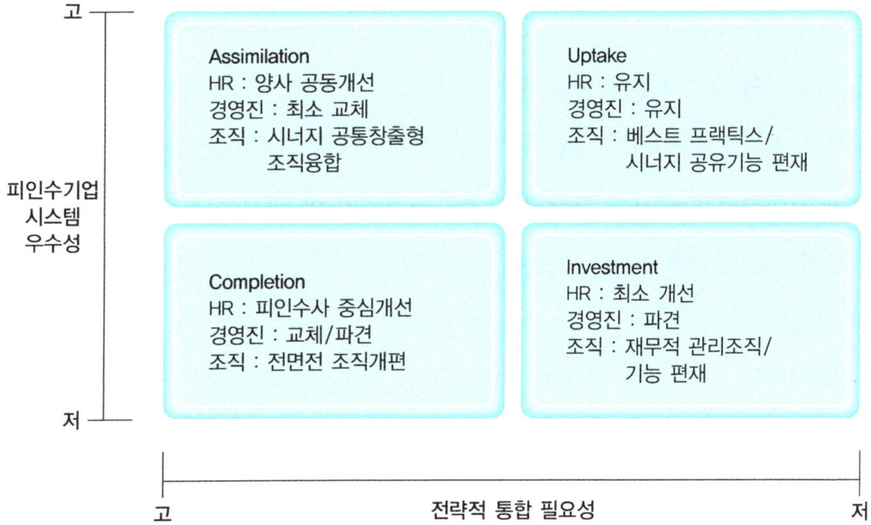


출처 : 「HR Insight」, 2014년 7월호

피인수 활용모델(Uptake)은 조직의 통합이 시급하지 않고 피인수기업의 시스템이 우수한 경우이다. 대표적으로 SK의 하이닉스 인수다. 하이닉스는 반도체 사업을 영위하면서 SK와 다른 산업에서 사업을 하기 때문에 양사의 통합 필요성은 낮다. 하이닉스도 과거 대우그룹의 한 부분으로 높은 수준의 인사 · 조직 · 경영 시스템을 보유하고 있다.

그러므로 기존의 인력들을 유지하는 방향으로 PMI가 진행되어야 한다. 그리고 양사가 배울 점이 있다면 서로 도입하여 가장 좋은 인사 · 조직 통합안을 만들어야 한다. 이 경우 장기간 독립경영을 할 수 있도록 하고 인수기업은 피인수기업에 직원을 파견하여 피인수기업의 장점을 흡수하는 것도 좋으며, 피인수기업 역시 직원을 인수기업으로 파견하여 서로가 서로에게 배울 부분을 찾는 것이 시너지 창출에 효과적이다.

전면 개선형 모델(Completion)은 통합의 필요성은 높으나 피인수기업이 인수기업에 비해서 낙후된 경영 시스템을 보유하고 있는 경우이다. 이와 같은 경우는 대기업이 중소기업을 인수했을 때 자주 발생한다. 피인수기업이 보유하고 있는 내부관리 체계를 인수기업의 경영체계로 변경하며 피인수기업의 조직역량을 인수기업 수준으로 끌어올려야 한다. 경영진도 인수기업에서 적극적으로 파견하고 필요시 외부에서 영입하여 피인수기업으로 파견하는 것도 가능하다. 이 경우 시너지를 창출하기 위해서는 피인수기업이 한 단계 성장해야 하기 때문에 적극적으로 피인수기업의 경영에 관여하면서 피인수기업의 경영능력을 끌어올리는 작업이 필요하다.

마지막으로 투자형 모델(Investment)이 있다. 전략적 통합 시급성은 낮으며 피인수기업의 시스템이 인수기업에 비해서 상대적으로 낙후되어 있는 경우가 이에 해당한다. 전략적 통합의 우선순위가 낮기 때문에 무리하게 피인수기업의 조직, 문화, 관리, 영업방식을 교체하기보다 점진적인 교체를 통해서 내부 반발을 최소화할 필요가 있다. 이는 비관련 다각화하는 M&A에서 많이 볼 수 있다. 국내기업의 해외 M&A에서도 많이 볼 수 있는 PMI 유형이다. 비관련 사업을 인수했기 때문에 당장의 통합 시급성은 낮아진다. 그러므로 인수 후 개입은 최소화하며, 피인수기업의 관리부터 각 기능별 수준을 높이는 작업을 서서히 진행하면 된다.

인수기업과 피인수기업의 사업 영역이 다르므로 섣부르게 통합을 추진한다면 오히려 피인수기업의 반발을 불러올 가능성이 높다. 두산은 밥캣을 인수한 후 투자형 모델을 이용해서 관리하였다. 두산뿐만 아니라 국내의 기업들이 해외기업을 인수할 때 전략적 통합의 시급성이 약하기 때문에 서서히 통합이 이루어졌고 피인수기업의 경영 자율성을 보장하면서 시간을 두고 통합하였다.

PMI의 핵심은 인사, 조직의 영역이기 때문에 성공적인 PMI가 되기 위해서는 실사단계에서 인사실사도 깊숙이 개입해서 진행해야 한다. 가장 먼저 피인수기업의 경영진에 대한 실사를 해야 한다. 기존 경영진이 어떤 백그라운드를 보유하고 있으며 어떠한 리더십을 보유하고 있는지 파악하고 그들이 지속적으로 회사에 남아 있기 위한 별도의 보상체계를 수립해야 한다.

핵심인력도 시너지를 창출할 수 있는 분야별로 구분하여 핵심인력의 규모를 파악하고 그들에게 어떤 처우를 할지 결정해야 한다. 그들과 소통하면서 인수가 끝난 후에도 그 핵심인력들에게 새로 바뀐 주주에 의해서 불이익을 당하지 않는다는 확신을 심어 주고 그들이 지속적으로 회사에 남아 있도록 해야 한다. 인사체계, 직급체계, 기업문화, 피인수기업 직원들의 전반적인 역량을 파악하여 M&A 후에 어떠한 조직통합을 할지 구체적인 계획을 수립하여야 한다. 그 후 파악된 인력 수준과 통합의 시급성에 맞는 모델을 선택하여 각 기업에 맞는 PMI 계획을 세워야 한다.

### 1.2 GE 캐피탈 모델

성공적인 PMI가 되기 위해서는 M&A의 계획과정에서부터 PMI에 대한 계획을 수립해야 한다. 실사를 통해서 PMI 계획을 구체화하며, 인수 후에 어떻게 운영해야 할지 미리 계획을 세워 놔야 한다. PMI는 인수 후에 실시하는 작업이 아니라 인수 전에 이미 계획이 수립되어서 인수와 동시에 기수립된 계획을 바탕으로 실행해야 하는 작업이다.

GE 캐피탈은 휠 오브 포천(Wheel of Fortune)이라는 PMI 매뉴얼을 작성하여 PMI에 활용하고 있다. 휠 오브 포천은 PMI 과정이 어떻게 진행되는지 잘 보여주고 각 단계마다 어떤 일을 해야 하는지 알 수 있게 해 준다.

**그림 7-4 GE 캐피탈 휠 오브 포천**(Wheel of Fortune)

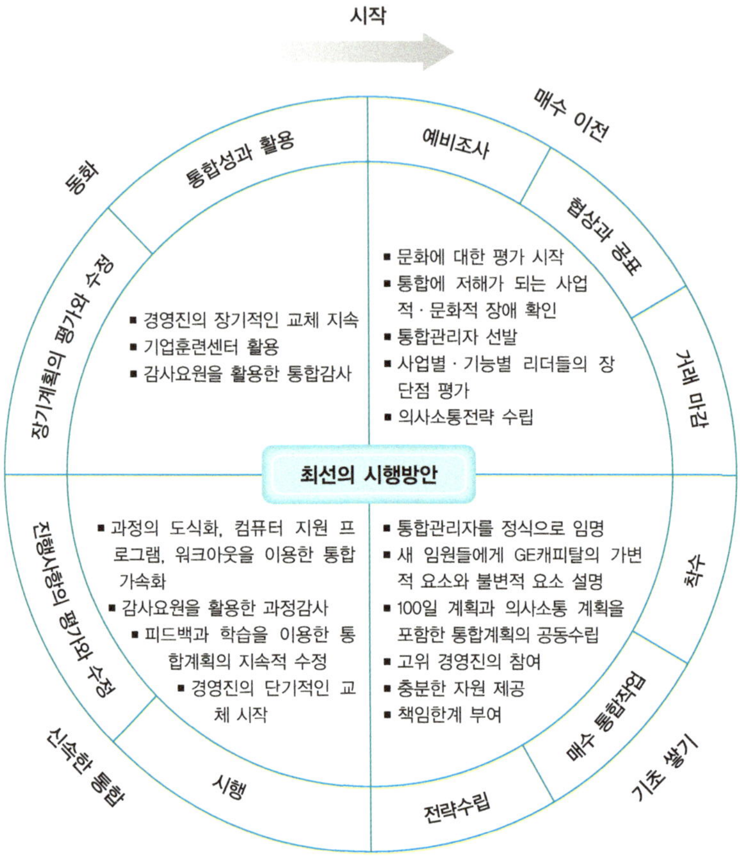


**출처** : "Making the deal Real : How GE Capital Integrates Acquisition", *Harvard Business Review*, 1998

GE 캐피탈의 통합모델은 M&A 검토부터 그 시작을 같이하고 있다. M&A 검토부터 사전조사를 통해서 피인수기업이 어떤 기업문화를 갖고 있는지 왜 그러한 기업문화가 생겼는지 검토한다. 그 후 피인수기업의 기업문화 중에 개선해야 할 점과 보전하고 발전시켜야 할 부분을 선택한다. M&A가 진행되고 인수 가능성이 높아지면 인수 후 통합을 주도할 관리자를 선발한다. 선발된 관리자들은 피인수기업의 고위 경영진부터 중간관리자까지 각 리더들의 장 · 단점을 파악한다. 이러한 파악을 기초로 그들과 어떤 방식으로 의사소통을 할지 전략을 인수 전에 수립한다.

인수한 이후에는 통합관리자를 정식으로 임명하여 그들에게 인수 후 통합에 대한 과제를 부여한다. 통합관리자는 피인수기업의 새로운 경영진에게 GE캐피탈이 보전해야 할 공통적인 기업문화와 GE캐피탈에서 허용하지 않는 기업문화에 대해서 설명을 하고 새로운 경영진이 이를 습득하게 도와준다. 신속한 통합을 위해서 통합관리자들은 인수 후 100일 이내에 통합할 수 있는 계획을 수립하고 실행한다. 이 과정에 피인수기업의 고위 경영진은 물론 인수기업의 고위 경영진도 깊숙이 관여하게 하여 최고위층부터 변화를 가져오게 한다.

기업문화는 고위 경영진이 어떠한 성향을 갖고 있고 기업의 전략을 어떻게 수립하고 실행하는지에 따라 결정된다. IT 벤처들의 고위 경영진은 진취적이고 빠른 시장환경에 적응하여 기업을 성장시키려고 한다. IT 벤처기업들은 새로운 기술과 변화를 받아들이는 데에 적극적이다. 의사소통 역시 직설적 화법을 선호하고 계층 간의 차이를 좁혀 의사소통 과정에서 손실발생을 최소화한다.

그러나 정유기업 같은 장치산업 기업의 경영진들은 안정적인 기업운영을 하는 것을 선호한다. 장치산업이기 때문에 사업환경이 안정적이며, 빠른 기술의 변화를 상대적으로 체감하지 못한다. 작업 내용도 보통 24시간 내내 기계를 가동시키며, 기계가 멈추지 않고 계속 가동하도록 많은 주의를 기울이는 식이다. 그러므로 장치산업은 변화가 더디고 하던 관행대로 일을 하는 경향이 있다. 경영과 업무 역시 사내 매뉴얼 위주로 하고 최고경영진 또한 변화를 적극적으로 받아들이기보다 환경변화에 덜 민감하고 급격한 변화를 싫어하는 성향이 있다.

따라서 기업문화를 바꾸기 위해서는 그 기업문화가 형성된 원인을 파악하고 그 기업문화를 지속적으로 유지 · 발전시켜 온 최고경영진들을 변화시켜야 한다. 중간관리자 혹은 직급이 낮은 직원들이 변한다고 기업문화가 변하지 않는다. PMI 과정에서 기업문화를 변화시키려면 피인수기업과 인수기업의 최고경영진의 적극적인 참여가 있어야만 그 성공 가능성이 높아진다.

양사의 기업문화가 일정 부분 융화되었다고 판단되면 이에 대한 속도를 높여야 한다. 그리고 기업문화 통합작업에 있어서 당초에 계획된 것과 실제로 실행한 것의 차이를 감독하여 그 차이의 원인을 파악하고 지속적으로 보완해야 한다. 혹은 그 차이의 원인이 잘못 선정된 계획이라면 당초의 수립한 계획을 수정 · 보완하는 작업도 병행해야 한다. 기업문화를 변경하는 것은 기업 구성원들에게 피로감과 불안감을 줄 수 있기 때문에 기업문화 변화에 대한 구성원들의 피드백을 청취하여 통합계획의 수정을 통해서 기업 구성원들의 기업문화 변화에 대한 거부감을 최소화해야 한다.

그리고 이 시기부터 핵심적인 경영진이 아닌 경영자와 기업문화 통합에 저해가 되는 경영진을 교체해야 한다. 아무리 유능한 피인수기업의 경영진이라도 통합에 적극적으로 반대하거나 통합하는 데 큰 걸림돌이 된다면 교체하여 통합을 가속화해야 한다. 이 과정에서 핵심역량을 보유한 직원들이 떠나지 않도록 그들을 별도로 관리하여 새로운 기업문화에 순응하도록 하는 작업도 같이 진행해야 한다.

양사가 일정 수준 이상으로 통합이 되었다고 생각하면 통합의 정도를 전사적인 차원으로 가져가야 한다. 피인수기업을 운영할 적합한 경영진을 찾아 필요시 경영진을 교체하여 장기적인 경영을 할 수 있도록 발판을 마련해 주어야 한다. 기업훈련센터를 통해서 말단직급의 직원들까지 새로운 기업문화를 흡수하게 하여 양사의 이질감을 최소화해야 한다. 통합의 완성 정도를 확인하기 위해서 감사를 활용하여 기업문화 통합 정도를 점검한다. 이 과정까지 거치면 피인수기업과 인수기업은 하나의 기업으로 동일한 기업문화를 가지며 통합이 완성된다. 기업문화의 통합은 기업의 운영, 일하는 방식 등 모든 것을 통합하는 광범위한 것이다. 통합의 목표는 단순히 기업 구성원의 마인드셋을 바꾸는 것만이 아니라 바뀐 마인드셋이 실제 업무 프로세스에서 일어나게 하는 것이다.

GE 캐피탈의 통합 모델은 물리적 · 인사적 통합까지 목표로 하는 모델이다.

GE 캐피탈의 PMI 모델의 큰 틀을 각 기업의 상황에 맞게 운영한다면 인수 시 기대했던 시너지를 달성할 뿐만 아니라 M&A에서도 성공하여 기업가치를 더욱 증대시킬 수 있을 것이다.

## 2. 실패로 배우는 PMI

### 2.1 금호아시아나그룹 승자의 저주

2006년 11월 금호아시아나그룹은 대우건설을 인수하였다. 당시 금호아시아나그룹은 표면적으로 대우건설을 인수하면 금호건설과 대우건설의 시너지가 클 것이라는 걸 인수 이유로 내세웠다. 그러나 실상은 대우건설을 인수하면 대우건설의 해외 건설과 아파트 건설 분야에서 사업을 확장하고 금호아시아나그룹의 규모를 키울 수 있기 때문이었다. 인수 당시 대우건설은 시공능력 2위의 건설사였으며 금호건설은 시공능력 9위의 건설사였다. 금호아시아나그룹이 대우건설을 인수해도 서로 경쟁하는 분야가 적었고 보완할 수 있는 여지는 더더욱 적었다. 대우건설은 모든 분야의 건설을 하는 종합 건설사이기 때문에 대우건설의 약점을 금호건설이 보호하거나 대우건설의 장점을 금호건설로 인해 더 극대화하기는 실질적으로 어려웠다. 즉, 양사의 시너지가 발생할 가능성은 적었다.

금호아시아나그룹은 대우건설을 6조 4,255억원에 인수하면서 시가 대비 경영권 프리미엄을 100% 이상 지불하였다. 6조 4,255억원에서 자체자금은 2조 5천억원, 금호아시아나그룹의 계열사로부터 1조원을 추가로 차입하였으며 나머지 약 3조원은 재무적 투자자로부터 조달하였다. 재무적 투자자들은 금호아시아나그룹이 너무 과도한 프리미엄을 지급하면서 인수한다고 믿었기 때문에 자신들의 수익률을 보전해 주는 조건으로 자금을 공여하였다.

이처럼 금호아시아나그룹은 인수자금 6조 4,255억원 중에 약 4조원을 차입으로 조달했다. 게다가 금호아시아나그룹의 대우건설 인수는 시작부터 너무 많은 프리미엄을 지급했기 때문에 금호아시아나그룹의 재무구조에 악영향을 끼칠 수밖에 없었다. 2008년 금융위기를 겪으면서 대우건설 주가가 하락하여 재무적 투자자에게 약속한 수익을 되돌려 줄 수 없었기 때문에 2009년 금호아시아나그룹은 대우건설을 재매각하였다. 이 과정에서 금호아시아나그룹은 1.5조원 이상의 손실을 보았다. 금호아시아나그룹의 사례는 통합도 하기 전에 과도한 자금부담으로 M&A가 실패로 끝난 경우이다.

### 2.2 STX의 기업문화 통합 실패

2007년 STX그룹은 노르웨이에 소재한 아커야즈라는 크루즈 건조 조선사의 지분 39%를 취득하였다. 이로써 STX는 상선, 특수선, 그리고 고부가가치 선박이라고 할 수 있는 크루즈선까지 다양한 선박 건조가 가능한 종합조선그룹으로 발돋움하였다. 그러나 아커야즈의 인수 후 STX와의 통합과정은 쉽지 않았다. 가장 먼저 아커야즈 경영진이 반발하였다. STX는 39%의 아커야즈 지분을 오슬로 주식시장에서 공개 매수하여 1대 주주로 떠올랐다. 공개매수는 아커야즈의 기존 경영진과 협의 없이 이루어진 단독적인 행위였다. 이로 인해 아커야즈 경영진은 STX의 공개매수를 적대적 인수 · 합병으로 인식하였다.

그 결과 STX는 1대 주주이지만 인수 후 한동안 아커야즈의 내부 회계자료 열람도 제한되었으며 인력의 파견과 교류도 제한적으로 이루어졌다. 명목상으로 1대 주주이지만 소액 주주와 별다른 바 없었다. 지분을 취득한 후 얼마 지나지 않아 아커야즈 경영진은 STX가 우호적 인수 · 합병을 한 것을 인지하였고 STX와 긴밀한 협조 관계를 갖게 되었다. 통합을 손쉽게 하기 위해서 STX는 61%의 잔여지분 인수가 필요하였으나 2008년 금융위기로 인해 잔여지분의 가격이 더 하락할 것을 예상하며 추가인수를 하지 않았다. 결국 2009년에 잔여지분을 61% 인수하였으나 그 과정에서 STX는 많은 대가를 치뤄야 했다.

첫째, STX가 인수한 후 1년 이내에 아커야즈의 핵심 임직원이 회사를 떠났다. STX는 아커야즈의 임직원에게 새로운 주주로서 아커야즈 운영에 대해 명확한 방향성을 제시하지 않았다. 아커야즈는 STX 인수 전에도 대주주가 지분을 주식시장에서 매각하고 떠났기 때문에 대주주의 공백이 있는 기업이었고 최고경영진이 사업의 방향성을 제시해 주시기를 바랐다. 그러나 STX는 상세실사 없이 시장에 공표된 정보만을 갖고 인수했기 때문에 인수 전에 아커야즈의 운영계획을 수립하지 못했다. 그 결과 아커야즈 구성원에게 확실한 비전을 제시할 수 없었다.

둘째, 지분 39% 인수와 잔여지분을 인수할 때까지 1년 이상의 시간이 소요되었다. 그 기간 동안 글로벌 금융위기로 인해서 아커야즈의 재정상태가 어려워지고 크루즈선 발주가 끊겼다. 선박을 수주, 건조, 인도, 그리고 다시 수주하는 선순환이 끊긴 상태였다. 글로벌 금융위기 당시 아시아의 신흥국가보다 유럽과 미국의 선진국들이 더 어려웠기 때문에 아커야즈의 주거래 은행들은 아커야즈에게 신용제공을 꺼려했고 그 결과 STX는 PMI 활동보다 아커야즈의 생존에 더 힘써야 했다.

설상가상으로 아커야즈 지분 10% 이상을 보유한 경쟁자가 출현하여 지속적으로 STX의 PMI를 방해하였다. 그 결과 STX는 PMI를 할 수 있는 가장 중요한 1년의 시기를 놓쳤다.

셋째, STX는 유럽과 한국과의 기업문화 차이에 대해서 심각하게 고려하지 않고 아커야즈를 인수하였다. 노르웨이 상법은 이사회의 40%를 노조대표가 차지하도록 하고 있다. 북유럽 국가들은 노조와 사측을 같이 가야 할 동반자적인 관계로 인식한다. 아커야즈는 회사의 중요한 경영의사결정에 노조가 참여하여 같이 경영을 하는 사회규범과 기업문화를 갖고 있었다.

그러나 우리나라의 경영진은 노조를 기업경영의 장애로 보는 경향이 강했다. 한국에서 노조를 대하는 방식과 북유럽의 방식이 달랐으나 이를 명확하게 인지하지 못해서 STX는 한국에서 하는 경영방식을 아커야즈에게도 요구하였다. 너무나 다른 두 기업문화가 충돌하고 그 과정에서 많은 직원들이 회사를 떠났다. 노르웨이는 사회보장이 잘 되어 있는 나라이기 때문에 실직이 우리나라에서 생각하는 것만큼 두려운 것이 아니었다. 이렇듯 한국식 기업문화를 중간 단계 없이 북유럽의 기업문화에 전파하는 데 큰 마찰이 생겼다.

결국 STX는 2012년 아커야즈의 특수선 분야를 매각하고 2014년 STX는 채권단과 경영정상화 자율협약을 맺으면서 M&A로 화려하게 성장했던 과거를 뒤로 하고 가혹한 구조조정만 남은 상태가 되었다.

### 2.3 비전이 없는 M&A

2007년 미국의 마이크로소프트는 온라인 광고업체 아콴티브를 60억 달러(약 6.6조원)에 인수하였다. 경쟁사인 구글이 온라인 광고업체 더블클릭을 인수한 데에 따른 대응책이었다. 그러나 마이크로소프트는 아콴티브 인수에 대한 명확한 목표를 갖고 있지 않았다. 아콴티브에게 아콴티브의 비전도 제시하지 못했다. 그 결과 2년이 채 되지 않아 아콴티브의 핵심인재들은 모두 회사를 떠나면서 마이크로소프트는 인수에 실패하였다.

이와 유사하게 2005년 이베이는 26억 달러(약 3조원)에 스카이프를 인수하며 사업전환을 모색하였다. 이베이의 스카이프 인수는 초기부터 실패할 것이 예상되었다. 이베이의 스카이프 인수는 단지 사업확장을 하기 위한 인수로 별다른 시너지도 없었다. 그리고 이베이의 사업과 스카이프의 사업은 그 방향성도 매우 달랐다. 이베이는 스카이프에게 사업 비전을 제시하지 못했고 그로 인해 인수한 지 4년이 채 되기도 전에 19억 달러에 다시 스카이프를 되팔았다.

앞의 두 사례에서 본 것처럼 명확한 비전이 없는 인수는 거의 실패로 귀결되었다. M&A는 기업을 사는 것이지만 엄밀히 말하면 피인수기업이 갖고 있는 경영 시스템과 인적자원을 구입하는 것이다. 인수기업이 피인수기업에게 명확한 비전을 보여주지 못한다면 피인수기업의 핵심인재들은 현재의 회사에 미래가 없다고 판단하고 회사를 떠나게 된다. 그리고 인수한 기업 역시 피인수기업의 운영에 대한 방향성이 없기 때문에 성공적인 운영을 할 수 없다.

### 2.4 통합 전략의 부재

많은 기업들이 인수는 했으나 어떻게 피인수기업과 통합을 해야 할지 잘 모르는 경우가 많다. 대표적으로 세계적인 철강기업인 포스코가 이에 해당한다. 포스코는 사업다각화 전략으로 다양한 산업군의 기업들을 M&A하였으나 그 성과는 만족스럽지 못했다. 왜냐하면 각각의 상황에 맞는 적절한 통합전략을 세워야 하는데 일률적인 통합전략을 수립하고 포스코 인력 파견 중심으로 통합을 했기 때문이다. 포스코는 민영화는 되었으나 여전히 기업운영에 있어 정부 영향을 많이 받기 때문에 공기업적인 성격이 남아 있다. 이러한 기업이 다양한 환경에 맞는 통합전략을 구사하는 것은 포스코 기업문화 속성상 어려운 일이다. 그로 인해 포스코가 행한 많은 M&A는 포스코의 탁월한 경영성적에 어울릴만한 성과를 내지 못했다.

## 3. 성공으로 배우는 PMI

LG생활건강은 15년 전만 해도 제한된 화장품과 세제, 치약 등 생활용품을 파는 기업이었다. 그러나 2007년부터 적극적인 M&A를 통해서 화장품, 음료, 생활용품의 3가지 사업군으로 사업을 하는 기업이 되었다. 이러한 M&A 덕분에 LG생활건강은 2001년 3월에 1주당 18,000원인 주가가 2017년 10월에는 1주당

1,019,000원으로 57배의 주가성장을 이루었다.

그림 7-5 LG생활건강 주가

출처 : 야후

표 7-1 LG생활건강 실적 추이

(단위 : 억원)

| | 2001 | 2002 | 2003 | · · · | 2014 | 2015 | 2016 |
|---|---|---|---|---|---|---|---|
| 매출액 | 7,722 | 11,023 | 10,571 | · · · | 25,133 | 30,313 | 36,609 |
| 영업이익 | 784 | 985 | 693 | · · · | 3,090 | 4,630 | 6,541 |
| 당기순이익 | 556 | 440 | 482 | · · · | 2,493 | 3,059 | 5,091 |
| 자산총액 | 6,465 | 6,781 | 6,436 | · · · | 26,917 | 29,525 | 30,899 |
| 부채총액 | 3,963 | 4,069 | 3,570 | · · · | 14,623 | 14,908 | 12,140 |
| 자본총액 | 2,502 | 2,712 | 2,866 | · · · | 12,294 | 14,617 | 18,759 |
| ROE | 22.2% | 16.2% | 16.8% | · · · | 20.3% | 20.9% | 27.1% |

출처 : 「LG생활건강 사업보고서」, 개별재무제표 기준

2001년 LG생활건강은 매출액 7,722억원, 영업이익 784억원의 기업에서 2016년 매출액 3.6조원, 영업이익 6,541억으로 매출은 약 5배, 영업이익은 약 8

배 성장하였다. 그 성장의 비결로 연관 사업을 인수하면서 시장지배력을 확대하여 외형 성장 및 내실을 다진 점을 들 수 있다. LG생활건강은 M&A에 있어서 절대로 자신의 기업 규모에 비해서 무리한 규모의 인수 · 합병을 시도하지 않았다. 제품군을 확장하기 위해서 기존 제품의 경쟁력을 강화할 수 있는 분야에 집중하였다. 또한 M&A 후 안정화 단계를 거치고 다시 확보된 자금으로 M&A를 하며 성장하였다. 2007년부터 2016년 말까지 LG생활건강은 17건의 국내외 M&A를 하면서 성장하였다.

LG생활건강은 인수 초기에는 철저하게 내수 위주의 기업 인수를 통해서 기존 제품들의 구성을 다양화했으며 절대로 무리한 인수를 하지 않았다. 2007년 코카콜라 지분 100%를 1,573억원에 인수하면서 음료 사업부를 확대시켰다. 인수 후에는 사업을 안정화시켰다. 2009년 10월에는 다이아몬드 샘물을 112억원에 인수하였다. 다이아몬드 샘물은 기존 LG생활건강의 전체 크기에 비해서 크지 않기 때문에 재무적 부담이 거의 없었다. 그 후 화장품 사업을 강화할 수 있는 더 페이스샵을 2010년 1월에 4,200억원에 인수하였다. 그 이후 추가적으로 음료와 화장품 기업들을 인수하면서 내수 기반의 사업 토대를 착실히 다졌다.

LG생활건강은 인수 · 합병에 자신감이 붙자 무리한 인수는 하지 않는 원칙을 바탕으로 사업 영역을 일본으로 확대하였다. 그 결과 2001년 18,000원 하던 주가는 2010년 30만원까지 상승하였다. 이후 M&A에 자신감을 가지면서 인수 · 합병을 가속화 하였다. 2012년부터는 한류 열풍과 중국 관광객 증가로 실적이 꾸준히 향상되고 주가도 같이 올랐다.

LG생활건강은 자신이 갖고 있는 강력한 사업 영역을 더 확대하거나 강화시킬 수 있는 분야에 철저히 M&A를 집중하였다. 초기 M&A에는 안정화에 긴 시간이 소요되어 두 번째 M&A와의 시차가 존재하였다. 많은 M&A의 성공과 소규모 기업의 M&A를 하면서 내부적으로 PMI 전략을 수립하고 노하우를 얻으면서 LG생활건강의 M&A 속도는 더욱 빨라졌다. 2016년에는 4건의 M&A를 하면서 기업가치를 향상시켰다. 그 결과 2016년에는 주가가 100만원을 돌파하였다. 자신만의 원칙을 갖고 M&A를 했기 때문에 피인수기업들에게도 비전을 보여 줄 수 있었고 절대로 무리한 가격으로 M&A를 하지 않아서 승자의 저주 함정에 빠지지 않을 수 있었다.

해외기업을 인수하는 경우는 단독으로 진출하지 않고 지분 일부를 인수하면서 경영에 대한 위험을 회피하였다. 혹은 조인트벤처(Joint Venture)를 통해 진출하면서 현지 파트너와 사업협력을 하며 안정적인 사업을 하였다. LG생활건강의

**표 7-2** **LG생활건강 M&A 일지**

| 인수일자 | 인수업체 | 국가 | 사업 | 지분율 |
|---|---|---|---|---|
| 2007년 10월 | 코카콜라 | 한국 | 음료 | 100% |
| 2009년 10월 | 다이아몬드 샘물 | 한국 | 음료 | 100% |
| 2010년 1월 | 더 페이스샵 | 한국 | 화장품 | 100% |
| 2010년 3월 | 한국음료 | 한국 | 음료 | 100% |
| 2011년 1월 | 해태음료 | 한국 | 음료 | 100% |
| 2012년 1월 | 보브화장품 | 한국 | 화장품 | 100% |
| 2012년 2월 | 긴자스테파니 | 일본 | 화장품 | 100% |
| 2012년 12월 | 에버라이프 | 일본 | 화장품 | 100% |
| 2013년 3월 | Fruits&Passion | 캐나다 | 화장품 | 100% |
| 2013년 10월 | 영진약품 | 한국 | 음료 | 100% |
| 2014년 2월 | R&Y 코퍼레이션 | 일본 | 화장품' | 100% |
| 2014년 12월 | 씨앤피코스메틱스 | 한국 | 화장품 | 86% |
| 2015년 7월 | 제니스 | 한국 | 화장품 | 70% |
| 2016년 4월 | 오비엠랩 | 한국 | 화장품 | 70% |
| 2016년 6월 | Loyal Grace | 홍콩 | 화장품 | 80% |
| 2016년 9월 | Toiletry Japan | 일본 | 생활용품 | 70% |
| 2016년 11월 | Reach 브랜드 | 아시아 | 생활용품 | 사업권 |

**출처** : 「LG생활건강 사업보고서」

경우 차석용 부회장의 강력한 리더십으로 리더십에 대한 공백이 존재하지 않았기 때문에 원칙을 갖고 M&A를 진행할 수 있었다. LG생활건강의 M&A와 PMI는 타 기업의 모범사례로 들 수 있다. M&A로 기업을 성장시키려는 기업들은 LG생활건강의 교과서적인 원칙을 지키면 M&A에 대한 성공을 높여서 단숨에 시장의 강자가 되어 기업가치를 높일 수 있을 것이다. 앞으로도 LG생활건강은 내수 시장을 바탕으로 확고한 성장을 이룰 것으로 전망된다.

## 4. 요약

M&A를 하면서 단순히 인수하는 것에 집착하기 때문에 많은 기업들은 M&A 후에 실패를 경험하거나 인수기업과 피인수기업 간의 혼란을 경험한다. M&A에 성공하기 위해서는 M&A의 실사 단계부터 PMI 계획을 수립해야 한다. M&A로 기업의 물리적 자원을 구입했으나 PMI가 실패해 무형자원인 인적자원을 잃게 되면 소프트웨어 없는 하드웨어가 되어 목표했던 본래의 성과를 내기 어렵다. M&A 과정이 하드웨어를 취득하기 위한 과정이라고 하면 PMI 과정은 하드웨어를 작동시키는 소프트웨어를 계속 보유하는 과정이다. 그렇기 때문에 PMI 부분에는 기획팀과 인사팀의 역할이 중요하며, 그들이 주도적으로 PMI를 이끌어야 한다.

PMI에 실패하는 대표적인 유형으로 사업에 대한 명확한 비전 없이 비관련 사업을 인수하는 것, 상이한 기업문화 차이를 극복하지 못하는 것, 세밀한 통합전략이 없는 경우, PMI 타이밍을 놓치는 경우, PMI 과정에서 리더십이 상실된 경우가 있다. 국내외의 많은 실패한 M&A는 이러한 특징을 최소한 한 개 이상 갖고 있다. 성공적인 M&A는 적절한 가격에 인수하면서 승자의 저주에 빠지지 않으며, M&A 그 자체가 목표가 아니라 명확한 비전과 계획이 있는 M&A이다. M&A 상황에 맞게 조직통합을 이룬다면 상이한 두 조직 간의 통합에서 오는 혼란을 최소화하고 시너지 효과를 극대화하여 성공적인 M&A가 될 수 있을 것이다.

# M&A 시 유의사항

ch. eight

M&A는 다양한 형태로 진행될 수 있다. 예를 들어 그룹 내부 기업들의 구조 재편을 하기 위해서 정책적으로 M&A를 할 수 있다. 이런 경우 이미 정해진 정책 방향대로 M&A를 진행하면 되기 때문에 진행과정에서 특별히 어려운 문제가 발생하지 않는다. 본서에서 다루는 M&A는 그룹 내부의 기업재편 혹은 구조조정 과정에서 발생하는 M&A가 아니라 제3자와의 거래를 가정하고 논의를 진행하였다.

제3자와의 거래를 통해 M&A를 할 경우 매수자와 매도인은 M&A 과정에서 예기치 않은 많은 문제에 봉착하게 된다. M&A를 진행하는 담당자는 물론 M&A를 총괄하는 책임자도 의사결정 과정에서 혼동이 일어날 수 있는 일들이 많다. 여기서는 M&A를 진행하면서 어려운 의사결정 문제에 봉착했을 때 참고할 수 있는 가이드에 대해서 살펴보겠다. 추가로 M&A를 처음 하는 담당자가 M&A 진행과정에서 만나게 될 여러 오해에 대해서도 살펴보겠다.

## 1. 돈의 흐름을 따라 의사결정을 해라

M&A를 진행하는 투자자 그룹은 크게 전략적 투자자와 재무적 투자자로 나눌 수 있다. 대표적인 재무적 투자자는 사모펀드 투자자이다. 이들의 투자는 처음부터 끝까지 일관되게 재무적 이득에 집중되어 있기 때문에 M&A 과정에 봉착하는 의사결정의 혼돈이 상대적으로 전략적 투자자보다는 적을 수 있다. 재무적 투자자는 M&A를 통해서 인수한 기업을 나중에 되팔아서 최대의 차익을 얻는 방향으로 투자업무를 진행하기 때문에 의사결정의 원칙이 명확하다.

그러나 전략적 투자자는 투자수익 외에 다양한 변수들이 M&A 의사결정에 영향을 미치게 된다. 때문에 재무학적 관점에서 보면 비이성적인 의사결정을 할 때가 있다. 그러나 그 내부를 살펴보면 전략적 투자자 그룹 안의 각각 개인에게는 최적의 의사결정이라고도 할 수 있다.

개개인의 가장 합리적인 의사결정이 기업 집단으로는 비합리적인 의사결정이 되는 경우를 전략적 투자자 그룹에서는 발견할 수 있다. 전략적 투자자 그룹의 성공적인 M&A를 방해하는 주요 요인은 사내정치이다. 구체적으로 본다면 기업을 지배하는 총수의 개인적 신념, 주요 경영자의 이해관계, M&A 실무자의 이해관계를 꼽을 수 있다. 재무적 투자자와 달리 이들의 성과는 M&A 외에 다양한 항목으로 평가를 한다. 그렇기 때문에 이들의 이해관계와 기업가치는 일치되지 않는 경우가 빈번하다. 그래서 기업가치를 극대화하거나 혹은 주주가치를 극대화하는 의사결정을 하기보다는 자신의 이익을 극대화하는 의사결정을 하기 쉽다.

그룹 총수의 개인적 신념은 M&A를 실패하게 만드는 가장 큰 요인이면서 동시에 M&A를 성공하게 만드는 가장 중요한 요인이다. 기업의 방향성을 바꾸거나 위상을 획기적으로 바꿀 수 있는 M&A는 우리나라 지배구조상 기업 총수의 암묵적 승인 혹은 명시적 승인이 있어야 가능하다. SK가 하이닉스를 인수한 것도 SK그룹 총수의 승인이 있어야 가능했을 것이다. 금호아시아나그룹이 2008년 대한통운을 인수할 때만 해도 M&A 전문가들은 "금호아시아나그룹은 이제 끝났다"라고 예상했다.

금호아시아나그룹은 대우건설을 인수할 때 과도한 차입을 했는데 거기에 추가로 과도한 차입금을 통해서 인수했기 때문에 재무구조가 급속히 악화될 것이라고 다들 예측했다. 이러한 예측을 금호아시아나그룹만 몰랐을 리 없다. 당시 금호아시아나그룹은 M&A를 이용하여 가장 활발하게 기업을 변화시키는 그룹 중 하나였다. 금호아시아나그룹에서 주관하는 M&A 딜의 재무 · 회계 · 법률 자문사가 되기 위해서 국내의 유수한 전문가 집단이 금호아시아나그룹에 노크를 하였다.

이뿐만 아니라 인수 후 통합과정을 위해서 세계적인 컨설팅 기업들이 금호아시아나그룹에 자문을 하였다. 금호아시아나그룹 외부에 있는 대다수의 M&A

전문가는 금호아시아나그룹의 대한통운 인수에 대해서 부정적이었고 금호아시아나그룹에 자문을 하는 인수 자문단도 이에 대해서 알았으며 전문가의 의견에 충분히 동의했을 것으로 추정한다.

그럼에도 불구하고 금호아시아나그룹은 경영권 프리미엄을 100% 이상 지불하면서 약 4.5조원에 대한통운을 인수했다. 금호아시아나그룹 내 M&A 실무자들의 반대도 거셌을 테지만 금호아시아나그룹이 결국 대한통운을 인수했다. 이 같은 의사결정은 기업 총수의 확고한 신념이 없다면 불가능하다. 기업 내, 그리고 자문그룹 모두가 M&A에 반대하더라도 기업 총수가 하고자 한다면 우리나라의 지배구조 시스템상에서 이를 막기가 어렵다. 기업 총수들은 흔히 재벌이라고 하는 집단에 속해 있다. 그들의 개인적 입장에서는 10억, 100억원의 돈을 추가로 번다는 것은 큰 의미가 없을 수 있다. 한계효용 체감의 법칙처럼 이미 많은 부를 축적한 이들에게 추가적인 부가 가져올 효용은 매우 낮다. 이들에게 부 혹은 재무적 이득보다 더 중요한 것은 대외적인 이미지, 경영자로서 명성 등 비금전적인 것들이다. 그래서 이들의 의사결정은 때로는 기업가치 극대화와 같은 돈의 논리를 따르지 않는 경우가 종종 있다.

대표적으로 M&A를 통해서 변화한 기업은 STX와 두산그룹이다. 두산그룹은 M&A를 통해서 소비재 기업에서 중공업 기업으로 변모하였다. 두산그룹은 소비재 기업에서 중공업 기업으로 변모하기 위해서 컨설팅을 통해 이에 대한 장단점 조사는 물론 철저한 시장 분석을 하였다. 그러면 두산그룹이 M&A를 통해서 소비재 기업에서 중공업 기업으로 변모한 것이 잘한 의사결정이었을까? 사후적으로 본다면 기업가치 측면에서는 꼭 잘했다고 볼 수는 없다.

2008년 금융위기 때 가장 타격을 받은 기업들은 중공업 기업이었다. 2008년 금융위기 때 시장을 확대한 기업들은 소비재 기업들이었다. LG생활건강은 2001년 시가총액이 5천억원도 안됐지만 2017년 기준으로 시가총액은 약 16조원으로 성장하였다. 두산그룹은 OB맥주 지분 50%와 경영권을 1998년에 매각하였다. 이후 OB맥주는 사모펀드를 주인으로 맞이하여 지속적으로 성장하였다. 2014년에는 KKR이 AB인베브에 OB맥주를 6조원 이상에 매각하였다.

반면에 현재 두산그룹의 주요계열사인 두산중공업의 시가총액은 약 2조원, 두산인프라코어의 시가총액은 약 2조원, 두산밥캣의 시가총액은 3.7조원이다. 주식회사 두산의 시가총액은 2.9조원이다. 이를 다 합하면 약 11.6조원이다. 두산이 만약 중공업 기업이 아닌 소비재 기업으로 지속적으로 남아 있었다면 오늘날의 두산보다 기업가치가 더 큰 그룹이 될 수도 있었을 것이다. 두산의 M&A도 총수의 강력한 의지로 이루어졌다. 두산의 총수는 소비재 기업으로 남아 있는 것보다 중공업 기업으로 변화하는 것이 여러 가지 측면을 고려했을 때 기업은 물론 자신에게도 유리할 것이라고 판단했을 것이다.

STX도 두산처럼 M&A로 급성장한 기업이었다. IMF 이후 쌍용중공업의 엔진 사업부 중 하나로 출발한 기업인 STX는 다양한 M&A를 거치면서 2007년에는 그룹매출 약 30조원의 대기업으로 성장하였다. 이러한 M&A에는 그룹 총수의 의지가 강력하게 작용하였다. 2004년 범양상선 인수로 조선기자재, 조선, 해운으로 이어지는 수직계열화를 완성하였다. 그 이후 STX는 M&A를 멈추지 않고 지속적으로 시도하였다.

STX는 2008년 금융위기를 겪으면서 자금 사정이 급속히 악화된 상황에서도 무리하게 M&A를 추진하였다. 대표적으로 2012년 STX는 SK와 같이 하이닉스 인수 · 합병에 주요 인수 후보자였다. 당시 누가 보더라도 STX는 하이닉스를 인수할 만큼 재무구조가 튼튼하지 않았다. 결국 STX는 최종적으로 하이닉스 인수를 철회했으나 누가 보더라도 무리한 인수를 추진한 배경에는 그룹 총수의 신념이 있음을 알 수 있었다. 그룹의 자금흐름이 곤경에 처한 상황에서 조 단위의 M&A는 그룹 총수의 확고한 신념이 없다면 불가능하다.

M&A 담당자 입장에서 M&A를 하다보면 왜 해야 하는지 모를 때가 있다. 이 경우 돈이 되는 방향으로 의사결정을 하면 실패하지 않을 가능성이 높다. M&A

의 근본적인 목적은 M&A를 통해서 기업가치를 극대화시키고 나아가 지속가능한 기업을 만들기 위해서이다. 이러한 목적에 개인적인 신념이 개입하거나 사내 정치적인 목적이 개입하면 그러한 M&A는 실패할 가능성이 높다.

## 2. 시너지에 집착하지 마라

전략적 투자자들이 M&A를 하는 많은 동기 중 하나가 시너지 효과이다. 시너지 효과는 겉으로는 그럴듯해 보여도 막상 그 시너지 효과를 측정하기는 매우 어렵다. 실제 M&A 후에도 시너지 효과가 충분히 있을 것으로 예상되어도 예상만큼 시너지가 발생하지 않을 가능성이 높다. 많은 전략적 투자자는 M&A 시 시너지 효과가 발생하리라는 환상에 젖어 있는 경우가 많고 시너지 효과를 노리고 과도한 경영권 프리미엄을 지급하는 경우가 발생한다. 시너지 효과의 환상에 사로잡혀서 과도한 경영권 프리미엄을 지급하면 인수회사는 재무구조가 악화되어 승자의 저주에 빠질 가능성이 높아진다.

STX는 시너지 효과를 기대하고 2004년에 범양상선(현재의 팬오션)을 인수하였다. 당시 미디어 보도기사를 보면 범양상선 인수로 STX는 수직계열화가 되어 많은 시너지 효과가 있을 것으로 보도하였다. 그러나 자세히 그 내부를 살펴보면 예상만큼 시너지 효과가 났다고 판단하기 어렵다. 당시 예상한 대표적인 시너지 효과는 조선경기가 불황일 경우 해운사에서 선박을 발주하여 조선소의 불황을 타개하는 방법이었다. 2004년 STX조선은 연간 30척이 넘는 선박을 건조하는 조선소로 원유와 석유제품을 수송하는 탱커선이나 소형 컨테이너 선박을 건조하였다.

범양상선은 석탄, 철광석처럼 포장하기 어려운 제품을 운송하는 벌크선을 이용한 운송이 주 사업이었다. 그러므로 범양상선이 발주할 수 있는 선박은 벌크선이었다. 그러나 STX조선은 벌크선이 채산성이 맞지 않아서 더 이상 건조하지 않았다. 설사 STX조선이 벌크선을 건조한다 할지라도 범양상선이 1년에 발주할 수 있는 선박은 많아야 2~3척에 불과했다. 그러므로 범양상선은 STX조선의 건조물량 약 10% 수준의 선박만을 발주할 수 있었다.

이러한 상황임에도 불구하고 STX는 전략적 투자자로서 시너지 효과를 부각시키기 위해서 수직계열화의 장점을 강조하였다. 낮은 시너지 효과가 있음에도 불구하고 결과적으로 STX의 범양상선 인수는 성공적이었다. STX가 범양상선을 인수했을 당시 범양상선의 연간 매출액은 약 2조원이었으나 2007년에는 매출액 4.8조원으로 급성장하였다. STX조선은 2004년 매출액이 8,100억원 수준이었으나 2007년에는 매출액 2.1조원으로 성장하였다. 두 기업의 성장은 시너지 효과로 설명할 수 있기보다 2004년부터 중국경제의 급성장, 전 세계적인 자산가격 상승으로 이어지는 해운산업과 조선업의 초호황이 주요 원인이었다.

기업 내부에서 전략적 투자자로서 M&A를 추진하다 보면 최고경영진들이 시너지 효과에 대해서 집착하는 경우를 많이 관찰할 수 있다. 대형 M&A를 보면 시너지 효과가 많이 나타나지 않은 경우가 많다. LG생활건강이 2007년 코카콜라를 인수할 때도 시너지 효과가 많이 발생할 것으로 예상하였다. 그러나 LG생활건강이 코카콜라 인수로 인해서 생기는 효과는 시너지 효과라기보다 사업 다각화 효과가 컸다.

국내의 자동차 기업들이 M&A를 할 때도 시너지 효과를 계산한다. 자동차 외장재 부품을 제조하고 판매하는 기업들이 내장재 부품을 제조·판매하는 기업을 인수할 때도 시너지 효과를 이야기하고 강조한다. 그러나 국내 자동차 부품사의 대부분 매출은 현대차와 기아차에 의존적이기 때문에 고객을 다변화시키는 효과는 거의 없고 수평적으로 아이템을 증가시키는 외형 확대에 그 효과가 있다. 실제 이루어지는 전략적 M&A는 시너지 효과를 염두에 두고 일어나기보다 사업 다각화, 기술 확보, 고객 확보 등 직접적인 시너지와는 많은 관련 없이 발생한다. 그러므로 M&A를 계획하고 실행하는 전략적 투자자는 시너지 효과에 매몰될 필요가 없다. 대신 M&A를 시작하게 된 동기에 충실하면 된다.

시너지 효과가 목적이라면 M&A를 계획하는 단계부터 누가 봐도 확실한 시너지 효과가 날 수 있는 대상을 찾아야 한다. 대표적으로 포스코가 해외의 철광석 광산을 인수한 사례를 그 예로 들 수 있다. 포스코 입장에서 안정적으로 원재료를 조달할 수 있기 때문에 포스코가 철광석 광산을 인수하면 시너지 효과가 엄청나다고 말할 수 있다. 철광석 광산 입장에서도 안정적인 내부 매출처를 확보했기 때문에 사업의 안정성을 가져올 수 있다. 포스코는 철광석 광산을 인수할 때 철저하게 시너지 효과를 목표로 두고 인수를 해왔다. 성공적인 M&A를 하기 위해서는 M&A를 추진하려는 본래의 목적에 맞게 행동하면 된다.

시너지가 없다고 의미 없는 M&A는 아니다. 시너지가 없다고 의미 없는 M&A라고 한다면 전 세계에서 발생하는 재무적 투자자의 M&A는 시너지 효과가 거의 없기 때문에 의미 없는 M&A라고 할 수 있다. 그러나 재무적 투자자가 추진하고 실행하는 M&A는 많은 경우 성공적인 M&A가 되기도 한다. 시너지 효과가 M&A의 주 목적이 아닌 경우 시너지 효과는 부차적인 산물로 생각하고 M&A를 진행해야 한다. 경영권 프리미엄을 지불하는 근거를 시너지 효과보다는 인수회사의 경영진이 자신들이 그리는 방식대로 피인수회사를 운영할 수 있고 그 과정에서 추가적인 가치를 창출할 수 있을 것이라는 관점에서 접근해야 한다.

## 3. 실사를 통해서 다 알지 못한다

M&A를 많이 수행하지 않은 담당자는 M&A 과정에서 하는 실사를 통해서 피인수기업을 전부 알 수 있을 것이라고 생각한다. 그러나 M&A 과정에서 하는 실사를 통해서 피인수회사를 전부 알기는 어렵다. 대부분의 실사는 인수자 입장에서는 늘 부족하게 끝나고 때로는 불만족스러운 수준에서 끝나는 경우도 있다.

인수자 입장에서 늘 완벽한 정보를 바탕으로 의사결정을 하고 싶어하는 것은 인지상정으로 충분히 이해하지만 그러한 경우를 만족시키는 사례는 좀처럼 찾아볼 수 없다. M&A를 실행하는 담당자 혹은 책임자는 늘 불충분한 정보를 근거로 M&A 의사결정을 해야 한다는 것을 알아야 한다.

M&A를 주 업무로 하는 재무적 투자자도 실사과정에서 필요로 하는 모든 정보를 얻지 못하고 인수하려는 회사에 대한 모든 것을 파악하지 못한 상태로 인수한다. M&A 경험이 많지 않은 전략적 투자자는 상세실사를 보물창고를 열어서 모든 것을 파악할 수 있는 것으로 오해하는 경우가 종종 있다. 반대로 생각해보자. 전략적 투자자는 자신들이 운영하는 기업에 대해서 얼마나 아는지 묻는다면 어떻게 대답할 것인가? 자신들이 경영하는 기업에 대해서 많은 경영자는 잘 안다고 생각하지만 실상은 잘 알기보다는 오랫동안 같이 일했기 때문에 익숙한 것이다. 일상의 경영에서 자신들이 경영하는 기업에 대해서 모르는 부분들이 있으면 그것을 모르는 영역으로 남겨두고 경영하기 때문에 자신들이 운영하는 기업에 대해서 익숙한 것이다. 이처럼 자신들의 기업에 대해서조자 모든 걸 알지 못하는데 상대편 기업에 대해서 상세실사만으로 모든 걸 파악할 수 있을 리가 없다.

M&A 과정의 실사를 통해서 모든 것을 파악하려는 것은 M&A 실사 기회에서 선택과 집중을 방해하기 때문에 합목적적인 실사를 하지 못하게 한다. 그럴 경우 실사 후에 더욱 불만족스러운 정보 하에서 의사결정하게 하는 결과를 초래할 수 있다. M&A 실사에서는 크게 두 가지 점에 집중하면 성공적인 실사가 될 수 있다.

첫 번째는 적정가격을 찾기 위한 실사이다. M&A 사전검토에서는 시장배수를 이용하여 가치평가에 접근하지만 상세실사 기간 중에는 현금흐름할인모형을 이용하여 가치평가를 하는 경우가 많다. 현금흐름할인모형을 통해서 앞으로 어떻게 기업을 운영하고 기업의 성과가 어떨지 추정하는 목적으로 실시가 집중되어야 한다. 적정가격은 미래 추정실적이 결정하기 때문에 향후 3년간 혹은 5년간 추정실적을 가늠해 보는 실사가 되어야 한다.

두 번째는 인수 후 통합과정을 어떻게 가져갈지에 대한 실사이다. PMI의 80% 이상은 인사적인 통합이기 때문에 실사과정에서 두 기업의 문화 차이에 대한 실사와 핵심인력의 성향과 이들을 어떻게 활용할지에 대한 실사가 필요하다. 인수가격과 PMI에 집중하는 실사를 한다면 M&A 자체에 대한 의사결정을 할 수 있을 것이다. 실사 결과물에서 현재 운영하고 있는 기업만큼의 정보를 기대하는 것은 M&A 의사결정자의 결정을 더욱 힘들게 한다. 실사가 모든 궁금증을 해결하는 해답지가 아님을 인지하고 M&A 실사를 한다면 기대와 현실의 차이를 줄일 수 있다.

## 4. 호경기에 M&A하라

많은 기업들이 사업 재편이나 확대를 위해서 M&A를 계획할 때 불황기에 M&A를 하려는 계획을 세우는 경우를 종종 목격하였다. 경제상황이 활황일 때는 자산가격이 상승하기 때문에 상대적으로 비싼 값을 주고 M&A를 하게 된다. 그러나 반대로 불경기는 많은 기업들이 어렵고 자산가치가 하락하는 시기이기 때문에 기업들은 상대적으로 저렴한 가격에 M&A를 할 수 있을 것이라고 생각한다. 그러므로 호경기에 충분한 자금을 비축하고 불경기에 M&A를 하여 기업을 확장하려는 계획을 세운다.

처음 이러한 계획을 들으면 그 계획이 일견 타당해 보인다. 그러나 이러한 계획을 세밀하게 검증한다면 중요한 변수들이 빠져 있는 계획인 경우가 많다. M&A의 활동을 보더라도 항상 경제의 순환과 M&A 활동은 그 궤를 같이해왔다. 경제가 호황일 경우 M&A 활동은 그 어느 때보다 활발하고 경제가 불황일 경우 M&A 활동은 그 어느 때보다 침체되어 있다.

M&A를 수행하기 위해서 많은 투자가 수반되어야 한다. 현재 기업의 단점을 보완하거나 장점을 강화시킬 수 있는 소규모의 M&A는 경제상황과 상관없이 자기자본으로 진행할 수 있다. 그러나 기업의 위상을 변화시키는 M&A, 사업 다각화 M&A, 신시장 진출을 위한 M&A와 같이 인수기업에 큰 영향을 끼치는 M&A에는 대규모 자금이 필요하다. M&A를 할 때 인수기업의 자체 보유 현금으로 할 수도 있으나 보통은 자금이 부족하기 때문에 다른 재무적 투자자 혹은 금융기관으로부터의 차입으로 자금을 조달하는 경우가 많다. 경제가 호황일수록 금융시장에 유동성이 풍부하여 M&A에 필요한 자금을 손쉽게 조달할 수 있다. 반대로 경제가 불황이라면 금융기관 역시 불황을 겪고 있기 때문에 M&A에 필요한 자금 조달이 어렵다.

M&A는 인수 즉시 그 효과가 나타난다는 점에서 신사업 투자와 다르다. 신사업 투자는 그 성과를 얻기까지 최소 3년 이상 길게는 5~7년 이상의 기간이 소요된다. 그러나 M&A는 투자 즉시 그 효과를 얻을 수 있다. 성공적인 M&A를 하기 위해서는 경제가 호황일 때 투자를 진행해야 한다.

**그림 8-1 경제순환 사이클**

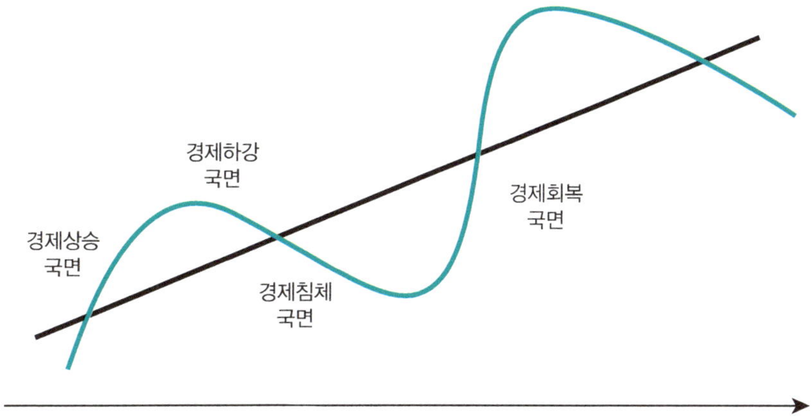


M&A에 대한 효과는 M&A를 한 즉시 발생하기 때문에 경제상승 국면일 경

우 다소 비싸게 인수하더라도 그 효과를 바로 볼 수 있다. 비싸게 주고 매수했다고 생각할 수 있으나 경기호황을 같이 누리는 국면이기 때문에 오히려 비싸게 매수한 만큼 그 효과를 톡톡히 볼 수 있다. 그리고 경제상승 국면에서 대부분의 산업도 같이 사업환경이 좋아지기 때문에 인수기업의 성과도 좋아져서 M&A를 위해서 조달한 자금에 대한 재무 부담도 크지 않다.

반대로 경제침체 국면에서 M&A 대상으로 나온 기업이 저렴하게 느껴져서 이때 인수를 했다면 M&A 대상기업의 성과도 나빠진다. 그러므로 M&A로 인한 효과를 보기 어렵다. 게다가 오히려 M&A를 추진한 인수 주체의 경영성과도 나빠지기 때문에 M&A로 인한 자금 조달이 재무적 부담으로 다가올 수 있다. 경제의 사이클은 한번 흐름을 타면 그 흐름이 수년간 이어진다. 때문에 경제상승시기에 한 M&A는 그 효과를 수년간 볼 수 있어 성공한 M&A가 되기 쉽고 경제하강시기에 한 M&A는 불경기를 수년간 경험하기에 실패한 M&A가 되기 쉽다.

불경기에는 업계 1, 2위의 기업을 제외하면 대부분 생존이라는 과제에 당면하게 된다. 그러한 상황에서 호경기 때 축적해 놓은 자금은 불경기에 생존을 위해 사용해야 하는 자금이다. 불경기에 M&A까지 하게 되면 피인수기업의 생존을 위해서도 자금을 사용해야 하기 때문에 인수기업과 피인수기업 모두가 재무적 곤경에 처하는 경우가 발생할 수 있다. 대표적으로 STX가 2007년 아커야즈를 인수한 사례를 들 수 있다.

2007년은 세계 경제가 가장 정점에 달한 시기이다. STX는 시장의 풍부한 유동성과 자체적으로 보유한 풍부한 현금을 활용하여 아커야즈를 인수하였다. 그러나 인수 직후 금융위기가 발생하여 경제가 불경기로 진입하였다. 게다가 STX와 아커야즈는 같은 산업군에 속해 있었기 때문에 두 기업이 경험하는 불경기는 동일한 수준이었다. 갑작스러운 경기 불황으로 STX는 생존을 위해 경영을 해야 했으며 아커야즈도 생존을 위해 모든 수단을 강구해야 했다. STX가 호경기 때 비축한 자금은 STX뿐만 아니라 아커야즈 생존을 위해서도 사용했기 때문에

STX의 재무구조 악화는 매우 빠른 속도로 진행되었다.

불경기에 M&A를 하고 싶은 기업이 있다면 자신의 산업과 반대의 경기 순환을 보이는 산업을 M&A해야 상호 보완적으로 경영성과가 나타나서 위험을 회피할 수 있다. M&A도 하나의 투자이기 때문에 투자 타이밍을 잘 잡아서 M&A를 해야 한다. 이론상 가장 좋은 M&A는 경기회복 국면에서 실행하는 것이다. 그러나 많은 기업들은 경기회복 국면에서 M&A를 하지 못한다. 수년간 불경기를 경험했기에 보수적인 운영이 습관화되어 있고 불황이 언제 끝날지 모르므로 가장 보수적으로 경영을 하는 시기가 경제회복 국면이기 때문이다.

경제회복 국면이라는 확신이 있을 경우 과감한 M&A 시도가 성공적인 M&A로 이끌 것이다. 가장 위험한 M&A는 경제호황이 지속되면서 경영에 자신이 있을 경우 하는 M&A이다. 호황이 길어지면 기업체들의 본연 사업도 지속적으로 성과를 달성하고 경영자들이 자신의 경영에 자신감을 갖게 된다. 이 상황에서 하는 M&A는 높은 프리미엄을 주고 인수하지만 그 효과를 보는 시기가 짧기 때문에 실패로 돌아갈 가능성이 높다. 대표적인 사례가 금호아시아나그룹이 2008년에 대한통운을 인수한 것이다. 금호아시아나그룹의 대한통운 인수는 2007년 하반기부터 시작되었다. 금호아시아나그룹은 경기호황의 끝에서 자산가격이 상승할 대로 상승한 상황에서 대한통운을 인수하였고 인수 직후 글로벌 금융위기를 겪으면서 재무적 곤경에 처하게 되었다. 결과적으로 금호아시아나그룹이 인수한 대한통운은 재매각되어 CJ대한통운으로 사명을 바꾸게 되었다.

## 5. 실무자가 최고경영자를 설득하지 마라

M&A 업무를 할 때는 사원, 대리, 과장, 차장, 부장이 실무자로서 모든 업무를 한다. M&A는 기업에서 가장 역량이 뛰어난 사람들이 주로 하지만 그들은 최고경영자를 위해서 최고경영자의 업무를 대신하는 것이다. M&A는 기업의 운명

을 바꿀 수 있는 업무이기 때문에 실무자들이 대신 하지만 엄밀히 말하면 실무자의 업무가 아니라 최고경영자의 업무이다. 최고경영자의 의지나 신념 없이는 M&A는 절대로 성사될 수 없다.

M&A 실무자들은 최고경영자가 의사결정할 수 있는 정보를 제3자적 시각에서 제공해야 하고 최고경영자의 손과 발이 되어서 실무를 담당한다. 그러므로 아무리 좋은 M&A 기회라고 할지라도 실무자들이 최고경영자를 설득할 필요는 없다. 이는 매수인과 매도인 양쪽 모두에게 해당하는 사항이다. 기업의 운영 방향에 대한 의사결정은 최고경영자만의 고독한 의사결정이다. 그러므로 실무자들은 M&A를 진행함에 있어서 그 과정들을 매끄럽게 진행시키고 최고경영자의 의사결정에 필요한 정보를 제공한다는 자세로 해야 한다. 그 이상으로 실무자가 M&A에 관여하게 되면 월권이 될 수 있으며 그 결과도 늘 안 좋은 방향으로 갈 가능성이 높다.

이와 관련하여 필자는 두 가지 에피소드를 소개한다. 필자가 M&A 실무 총책임자로 일했을 때 절대로 하지 말아야 하는 M&A가 있었다. 최고경영자는 사업 다각화를 위해서 절대로 필요한 M&A라고 판단했고 이를 위한 강한 신념과 의지를 갖고 있었다. 상세실사를 끝내고 딜 · 회계 · 법무 자문단과 회의를 할 때도 모두 M&A를 하자고 했고 적정가격을 제시하였다.

물론 그들은 매수자를 자문해야 했기 때문에 기본적으로 M&A를 하지 말자는 의견을 내기 어려웠다. 그리고 매수자가 가장 확실하게 M&A를 성공하는 방법은 경쟁자 대비 높은 인수가격을 제시하는 것이다. 그러나 필자의 의견은 달랐다. 그룹의 재무구조와 경제상황을 고려할 경우 이와 같은 대형 M&A를 하면 그룹은 분명 1~2년 안에 유동성 위기를 겪으리라고 확신했다. 그래서 딜 자문사의 보고서와 달리 별도의 내부 보고서를 통해서 이번 딜을 포기할 것을 강하게 주장했다.

결국 회사는 필자의 의견은 받아들이지 않고 M&A에 입찰했다. 그러나 경쟁사가 필자가 몸담고 있는 회사보다 더 높은 금액을 제시하여 불행 중 다행으로 필자가 소속된 기업은 M&A에 실패했다. 필자가 아무리 해당 M&A의 위험성을 제시해도 최고경영자는 필자와 다른 생각을 갖고 있었다. 최고경영자만이 갖는 기업가적인 직감이라는 것이 존재해서 그들은 자신의 모든 생각을 실무자 혹은 다른 임원들에게도 밝히지 않는 경우가 많다.

두 번째 에피소드에서 필자는 M&A를 해야 한다고 주장했다. 여러 가지 측면을 동시에 검토해도 기업을 성장시킬 수 있는 확실한 기회이자 M&A 타이밍상 유리한 기회였다. 인수를 할지 말지에 대한 의사결정 과정에서 최고경영자와 필자의 의견은 달랐다. 최고경영자는 인수에 대해서 부정적이었고 그 이유를 필자는 알지 못했다.

그때의 최고경영자도 최고경영자가 갖는 기업가적인 감각에 따라 M&A에 대해서 반대했을 것이라고 추측한다. 필자와 필자의 팀 멤버가 아무리 검토를 하고 확신이 들더라도 M&A에 대해서 의사결정을 하는 최고경영자의 확신 없이는 M&A는 절대 성공할 수 없다. 만약 M&A 실무자들이 최고경영자를 어찌해서 설득하였더라도 최고경영자 스스로 확신이 없는 M&A는 실패할 가능성이 높다. 왜냐하면 M&A가 성공하기 위해서는 인수 후 통합과정이 제일 중요한데 최고경영자의 확신이 없는 인수 후 통합과정은 최고경영자의 전폭적인 지원을 받지 못할 가능성이 높기 때문이다.

그러므로 M&A를 할 때는 실무를 담당하는 책임자가 최고경영자를 설득하지 말고 최고경영자 스스로가 M&A의 필요성을 느끼고 진행하도록 해야 한다. M&A는 실무자의 업무도 주요 임원의 업무도 아닌 최고경영자의 업무이기 때문이다. 조직 내에서 각자의 역할이 있는 것처럼 최고경영자의 업무를 다른 직원이 대신해 줄 수 없다.

## 6. 해외 M&A 시 투자 파트너와 동반진출해라

국내기업들의 경쟁력이 높아지고 국내시장이 포화되면서 많은 기업들이 적극적으로 해외 M&A를 검토하고 시도하고 있다. 해외 M&A를 할 경우 많은 장애요소가 뒤따른다. M&A는 기업 간의 결합이라고 볼 수 있다. 기업들은 그 기업이 속한 문화, 사회, 제도에 영향을 받는 사회 구성원이다. 해외 M&A 시 인수하려는 대상기업이 속한 사회제도에 대한 이해가 부족하면 어려움을 겪게 된다.

M&A를 하기 위해서는 해당 국가의 정부승인 및 각종 규제를 따라야 한다. 해외에서는 M&A가 활발하여 법률제도로 인한 장애는 많은 글로벌 법무법인과 글로벌 투자은행이 해결해 준다. 그들은 전 세계에 사무실이 있어서 필요시 국내 팀과 해외 팀이 한 팀을 이루어 자문을 해준다. 가령 국내기업이 미국에 소재한 기업을 인수하고자 할 경우 국내기업은 국내기업이 해외투자에 필요한 제반 사항을 알아야 한다. 이 경우 국내기업은 국내에 위치한 글로벌 재무자문사와 그 자문사의 미국 사무실 팀과 협업을 한다.

법무자문은 국내의 법무법인을 통해서 국내에서 해외에 투자할 경우 필요한 제반 법무자문을 받는다. 해외 글로벌 법무자문사도 선임한다. 유럽이나 미국에 위치한 법무법인들은 그들의 법무서비스를 글로벌 규모로 제공하기 때문에 세계 주요국가에 그들의 사무실이 있다. 미국 기업 M&A 시에는 미국에 위치한 글로벌 법무자문사의 재문을 받는다. 회계자문도 소위 Big 4는 전 세계 주요국가에 사무실이 있기 때문에 그들의 자문을 받는다. 이렇게 인수 자문단을 꾸려서 인수를 한다면 인수까지는 무리 없이 진행할 수 있다.

그러나 문제는 인수 이후에 발생한다. 피인수기업의 경영진과 직원들이 해외에서 온 기업에 대해서 어떻게 생각할지 모른다. 많은 국내기업들이 해외 M&A의 필요성은 인식하지만 인수 후 통합과정의 어려움 때문에 선불리 하지 못한다. 언어, 문화, 경영방식이 국내와는 다르기 때문에 국내에 있는 M&A 담당자는 물론 최고경영자까지 인수 후 운영에 대해서 두려움을 느낀다. 이를 해결하기 위한 방법은 피인수회사가 속한 사회, 문화, 제도에 대해서 익숙해지는 것이다.

이런 위험을 해결하기 위해서 해외기업을 인수할 때 해외의 투자 파트너와 공동으로 인수하는 방법이 있다. 각 나라마다 재무적 투자자들은 존재한다. 그들은 자신들이 주도가 되어서 경영권을 인수하기도 하지만 전략적 투자자와 컨소시엄을 통해서 인수하기도 한다.

국내의 전략적 투자자들은 현지의 재무 파트너와 공동인수를 하면 인수 후 경영에 대한 위험을 줄일 수 있다. 현지 재무 파트너들의 목적은 투자대상회사의 기업가치 극대화이기 때문에 전략적 인수자와 큰 틀에서 공동의 목표를 갖고 있다. 재무 파트너들의 투자기간이 3~5년이기 때문에 이들과 공동으로 인수를 하고 운영하면서 현지기업의 경영에 대해서 도움을 받고 현지 경영방식을 습득하는 시간을 가질 수 있다. 그러므로 해외 M&A가 필요하지만 단독으로 M&A 하기에는 부담스러운 기업들은 현지의 재무적 투자자를 물색하여 그들과 공동으로 인수하면 인수 후 통합과정도 수월하게 진행하여 성공적인 M&A가 될 수 있을 것이다.

## 7. 해외 M&A는 내부 역량이 있을 때 해라

해외 M&A는 경영환경의 차이로 인해서 국내 M&A보다 높은 실패율을 보인다. 이러한 이유로 국내 대기업조차 해외 M&A를 꺼린다. LG전자가 1995년 미국 가전업체 제니스를 3억 6천 600만 달러에 인수하였으나 실패하였고 삼성전자도 1995년 미국 컴퓨터 업체 AST를 3억 7천만 달러에 인수하였으나 실패하였다. 이 외에도 STX도 아커야즈를 약 2조원에 인수하였으나 실패로 끝났고 두산도 밥캣을 2007년에 약 5조 7천억원에 인수하였으나 인수 초기에는 현지 경영에 많은 어려움이 있었다.

국내기업들이 해외 M&A, 특히 선진국 기업의 M&A에 실패하게 되는 가장 큰 이유는 내부 역량이 없기 때문이다. 해외 M&A를 하려면 충분한 내부 역량을 보유한 상태에서 M&A하는 것이 실패 확률을 줄이는 방법이다. 국내기업에 비해서 상대적으로 해외 M&A를 많이 한 국가는 일본 기업들이다. 일본 기업들은 포화된 내수시장의 성장 한계를 극복하고자 해외기업을 적극적으로 인수하였다. 일본 기업의 M&A를 보면 철저하게 R&D 우위가 있을 경우 M&A를 하는 경향이 관찰되었다. 기술적으로 우수한 일본 기업이 선진국의 타 기업을 인수하더라도 그 인수·합병의 성패는 기술이고 그 원천기술을 일본 기업들이 보유하고 있기 때문에 기술 중심 기업들의 해외 M&A가 성공할 수 있었다. 국내의 기업들도 지금은 높은 기술 수준을 보유하기 때문에 기술이 중심이 되는 M&A를 한다면 성공할 수 있을 것이다.

경영역량이 부족한 기업들이 해외 M&A를 한다면 국내에서 하는 경영방식을 버리는 것이 M&A 성공을 위한 방법이다. 국내의 많은 법규는 대체로 기업경영에 유리한 법규가 많다. 그러나 선진국의 법규는 기업보다는 소비자 혹은 내부 직원에게 유리한 법규가 많다. 국내기업들이 선진국 기업을 인수하면서 실패하는 이유 중 가장 큰 이유가 국내에서 하던 경영방식을 해외기업에도 적용하려고 하는 것이다. 국내의 경영문화와 해외 경영문화가 다르기 때문에 그 과정에서 피인수기업의 핵심인력이 이탈한다. 핵심인력이 이탈하면 그 M&A는 실패하게 된다. M&A는 물리적인 인프라뿐만 아니라 그 인프라를 운영하는 인력까지 같이 인수하기 때문에 핵심인력이 빠진 인프라는 그 효과를 정상적으로 발휘하기 어렵다.

핵심인력을 유지하기 위해서는 핵심인력에 대한 성과보상체계를 수립하여 인수 후 얼마 동안은 기존 경영진이 경영할 수 있도록 해야 한다. 기존 경영진에 대한 성과체계를 현지 경영사정에 맞게 작성하고 인수기업은 피인수기업의 경영진과 소통하여 피인수기업의 경영진이 기업을 정상적으로 운영할 수 있는 장치를 마련해야 한다. 피인수기업의 경영진은 피인수기업과 인수기업 간의 연결고리 역할을 하며, 시간이 흐르면서 인수기업이 피인수기업을 직접 운영하는 방안을 세워야 한다. 그리고 피인수기업의 경영역량이 인수기업보다 높다면 오히려 인수기업은 피인수기업과 인수기업과의 경영진 교류를 통해서 피인수기업의 경영역량을 적극적으로 받아들여야 한다. 피인수기업의 경영역량이 현저하게 낮을 경우는 본사에서 CFO, CTO, 혹은 생산책임 관리자를 파견하여 본사의 경영역량을 피인수기업에게 적극적으로 전수하는 것도 성공적인 결합을 위해서 고려해 볼 수 있다.

## 8. 자문사의 의견만 따를 경우 실패할 수 있다

M&A 과정에서 양대 자문 분야라고 할 수 있는 분야는 재무와 법률자문 분야이다. 재무자문사는 최적의 인수전략을 수립하고 인수 전반에 걸쳐 자문을 한다. 그래서 인수자는 재무자문사에 전적으로 M&A를 의존하기 쉽다. M&A는 기업 간의 결합 혹은 기업인수이기 때문에 이에 대한 제반 법규들의 준수가 필수적이다. M&A 과정에서 발생하는 법률 실사는 미래에 발생할지 모르는 법률 리스크를 감소시킨다. 이 과정에서 법무자문사의 협조는 필수적이다.

하지만 재무 · 법무 자문사의 의견에 전적으로 의존해서는 안된다. M&A 경험이 없는 주체나 책임회피 성향이 강한 기업문화를 갖는 기업이 M&A를 할 때 재무 · 법무 자문사의 의견에 전적으로 의존하는 경우가 많다. 특히 법무자문사의 의견에 많이 의존할수록 M&A는 점점 어렵게 되어가는 경우가 많다. M&A에서 매수인은 재무자문사에게 보통 정액의 자문료를 제공한다. 매도인은 정액의 자문료와 매각에 따른 성공보수를 지급한다. 법무자문사는 프로젝트에 대한 총액 자문료를 받지 않고 시간에 따른 자문료를 받는다. 그러므로 법무자문사는

M&A 기간이 길어지고 M&A를 실행하는 주최 측이 법무 서비스를 많이 받을수록 더 많은 보수를 받을 수 있다. 물론 법무자문사나 재무자문사는 고객의 이익을 위해서 최선의 노력을 한다. 그러나 동시에 그들은 고객의 이익뿐만 아니라 자신들의 이익을 위해서도 움직인다.

법무자문사는 법률적 위험에 대해서 제시하고 법률 해석을 하는 자문사이다. 그들의 의견이 물론 중요하지만 그들이 지적하는 모든 것들을 그대로 따라하면 M&A 업무 자체가 진행되지 않는 경우도 발생한다. 그러므로 법무자문사의 의견을 어디까지 수용하고 어디까지 수용하지 않을지를 M&A를 실행하는 투자자는 확실히 해야 한다. 법무 관련 위험은 가능성이기 때문에 모든 법무위험 가능성이 없도록 M&A를 진행할 수는 없다. 그러므로 법무자문사의 의견을 듣고 법무위험 가능성을 판단한 후에 의사결정을 하면 원활하게 M&A 업무를 진행할 수 있다.

이 과정에서 법무자문사의 의견과 재무자문사의 의견을 각각 청취하여 투자자 스스로 중심을 잡아야 한다. 자문사는 어디까지나 M&A의 주체가 아니라 조언자의 역할을 한다는 것을 명심하고 M&A를 행하는 투자자가 스스로 중심을 잡고 진행해야 여러 자문사에게 휘둘리지 않고 효율적으로 M&A를 진행할 수 있다.

## 9. 자문사, 아는 만큼 도움받는다

M&A는 기업이라는 제품을 사고파는 작업이기 때문에 거래비용이 소요된다. M&A를 하는 과정에서 필수적인 자문사는 재무 · 법률 · 회계 자문사이다. 규모가 작은 M&A의 경우는 회계자문사와 재무자문사가 같을 수 있으나 최소 수천억원 혹은 조 단위의 M&A는 이들이 구분되어 있다. 국내 M&A 경우만을 본다면 M&A 규모가 5천억원 이상일 경우 M&A에 소요되는 비용은 전체 인수

가액의 2~3% 수준에서 발생하는 경우가 많다. 조 단위 이상일 경우 총 자문비용은 인수가액의 1~2% 수준에서 발생하는 경우가 많다.

재무자문사의 경우 매수자 측의 자문비용은 크게 매월 지급하는 기본 자문료와 M&A가 종료되면 받게 되는 성공 자문료가 있다. 매월 지급하는 자문료는 재무자문사의 직원들이 M&A 과정에서 실제 업무를 하기 때문에 이때 발생하는 실제 비용을 보상하는 성격이 높다. 성공 자문료는 매수자가 타깃 회사를 인수할 경우에 지급된다. 매수자 측 재무자문사는 매월 지급받는 기본 자문료를 보고 자문하는 것이 아니라 M&A가 성공했을 경우 받는 성공 자문료를 기대하고 자문한다.

성공 자문료 구조는 매수자와 매도자가 약간 다른 구조로 설계되어 있다. 매수자는 성공 자문료를 총액으로 한정한다. M&A에서 성공할 수 있는 가장 손쉬운 방법은 경쟁자보다 더 높은 금액을 지불하고 인수하는 방법이다. 매수 재무자문사의 성공 자문료가 M&A 성공에 따라서 추가적인 자문료를 지급한다면 매수자와 매수자문사 간에 이해상충이 발생한다. 만약 M&A 성공에 따라 추가적인 자문료를 받게 된다면 매수자의 자문사는 M&A 딜이 원활히 진행되도록 돕기보다 매수자가 더 높은 가격을 제시하여 M&A가 성공하도록 하는 데에 더 많은 노력을 할 것이다. 그러므로 보통 매수재무자문사는 총액으로 정해진 보수를 받는다.

매도자는 비싼 가격에 기업을 매각하는 것이 목적이기 때문에 매도재무자문사는 성공보수에 대한 개념이 존재한다. 매도 자체에 대한 성공뿐만 아니라 매도가격이 일정금액 이상으로 체결되면 추가로 높게 매도한 금액에 따라 비율적으로 보수를 제공한다. 이처럼 매도성공 자문료는 매도자와 매도자의 재무자문사와 이해관계를 일치시켜서 가장 높은 가격에 매도할 수 있게 도와준다. 재무자문사의 자문비용은 M&A의 상황과 시기에 따라서 그 금액이 다를 수 있다. 불경기에 하는 M&A는 건수가 많지 않아서 자문비용이 낮아지며, 호경기에 하는

M&A는 이와 반대로 M&A 기회가 많아서 자문비용이 상승하는 경향이 있다.

여기서 제시하는 금액은 절대적인 금액이 아니라 필자가 그동안 많은 M&A를 실행하면서 경험했던 자문료를 토대로 제시하는 금액이다. 수천억원 이상의 M&A 프로젝트에서 글로벌 투자은행의 경우 기본 성공보수는 3~5백만 달러 수준에서 자문비용이 결정된다. 이들은 달러로 결제를 요청하는 경우가 일반적이다. 회계법인이나 국내 증권사의 경우 자문비용은 10~20억원 수준에서 결정되는 경우가 많다. 법무자문사의 경우는 변호사 투입 수와 변호사별 경력에 따른 시간급으로 책정된다. 그러나 보통 3개월 정도의 프로젝트를 진행하면 변호사 비용은 대략 5~10억원 사이에서 결정되는 경우가 많다. 회계자문사 비용도 M&A 규모에 따라 다르나 대체로 1억원에서 5억원 사이에서 결정된다.

조 단위 M&A 규모의 경우 자문비용은 대략 총 인수가액의 1% 내외에서 결정되는 경우가 많다. 해외 M&A 경우는 대체로 국내의 M&A 비용보다 두 배가 소요된다. 국내 글로벌 자문사뿐만 아니라 현지에 위치한 자문사도 선정해야 하므로 자문단의 규모가 국내에 비해서 두 배나 많아지기 때문이다. 이에 따라 자문수수료도 조 단위의 해외 M&A 경우는 전체 자문료가 인수가액의 2% 내외로 결정된다.

국내든 해외든 M&A 규모가 조 단위 이상 되면 복수의 자문사를 사용하는 경우도 비일비재하다. 조 단위 이상의 M&A는 기업의 방향을 바꿀 수 있기 때문에 M&A 과정에서 경쟁사의 동향은 물론 정부기관에 영향력을 행사할 수 있는 자문사를 선정한다. 각 자문사별로 강점과 약점이 존재하기 때문에 이를 보완하기 위해서 복수의 재무자문사를 선정하는 경우도 많다. 법무법인 선정에 있어서도 정부 주도의 M&A일 경우 복수의 법무자문사를 선정하여 최대한 유리하게 M&A를 진행하려 한다.

조 단위 이상의 M&A를 할 때는 M&A 시작 전에 인수단을 꾸리는 것이 중요하다. 국내에서 조 단위 이상을 훌륭하게 자문할 수 있는 재무자문사, 법무자문사, 회계자문사는 정해져 있다. M&A 시 매도자가 M&A 계획을 미리 세우기 때문에 가장 먼저 이러한 자문사들을 선임한다. 그 이후에 M&A 계획이 시장에 소문이 나면서 매수자 측 자문단이 꾸려지게 된다.

보통 자문사는 매수자와 매도자를 동시에 자문하면 이해가 상충되므로 같은 자문사가 여러 회사를 자문하지 못한다. 매도자가 선정한 자문사를 제외하고 복수의 매수자들은 유능한 자문사를 선정하기 위해서 경쟁한다. 매수 측 재무자문사 역시 성공 수수료를 받기 위해서 가장 성공 가능성이 높은 잠재적 투자자를 선택해서 자문을 하려고 한다.

M&A를 하려는 투자자는 M&A 시작 전에 미리 자문사를 선정하는 것이 중요하다. 회계자문사나 법무자문사도 큰 틀에서는 재무자문사와 같은 위치이기 때문에 타 경쟁자가 유능한 자문사를 선정하기 전에 선정해야 한다. M&A 시 가장 중요한 자문사는 재무자문사이다. 이들은 M&A 전체에 대한 전략뿐만 아니라 인수금융, 타 자문사까지 통제할 수 있기 때문에 어떤 재무자문사를 선정하는지가 M&A 성패에 중요한 영향을 끼친다. 그러므로 재무자문사를 선정할 경우에는 재무자문에 대한 제안서를 복수의 재무자문사로부터 받고 이를 평가해서 잠재적 투자자를 위해 가장 일을 잘할 수 있는 재무자문사를 선정해야 한다.

## 10. 재무적 투자자를 적절히 활용해라

지금은 M&A 시장에서 재무적 투자자가 단독으로 대형 M&A를 하는 비율이 높아졌다. 앞으로도 사모펀드 같은 재무 투자자들의 M&A 참여가 높아지고 이들이 M&A 시장에서 중요한 플레이어가 될 것이다. 그러나 M&A 시장에는 이러한 적극적 투자자뿐만 아니라 단지 자금을 제공하는 소극적 투자자도 존재한다. 투자에 적극적인 사모펀드이지만 전략적 투자자와 같이 컨소시엄을 구성하여 인수하는 사모펀드들도 많이 존재한다.

전략적 투자자가 혼자서 인수하기 어려울 정도로 큰 기업일 경우 재무적 투자자와 컨소시엄 형태로 인수하는 것도 좋은 인수 전략이다. 과거에는 재무적 투자자가 소극적 투자자로서 자금을 공여하는 데 그치는 경우가 많았다. 그래서 그러한 투자자들은 풋 옵션(Put Option)을 통해서 자신들의 수익률을 보장받으려고 하였다. 즉, 주식 투자를 하면서 최소한의 요구수익률을 전략적 투자자로부터 약속받아서 마치 콜 옵션(Call option)과 같은 수익률 형태의 투자를 하려고 하였다.

다시 말해 기업의 가치가 최초 목표한 가치에 미달할 경우 전략적 투자자로부터 약속받은 수익률을 받고 기업가치가 최초 목표로 한 가치보다 상향할 경우에는 주식투자처럼 높아진 가치를 전부 재무적 투자자가 실현하는 방법이다. 이러한 투자는 국내 투자시장의 관행으로 국내 투자자들이 투자에 대한 노하우가 없을 경우 많이 이루어졌다.

그러나 자본시장이 발달하고 재무적 투자자들의 역량이 높아짐에 따라 이렇게 수익률을 보장하는 투자는 감소하는 추세이다. 수익률을 보장받기보다 공동경영을 한다는 생각을 가진 재무적 투자자와 컨소시엄을 이루어서 대형 전략적 투자자보다 더 큰 몸집의 기업을 인수하는 경우도 있다. 이 경우 이러한 M&A로 인해 단숨에 시장을 선도하는 기업으로 성장할 수도 있다. 그러므로 전략적 투자자는 자신보다 큰 기업은 인수를 하지 못한다는 생각은 버리고 자신보다 큰 기업이라 할지라도 재무적 투자자와 컨소시엄을 통해서 인수하는 방법을 찾기도 한다. 이렇게 하면 투자자금의 분산을 통해서 투자위험을 줄일 수 있다.

재무적 투자자 역시 단독으로 인수하기 버거운 규모의 투자는 여러 재무적 투자자와 컨소시엄을 통해서 인수를 한다. 성공적인 M&A를 위해서 컨소시엄도 중요한 방법 중 하나이다. 컨소시엄 투자를 할 경우 각 컨소시엄 주체별로 투자지분율에 따른 역할을 명확히 하여 공동경영에 있어서 잡음을 최소화하는 장치를 사전에 마련해야 한다.

## 11. 요약

M&A는 기업의 중요한 의사결정 과정이다. 이 과정은 철저하게 최고경영자의 업무이기 때문에 성공적인 M&A를 하기 위해서는 최고경영자의 신념과 의지가 중요하다. 최고경영자가 등 떠밀리듯 의사결정을 하면 M&A 이후 통합과정에서 최고경영자의 협조를 얻을 수 없어서 실패한 M&A가 될 수 있다. M&A 과정에서 어려운 의사결정 문제를 만날 때마다 M&A 목적에 충실하고 기업가치 극대화라는 전제를 따르면 대부분의 의사결정은 쉽게 해결될 수 있다.

전략적 투자자에게 M&A는 고도의 사내 정치가 수반되는 경우도 많기 때문에 본질을 보지 못하는 경우가 종종 존재한다. 이 경우 기업가치 극대화라는 목적에 충실하면 대부분의 문제들이 명확해지고 해결방안도 단순해진다. M&A는 투자자 혼자 하는 업무가 아니라 여러 자문사로부터 도움을 받아야 하는 업무이다. 특히 M&A에서 가장 중요한 역할을 하는 자문사는 재무자문사이다. 유능한 재무자문사와 M&A를 추진하면 소기의 성과를 이룰 가능성이 높다. 그러므로 M&A 초기에 이러한 자문사를 선점할 수 있도록 발빠르게 M&A를 준비해야 한다.

그러나 자문사가 아무리 유능하더라도 M&A를 실행하는 주체는 투자자이기 때문에 늘 투자자는 모든 의사결정에 주관을 갖고 있어야 한다. 해외 M&A를 통해서 시장을 확보하고 고객을 다변화할 수 있는 기회는 많이 존재한다. 이러한 기회를 투자자의 것으로 만들기 위해서는 M&A 이후 통합과정이 매우 중요하다. 해외기업에 대한 M&A를 성공시키기 위해서는 조급하게 통합절차를 밟지 말고 충분한 시간을 두고 해당 국가의 경영방식을 습득해야 한다.

또한 경영방식을 습득할 때까지 현지 투자자와 컨소시엄 투자를 하거나 피인수기업 경영진의 보수체계를 변경하여 피인수기업의 경영진이 인수기업과 피인수기업의 가교 역할을 할 수 있도록 해야 한다. M&A는 핵폭탄처럼 성공하면 이를 실행하는 기업에 엄청난 파급효과를 가져올 수 있지만 반대로 실패하면 이에 따른 손실도 엄청나기 때문에 사전에 철저한 계획을 갖고 최고경영자가 모든 의사결정의 중심에 서서 실행해야 한다.

# 참고문헌

강다영, 「해운시황과 정기선 해운기업의 M&A 관련성 및 사례분석」, 한국해양대학교, 2006.

강인태, 「헤지펀드(Hedge Fund)의 역사와 개념」, 『서강법학』 제10권 2호, 2008.

김경진, 『사례로 쉽게 배우는 기업가치평가』, 율곡출판사, 2017.

김국태, 「관성에 빠지지 않고 일관성으로 재기에 성공한 기업」, 『LG Business Insight』, 2014.

김규림, 「최근 국내 M&A시장 현황」 『자본시장 Weekly』 9호, 2016.

김근령, 「글로벌 제약기업 M&A현황과 전략적 시사점」, 한국보건산업진흥원, 2015.

김동우, 「국내 및 해외의 적대적 M&A 사례와 시사점」, 전국경제인연합회, 2005.6.

김영진, 「대우건설 M&A사례」, 김영진 M&A연구소.

김은주, 「통합 KEB하나은행 출범 1년, 새로 쓴 성공사례」, 『투데이뉴스』, 2017.2.21.

김주한 · 윤정현 · 강지현, 「한국형 ODA 산업분야 연구 : 발전경험 시리즈, 철강산업」, 산업연구원, 2014.12.

김화진, 「기업 경영권 시장과 헤지펀드」, 『서울대학교 법학』 제48권 제1호, 2007.3.

노재웅, 「세계철강산업의 통합화 현황 및 시사점」, 산은경제연구소, 2007.

류주한, 「기업인수 후 갈등해소와 통합전략의 성공요인 : 한국형 모델의 탐색과

제안」, 『분쟁해결연구』 제14권 제1호, 2016.
박상수, 「LBO를 활용한 M&A 및 사례」, 『상장자료실』, 2008.
박진석, 「피인수 기업과 함께하는 성공적인 PMI」, 『HR Insight』, 2014.
박천규, 「M&A 후폭풍을 막는 5가지 방법」, 『LG주간경제』, 2005.
서응교 · 이승창 · Jaesung Koo, 「우수 중소기업의 M&A이후 통합 실패사례를 통한 기업의 전략적 접근」, 『Journal of Strategic Management』, 2014.
엄성환, 「한국 주식시장의 위험프리미엄측정 – 거래소 시장을 중심으로」, 서울대학교 대학원, 2004.
엄수진, 「국내 상장사의 다양한 M&A 방어수단 도입현황」, 한국기업지배구조원.
연강흠, 「적대적 기업인수와 경영권 방어전략」, 한국상장사협의회, 2013.
오준, 「LG생활건상식 M&A가 주목받는 까닭, 6년간 9개사 인수, 승자의 저주 피했다」, 『한국경제매거진』, 2013.5.24.
유도석, 「공개매수제도」, 한국상장회사협의회, 2003.
유효상, 「하나금융지주의 외환은행 인수 사례」, 『Journal of Strategic Management』, 2012.
윤선희, 「포스코, 이상한 거래, 36개사 M&A, 설립 후 사라져」, 『연합뉴스』, 2015.3.20.
윤승영, 「미국의 헤지펀드 주주행동주의가 한국 자본시장에 주는 시사점」, 『CGS Report』, 2013.
이강록, 「구조조정과 사이클의 역사」, 교보증권, 2016.
이경원 · 김민식 · 최연철, 「정보통신 벤처기업의 인수합병 목적별 분석 및 사례연구」, 『정보사회연구』, 2001.
이광열 · 이효정 · 박도휘 · 김수경, 「격동하는 소비재,유통 M&A시장」, 삼정KPMG경제연구원, 2014.
이대창, 「글로벌 금융위기 이후 철강산업 M&A동향과 전망」, 『POSRI 이슈리포트』, 2017.7.13.

이민우 · 남민우, 「NC 경영권분쟁, 국내 적대적 M&A사례는」, 『조선비즈』, 2015.1.27.

임두빈 · 장진영 · 엄이슬, 「M&A로 본 자동차 산업」, 삼정 KPMG 경제연구원, 2017.

임효창, 「M&A이후 조직사회화 전략」, 『E-Labor 플러스』, 2005.

전해영, 「세계 M&A와의 비교를 통해 본 국내 M&A의 특징」, 현대경제연구원, 2015.7.20.

정상철, 「콘텐트산업에서의 인수합병 사례분석과 시사점」, 한국문화관광연구원, 2011.

조경진, 「최근 국내외 M&A증가 현황분석」, KDB산업은행, 2016.

진석용, 「M&A시장의 큰 손으로 부상한 국제 투기자본」, 『LG주간경제』, 2007.4.4.

하병기 · 박광순 · 사공목 · 이문형 · 이항구 · 정은미 · 주대영, "국제 M&A동향과 시사점", 산업연구원, 2007.6.

하휘준, 「LG생활건강 차석용 부회장, 행보는 닥공」, 『뉴시스』, 2016.1.10.

Cassidy Todd, Mohr Philipp, " The Deal Engine", William Blair, June 2015.

Cordeiro Marcos, " The seventh M&A wasve", Company Partners, September 2014.

Elie Paul G., "Driving Value: 2012 Automotive M&A Insights", PwC, April 2013.

Fama, Eugene F., Kenneth R, French, "Industry cost of Equity", *Journal of Financial Economics* 43, 153-193, 1997.

Firmin Anthony, "Navigating a Future for Container Shipping", Hapag-Lloyd,

April 2015.

Harford Jarrad, "What drives merger waves?" *Journal of Financil Economics* 77, 2005.

Kleinert Jorn, Klodt Henning, "Causes and Consequences of Merger Waves", *Kiel Institute of World Economics*, January 2002.

Lipton Martin, "Merger Waves in the 19th, 20th, and 21th Centuries", York University, 2014.

MOTIS Jristy , "Mergers and Acquisitions Motives", University of Crete, February 2007.

Wagner Steffen, "M&A trends in the maritime sector", KPMG, 2015.

# 찾아보기


**ㄱ**

가중평균 요구수익률(Weighted Average Cost of Capital ; WACC) 207

가중평균 자본비용(Weighted Average Cost of Capital ; WACC) 194

강원랜드 주주 200

거래비용 314

경영권 프리미엄 8, 214

경제순환 사이클 305

고정매출원가 223

고정비 77

곰의 포옹(Bear Hug) 165

공개매수(Tender Offer) 26, 161

공개매수 사무취급자 162

공급망 관리 71

규모의 경제(Economies of Scale) 11

그린메일(Green Mail) 165

금호아시아나그룹 37

기업결합 156

기업공개(Initial Public Offering ; IPO) 185

**ㄷ**

두산그룹 35

**ㄹ**

라이프사이클(Life Cycle) 53

레버리지 효과 268

롯데 칠성 17

**ㅁ**

마이클 포터 88

매수법 263

매출원가 221

목표 부채비율 208

무보증 사채 194

**ㅂ**

배당성장모형 199

배임죄 258

백기사 168

범위의 경제(Economies of Scope) 11

변동매출원가 223

변동비 77
본 실사 123
비밀유지 계약(Confidential Agreement) 102

ㅅ

사모펀드(Private Equity Fund) 15
사업위험 분산 14
사전실사 107
3요인 모델 205
상대가치 평가 214
상대가치 평가법 113
성공 자문료 315
셀러–키포퍼법(Celler–Kefauver Act) 31
셔먼 법(Sherman Act) 31
소버린 174
손익계산서 215
수직계열화 12
순차입금(Net Interest Beard Debt ; Net IBD) 239
승자의 저주 49, 285
시너지 11
시너지 효과 300
시장 리스크 프리미엄 203
시장 배수평가법 185
시차 임기제 169
신규투자(Capital Expenditure ; CAPEX) 227
신사업 투자(Greenfield Investment) 5
신설합병 24
신용등급 195
신한 LBO 251

ㅇ

알제이알 나비스코(RJR Nabisco) 32
영업양수도 28
5%룰 164
우선협상 대상자 124
운전자본 215
유상증자 유형 167
이랜드 257
이자율 스프레드 가산 모델 204
인수의향서 112
인수 · 합병 2
인수 후 통합(Post-Merger Integration) 127

ㅈ

자금경색 196
자동차 산업 60

자문제안서(Request for Proposal ; RFP) 110
자유현금흐름(Free Cash Flow) 215
자율주행차 62
재무상태표 215
재무자문사 315
재무적 투자자 244
적대적 M&A 160
전기차 61
전략적 투자자 296
전면 개선형 모델(Completion) 280
절세효과(Tax Shield) 198
정크본드 244
조인트벤처(Joint Venture) 292
주석 낙하산 168
주식매매계약 139
주주의 요구수익률 198
진입장벽 13, 91

**ㅊ**

차등의결권 170
차익거래 결정모형(Arbitrage Pricing Model) 206
차입금 상환 스케줄 231
차입매수(Leveraged Buyout ; LBO) 244
철강산업 76
초다수결의제 169
최적화 동화 모델(Assimilation) 278

**ㅋ**

칼소닉 칸세이 73
칼 아이칸 177
커넥티드카(Connected Car) 64
컨소시엄 318
콜 옵션(Call option) 318
클레이튼 법(Clayton Act) 31
클로징(Closing) 156

**ㅌ**

타인자본비용 198
투자안내서(Information Memorandum ; IM) 103
투자형 모델(Investment) 280

**ㅍ**

5 포스(Forces) 모델 89, 90
파킹(Parking) 165
판매관리비 223
팩맨 전략 170
포트폴리오 202

풋 옵션(Put Option) 318
프로그레시브 딜(Progressive Deal) 138
피인수 활용모델(Uptake) 279

ㅎ

한국까르푸 256
해운산업 81
현금흐름표 215
현금흐름할인모형(Discounted Cash Flow Model) 113, 184, 214
황금 낙하산 168
회계자문사 314
휠 오브 포천(Wheel of Fortune) 281
흡수합병 24

영문

CAPM(Capital Asset Pricing Model) 201, 206
CES(The Consumer Electronics Show) 60

Due Diligence Checklist(실사 확인 사항) 128

EV/EBITDA 24, 187
EV(Enterprise Value) 238

FCFF(Free Cash Flow to the Firm) 237

GE 캐피탈 282

IRR(Internal Rate of Return) 267

KKR 249
KT&G 173

LBO(Leveraged Buyout, 차입매수거래) 28
LG생활건강 289

M&A(Mergers & Acquisitions) 2
MBK파트너스 37
MM(Modigliani-Miller) 이론 247

NPV 248

PBR 113
PBR 평가법 211
P/E 113
PER 평가법 210

PI(Principal Investment, 증권회사 자체자본 금으로 실행하는 투자) 36
PMI(Post-merger Integration) 274
POSCO 78
PSR 평가법 213

RJR Nabisco 249

ROE(Return on Equity, 자기자본 수익률) 200

SK 173
SPC(Special Purpose Company, 페이퍼 컴퍼니) 252
STX그룹 36

**사례로 쉽게 배우는 M&A**

**초판 1쇄 인쇄** 2018년 7월 13일
**초판 3쇄 발행** 2021년 8월 26일

**지은이** 김경진
**펴낸이** 박기남
**책임편집** 차은지
**기획 · 영업** 박정헌
**펴낸곳** **율곡출판사**
08590 서울시 금천구 가산디지털1로 84(에이스하이엔드 8차), 803호
**전화** (代) 02) 718-9872/3
**팩스** 02) 718-9874
**홈페이지** http://www.yulgokbooks.co.kr
**이메일** yulgokbook@naver.com
**등록** 1989.11.10. 제2014-000031호
**ISBN** 979-11-87897-39-2 93320

**정가 25,000원**